“十二五”职业教育国家规划教材
经全国职业教育教材审定委员会审定

审计基础与实务

(第4版)

田钊平　胡　丹　主　编
杜　佳　胡晓锋　副主编

清华大学出版社
北　京

内 容 简 介

本书经全国职业教育教材审定委员会审定，被评为“十二五”职业教育国家规划教材。本书充分体现了项目导向、任务驱动、工学结合教学模式的要求，以注册会计师审计业务活动为主线，参照注册会计师审计的职业资格标准，突出职业能力培养，体现基于职业岗位分析和具体工作过程的课程设计理念。本书充分考虑了用人单位的需求，以增强学生的岗位适应能力，实现毕业与上岗的“零过渡”，力求融“教、学、做”于一体，以形成全新的符合职业教育规律和培养目标的岗位新形态教材。

本书适合用作应用型本科院校、职业本科院校、高职高专院校、成人高等院校审计课程的教材，也可作为从事审计实务工作的专业人士的参考书。

本书课件下载地址为 http://www.tupwk.com.cn/ downpage/。

图书在版编目(CIP)数据

审计基础与实务 / 田钊平，胡丹主编. —4 版. —北京：清华大学出版社，2020.7（2022.1重印）
ISBN 978-7-302-55678-7

Ⅰ. ①审… Ⅱ. ①田… ②胡… Ⅲ. ①审计学 Ⅳ. ①F239.0

中国版本图书馆 CIP 数据核字(2020)第 100820 号

责任编辑：崔　伟　马遥遥
装帧设计：孔祥峰
责任校对：成凤进
责任印制：刘海龙

出版发行：清华大学出版社
网　　址：http://www.tup.com.cn，http://www.wqbook.com
地　　址：北京清华大学学研大厦 A 座　　邮　　编：100084
社 总 机：010-62770175　　邮　　购：010-62786544
投稿与读者服务：010-62776969，c-service@tup.tsinghua.edu.cn
质 量 反 馈：010-62772015，zhiliang@tup.tsinghua.edu.cn
印 装 者：三河市天利华印刷装订有限公司
经　　销：全国新华书店
开　　本：185mm×260mm　　印　　张：23　　字　　数：517 千字
版　　次：2008 年 2 月第 1 版　　2020 年 8 月第 4 版　　印　　次：2022 年 1 月第 3 次印刷
定　　价：59.00 元

产品编号：086490-01

前　言

本书经全国职业教育教材审定委员会审定，被评为“十二五”职业教育国家规划教材。修订时力求充分体现教育部“大力推进工学结合，突出实践能力培养，改革人才培养模式”的要求，打破以知识传授为主要特征的传统学科课程模式，转变为以工作项目与任务为中心组织课程内容，以就业为导向，以审计岗位为核心，以注册会计师审计相关业务操作为主体，按照高职学生的认知特点，采用项目与业务相结合的结构展示教学内容，让学生在完成具体项目的过程中来掌握相关理论和技能知识，并充分发展职业能力。

本书内容力求体现职业性、综合性与实用性，突出学生职业能力的培养及职业素质的养成，并充分考虑行业企业单位的用人需求，以增强学生的岗位适应能力，实现毕业与上岗的“零过渡”。为实现上述目标，教材按照审计职业认知、如何认识审计目标和审计证据、如何运用审计抽样方法、如何进行审计计划工作、如何进行风险评估工作、如何进行风险应对工作等十三个学习情境三十六个任务编写。

本书体现基于职业岗位分析和具体工作过程的课程设计理念，力求融“教、学、做”于一体，以形成全新的符合职业教育规律和培养目标的教材。本书可作为应用型本科院校、职业本科院校、高职高专院校、成人高等院校审计课程的教材，也可作为从事审计实务工作的专业人士的参考书。

本书充分体现工学结合、任务驱动教学模式的要求，主要体现以下特色：

(1) 以学习情境组织审计基础与实务“教、学、做”的课程体系，并充分考虑企业的用人需求，能有效实现学生从毕业到上岗的“零过渡”。

(2) 以工作任务与业务为中心安排训练内容，充分展现审计实务相关业务工作流程和方法，能有效培养学生的职业操作能力。

(3) 在每项任务中通过“任务导入”“资讯准备”“任务处理”“任务导入分析”“技能训练”等内容将“教、学、做”融于一体，以有效培养学生的职业素养。

(4) 适应“互联网+职业教育”发展需求，将教材、课堂、教学资源三者融合，扫描嵌入纸质教材的二维码可以观看微课视频，查看参考答案，便于学习者更好地理解和掌握。

本书由田钊平(浙江广厦建设职业技术大学)、胡丹(浙江广厦建设职业技术大学)担任主编，杜佳(江苏工程职业技术学院)、胡晓锋(浙江同济科技职业学院)担任副主编。具体编写分工如下：学习情境一、三由杜佳编写；学习情境二、四、五、六、十三由胡丹编写；学习情境七、八、九、十由田钊平编写；学习情境十一、十二由田钊平、胡晓锋编写。浙江富春江会计师事务所张立春总监参与本书框架的讨论及内容的审阅。全书由田钊平负责统稿、修改并定稿。

鉴于编者水平，以及教材篇幅，书中难免有考虑不周或疏漏之处，恳请同行和广大读者批评指正。

编　者

2020 年 4 月

目　　录

学习情境一

审计职业认知

学习目标

【知识目标】了解审计的产生和发展，以及审计的概念和特征；了解我国的审计组织体系；理解审计的性质和分类。

【技能目标】掌握审计的一般方法及具体取证方法的类别和具体运用。

任务一 审计是什么

任务导入

西方注册会计师审计之所以起源于 16 世纪初意大利的合伙企业制度，其最本质的原因是(　　)。

A. 在这一时期，意大利的合伙企业应运而生

B. 合伙企业的所有权和经营权开始分离

C. 在这一时期，人们开始聘请会计专家来担任查账和公证工作

D. 合伙企业进一步导致了股份有限制企业的产生

资讯准备

一、注册会计师审计的产生与发展

1. 国外注册会计师审计的产生与发展

1) 国外注册会计师审计的产生

审计是商品经济发展到一定程度时，随着企业财产所有权与经营权分离而产生的。通常认为，审计产生于资本主义工业革命时期，而其萌芽则可以追溯到 16 世纪。

注册会计师审计产生的原因

16 世纪，威尼斯城的航海贸易日益发达并出现了早期的合伙企业。在合伙企业中，通常只有少数几人充当执行合伙人，负责企业的经营管理，其他合伙人则只出资而不参加经营管理。非执行合伙人需要了解合伙企业的经营情况和经营成果，执行合伙人也希望能证实自己经营管理的能力与效率，因此双方都希望能从外部聘请独立的会计专业人员来担任查账和监督工作。这些会计专业人员所进行的查账与监督，可以看作注册会计师审计的最初萌芽。

1721 年，英国爆发了南海公司破产事件，公司股东和债权人遭受了巨大的经济损失。会计师查尔斯•斯内尔受议会聘请对其会计账目进行了检查，并以“会计师”名义出具了一份《查账报告书》，指出南海公司的财务报告存在严重的舞弊行为，这标志着独立会计师——注册会计师的正式诞生。1853 年，爱丁堡会计师协会在苏格兰成立，标志着注册会计师审计职业的诞生。1862 年，英国公司法确定注册会计师为法定的破产清算人，奠定了注册会计师审计的法律地位。

2) 国外注册会计师审计的发展

从 20 世纪初开始，全球经济发展重心逐步由欧洲转向美国，因此，美国的注册会计师审计得到了迅速发展。1887 年，美国公共会计师协会(the American Association of Public Accountants)成立，1916 年该协会改组为美国注册会计师协会(AICPA)，后来成为世界上最大的注册会计师专业协会。第二次世界大战以后，经济发达国家通过各种渠道推动本国的企业向海外拓展，跨国公司得到了空前的发展。国际资本的流动带动了注册会计师审计的跨国界发展，形成了一批国际会计师事务所。随着会计师事务所规模的扩大，最终形成了“八大”国际会计师事务所，20 世纪 80 年代末合并为“六大”，之后又合并成为“五大”。2001 年，美国出现了安然公司会计造假丑闻。作为出具审计报告的安达信会计师事务所，涉嫌舞弊和销毁证据受到美国司法部门的调查，之后宣布关闭，世界各地的安达信成员事务所也纷纷与其他国际会计师事务所合并，从此退出了从事 89 年之久的上市公司审计业务。时至今日，尚有“四大”国际会计师事务所，即德勤(Deloitte & Touche)、普华永道(Price Waterhouse Coopers)、安永(Ernst & Young)和毕马威(KPMG)。

2. 我国注册会计师审计的产生与发展

1) 我国注册会计师审计的产生

我国的注册会计师审计始于辛亥革命以后。当时，一批爱国学者积极倡导创建中国的注册会计师审计事业。1918 年，北洋政府颁布了我国第一部注册会计师审计法规——《会计师暂行章程》。同年，谢霖成为中国第一位注册会计师，并创办了第一家注册会计师审计机构——正则会计师事务所。1925 年，上海首先成立了会计师公会，1930 年国民政府颁布了《会计师条例》，确立了会计师的法律地位。1933 年全国会计师协会成立。经过近 30 年的缓慢发展，到 1947 年，我国的注册会计师审计事业已经初具规模。然而，由于政治、经济的落后，当时的注册会计师审计业务发展缓慢，远未能发挥注册会计师审计应有的作用。中华人民共和国成立初期，注册会计师审计在我国国民经济恢复过程中曾发挥了积极作用。但是，在社会主义改造完成以后，由于照搬苏联高度集中的计划经济模式，我国注册会计师

会计师事务所的发展

审计陷入了长时期的停滞状态。

2) 我国注册会计师审计的发展

改革开放以后，以 1980 年财政部发布《关于成立会计顾问处的暂行规定》为标志，我国注册会计师审计制度开始重建，主要业务是对外商投资企业进行审计并提供会计咨询服务。1981 年 1 月，上海会计师事务所宣告成立，成为我国恢复注册会计师制度后的第一家会计师事务所。1986 年 7 月，国务院颁布《中华人民共和国注册会计师条例》，确立了注册会计师行业的法律地位，业务领域仍以外商投资企业为主。1988 年 11 月，我国注册会计师协会成立，注册会计师行业开始步入政府监督和指导、行业协会自我管理的轨道。1994 年 1 月，《中华人民共和国注册会计师法》(以下简称《注册会计师法》)正式实施，注册会计师行业快速向规范化方向迈进。2006 年 2 月，财政部发布了与国际接轨的新审计准则体系，2010 年 11 月又对 38 项审计准则进行了修订。这一切都标志着我国注册会计师审计已进入法制化、规范化和国际化轨道。2016 年 12 月，财政部发布了《中国注册会计师审计准则第 1504 号——在审计报告中沟通关键审计事项》等 12 项准则。2019 年 2 月，财政部发布了《中国注册会计师审计准则第 1101 号——注册会计师的具体目标和审计工作的基本要求》等 18 项审计准则。

二、审计的内涵及其对象

1. 审计的内涵

审计是指由独立的专门机构(或人员)接受委托(或根据授权)，对国家行政、事业单位和企业单位及其他经济组织的财务报表和其他会计资料的公允性、真实性及其所反映的经济活动合规性、合法性进行审查并发表意见。审计是一项具有独立性的经济监督活动，其最本质特性便是独立性。审计者以独立的身份对被审计者依法进行审计，这保证了审计结论的公正性，也为审计的权威性奠定了基础。

2. 审计的对象

审计对象是指审计监督的客体，即审计监督的内容和范围的概括。具体来说，审计对象包含以下三层含义：第一，从被审计单位的范围来看，国家审计的对象主要是国务院各部门、地方各级人民政府、国有金融机构以及国有企事业组织；内部审计的对象为本单位及其所属单位；注册会计师审计的对象主要是委托人指定的单位。第二，从审计涉及的内容来看，审计对象主要指被审计单位的财政、财务收支及其相关的经济活动。第三，从审计内容的载体来看，审计对象是指被审计单位的会计资料及其相关资料。

三、审计的分类

1. 按照审计的目的和内容不同进行分类

审计的分类

(1) 财务报表审计。财务报表审计是对被审计单位的会计报表、会计报表附注及相关资料进行的审计。这种审计的目的在于查明被审计单位的财务报表是否按照一般公认会计原则(在我国是指适用的企业会计准则和相关的会计制度)，公允地反映其财务状况、经营成果和现金流量情况。财务报表审计一般由注册会计师完成，政府审计、内部审计有时也会对财务报表进行审计。

(2) 经营审计。经营审计是为了评价某个组织的经济活动在业务、经营、管理方面的业绩，找出改进的机会并提出改善的建议，而对一个组织的全部或部分业务程序与方法进行的检查。经营审计对独立性的要求不像财务报表审计那么严格。此外，内部审计人员、政府审计人员或注册会计师都可以执行经营审计。

(3) 合规审计。合规审计是为了查明和确定被审计单位的财务活动或经营活动是否符合有关法律、法规、规章制度、合同、协议和有关控制标准而进行的审计。由注册会计师或税务稽核人员就企业所得税结算申报书是否遵从税法规定申报而进行的审计，就是合规审计的典型例子。合规性审计通常报送给被审计单位管理层或外部特定使用者。

2. 按照审计主体的不同进行分类

(1) 国家审计。国家审计又称政府审计，是指由政府审计机关代表政府依法对各级政府及其部门、国有企业的财政或财务收支及公共资金的收支与运用情况所实施的审计。其突出特点表现为审计的法定权威性和强制性。

(2) 内部审计。内部审计是指由组织内部独立的审计机构对本单位及其所属单位的经营活动的真实性、合法性和效益性及内部控制的健全性与有效性进行审查和评价的一种监督活动。

(3) 独立审计。独立审计又称注册会计师审计、民间审计或社会审计，是指由注册会计师及其所在的会计师事务所接受委托依法对委托人指定的被审计单位进行的审计。委托审计是注册会计师审计的显著特点，其审计意见具有法律效力和鉴证作用。

任务处理

【任务1-1】中华人民共和国成立后的第一家会计师事务所是(　　)。

A. 正则会计师事务所　　B. 立信会计师事务所

C. 高威会计师事务所　　D. 上海会计师事务所

任务解析：应选D。我国第一家会计师事务所是1918年谢霖先生创办的正则会计师事务所，1981年成立的上海会计师事务所是我国恢复注册会计师制度后的第一家会计师事务所。

【任务1-2】关于注册会计师审计的表述正确的是(　　)。

A. 有偿审计　　B. 可根据审计结果做出审计决定

C. 强制性审计　　D. 在独立性上体现为双向独立

任务解析：应选AD。选项BC是政府审计的特点。

任务导入分析

选项B是正确的。西方注册会计师审计之所以起源于16世纪初意大利的合伙企业制度，其最本质的原因是合伙企业的所有权和经营权开始分离。也正因为企业所有权和经营权的分离，查账和公证工作便有了社会需求。

任务二　审计怎么做

任务导入

某产品2020年的毛利率与2019年相比有所上升，Z公司提供了以下解释，其中与毛利率变动不相关的是(　　)。

A. 该产品的销售价格与2019年相比有所上升

B. 该产品的产量与2019年相比有所增加

C. 该产品的销售收入占当年主营业务收入的比例与2019年相比有所上升

D. 该产品使用的主要原材料的价格与2019年相比有所下降

资讯准备

一、注册会计师审计方法的演进

1. 账项基础审计

在审计发展的早期(19世纪以前)，由于企业组织结构简单、业务性质单一，审计主要是为了满足财产所有者对会计核算进行独立检查的要求，促使受托责任人在授权经营过程中做出诚实、可靠的行为。这时的审计工作旨在发现和防止错误与舞弊行为，审计的重心是围绕会计交易的账簿、凭证进行的，审计方法是详细审计。这种以审查账表上的会计事项为主线的审计方法就是账项基础审计方法，即审计的起点是检查账证表。

账项基础审计适用于评价简单的受托经济责任，进入20世纪以后，这种方法的局限性越来越明显：第一，这种审计方法耗费大量的人力和时间，审计成本高，不利于提高审计工作的效率和效益；第二，审计方法简单，即使查出了错误或舞弊的情形，也查不出会计内部控制系统中的缺陷，无法追根溯源，避免重犯。

2. 制度基础审计

步入20世纪后，一方面，审计的目标已经不再是差错防弊，而是验证财务报表是否真实、公允地反映了企业的财务状况和经营成果，财务报表的外部使用者也将注意力越来越多地转向企业的经营管理方面，这就要求审计对企业的内部控制系统要有全面的了解。另一方面，由于企业规模日益扩大，经济活动和交易事项的内容不断丰富、复杂，审计工作量迅速增大，而需要的审计技术日益复杂，使得详细审计难以实施。为了进一步提高审计效率，审计的视角转向企业的管理制度，特别是会计信息赖以生成的内部控制，从而将内部控制与抽样审计结合起来。从20世纪50年代起，以内部控制测试为基础的抽样审计在西方国家得到广泛应用。这种方法被称为制度基础审计方法。审计的起点是了解与测试内部控制。

3. 风险导向审计

自 20 世纪 80 年代以来，科学技术和政治经济发生急剧变化，对企业经营管理产生重大影响，导致企业竞争更加激烈，经营风险日益增加，倒闭事件不断发生。于是对注册会计师审计工作提出了更高的要求，注册会计师必须从更高层次，综合考虑企业的环境和面临的经营风险，把握企业面临的各方面情况，分析企业经济业务中可能出现的错误和舞弊行为，并以此为出发点，制定审计策略，依据审计风险模型，制定与企业状况相适应的审计计划，以确保审计工作的效率和效果。这种以审计风险模型为基础进行的审计称为风险导向审计模式，审计的起点是风险评估。

二、审计的一般方法

1. 顺查法与逆查法

按照审计工作的顺序和会计业务处理程序的关系，审计方法有顺查法和逆查法之分。

审计的一般方法

(1) 顺查法。顺查法，又称正查法，是指按照会计核算过程的先后顺序，依次审查凭证、账簿和财务报表的一种审计方法。审查时应首先审查原始凭证，着重审查和分析经济业务是否真实、正确、合法、合规；其次是审查和分析记账凭证，查明会计科目处理和数据计算是否正确、合规；再次，审查各类账簿的记录是否正确，账证是否相符；最后，审查和分析财务报表的各个项目是否正确、完整和合规，核对账表、表表是否相符。此法由于审查工作细致、全面，不易发生疏忽、遗漏等弊病。所以，对于内部控制制度不够健全，账目比较混乱，存在问题较多的被审计单位，采用顺查法较为适宜。其缺点是工作量大，费时费力，不利于提高审计工作效率和降低审计成本。

(2) 逆查法。逆查法，又称倒查法，是指按照与会计核算过程相反的顺序依次进行审计的方法。采用逆查法时，首先，应审查和分析财务报表及其各个项目，从中找出增减变化异常或数额较大、容易出现错弊的项目，从而确定下一步审计的重点项目；其次，按照所确定的重点和可疑账项，追溯审查会计账簿，进行账表、账账核对，发现可能存在的问题；最后，通过审查凭证来确定被审计事项的真相。此法可以节省审计的时间和人力，有利于提高审计工作的效率和降低审计成本。缺点是采用此法要求审计工作人员必须具有一定的分析判断能力和实际工作经验，才能胜任审计工作。

2. 详查法与抽样法

按照审查经济业务资料的规模大小和收集审计证据范围的大小不同，审计方法又有详查法和抽样法之分。

(1) 详查法。详查法，又称详细审计，是指对被审计单位一定时期内的全部会计资料进行详细的审核检查，以判断被审计单位经济活动的合法性、真实性和效益性的一种审计方法。此法的优点是容易查出问题，审计风险较小，审计结果比较正确；缺点是工作量较大，审计成本较高。除了一些有严重问题的、非彻底检查不可的专案审计，以及经济活动很少的小型企事业单位外，一般不经常采用详查法。

(2) 抽样法。抽样法，又称抽样审计，是指从被审计单位一定时期内的会计资料按照一定的方法抽出其中的一部分进行审查，借以推断总体有无错误和舞弊行为的一种方法。此法的优点是可以减少审计的工作量，降低审计成本；缺点是有较大的局限性，如果样本选择不当，就会使注册会计师做出错误的结论，审计风险较大。采用这种方法时，注册会计师通常要对被审计单位的内部控制制度进行评价，以加强审计结论的可靠性。

3. 报表项目法和业务循环法

按照对财务报表的项目进行划分的标准不同，通常有报表项目法和业务循环法之分。

(1) 报表项目法。按财务报表的项目来组织财务报表审计的方法称为报表项目法。此法的优点是与多数被审计单位的账户设置体系及财务报表格式相吻合，操作方便；缺点是由于内部控制测试通常按照业务循环采用审计抽样的方法进行，该方法使实质性程序与内部控制测试严重脱节。

(2) 业务循环法。所谓业务循环，是指处理某一类经济业务的工作程序和先后顺序。按业务循环来组织财务报表审计的方法称为业务循环法，一般可将被审计单位全部的交易和账户按照相关的程度划分为若干个业务循环。例如，制造业企业可以划分为销售与收款循环、采购与付款循环、筹资与投资循环、存货与仓储循环、工薪与服务循环。此法的优点是将交易与账户的实质性程序与按业务循环进行的内部控制测试直接联系，加深了审计小组成员对被审计单位经济业务的理解，而且便于审计的合理分工，将特定业务循环所涉及的财务报表项目分配给一个或数个审计小组成员，能够提高审计的效率与效果。所以业务循环法逐渐取代了报表项目法。

三、审计取证的具体方法

1. 检查记录或文件

检查记录或文件是指注册会计师对被审计单位内部或外部生成的，以纸质、电子或其他介质形式存在的记录或文件进行审查。检查记录或文件的目的是对财务报表所包含或应包含的信息进行验证。例如，被审计单位通常对每一笔销售交易都保留一份客户订购单、一张发货单和一份销售发票副本。这些凭证对于注册会计师验证被审计单位记录的销售交易的正确性是有用的证据。外部记录或文件通常被认为比内部记录或文件更可靠，因为外部凭证经被审计单位的客户出具，又经被审计单位认可，表明交易双方对凭证上记录的信息和条款达成一致意见。另外，某些外部凭证编制过程非常谨慎，通常由律师或其他有资格的专家进行复核，因而具有较高的可靠性，如保险单、契约和合同等文件。

检查记录或文件

2. 检查有形资产

检查有形资产是指注册会计师对被审计单位的资产实物进行检查。检查有形资产是验证资产真实存在的最可靠的手段。它不仅是认定资产数量和规格的一种客观手段，在某些情况下，还是评价资产状况和质量的一种有效方法，如确定存货数量的同时确定存货是否存在残次冷背的情况。但是，要验

检查有形资产

证存在的资产确实为被审计单位所拥有，仅靠检查实物证据是不够的，并且在许多情况下，注册会计师也没有能力准确判断资产的质量状况。

调节法属于检查有形资产的方法之一。它通过增减数字的调整，使表面上不一致的相关数字趋于一致，以验证某一项目相关数字的正确性。调节法通常用于验证存货和银行存款余额的正确性。当实物盘点日数量与账面结存日数量不一致时，就需要对相差日期中的账目数字进行调节，以验证账面结存数的正确性。调节法的计算公式如下：

被查日存量＝盘点日存量＋被查日至盘点日发出量－被查日至盘点日收入量

3. 观察

观察是指注册会计师通过观察相关人员正在从事的活动或执行的程序，以获得发生、存在、完整性、计价、截止等认定的相关证据。例如，对被审计单位执行的存货盘点或控制活动进行观察。观察提供的审计证据仅限于观察发生的时点，并且在相关人员已知被观察时，因此相关人员从事活动或执行程序可能与日常的做法不同，从而会影响注册会计师对真实情况的了解。因此，注册会计师有必要获取其他类型的佐证证据。

4. 询问

询问是指注册会计师以书面或口头方式，向被审计单位内部或外部的知情人员获取财物信息和非财物信息，并对答复进行评价的过程。知情人员对询问的答复可能为注册会计师提供尚未获悉的信息或佐证证据，也可能提供与已获悉信息存在重大差异的信息，注册会计师可以根据询问结果考虑修改审计程序或追加审计程序。尽管通过询问可以从客户那里获得大量的证据，但不能作为结论性证据。

5. 函证

函证是指注册会计师为了获取影响财务报表或相关披露认定的项目的信息，通过直接来自第三方的对有关信息和现存状况的声明，获取和评价审计证据的过程。正因为函证直接来自独立于被审计单位的第三方，所以受到高度重视，经常会被使用。函证的方式有积极式和消极式两种。积极式函证也称为肯定式函证，是指要求被询证者在所有情况下都必须回函，确认询证函所列示信息是否正确，或填列询证函要求的信息。消极式函证也称否定式函证，是指要求被询证者仅在不同意询证函所列示信息的情况下才予以回函。

函证

6. 重新计算

重新计算是指注册会计师以人工方式或使用计算机辅助审计技术，对记录或文件数据计算的正确性进行核对。重新计算可用于对以下资料的审查：原始凭证的计算，包括数量单价的积数、小计、合计的加总等；记账凭证的计算，包括明细科目的金额合计等；账簿的计算，包括每页各栏金额小计、合计、月计、累计和转页金额等；会计报表的计算，包括有关项目的小计、合计、总计及有关指标的计算；其他有关资料的计算，包括预算、合同、计划等数据的计算等。

7. 重新执行

重新执行是指注册会计师以人工方式或使用计算机辅助审计技术，对被审计单位内部控制组成部分的程序或控制重新独立执行。

8. 分析程序

分析程序是指注册会计师通过研究不同财务数据之间以及财务数据与非财务数据之间的内在关系，对财务信息做出评价。分析程序还包括调查与其他信息不一致或与预测数据严重偏离的波动和关系。分析程序可贯穿于财务报表审计的全过程，常用的分析程序的方法有：比较分析法、比率分析法和趋势分析法。

分析程序

比较分析法是指某一会计报表项目与其既定标准的比较，以获取有关审计证据的一种方法。它包括本期实际数与计划数、预算数或注册会计师的计算结果之间的基表；本期实际数与同业标准之间的比较等。比率分析法是指通过对会计报表中某一项目以及与其相关的某一项目相比所得的值进行分析，以获取审计证据的一种方法，如流动比率、速动比率、资产负债率等。趋势分析法是指通过对连续若干期同一会计报表项目的变动金额及其百分比的计算，分析该项目的增减变动方向和幅度，以获取审计证据的一种发展，如发展速度等。注册会计师运用分析性复核方法时，应当考虑数据之间是否存在某种相关关系。如果不存在预期相关关系，注册会计师不应当运用分析性复核；如果数据具有相关关系，则可使用。

任务处理

【任务 1-3】下列情形中，注册会计师可能不对应收账款实施函证的是(　　)。

A. 应收账款金额很小，但交易频繁

B. 根据审计重要性原则，有充分证据表明应收账款对财务报表不重要

C. 函证费用过高

D. 注册会计师认为函证很可能无效

任务解析：应选 BD。选项 A，虽然应收账款的金额很小，但是作为重要的顾客，还是应该进行函证的；选项 C，函证的费用不能作为是否进行函证的标准。

【任务 1-4】在以下财务报表项目中，一般情况下，不需要函证的项目是(　　)。

A. 应收账款　　B. 银行存款　　C. 应付账款　　D. 应收票据

任务解析：应选 C。“资产防高估，负债防低估”，函证无益于查找未入账的负债，所以一般情况下，应付账款不需要函证。

任务导入分析

应选 C。该产品的销售收入占当年主营业务收入的比例增加，不一定是该产品销售收入的增加带来的，而且，即使是该产品收入增加，其产品的售价和成本不变，毛利率也不会发生变动。而该产品的售价和原材料价格的变化必然导致毛利率的变化。该产品产量增加，会导致单位生产成本的下降，因此，毛利率会增加。

任务三 审计做什么

任务导入

审计监督体系

就审计的独立性而言，下面对各种组织形式的审计说法中，正确的是(　　)。

A. 内部审计的独立性低于注册会计师审计和政府审计

B. 政府审计的独立性介于注册会计师审计与内部审计之间

C. 政府审计是单向独立，即它仅与被审计单位独立，而不与审计委托者独立

D. 注册会计师审计是双向独立，它独立于被审计单位和审计委托者

资讯准备

一、政府审计

1. 政府审计机关

审计机关是代表政府依法行使审计监督权的行政机关，具有法律赋予的权威性。目前世界各国政府建立的审计机构，因领导关系不同而分为三种类型：①由议会直接领导并对议会负责；②在政府内建立审计机构并对政府负责，政府则对议会负责；③由财政部门领导，在财政部门内部设审计机构监管财政监督，实行财政、审计合一制度。从审计的独立性、权威性来讲，由议会领导最为适宜。我国目前的审计机关由政府领导，分中央与地方两个层次。

(1) 国家最高审计机关。在我国，国家最高审计机关是中华人民共和国审计署(以下简称审计署)，隶属于国务院。审计署在国务院总理的领导下，主管全国的审计工作，审计长是审计署的行政首长。审计署负责组织领导全国的审计工作，对国务院各部门和地方各级政府、国家金融机构和企事业组织的财政(或财务)收支进行审计监督。

(2) 地方审计机关。县级以上各级人民政府设立地方审计机关，实行双重领导体制。在业务上受上一级审计机关的领导，在其他方面受本级人民政府的领导。它负责本级审计机关范围内的审计事项，对上级审计机关和本级人民政府负责并报告工作。

2. 政府审计人员

根据《宪法》和有关规定，审计署设审计长一人，副审计长若干人。审计长由国务院总理提名、全国人民代表大会决定、国家主席任免；副审计长由国务院任免；县级以上各级政府的审计厅长、局长由本级人民代表大会决定任免；副局长由本级政府任免；地方各级厅长、局长的任免事前应征求上一级审计机关的意见。

国家审计机关审计人员实行专业技术资格制度，审计专业技术资格分为初级(审计员、助理审计师)资格、中级(审计师)资格、高级(高级审计师)资格。审计人员的初级、中级审计专业技术资格，通过参加全国统一考试，并达到合格标准后获得；高级审计专业技术资格，通过高级审计师评审委员会按照规定评审获得。

3. 政府审计的审计职责

根据《中华人民共和国审计法》(以下简称《审计法》)及其实施条例的规定，审计机关的基本职责如下。

(1) 直接进行下列审计：本级预算执行情况和其他财政收支；本级各部门(含直属单位)和下级政府预算的执行情况和决算，以及其他财政收支；国家事业组织和使用财政资金的其他事业组织的财务收支；中央银行的财务收支；国有及国有资本占控股地位或主导地位的金融机构的资产、负债、损益；国有及国有资本占控股地位或主导地位的企业的资产、负债、损益；政府投资和以政府投资为主的建设项目的预算执行情况和决算；政府部门管理的和其他单位受政府委托管理的社会保障基金、社会捐赠资金以及其他有关基金、资金的财务收支；国际组织和外国政府援助、贷款项目的财务收支；根据国家有关规定，对国家机关和依法属于审计机关审计监督对象的其他单位主要负责人进行任期经济责任审计。

(2) 审计署对中央预算执行情况和其他财政收支情况进行审计监督，向国务院总理提交审计结果报告。地方各级审计机关对本级预算执行情况和其他财政收支情况进行审计监督，向本级人民政府和上一级审计机关提出审计结果报告。

(3) 各级审计机关每年受本级政府的委托，向本级人民代表大会常务委员会提交本级预算执行和其他财政收支的审计工作报告。

(4) 对与国家财政收支有关的特定事项进行专项审计调查，向本级人民政府和上一级审计机关报告审计调查结果。

(5) 指导和监督内部审计，核查社会审计机构出具的相关审计报告。

二、内部审计

1. 内部审计组织

内部审计是由各单位、各部门内部设置的专门机构或人员实施的审计。内部审计主要监督检查本部门、本单位的财务收支和经营管理活动。目前各国内部审计部门的设置因领导关系不同而大体分为三种类型：由本单位总会计师或主管财务的副总裁领导；由本单位总裁或总经理领导；由本单位董事会领导。从审计的独立性、权威性来讲，领导层次越高越有保障。我国目前的内部审计部门一般由本单位、本部门的主要负责人领导，业务上接受当地政府审计机构或上一级主管部门审计机构的指导。相对外部审计而言，内部审计的独立性较弱。

2. 内部审计人员

内部审计人员应当在具有良好的政治素质和品德素质的基础上具备必要的专业知识和技能。国际内部审计师协会于 1972 年开始实行注册内部审计师制度。取得国际注册内部审计师资格，需通过以下科目的考试：内部审计程序、内部审计技术、管理控制和信息技术、审计环境等科目。

3. 内部审计机构的职责

内部审计机构按照本单位主要负责人或者权力机构的要求，履行下列职责：

(1) 对本单位及所属单位(含占控股地位或者主导地位的单位，下同)的财政收支、财务收支及其有关的经济活动进行审计。

(2) 对本单位及所属单位预算内、预算外资金的管理和使用情况进行审计。

(3) 对本单位内设机构及所属单位领导人员的任期经济责任进行审计。

(4) 对本单位及所属单位固定资产投资项目进行审计。

(5) 对本单位及所属单位内部控制制度的健全性和有效性以及风险管理进行评审。

(6) 对本单位及所属单位经济管理和效益情况进行审计。

(7) 法律、法规规定和本单位主要负责人或者权力机构要求办理的其他审计事项。

三、注册会计师审计

1. 会计师事务所

注册会计师审计是由经政府有关部门审核批准的注册会计师组成的会计师事务所进行的审计。在我国，会计师事务所的形式主要有普通合伙制会计师事务所和有限责任公司制会计师事务所两种形式。会计师事务所是注册会计师的工作机构，注册会计师必须加入会计师事务所才能接受委托，办理审计。因此在业务上具有较强的独立性、客观性和公正性，并且为社会公众所认可。

(1) 普通合伙制会计师事务所。普通合伙制会计师事务所是指两个或两个以上的合伙人组成的合伙组织，合伙人以各自的财产对事务所的债务承担无限连带责任。它的优点是在风险的牵制和共同利益的驱动下，促使会计师事务所提高执业质量，扩大业务规模，提高控制风险的能力；缺点是建立一个跨地区、跨国界的大型会计师事务所要经历一个漫长的过程。同时，任何一个合伙人执业中的失误或舞弊行为，都可能给整个会计师事务所带来灭顶之灾，使之一日之间土崩瓦解。

(2) 有限责任公司制会计师事务所。有限责任公司制会计师事务所由注册会计师认购会计师事务所股份，并以其所认购的股份对会计师事务所承担有限责任，会计师事务所以其全部资产对其债务承担有限责任。它的优点是可以通过公司制形式迅速聚集一批注册会计师，组成大型会计师事务所，承办大型业务；缺点是降低了风险责任对执业行为的高度制约，弱化了注册会计师的个人责任。

2. 注册会计师

(1) 注册会计师考试。我国于 1991 年开始组织注册会计师全国统一考试，通过注册会计师全国统一考试可以取得注册会计师资格。符合下列条件之一的中国公民，均可报名参加考试：具有高等专科以上学校毕业学历，或者具有会计或者相关专业(指审计、统计、经济)中级以上技术职称。考试划分为专业阶段考试和综合阶段考试，考生在通过专业阶段考试的全部科目后，才能参加综合阶段考试。专业阶段考试设会计、审计、财务成本管理、公司战略与风险管理、经济法、税法 6 个科目；综合阶段考试设职业能力综合测试 1 个科目。通过注册会计师全国统一考试，考试科目成绩合格后，可以申请办理注册会计师考试全科合格证书，并可以申请加入注册会计师协会，成为注册会计师协会的非执业会员；从事审计业务工作2年以上，可以向省、自治区、直辖市注册会计师协会申请注册。

(2) 注册会计师业务范围。注册会计师可依法承办审计业务和会计咨询、会计服务业务。此外，还可以根据委托人的委托，从事审阅业务、其他鉴证业务和相关服务业务。

① 审计业务。注册会计师可以从事以下法定审计业务：审查企业财务报表，出具审计报告；验证企业资本，出具验资报告；办理企业合并、分立、清算事宜中的审计业务，出具有关报告；办理法律、行政法规规定的其他审计业务，出具相应的审计报告。注册会计师按照审计准则的规定执行审计工作，能够对财务报表整体不存在重大错报获取合理保证。

② 审阅业务。审阅财务报表是指注册会计师接受委托，在实施审阅程序的基础上，说明是否注意到某些事项，使其相信财务报表没有按照适用的会计准则和相关会计制度的规定编制，未能在所有重大方面公允反映被审计单位的财务状况、经营成果和现金流量的鉴证业务。

③ 其他鉴证业务。注册会计师还承办其他鉴证业务，如预测性财务信息审核、网誉认证、系统鉴证和内部控制审核等，这些鉴证业务可以增强使用者的信任程度。

④ 相关服务业务。相关服务包括对财务信息执行商定程序、代编财务信息、税务服务、管理咨询以及会计服务等。

3. 注册会计师审计的作用

(1) 有利于维护社会主义市场经济秩序，保护社会公共利益。建立社会主义市场经济体制是我国经济体制改革的目标，要实现这一目标，就必须转变政府职能，转换企业经营机制，培育和完善市场体系，规范市场行为。注册会计师及其会计师事务所通过审查企业编制的财务报表的合法性和公允性，检查企业执行国家财经法律、法规和规章制度的情况，对维护市场经济秩序和保护社会公共利益发挥着重要作用。

(2) 有利于促使政府转变职能。政府部门由依靠行政手段直接管理企业，转变为依托市场，主要依靠经济、法律手段，通过加强宏观调控进行间接管理。在新的经济体制下，政府可利用注册会计师及其会计师事务所出具的审计报告，了解企业的财务状况和经营成果，了解国家财经法律、法规和政策的执行情况，以便进行宏观调控。此外，政府部门还可以依靠行业协会，加强行业监管，促使注册会计师增强职业风险意识，讲求职业道德，提高服务质量。

(3) 有利于促进现代企业制度的完善。企业是市场经济的细胞，企业的行为及活力直接影响市场经济的运行，加强注册会计师审计有利于规范企业行为。由于企业编制的财务报表是反映企业经营状况的晴雨表，所以，企业所有者、债权人、潜在投资者、政府和社会公众都很重视企业会计信息的质量。为了维护股东和债权人的合法权益，规范企业管理人员的行为，法律规定必须聘请注册会计师对企业管理者编制的年度财务报表进行审计。

任务处理

【任务 1-5】注册会计师接受委托人的委托从事下列业务，其中属于其他鉴证业务的是(　　)。

A. 对财务信息执行商定程序　　B. 对预测性财务信息进行审核

C. 为委托人代编财务信息　　D. 对中期财务报表进行审阅

任务解析：应选 B。注册会计师的业务包括鉴证业务和非鉴证业务两大类。鉴证业务包括审计、审阅和其他鉴证业务。非鉴证业务包括对财务信息执行商定程序、代编财务信息、管理咨询、税务服务等相关服务业务。对预测性财务信息进行审核、内部控制审核均属于其他鉴证业务。所以选项 AC 属于非鉴证业务；选项 D 属于审阅业务。

【任务 1-6】注册会计师与政府审计部门如果对同一审计事项进行审计，最终形成的审计结论可能存在差异。导致差异的下列各项原因中最主要的是(　　)。

A. 审计的方式不同　　B. 审计的性质不同

C. 审计的依据不同　　D. 审计的独立性不同

任务解析：应选 C。注册会计师审计是依据《注册会计师法》和《中国注册会计师审计准则》进行的，而政府审计是依据《审计法》和《中华人民共和国国家审计基本准则》进行的。正因为二者依据的审计准则不同，因此对同一审计事项进行审计最终形成的审计结论可能存在差异。

任务导入分析

应选 ABCD。注册会计师审计与审计委托者、被审计单位均独立，政府审计仅与被审计单位独立，而不与审计委托者(政府)独立，内部审计与审计委托者、被审计单位均不独立。

技能训练

1. 宏达股份有限公司 2019 年 12 月 31 日产成品—羊毛衫明细账结存数量(单位：件)如下：

品　种	一等品	二等品	三等品
男式	640	160	50
女式	880	220	100
童式	450	120	30

经注册会计师袁强的要求，该厂于 2020 年 1 月 15 日上午进行了盘点，结果如下：

品　种	一等品	二等品	三等品
男式	608	216	46
女式	857	255	58
童式	414	56	20

查阅产成品仓库卡片，1月1日至14日的收发记录如下：

品　种	收　入			发　出		
	一等品	二等品	三等品	一等品	二等品	三等品
男式	1240	160	50	1172	204	54
女式	1430	170	100	1393	195	142
童式	640	160	50	666	224	60

要求:根据2020年1月15日实际盘点结果,用调节法核实2019年12月31日结存数(列示计算过程)，并与原明细账结存数量核对，检查原记录的真实性和正确性。

2. 2019年年初，ABC会计师事务所指派注册会计师X对Y股份有限公司(以下简称Y公司)2018年度财务报表进行审计，出具了标准无保留意见审计报告。2020年年初，注册会计师X对Y公司2019年度财务报表进行审计时初步了解到，Y公司2019年度的经营形势、管理及组织架构与2018年比较未发生重大变化，且未发生重大重组行为。Y公司2019年度利润表和2018年度利润表(金额单位：万元)如下：

项　目	2019年度(未审数)	2018年度(审定数)
一、营业收入	58 000	41 000
减：营业成本	40 000	33 000
税金及附加	1000	900
销售费用	4000	3200
管理费用	5000	2000
财务费用	1000	900
资产减值损失		
加：投资收益	15 000	2000
公允价值变动收益		
二、营业利润	22 000	3000
加：营业外收入	1000	1500
减：营业外支出	2000	2000
三、利润总额	21 000	2500
减：所得税费用(税率25%)	3000	700
四、净利润	18 000	1800

要求：为确定重点审计领域，注册会计师 X 拟实施分析程序，请对资料进行分析，指出利润表中的异常波动项目，并写出分析过程。

学习情境二

如何认识审计目标和审计证据

学习目标

【知识目标】了解被审计单位管理层认定的内容；理解审计总体目标和具体审计目标的含义，以及与管理层认定的对应关系；理解审计证据的含义及分类；了解审计工作底稿的基本要素，以及审计工作底稿的归档及复核的相关规定。

【技能目标】掌握获取审计证据相关审计程序，特别是函证程序和分析程序的应用；掌握审计工作底稿的编制及应用；掌握审计工作底稿的复核事项及要求。

任务一 确定审计目标

任务导入

注册会计师在审查销售业务时，发现甲公司销售给乙公司一批商品的销售收入记录了 100 万元，通过实质性程序确认该笔销售实际取得收入 90 万元(将 10%的商业折扣也计入了销售收入)，那么违反了主营业务收入的相关认定是(　　)。

审计目标的实现过程

A. 准确性　　B. 完整性　　C. 发生　　D. 计价和分摊

资讯准备

一、被审计单位管理层的认定

在被审计单位治理层的监督下，按照适用的会计准则和相关会计制度的规定编制财务报表是被审计单位管理层的责任。治理层是对被审计单位战略方向以及管理层履行经营管理责任负有监督责任的人员或组织。在某些被审计单位，治理层可能包括管理层，如治理层中负有经营管理责任的人员或参与日常经营管理的业主。管理层是指对被审计单位经营活动的执行负有经营

认定

管理责任的人员。同样，在某些被审计单位，管理层包括部分或全部的治理层成员。认定是指管理层对财务报表各组成要素的确认、计量、列报做出的明确或隐含的表达。主要包括与各类交易、事项及相关披露的认定，与期末账户余额及相关披露的认定。

1. 与各类交易、事项及相关披露的认定

(1) 发生。即记录的交易和事项已发生，且与被审计单位有关。

(2) 完整性。即所有应当记录的交易和事项均已记录，所有应当包括在财务报表中的披露均已包括。

(3) 准确性。即与交易和事项有关的金额及其他数据已恰当记录。

(4) 截止。即交易和事项已记录于正确的会计期间。

交易层的认定

(5) 分类。即交易和事项已记录于恰当的账户。

(6) 列报。即交易和事项已被恰当地汇总或分解且表述清楚，相关披露在适用的财务报告编制基础下是相关的，可理解的。

2. 与期末账户余额及相关披露的认定

(1) 存在。即记录的资产、负债和所有者权益是存在的。

(2) 权利和义务。即记录的资产由被审计单位拥有或控制，记录的负债是被审计单位应当履行的偿还义务。

(3) 完整性。即所有应当记录的资产、负债和所有者权益均已记录。

(4) 准确性、计价和分摊。即资产、负债和所有者权益以恰当的金额包括在财务报表中，与之相关的计价或分摊调整已恰当记录，相关披露已得到恰当计量和描述。

余额层的认定

(5) 分类。即资产、负债和所有者权益已记录于恰当的账户。

(6) 列报。即资产、负债和所有者权益已被恰当地汇总或分解且表述清楚，相关披露在适用的财务报告编制基础下是相关的，可理解的。

列报层的认定

管理层对财务报表各组成要素均做出了认定，注册会计师的审计工作就是要确定管理层的认定是否恰当。注册会计师可以按照上述分类运用认定，也可以按其他方式表述认定，但应涵盖上述所有方面。例如，注册会计师可以选择将有关交易和事项的认定与有关账户余额的认定综合运用。

二、审计总体目标与具体审计目标

审计目标是在一定历史环境下，人们通过实践活动所期望达到的境地或最终结果，它包括财务报表审计的总体目标以及与各类交易、账户余额和列报相关的具体审计目标两个层次。

1. 审计总体目标

关于财务报表审计总体目标，各国的描述略有不同。依据我国 2006 年颁布的《中国注册会计师执业准则》，财务报表审计的目标是注册会计师通过执行审计工作，对财务报表是否按照适用的会计准则和相关会计制度的规定编制，以及是否在所有重大方面公允反映被审计单位的财务状况、经营成果和现金流量等方面发表审计意见。可见，审计的总体目标是对被审计单位财务报表的合法性、公允性表示意见。因此，注册会计师收集审计证据的目的就是要对财务报表编制的合法性、公允性发表意见，并提出审计报告，以供报表使用者决策时使用。

(1) 对合法性的评价。评价财务报表的合法性时，注册会计师应主要考虑下列内容：评价选择和运用的会计政策是否符合适用的会计准则和相关会计制度，并适合于被审计单位的具体情况；评价管理层做出的会计估计是否合理；评价财务报表反映的信息是否具有相关性、可靠性、可比性和可理解性；评价财务报表是否做出充分披露，使财务报表使用者能够理解重大交易和事项对被审计单位财务状况、经营成果和现金流量的影响。

(2) 对公允性的评价。评价财务报表的公允性时，注册会计师应主要考虑下列内容：评价经管理层调整后的财务报表是否与注册会计师对被审计单位及其环境的了解一致；评价财务报表的列报、结构和内容是否合理；评价财务报表是否真实地反映了交易和事项的经济实质。

财务报表审计总体目标对注册会计师的审计工作发挥着导向作用，它界定了注册会计师的责任范围，直接影响注册会计师计划和实施审计程序的性质、时间和范围，决定了注册会计师如何发表审计意见。

2. 具体审计目标

注册会计师了解了被审计单位管理层的认定，就很容易确定每个项目的具体审计目标，并以此作为评估重大错报风险以及设计和实施进一步审计程序的基础。

具体的审计目标

(1) 与所审计会计期间各类交易、事项及相关披露相关的审计目标。

① 发生。由发生认定推导的审计目标是确认已记录的交易是真实的。例如，如果没有发生销售交易，但在销售日记账中记录了一笔销售，则违反了该目标。发生认定所要解决的问题是管理层是否把那些不曾发生的项目列入财务报表，它主要与财务报表组成要素的高估有关。

② 完整性。由完整性认定推导的审计目标是确认已发生的交易确实已经记录。例如，如果发生了销售交易，但没有在销售明细账和总账中记录，则违反了该目标。发生和完整性两者强调的是相反的关注点。发生目标针对潜在的高估，而完整性目标则针对漏记交易(低估)。

③ 准确性。由准确性认定推导出的审计目标是确认已记录的交易是按正确金额反映的。例如，如果在销售交易中，发出商品的数量与账单上的数量不符，或是开账单时使用了错误的销售价格，或是账单中的乘积或加总有误，或是在销售明细账中记录了错误的金额，则违反了该目标。

④ 截止。由截止认定推导出的审计目标是确认接近于资产负债表日的交易记录于恰当的期间。例如，如果本期交易推迟到下期或下期交易提前到本期，均违反了截止目标。

⑤ 分类。由分类认定推导出的审计目标是确认被审计单位记录的交易经过了适当分类。例如，如果将现销记录为赊销，将出售经营性固定资产所得的收入记录为营业收入，则导致交易分类的错误，违反了分类的目标。

⑥ 列报。由列报认定推导出的审计目标是确认被审计单位的交易和事项已被恰当地汇总或分解且表述清楚，相关披露在适用的财务报告编制基础下是相关的，可理解的。

(2) 与期末账户余额及相关披露相关的审计目标。

① 存在。由存在认定推导的审计目标是确认记录的金额确实存在。例如，如果不存在某顾客的应收账款，在应收账款明细表中却列入了对该顾客的应收账款，则违反了存在性目标。

② 权利和义务。由权利和义务认定推导的审计目标是确认资产归属于被审计单位，负债属于被审计单位的义务。例如，将他人寄售商品列入被审计单位的存货中，违反了权利目标；将不属于被审计单位的债务记入账内，则违反了义务目标。

③ 完整性。由完整性认定推导的审计目标是确认已存在的金额均已记录。例如，如果存在某顾客的应收账款，在应收账款明细表中却没有列入对该顾客的应收账款，则违反了完整性目标。

④ 准确性、计价和分摊。资产、负债和所有者权益以恰当的金额包括在财务报表中，与之相关的计价或分摊调整已恰当记录。

⑤ 分类。资产、负债和所有者权益已记录于恰当的账户。

⑥ 列报。资产、负债和所有者权益已被恰当地汇总或分解且表述清楚，相关披露在适用的财务报告编制基础下是相关的，可理解的。

任务处理

【任务 2-1】应当对财务报表的可靠性承担最终责任的是(　　)。

A. 注册会计师　　B. 被审计单位的会计人员

C. 财务报表使用者　　D. 被审计单位管理层

任务解析：应选 D。注册会计师只是财务报表的审计人，而非财务报表的编制人，选项 A 不正确；管理层是决策者，财务人员只是执行者，选项 B 不正确；财务报表使用者主要是利用财务报表做出决策，不会对其承担责任，选项 C 不正确。

【任务 2-2】在以下有关期末存货的监盘程序中，与测试存货盘点记录的完整性不相关的是(　　)。

A. 从存货盘点记录中选取项目追查至存货实物

B. 从存货实物中选取项目追查至存货盘点记录

C. 在存货盘点过程中关注存货的移动情况

D. 在存货盘点结束前再次观察盘点现场

任务解析：应选 A。选项 A 属于“逆向”追查，是证实存在的典型程序；选项 B 属于“正向”追查，是证实完整性的典型程序；选项 C 和 D 均既有助于实现真实性目标，又有助于实现完整性目标，所以与完整性目标是相关的。

任务导入分析

应选 A。甲公司销售实际取得收入 90 万元，被审计单位将商业折扣也计入了收入，属于金额记录不正确，所以它不属于发生、完整性认定问题，而是准确性认定问题。

任务二 获取审计证据

任务导入

以下关于分析程序的各种表述中不恰当的有(　　)。

A. 分析程序是指注册会计师通过研究不同财务数据之间的内在关系，对财务信息做出评价

B. 风险评估程序中运用分析程序的主要目的在于识别财务报表中的错报

C. 在总体复核阶段实施的分析程序主要在于强调并解释财务报表项目自上个会计期间以来发生的重大变化，以证实财务报表中列报的所有信息与注册会计师对被审计单位及其环境的了解一致，与注册会计师取得的审计证据一致

D. 在运用分析程序进行总体复核时，如果识别出以前未识别的重大错报风险，注册会计师应当重新考虑出具审计报告

资讯准备

一、审计证据的含义及构成

1. 审计证据的含义

要实现审计目标，必须收集和评价审计证据。注册会计师形成任何审计结论和意见都必须以充分、适当的证据作为基础，否则，审计报告就不可信赖。《中国注册会计师审计准则第1301号——审计证据》对审计证据的含义进行了规定，审计证据就是指注册会计师为了得出审计结论、形成审计意见而使用的所有信息。

审计证据的含义

2. 审计证据的构成

(1) 会计记录中含有的信息。依据会计记录编制财务报表是被审计单位管理层的责任，注册会计师应当测试会计记录以获取审计证据。财务报表依据的会计记录一般包括对初始分录的记录和支持性记录，如支票、电子资金转账记录、发票、合同、总账、明细账、记账凭证和未在记账凭证中反映的对财务报表的其他调整，以及支持成本分配、计算、调节和披露的手工计算表和电子数据表。上述会计记录是编制财务报表的基础，是构成注册会计师执行财务报表审计业务所需获取的审计证据的重要部分。

(2) 其他信息。会计记录中含有的信息本身并不足以提供充分的审计证据来作为对财务报表发表审计意见的基础，注册会计师还应当获取用作审计证据的其他信息。可用作审计证据的其他信息包括注册会计师从被审计单位内部或外部获取的会计记录以外的信息，如被审计单位会议记录、内部控制手册、询证函的回函、分析师的报告、与竞争者的比较数据等；通过询问、观察和检查等审计程序获取的信息，如通过检查存货获取存货存在性的证据等；以及自身编制或获取的可以通过合理推断得出结论的信息，如注册会计师编制的各种计算

表、分析表等。

财务报表依据的会计记录中包含的信息和其他信息共同构成了审计证据，两者缺一不可。如果没有前者，审计工作将无法进行；如果没有后者，可能无法识别重大错报风险。只有将两者结合在一起，才能将审计风险降至可接受的低水平，为注册会计师发表审计意见提供合理基础。

二、审计证据的种类

审计证据的分类和获取的程序

1. 按外表形式分类

(1) 实物证据。实物证据是注册会计师通过实际观察、检查有形资产等方法获取的以物品外部形态为表现形式，用来确定实物资产存在性的证据。例如，各种存货和固定资产可以通过监盘的方式判定其是否确实存在。资产实物通常是证明实物资产是否存在的有力证据，但实物的存在并不完全能证实被审计单位对其拥有所有权。例如，年终盘点的存货可能包括其他企业寄售或委托加工的部分，或者是已经销售而等待发运的商品。再者，某些实物资产的盘点，虽然可以确定其实物数量，但质量好坏(它将影响资产的价值)有时难以通过实物观察来加以判断。因此，对于取得实物证据的账面资产，还应就其所有权归属及其价值情况另行审计。

(2) 书面证据。书面证据是注册会计师所获取的各种以书面记录为形式(包括纸质、电子或其他介质)的证据，包括与审计有关的各种原始凭证、会计记录(记账凭证、会计账簿和各种明细表)、合同、通知书、报告书及函件等。在审计过程中，注册会计师往往要大量地获取和利用书面证据，因此，书面证据是审计证据的主要组成部分，也可称之为基本证据。

(3) 口头证据。口头证据是被审计单位职员或其他有关人员对注册会计师的提问做口头答复所形成的证据。例如，在审计过程中，注册会计师会向被审计单位有关人员询问会计记录、文件的存放地点，采用特别会计政策和方法的理由，收回逾期应收账款的可能性等。对于这些问题的口头答复，就构成了口头证据。一般而言，口头证据本身并不足以证明事情的真相，但注册会计师往往可以通过口头证据挖掘出一些重要的线索，从而有利于对某些需审核情况做进一步调查，以收集更为可靠的证据。在审计过程中，注册会计师应对各种重要的口头证据尽快做成记录，并注明是何人、何时、在何种情况下所做的口头陈述，必要时还应获得被询问者的签名确认。相对而言，不同人员对同一问题所做的口头陈述相同时，口头证据具有较高的可靠性。但在一般情况下，口头证据往往需要得到其他相应证据的支持。

(4) 环境证据。环境证据也称状况证据，是指对被审计单位产生影响的各种环境事实。具体包括被审计单位所在行业以及宏观经济的运行情况；被审计单位的内部控制情况；被审计单位管理人员和会计人员的素质；被审计单位各种管理制度和管理水平；被审计单位经营条件、经营方针等几个方面。

2. 按其来源分类

(1) 亲历证据。亲历证据是指注册会计师通过运用自己的各种感官取得反映被审事项真相的证据，主要包括亲自参与监督盘点取得的实物证据；通过现场观察取得的环境证据；通过分析计算得到的证据，如对折旧额的验算，对收益情况的分析性复核等；通过询问得到的口头证据。亲历证据一般具有较强的证明力，是一类非常重要的证据。

(2) 外部证据。外部证据是由被审计单位以外的组织机构或人士编制的书面证据。外部证据又包括由被审计单位以外的机构或人士编制并由其直接递交注册会计师的外部证据和由被审计单位以外的机构或人士编制，但为被审计单位持有并提交注册会计师的书面证据两类。前者如应收账款函证回函，被审计单位律师与其他独立的专家关于被审计单位资产所有权和或有负债的证明函件，保险公司、寄售企业、证券经纪人的证明等，此种证据不仅由完全独立于被审计单位的外界组织或人员提供，而且未经被审计单位有关职员之手，从而排除了伪造、更改凭证或业务记录的可能性，因而其证明力最强；后者如银行对账单、购货发票、应收票据、顾客订购单、有关的契约、合同等，由于此种证据经被审计单位职员之手，在评价其可靠性时，注册会计师应考虑被涂改或伪造的难易程度及其已被涂改的可能性。

(3) 内部证据。内部证据是由被审计单位内部机构或职员编制和提供的书面证据。内部证据包括被审计单位的会计记录、被审计单位声明书和其他各种由被审计单位编制和提供的书面文件。

一般而言，内部证据不如外部证据可靠。但如果内部证据在外部流转，并获得其他单位或个人的承认(如销货发票、付款支票等)，则具有较强的可靠性。即使只在被审计单位内部流转的书面证据也因被审计单位内部控制的好坏而异。若内部证据(如收料单与发料单)经过了被审计单位不同部门的审核、签章，且所有凭据预先都有连续编号并按序号依次处理，则这些内部证据也具有较强的可靠性；相反，若被审计单位的内部控制不够健全，注册会计师就不能过分地信赖其内部自制的书面证据。尽管上述各种证据可用来实现各种不同的审计目标，但对每一个具体账户及其相关的认定来说，注册会计师应选择能以最低成本实现全部审计目标的证据，力求做到证据收集既有效又经济。

三、审计证据的两大特性

1. 审计证据的充分性

审计证据的充分性是对审计证据数量的衡量，主要与注册会计师确定的样本量有关。审计证据的充分性又称为足够性，是指审计证据的数量足以使注册会计师形成审计意见。因此，它是注册会计师为形成审计意见所需要审计证据的最低数量要求。客观公正的审计意见必须建立在有足够数量审计证据的基础之上。但这并不是说审计证据的数量越多越好，为了使注册会计师进行有效率、有效益的审计，注册会计师通常把需要足够数量审计证据的范围降低到最低限度。因此，每一个审计项目对审计证据的需要量以及取得这些证据的途径和方法，应当根据该项目的具体情况来定。只有注册会计师通过不同的渠道和方法取得他们认为足够的审计证据时，才能据以发表审计意见。

注册会计师需要获取的审计证据的数量受其对重大错报风险评估的影响(评估的重大错报风险越高，需要的审计证据可能越多)，并受审计证据质量的影响(审计证据质量越高，需要的审计证据可能越少)。但是注册会计师仅靠获取更多的审计证据可能无法弥补其质量上的缺陷。

2. 审计证据的适当性

审计证据的适当性是对审计证据质量的衡量，即审计证据在支持各类交易、账户余额、列报的相关认定，或发现其中存在错报方面具有相关性和可靠性。相关性和可靠性是审计证据适当性的核心，只有相关且可靠的审计证据才是高质量的。

(1) 审计证据的相关性。审计证据的相关性是指审计证据应与审计目标相关联。在确定审计证据的相关性时，注册会计师应当考虑：特定的审计程序可能只为某些认定提供相关的审计证据，而与其他认定无关；针对同一项认定可以从不同来源获取审计证据或获取不同性质的审计证据；只与特定认定相关的审计证据并不能替代与其他认定相关的审计证据。

(2) 审计证据的可靠性。审计证据的可靠性是指审计证据的可信赖程度。审计证据的可靠性受其来源和性质的影响，并取决于获取审计证据的具体环境。注册会计师通常按照下列原则考虑审计证据的可靠性：从外部独立来源获取的审计证据比从其他来源获取的审计证据更可靠；内部控制有效时内部生成的审计证据比内部控制薄弱时内部生成的审计证据更可靠；直接获取的审计证据比间接获取或推论得出的审计证据更可靠；以文件记录形式(无论是纸质、电子或其他介质)存在的审计证据比口头形式的审计证据更可靠；从原件获取的审计证据比从传真或复印件获取的审计证据更可靠。

在运用上述原则评价审计证据的可靠性时，注册会计师还应当注意可能出现的重大例外情况。例如，审计证据虽然是从独立的外部来源获得，但如果该证据是由不知情者或不具备资格者提供，审计证据也可能是不可靠的。同样，如果注册会计师不具备评价证据的专业能力，那么即使是直接获取的证据，也可能不可靠。

3. 评价充分性和适当性时的特殊考虑

(1) 对文件记录可靠性的考虑。审计工作通常不涉及鉴定文件记录的真伪，注册会计师也不是鉴定文件记录真伪的专家，但应当考虑用作审计证据的信息的可靠性，并考虑与这些信息生成与维护相关控制的有效性。如果在审计过程中识别出的情况使其认为文件记录可能是伪造的，或文件记录中的某些条款已发生变动，注册会计师应当做进一步调查，包括直接向第三方询证，或考虑利用专家的工作来评价文件记录的真伪。

(2) 使用被审计单位生成信息的考虑。如果在实施审计程序时使用被审计单位生成的信息，注册会计师应当就这些信息的准确性和完整性获取审计证据。

(3) 证据相互矛盾的考虑。如果从不同来源获取的审计证据或获取的不同性质的审计证据不一致，表明某项审计证据不可靠，注册会计师应当追加必要的审计程序。

(4) 获取审计证据时对成本的考虑。注册会计师可以考虑获取审计证据的成本与所获取信息的有用性之间的关系，但不应以获取审计证据的困难和成本为由减少不可替代的审计程序。

四、获取审计证据的审计程序

1. 审计程序的种类

审计程序是指注册会计师在审计过程中的某个时间，对将要获取的某类审计如何进行收集的详细指令，也就是从事审计工作中具体所使用的方法。在设计审计程序时，注册会计师通常使用规范的措辞或术语，以使注册会计师能够正确理解和执行。在审计过程中，注册会计师可根据需要单独或综合运用检查记录或文件、检查有形资产、观察、询问、函证、重新计算、重新执行、分析程序等审计程序，以获取充分、适当的审计证据。

(1) 检查记录或文件可提供可靠程度不同的审计证据，审计证据的可靠性取决于记录或文件的来源和性质，所获取的审计证据主要证明的认定是存在(或发生)、完整性、权利和义务。

(2) 检查有形资产能为存在性提供可靠的审计证据，但不一定能够为权利和义务或计价认定提供可靠的审计证据，所获取的审计证据主要证明的认定是存在。

(3) 观察提供的审计证据仅限于观察发生的时点，所获取的审计证据主要证明的认定是存在、截止、计价和分摊。

(4) 询问本身不足以发现认定层次存在的重大错报，也不足以测试内部控制运行的有效性，所获取的审计证据主要证明的认定是存在、权利和义务。

(5) 函证获取的审计证据可靠性较高，所获取的审计证据主要证明的认定是存在、完整性、权利和义务。

(6) 重新计算所获取的审计证据主要证明的认定是计价和分摊、准确性。

(7) 重新执行可以采用人工方式或使用计算机辅助审计技术，所获取的审计证据主要证明的认定是计价和分摊。

(8) 分析程序所获取的审计证据主要证明的认定是计价和分摊、截止、完整性。函证和分析程序后文还会详细介绍。

2. 使用审计证据时应注意的问题

(1) 审计证据的取舍。注册会计师不必也不可能把审计证据所反映的内容全部包括到审计报告之中。在编写审计报告之前，必须对反映不同内容的审计证据做适当的取舍，舍弃那些无关紧要的、不必在审计报告中反映的次要证据。审计证据取舍的标准如下。

第一，金额大小。对于金额较大、足以对被审计单位的财务状况和经营成果的反映产生重大影响的证据，应当作为重要的审计证据。

第二，问题性质的严重程度。有的审计证据本身所揭露问题的金额也许并不很大，但这类问题的性质较为严重，它可能导致其他重要问题的产生或与其他可能存在的重要问题有关，则这类审计证据也应作为重要的证据。

(2) 清楚事实的现象与本质。某些审计证据所反映的只是一种假象，注册会计师必须对其加以认真地分析研究，透过现象找出它所反映的事物本质，不能被表面的假象所迷惑。

(3) 排除伪证。所谓伪证，指被审计单位等审计证据的提供者出于某种动机而伪造的证据，或是有关方面基于主观或客观原因而提供的假证。这些证据或因精心炮制而貌似真证据，或与被审计事实之间存在某种巧合，如不认真排除，往往就会鱼目混珠，以假乱真。

3. 函证程序

(1) 对函证程序的理解。函证是一个获取和评价审计证据的过程。在这个过程中，注册会计师通常以被审计单位的名义向拥有相关信息的第三方提出书面请求，要求其提供影响财务报表认定的特定项目的信息。在得到第三方对有关信息和现存状况的声明后，注册会计师再进行跟进和评价。值得注意的是，函证强调从第三方直接获取有关信息。

(2) 函证的内容、范围、时间和方式，具体规定如下：

① 函证的内容。注册会计师应当对银行存款、借款(包括零余额账户和在本期内注销的账户)及与金融机构往来的其他重要信息实施函证。注册会计师还应当对应收账款实施函证，除非有充分证据表明应收账款对财务报表不重要，或函证很可能无效。如果不对应收账款函证，注册会计师应当在工作底稿中说明理由。如果认为函证很可能无效，注册会计师应当实施替代审计程序，获取充分、适当的审计证据。函证的内容通常还涉及下列账户余额或其他信息：交易性金融资产、应收票据、其他应收款、预付账款、由其他单位代为保管加工或销售的存货、长期股权投资、委托贷款、应付账款、预收账款、保证抵押或质押、或有事项、重大或异常的交易。

② 函证的范围。注册会计师采用审计抽样或其他选取测试项目的方法选择函证样本时，样本应当足以代表总体。注册会计师根据对被审计单位的了解、评估的重大错报风险以及所测试总体的特征等确定从总体中选取特定项目进行测试。选取的特定项目可能包括金额较大的项目、账龄较长的项目、交易频繁但期末余额较小的项目、重大关联方交易、重大或异常的交易、可能存在争议以及产生重大舞弊或错误的交易。

③ 函证的时间。注册会计师通常以资产负债表日为截止日，在资产负债表日后适当时间内实施函证。如果重大错报风险评估为低水平，注册会计师可选择资产负债表日前适当日期为截止日实施函证，并对所函证项目自该截止日起至资产负债表日止发生的变动实施实质性程序。

④ 函证的方式。注册会计师可采用积极的或消极的函证方式实施函证，也可将两种方式结合使用。积极的函证方式通常比消极的函证方式提供的审计证据更可靠。当同时存在下列情况时，注册会计师可考虑采用消极的函证方式：重大错报风险评估为低水平；涉及大量余额较小的账户；预期不存在大量的错误；没有理由相信被询证者不认真对待函证。

(3) 管理层要求不实施函证程序的处理。当被审计单位管理层要求对拟函证的某些账户余额或其他信息不实施函证时，注册会计师应当考虑该项要求是否合理。如果认为管理层的要求合理，注册会计师应当实施替代审计程序，以获取与这些账户余额或其他信息相关的充分、适当的审计证据。如果认为管理层的要求不合理，且被其阻挠而无法实施函证，注册会计师应当视为审计范围受到限制，并考虑对审计报告可能产生的影响。

在分析管理层要求不实施函证的原因时，注册会计师应当保持职业怀疑态度，并考虑以下几点：管理层是否诚信；是否可能存在重大的舞弊或错误；替代审计程序能否提供与这些账户余额或其他信息相关的充分、适当的审计证据。

(4) 函证程序的控制。当实施函证时，注册会计师应当对选择被询证者、设计询证函以及发出和收回询证函保持控制。具体措施包括：将被询证者的名称、地址与被审计单位有关记录核对；将询证函中列示的账户余额或其他信息与被审计单位有关资料核对；在询证函中指明直接向接受审计业务委托的会计师事务所回函；询证函经被审计单位盖章后，由注册会计师直接发出；将发出询证函的情况形成审计工作记录；将收到的回函形成审计工作记录，并汇总统计函证结果。

如果被询证者以传真、电子邮件等方式回函，注册会计师应当直接接收，并要求被询证者寄回询证函原件；如果采用积极的函证方式实施函证而未能收到回函，注册会计师应当与被询证者联系；如果未能得到被询证者的回应，注册会计师应当实施替代审计程序，审计程序应当能够提供实施函证所能够提供的同样效果的审计证据；如果实施函证和替代审计程序都不能提供财务报表有关认定的充分、适当的审计证据，注册会计师应当实施追加的审计程序。

(5) 对回函结果的评价。注册会计师在评价函证过程和结果的可靠性时，应考虑下列因素：对询证函的设计、发出及收回的控制情况；被询证者的胜任能力、独立性、授权回函情况、对函证项目的了解及其客观性；被审计单位施加的限制或回函中的限制。如果有迹象表明收回的询证函不可靠，注册会计师应当实施适当的审计程序予以证实或消除疑虑。例如，注册会计师可以通过直接打电话给被询证者等方式以验证回函的内容和来源。

如果存在询证函回函不符事项时，注册会计师应当考虑不符事项是否构成错报及其对财务报表可能产生的影响，并将结果形成审计工作记录。回函不符事项的原因主要可能是：双方登记入账的时间不同；由于一方或双方记账错误；被审计单位的舞弊行为。

4. 分析程序

分析程序在风险评估程序、实质性程序和总体复核时均可以使用。

(1) 用于风险评估程序。分析程序用作风险评估程序时，其目的主要在于了解被审计单位及其环境并评估重大错报风险。风险评估程序中运用分析程序是强制要求。用作风险评估程序的分析程序应注意：将分析程序与询问、检查和观察程序结合运用；应重点关注关键的账户余额、趋势和财务比率关系等方面，对其形成一个合理的预期，并与被审计单位记录的金额、依据记录金额计算的比率或趋势相比较；通过发现异常来识别重大错报。如果分析程序的结果显示的比率、比例或趋势与注册会计师对被审计单位及其环境的了解不一致，并且被审计单位管理层无法提供合理的解释，或者无法取得相关的支持性文件证据，注册会计师应当考虑被审计单位的财务报表是否存在重大错报风险。

(2) 用于实质性程序。当使用分析程序比细节测试更能有效地将认定层次的检查风险降至可接受的水平时，注册会计师可以考虑单独或结合细节测试运用实质性分析程序。用于实质性程序的分析程序步骤如下：①识别需要运用分析程序的账户余额或交易；②确定期望值；③确定可接受的差异额；④识别需要进一步调查的差异；⑤调查异常数据关系；⑥评估分析程序的结果。用于实质性程序的分析程序对使用数据的要求如下：首先，可获得信息的来源。数据来源的客观性或独立性越强，所获取数据的可靠性将越高；来源不同的数据相互印证时比单一来源的数据更可靠。其次，可获得信息的可比性。实施分析程序使用的相关数据必须具有可比性。再次，可获得信息的性质和相关性。最后，与信息编制相关的控制。

(3) 用于总体复核。注册会计师在总体复核阶段实施的分析程序，主要在于强调并解释财务报表项目自上个会计期间以来发生的重大变化，以证实财务报表中列报的所有信息与注册会计师对被审计单位及其环境的了解一致，与注册会计师取得的审计证据一致。在这个阶段运用分析程序是强制要求。此时运用分析程序并非为了对特定账户余额和列报提供实质性的保证，因此并不如实质性分析程序那样详细和具体，而往往集中在财务报表层次。运用分析程序进行总体复核时，如果识别出以前未识别的重大错报风险，注册会计师应当重新考虑对全部或部分各类交易、账户余额、列报评估的风险是否恰当，并在此基础上重新评价之前计划的审计程序是否充分，是否有必要追加审计程序。

任务处理

【任务 2-3】在下列各类审计证据中，证明力最强的是(　　)。

A. 被审计单位提供的销售发票

B. 应收账款函证的回函

C. 被审计单位自己编制的现金盘点表

D. 被审计单位提供的经第三方确认的应收账款对账单

任务解析：应选 B。应收账款函证的回函已获得第三方认可，证明力最强；选项 AC 都是内部证据，证明力不及选项 B；选项 D 经由被审计单位之手，证明力不及选项 B。

【任务 2-4】下列有关函证的说法正确的是(　　)。

A. 在受托代销时，函证能为计价认定提供证据

B. 根据应付账款明细账进行函证能更有效地实现完整性目标

C. 函证的截止日通常为资产负债表日

D. 无论如何都应该对应收账款实施函证

任务解析：应选 C。选项 A，在受托代销时，函证可能为存在性和权利与义务认定提供相关可靠的审计证据，但是不能为计价认定提供证据；选项 B，根据被审计单位的供货商明细表来函证更有效；选项 D，存在两个特殊情况：①根据审计重要性原则，有充分证据表明应收账款对财务报表不重要；②注册会计师认为函证很可能无效，这两种情况可不实施函证。

任务导入分析

应选 ABD。选项 A 不正确，分析程序不仅可以通过研究不同财务数据间的内在关系，还可以通过研究财务数据与非财务数据间的内在关系来发现异常，识别重大错报风险；选项 B 不正确，风险评估过程中运用分析程序不是直接识别错报，而是通过识别异常找到可能存在错报的领域；选项 C 正确，分析程序在总体复核阶段的目的；选项 D 不正确，注册会计师应当考虑已执行的审计程序是否充分，是否需要追加审计程序，而不是重新出具审计报告。

任务三 编制与复核审计工作底稿

审计工作底稿

任务导入

根据审计准则的规定，在记录实施审计程序的性质、时间和范围时，应当记录测试的特定项目或事项的识别特征。在记录识别特征时，下列做法正确的是(　　)。

A. 对乙公司生成的订购单进行测试，将供货商作为主要识别特征

B. 对需要选取既定总体内一定金额以上的所有项目进行测试，将该金额以上的所有项目作为主要识别特征

C. 对运用系统抽样的审计程序，将样本来源作为主要识别特征

D. 对询问程序，将询问时间作为主要识别特征

资讯准备

一、审计工作底稿的含义、范围及编制目的

1. 审计工作底稿的含义

审计工作底稿是指注册会计师对制定的审计计划、实施的审计程序、获取的相关审计证据，以及得出的审计结论做出的记录。审计工作底稿是审计证据的载体，是注册会计师在审计过程中形成的审计工作记录和获取的资料。它形成于审计过程，也反映整个审计过程。审计工作底稿可以以纸质、电子或其他介质形式存在。

2 审计工作底稿的范围

审计工作底稿通常包括总体审计策略、具体审计计划、分析表、问题备忘录、重大事项概要、询证函回函、管理层声明书、核对表、有关重大事项的往来信件(包括电子邮件)，以及对被审计单位文件记录的摘要或复印件等。此外，审计工作底稿通常还包括业务约定书、管理建议书、项目组内部或项目组与被审计单位举行的会议记录、与其他人士(如其他注册会计师、律师、专家等)的沟通文件及错报汇总表等。审计工作底稿通常不包括已被取代的审计工作底稿的草稿或财务报表的草稿、对不全面或初步思考的记录、存在印刷错误或其他错误而作废的文本以及重复的文件记录等。

3. 审计工作底稿的编制目的

注册会计师应当及时编制审计工作底稿，以实现下列目的：提供充分、适当的记录，作为审计报告的基础；提供证据，证明其按照审计准则的规定执行了审计工作；有助于项目组计划和实施审计工作；有助于项目组成员对是否按照要求履行其指导、监督与复核审计工作的责任进行监督；便于项目组说明其执行审计工作的情况；保留对未来审计工作持续产生重大影响事项的记录；便于负责督导的注册会计师履行指导、监督与复核审计工作的责任；便于有经验的注册会计师根据适当的法律法规或其他要求实施外部检查。

二、审计工作底稿的编制

1. 确定审计工作底稿的格式、内容和范围时应考虑的因素

(1) 实施审计程序的性质。通常，不同的审计程序会使得注册会计师获取不同性质的审计证据，由此注册会计师可能会编制不同格式、内容和范围的审计工作底稿。例如，注册会计师编制的有关函证程序的审计工作底稿(包括询证函及回函、有关不符事项的分析等)和存货监盘程序的审计工作底稿(包括盘点表、注册会计师对存货的测试记录等)在内容、格式及范围方面是不同的。

(2) 已识别的重大错报风险。识别和评估的重大错报风险水平的不同可能导致注册会计师实施的审计程序和获取的审计证据不尽相同。例如，如果注册会计师识别出应收账款存在较高的重大错报风险，而其他应收款的重大错报风险较低，则注册会计师可能对应收账款实施较多的审计程序并获取较多的审计证据，因而对测试应收账款的记录会比针对测试其他应收款记录的内容多且范围广。

(3) 在执行审计工作和评价审计结果时需要做出判断的范围。审计程序的选择和实施及审计结果的评价通常需要不同程度的职业判断。例如，运用非统计抽样的方法选取样本进行应收账款函证程序时，注册会计师可能基于应收账款账龄、以前的审计经验及是否为关联方欠款等因素，考虑哪些应收账款存在较高的重大错报风险，并运用职业判断在总体中选取样本，对做出职业判断时的考虑事项进行适当的记录。因此，在做出职业判断时所考虑的因素及范围可能使注册会计师做出不同的内容和范围的记录。

(4) 已获取审计证据的重要程度。注册会计师通过执行多项审计程序可能会获取不同的审计证据，有些审计证据的相关性和可靠性较高，有些质量则较差，注册会计师应区分不同的审计证据进行有选择性的记录，因此，审计证据的重要程度也会影响审计工作底稿的格式、内容和范围。

(5) 已识别的例外事项的性质和范围。当注册会计师在执行审计程序时会发现例外事项，由此可能导致审计工作底稿在格式、内容和范围方面的不同。例如，某个函证的回函表明存在不符事项，如果在实施恰当的追查后发现该例外事项并未构成错报，注册会计师可能只在审计工作底稿中解释发生该例外事项的原因及影响；反之，如果该例外事项构成错报，注册会计师可能需要执行额外的审计程序并获取更多的审计证据，由此编制的审计工作底稿在内容和范围方面可能有很大不同。

(6) 当从已执行审计工作或获取审计证据的记录中不易确定结论或结论的基础时，记录结论或结论基础的必要性。在某些情况下，特别是在涉及复杂的事项时，注册会计师仅将已执行的审计工作或获取的审计证据记录下来，并不容易使其他有经验的注册会计师通过合理的分析，得出审计结论或结论的基础。此时，注册会计师应当考虑是否需要进一步说明并记录得出结论的基础及该事项的结论。

(7) 使用的审计方法和工具。使用的审计方法和工具可能影响审计工作底稿的格式、内容和范围。例如，如果使用计算机辅助审计技术对应收账款的账龄进行重新计算时，通常可以针对总体进行测试，而采用人工方式重新计算时，则可能会针对样本进行测试，由此形成

的审计工作底稿会在格式、内容和范围方面有所不同。

考虑以上因素有助于注册会计师恰当地确定审计工作底稿的格式、内容和范围，需注意的是，根据不同情况确定审计工作底稿的格式、内容和范围均是为达到执业准则中所述的编制审计工作底稿的目的，特别是提供证据的目的。例如，细节测试和实质性分析程序的审计工作底稿所记录的审计程序有所不同，但两类审计工作底稿都应当充分、适当地反映注册会计师执行的审计程序。

2. 审计工作底稿的基本要素

(1) 审计工作底稿的标题。审计工作底稿的标题包括被审计单位名称、审计项目名称以及资产负债表日或底稿涵盖的会计期间(如果与交易相关)。

(2) 审计过程记录。审计过程记录包括三方面内容的记录：特定项目或事项的识别特征；重大事项及相关重大职业判断；针对重大事项如何处理结论矛盾或不一致的情况。

识别特征是指被测试的项目或事项表现出的征象或标志。例如，在对被审计单位生成的订购单进行细节测试时，注册会计师可能以订购单的日期或编号作为测试订购单的识别特征；对于需要选取或复核既定总体内一定金额以上的所有项目的审计程序，注册会计师可能会以实施审计程序的范围作为识别特征；对于需要系统化抽样的审计程序，注册会计师可能会通过记录样本的来源、抽样的起点及抽样间隔来识别已选取的样本；对于需要询问被审计单位中特定人员的审计程序，注册会计师可能会以询问的时间、被询问人的姓名及职位作为识别特征；对于观察程序，注册会计师可能会以观察的对象或观察过程、观察的地点和时间作为识别特征。

注册会计师应当根据具体情况判断某一事项是否属于重大事项。重大事项通常包括：引起特别风险的事项；实施审计程序的结果，该结果表明财务信息可能存在重大错报，或需要修正以前对重大错报风险的评估和针对这些风险拟采取的应对措施；导致注册会计师难以实施必要审计程序的情形；导致出具非标准审计报告的事项。

如果注册会计师识别出的信息与针对某重大事项得出的最终结论相矛盾或不一致，则应当记录形成最终结论时如何处理该矛盾或不一致的情况，包括但不限于：注册会计师针对该信息执行的审计程序；项目组成员对某事项的职业判断不同而向专业技术部门的咨询情况；项目组成员和被咨询人员不同意见(如项目组与专业技术部门的不同意见)的解决情况。

(3) 审计结论。注册会计师恰当地记录审计结论非常重要。注册会计师需要根据所实施的审计程序及获取的审计证据得出结论，并以此作为对财务报表发表审计意见的基础。在记录审计结论时需注意在审计工作底稿中记录的审计程序和审计证据是否足以支持所得出的审计结论。

(4) 审计标识及其说明。审计工作底稿中可使用各种审计标识，但应说明其含义并保持前后一致。图 2-1 是注册会计师在审计工作底稿中列明标识并说明其含义的例子，仅供参考。在实务中，注册会计师也可以依据实际情况运用更多的审计标识。

∧：纵加核对	<：横加核对	B：与上年结转数核对一致
T：与原始凭证核对一致	G：与总分类账核对一致	S：与明细账核对一致
T/B：与试算平衡表核对一致	C：已发询证函	C\：已收回询证函

图 2-1　审计标识及其说明示例

(5) 索引号及编号。通常，审计工作底稿需要注明索引号及顺序编号，相关审计工作底稿之间需要保持清晰的钩稽关系。在实务中，注册会计师可以按照所记录的审计工作的内容层次进行编号。例如，货币资金的索引号为 ZA，货币资金审定表、库存现金盘点表、银行存款明细表、银行存单检查表、对银行存款余额调节表的检查、银行存款函证结果汇总表、银行询证函、货币资金收支检查情况表、货币资金截止测试表的索引号分别为 ZA1、ZA2、ZA3、ZA4、ZA5、ZA6、ZA7、ZA8、ZA9。

(6) 编制者和复核者及执行日期。通常，需要在每一张审计工作底稿上注明编制者、复核者及各自的执行日期。编制者及执行日期，即审计工作执行人员及完成该项审计工作的日期。复核者及执行日期，即审计工作复核人员及复核的日期。在需要项目质量控制复核的情况下，还需要注明项目质量控制复核人员及日期。

(7) 其他应说明事项。其他应说明事项即注册会计师根据专业判断，认为应记录的其他相关事项。

三、审计工作底稿的归档

1. 审计工作底稿归档的期限

就注册会计师而言，审计工作底稿的所有权归属于承接该项业务的会计师事务所。注册会计师应当按照会计师事务所质量控制政策和程序的规定，及时将审计工作底稿规整为最终审计档案。审计工作底稿的归档期限为审计报告日后 60 天内。如果注册会计师未能完成审计业务，审计工作底稿的归档期限为审计业务中止后的 60 天内。如果针对客户的同一财务信息执行不同的委托业务，出具两个或多个不同的报告，会计师事务所应当将其视为不同的业务，根据会计师事务所内部制定的政策和程序，在规定的归档期限内分别将审计工作底稿规整为最终审计档案。

根据具体实务中对审计档案使用的时间，可将审计工作底稿划分为永久性档案和当期档案。永久性档案是指那些记录内容相对稳定，具有长期使用价值，并对以后审计工作具有重要影响和直接作用的审计档案。例如，被审计单位的组织结构、批准证书、营业执照、章程、重要资产的所有权或使用权的证明文件复印件等。若永久性档案中的某些内容已发生变化，注册会计师应当及时予以更新。为保持资料的完整性以便满足日后查阅历史资料的需要，永久性档案中被替换下来的资料一般也需保留。例如，被审计单位因增加注册资本而变更了营业执照等法律文件，被替换的旧营业执照等文件可以汇总在一起，与其他有效的资料分开，作为单独部分规整在永久性档案中。当期档案是指那些记录内容经常变化，主要供当期和下期审计使用的审计档案，如总体审计策略和具体审计计划。

2. 审计工作底稿归档的性质

在出具审计报告前，注册会计师应完成所有必要的审计程序，取得充分、适当的审计证据并得出适当的审计结论。由此，在审计报告日后将审计工作底稿规整为最终审计档案是一项事务性的工作，不涉及实施新的审计程序或得出新的结论。

如果在归档期间对审计工作底稿做出的变动属于事务性的，注册会计师可以做出变动，主要包括：删除或废弃被取代的审计工作底稿；对审计工作底稿进行分类、整理和交叉索引；对审计档案规整工作的完成核对表签字认可；记录在审计报告日前获取的、与审计项目组相关成员进行讨论并取得一致意见的审计证据。

3. 审计工作底稿归档后的变动

一般情况下，在审计报告归档后，不需要对审计工作底稿进行修改或增加。注册会计师发现有必要修改或增加审计工作底稿的情形有两种：

(1) 注册会计师已实施了必要的审计程序，取得了充分、适当的审计证据并得出了恰当的审计结论，但审计工作底稿的记录不够充分。

(2) 审计报告日后，发现例外情况要求注册会计师实施新的或追加审计程序，或导致注册会计师得出新的结论。

在完成最终审计档案的规整工作后，如果发现有必要修改现有审计工作底稿或增加新的审计工作底稿，无论修改或增加的性质如何，注册会计师均应当记录下列事项：修改或增加审计工作底稿的时间和人员，以及复核的时间和人员；修改或增加审计工作底稿的具体理由；修改或增加审计工作底稿对审计结论产生的影响。

在完成最终审计档案的规整工作后，注册会计师不得在规定的保存期满前删除或废弃审计工作底稿。删除审计工作底稿主要是指删除整张原审计工作底稿，或以涂改、覆盖等方式删减原审计工作底稿中的全部或部分记录内容。废弃审计工作底稿主要是指将原审计工作底稿从审计档案中抽取出来，使审计档案中不再包含原有的底稿。

4. 审计工作底稿的保存期限

会计师事务所应当自审计报告日起，对审计工作底稿至少保存 10 年。如果注册会计师未能完成审计业务，会计师事务所应当自审计业务中止日起，对审计工作底稿至少保存 10 年。

值得注意的是，对于连续审计的情况，当期规整的永久性档案可能包括以前年度获取的资料(有可能是 10 年以前)。这些资料虽然是在以前年度获取，但由于其作为本期档案的一部分，并作为支持审计结论的基础，因此，注册会计师对于这些对当期有效的档案，应视为当期取得并保存 10 年。如果这些资料在某一个审计期间被替换，被替换资料可以从被替换的年度起至少保存 10 年。

四、审计工作底稿的复核

1. 项目组内部复核

1) 项目组内部复核的原则

项目组内部复核的原则是由项目组内经验较多的人员复核经验较少人员的工作，具体表现为：有时由高级助理人员复核低级助理人员执行的工作，有时由项目经理完成并最终由项目合伙人完成复核工作。

2) 项目组内部复核事项

项目组内部复核事项具体包括：审计工作是否已按照法律法规、职业道德规范和审计准则的规定执行；重大事项是否已提请进一步考虑；相关事项是否已进行适当咨询，由此形成的结论是否得到记录和执行；是否需要修改已执行审计工作的性质、时间和范围；已执行的审计工作是否支持形成的结论，并已得到适当记录；获取的审计证据是否充分、适当，足以支持审计结论；审计程序的目标是否实现。

3) 项目组内复核的要求

项目组内复核的要求具体包括：复核工作应当至少由具备同等胜任能力的人员完成；复核时应当考虑是否按照具体的审计计划执行审计工作；审计工作和结论是否予以充分记录；所有重大事项是否已经得到解决或在审计结论中予以反映；审计目标是否实现；审计结论是否与审计工作一致并支持审计意见。

2. 项目质量控制复核

1) 项目质量控制复核的含义

项目质量控制复核是指在出具审计报告前，对项目组做出的重大判断和在准备审计报告时得出的结论进行客观评价的过程。项目质量控制复核评价的事项包括：项目组做出的重大判断；项目组在准备审计报告时得出的结论。会计师事务所采用制衡制度，以确保委派独立的、有经验的注册会计师作为其所熟悉行业的项目质量控制复核人员。

2) 项目合伙人在项目质量控制复核中的责任

对需要进行项目质量控制复核的审计业务，主要是上市公司财务报表审计，以及其他实施项目质量控制复核的审计业务。项目合伙人有责任采取如下措施：确定会计师事务所已委派项目质量控制复核人员；与项目质量控制复核人员讨论在审计过程中遇到的重大事项，包括项目质量控制复核中识别的重大事项；在项目质量控制复核完成后，才能出具审计报告。

任务处理

【任务 2-5】下列文件中应作为审计工作底稿保存的有(　　)。

A. 重大事项概要　　　　B. 有关重大事项的来往信件

C. 财务报表草稿　　　　D. 对被审计单位文件记录的复印件

任务解析：应选 ABD。由于审计工作底稿通常不包括已被取代的审计工作底稿的草稿或财务报表的草稿、对不全面或初步思考的记录、存在印刷错误或其他错误而作废的文本，以及重复的文件记录等，故不能选择 C。

【任务 2-6】项目经理在审计报告日后，将审计工作底稿准备归档，其做法中没有违反规定的有(　　)。

A. 在审计报告日后，收到函件的回函原件，注册会计师核对一致后，将原底稿中的复印件替换

B. 发现审计工作底稿中索引编号错误，助理人员进行了修改

C. 助理人员 A 完成的一份有关租金收入审计的说明字迹潦草，项目经理要求其重抄一份，将原底稿销毁

D. 注册会计师 A 编制的工作底稿没有签名，项目经理安排助理人员补签

任务解析：应选 ABC。如果在归档期间对审计工作底稿做出的变动属于事务性的，注册会计师可以做出变动；注册会计师 A 编制的工作底稿没有签名，这时应当由 A 注册会计师进行补签，而不能由助理人员进行补签，所以选项 D 不正确。

任务导入分析

应选 B。在选项 A 中，应以“订购单的日期或编号”作为测试订单的识别特征；在选项 C 中，应以“样本的来源、抽样的起点及抽样间隔”作为主要识别特征；在选项 D 中，应以“询问的时间、被询问人的姓名及职位”作为识别特征。

技能训练

1. 某公司为了取得贷款欲粉饰会计报表，于是召开座谈会。

(1) 销售经理发言：“我们可以请一些大客户，在 12 月中旬订购部分他们通常在次年订购的货物。这样不仅可以增加利润，而且可以增加流动资产。”

(2) 生产经理说：“我们在 12 月底，突击将本年订货全部发出，就可以将这些收入表现在今年的账上。另外，还可以采取其他措施，如对某些客户多发货物，他们即使退货，也只能等到明年，今年的业绩会看上去好些。”

(3) 会计经理说：“有一部分客户会在 12 月底发来订单，对此，我们无法在今年把货物发出去，但可以在账上先列作销售。这部分客户中总有 12 月开支票的，但支票往往迟至 1 月初才收到；对于这些 12 月底开的支票我们可以计入 12 月的现金中。另外，我们还可以签发支票偿还负债，故意填错，等退回已到明年，以此改善流动比率。”

(4) 生产经理又说：“我们部分存货准备年内降价处理，可以拖到明年。再有，我们订的新设备可以要求供应商明年发货、明年开账单。”

要求：指出以上的违法行为分别属于何种认定错误？应如何审查？

2. 注册会计师 A 在对甲公司 2019 年度财务报表进行审计时，收集到以下 6 组审计证据：①收料单与购货发票；②销货发票副本与产品出库单；③领料单与材料成本计算表；④工资计算单与工资发放单；⑤存货盘点表与存货监盘记录；⑥银行询证函回函与银行对账单。

要求：请分别说明每组审计证据中哪项审计证据较为可靠，并简要说明理由。

3. 注册会计师 A 在编制审计工作底稿时，遇到如下项目或事项：

(1) 对被审计单位生成的验收单进行测试，被审计单位对验收单按年进行依次编号。

(2) 对被审计单位生成的订购单进行测试，被审计单位对订购单仅以序号进行依次编号。

(3) 注册会计师对被审计单位应收账款明细账中余额大于 50 万元的明细余额都进行了测试。

(4) 被审计单位对发运单顺序编号，注册会计师采用系统抽样的方式选取样本。

(5) 需要询问被审计单位中的特定人员。

要求：请代为设计出相关项目或事项的识别特征。

学习情境三

如何运用审计抽样方法

学习目标

【知识目标】了解审计抽样的含义和种类；了解抽样风险和非抽样风险的种类和含义；掌握审计抽样的基本程序以及选样的方法。

【技能目标】掌握属性抽样技术在控制测试中的运用；掌握传统变量抽样和概率比例规模抽样法在细节测试中的运用。

任务一 审计抽样的基本程序

任务导入

审计的工作流程

应收账款总金额为400万元，重要性水平为6万元，根据抽样结果推断的差错额为4.5万元，而账户的实际差错额为8万元。这时，注册会计师承受了(　　)。

A. 误拒风险　　B. 信赖不足风险

C. 误受风险　　D. 信赖过度风险

资讯准备

一、审计测试项目的选取方法

在设计审计程序时，注册会计师应当确定用以选取测试项目的适当方法，以获取充分、适当的审计证据，实现审计程序的目标。注册会计师可以使用的方法有：选取全部项目、选取特定项目和审计抽样等。注册会计师可以根据具体情况，单独或综合使用选取测试项目的方法。

1. 选取全部项目

选取全部项目意味着对总体中的全部项目进行检查。对全部项目进行检查，通常更适用于细节测试，而不适用于控制测试。通常，当存在下列情形之一时，注册会计师应当考虑选取全部项目进行测试。

(1) 总体由少量的大额项目构成。某类交易或项目余额中所有项目的单个金额都较大时，注册会计师可能需要测试所有项目。

(2) 存在特别风险且其他方法未提供充分、适当的审计证据。某类交易或账户余额中所有项目可能单个金额不大，但存在特别风险，则注册会计师也可能需要测试所有项目。存在特别风险的项目主要包括：管理层高度参与的，或错报可能性较大的交易事项或账户余额；非常规的交易事项或账户余额，特别是与关联方有关的交易事项或账户余额；长期不变的账户余额，如滞销的存货余额或账龄较长的应收账款余额；可疑的、非正常的项目，或明显不规范的项目；以前发生过错误的项目；期末人为调整的项目；其他存在特别风险的项目。

(3) 信息系统自动执行计算的项目。由于信息系统自动执行的计算或其他程序具有重复性，对全部项目进行检查符合成本效益原则，注册会计师可运用计算机辅助审计技术选取全部项目进行测试。

2. 选取特定项目

根据对被审计单位的了解、评估的重大错报风险以及所测试总体的特征等，注册会计师可以确定从总体中选取特定项目进行测试。选取的特定项目可能包括：大额或关键项目；超过某一金额的全部项目；被用于获取某些信息的项目；被用于测试控制活动的项目。

选取特定项目时，注册会计师只对审计对象总体中的部分项目进行测试。需要注意的是，选取特定项目实施检查不构成审计抽样。这是因为选取特定项目是在注册会计师确定的标准范围内选择的，不符合注册会计师选择标准的项目将没有机会被选取。并非所有抽样单元都有被选取的机会，选取的特定项目也不能代表总体或某一子总体中全部项目的特征。因此，选取特定项目进行测试不能根据所测试项目中发现的误差推断审计对象总体的误差。

3. 审计抽样

审计抽样(即抽样)，是指注册会计师对具有审计相关性的总体中低于百分之百的项目实施审计程序，使所有抽样单元都有被选取的机会，为注册会计师针对整个总体得出结论提供合理基础。审计抽样能够使注册会计师获取和评价有关所选取项目某一特征的审计证据，以形成或有助于形成有关总体的结论。审计抽样应当具备三个基本特征：对某类交易或账户余额中低于百分之百的项目实施审计程序；所有抽样单元都有被选取的机会；审计测试的目的是为了评价该账户余额或交易类型的某一特征。

审计抽样的含义和种类

审计抽样并非在所有审计程序中都能使用。在风险评估程序、控制测试和实质性程序中，有些审计程序可以使用审计抽样，有些审计程序则不宜使用审计抽样。风险评估程序通常不涉及审计抽样。如果注册会计师在了解控制的设计和确定控制是否得到执行的同时计划和实施控制测试，则可能设计审计抽样，但此时审计抽样仅适用于控制测试。当控制的运行留下轨迹时，注册会计师可考虑使用审计抽样实施控制测试。对于未留下运行轨迹的控制，注册会计师通常实施询问、观察等审计程序，以获取有关控制运行有效性的审计证据，此时不宜使用审计抽样。实质性程序包括对各类交易、账户余额和披露的细节测试，以及实质性分析程序。在实施细节测试时，注册会计师可以使用审计抽样获取审计证据，以验证有关财务报表金额的一项或多项认定(如应收账款的存在性)，或对某些金额做出独立估计(如陈旧存货的价值)。在实施实质性分析程序时，注册会计师不宜使用审计抽样。

二、审计抽样的种类

1. 统计抽样和非统计抽样

根据评价抽样结果方式的不同，审计抽样可以分为统计抽样与非统计抽样。统计抽样就是注册会计师在计算正式抽样结果时采用统计推断技术的一种抽样方法。同时具备下列特征的抽样方法才是统计抽样：随机选取样本；运用概率论评价样本结果，包括计量抽样风险。非统计抽样是注册会计师完全凭主观标准和个人经验来评价样本结果并对总体做出结论。

注册会计师应当根据具体情况并运用职业判断，选择使用统计抽样或非统计抽样方法，从而最有效率地获取审计证据。选择时主要考虑成本效益。统计抽样的优点在于能够客观地计量抽样风险，并通过调整样本规模精确地控制风险，这是与非统计抽样最重要的区别；统计抽样还有助于注册会计师高效地设计样本，计量所获取证据的充分性，以及定量评价样本结果。但统计抽样有可能发生额外的成本，如统计抽样需要特殊的专业技能，可能需要增加额外的支出对注册会计师进行培训等。非统计抽样如果设计适当，也能提供与统计抽样同样有效的结果。注册会计师使用非统计抽样时，必须考虑抽样风险并将其降至可接受水平，但无法精确地测定出抽样风险。

2. 属性抽样和变量抽样

按照注册会计师所了解的总体特征的不同，可将审计抽样分为属性抽样和变量抽样。

(1) 属性抽样是一种用来对总体中某一事件发生率得出结论的统计抽样方法。属性抽样在审计中最常见的用途是测试某一设定控制的偏差率，以支持注册会计师评估的控制有效性。在属性抽样中，设定控制的每一次发生或偏离都被赋予同样的权重，而不管交易的金额大小。

(2) 变量抽样是一种用来对总体金额得出结论的统计抽样方法。变量抽样通常需要回答下列问题：金额是多少？账户是否存在错报？变量抽样在审计中的主要用途是进行细节测试，以确定记录金额是否合理。

一般而言，属性抽样得出的结论与总体发生率有关，而变量抽样得出的结论与总体的金额有关。

三、抽样风险和非抽样风险

1. 抽样风险

抽样风险

(1) 控制测试中的抽样风险。控制测试中的抽样风险包括信赖过度风险和信赖不足风险。信赖过度风险是指推断的控制有效性高于其实际有效性的风险。信赖过度风险与审计的效果有关。如果注册会计师评估的控制有效性高于其实际有效性，从而导致评估的重大错报风险水平偏低，注册会计师可能会不适当地减少从实质性程序中获取的证据，因此审计的有效性下降。对于注册会计师而言，信赖过度风险更容易导致注册会计师发表不恰当的审计意见，因而更应予以关注。相反，信赖不足风险是指推断的控制有效性低于其实际有效性的风险。信赖不足风险与审计的效率有关。当注册会计师评估的控制有效性低于其实际有效性时，评估的重大错报风险水平高于实际水平，注册会计师可能会增加不必要的实质性程序。在这种情况下，审计效率可能降低。

(2) 细节测试中的抽样风险。细节测试中的抽样风险包括误受风险和误拒风险。误受风险是指注册会计师推断某一重大错报不存在而实际上存在的风险。如果账面金额实际上存在重大错报而注册会计师认为其不存在重大错报，注册会计师通常会停止对该账面金额继续进行测试，并根据样本结果得出账面金额无重大错报的结论。与信赖过度风险类似，误受风险会影响审计效果，容易导致注册会计师发表不恰当的审计意见，因此注册会计师更应予以关注。误拒风险是指注册会计师推断某一重大错报存在而实际上不存在的风险。与信赖不足风险类似，误拒风险会影响审计效率。如果账面金额不存在重大错报而注册会计师认为其存在重大错报，注册会计师会扩大细节测试的范围并考虑获取其他审计证据，最终注册会计师会得出恰当的结论。在这种情况下，审计效率可能降低。

无论是在控制测试还是在细节测试中，只要使用了审计抽样，抽样风险总会存在。在使用统计抽样时，注册会计师可以精确地计量和控制抽样风险。对特定样本而言，抽样风险与样本规模反方向变动：样本规模越小，抽样风险越大；样本规模越大，抽样风险越小。无论是控制测试还是细节测试，注册会计师都可以通过扩大样本规模降低抽样风险。如果对总体中的所有项目都实施检查，就不存在抽样风险，此时审计风险完全由非抽样风险组成。

2. 非抽样风险

非抽样风险是指由于某些与样本规模无关的因素而导致注册会计师得出错误结论的可能性。注册会计师采用不适当的审计程序，或者误解审计证据而没有发现误差等，均可能导致非抽样风险。非抽样风险对审计的效果和效率都有影响。非抽样风险不能量化，但注册会计师可以通过实施质量控制，对审计工作进行指导、监督和复核，以及通过改进审计程序，将非抽样风险降低到可接受的程度。

四、审计抽样的程序

在使用审计抽样时，注册会计师的目标是为得出有关抽样总体的结论提供合理的基础。审计抽样的过程一般分为样本设计、样本选取和样本结果评价三个阶段。样本设计阶段旨在根据测试的目标和抽样总体，制订选取样本的计划；样本选取阶段旨在按照适当的方法从相应的抽样总体中选取所需的样本，并对其实施检查，以确定是否存在误差；样本结果评价阶段旨在根据对误差的性质和原因的分析，将样本结果推断至总体，形成对总体的结论。

审计抽样的程序

1. 样本设计

审计抽样中样本设计阶段主要包括以下几个步骤。

(1) 确定测试目标。审计抽样必须紧紧围绕审计测试的目标展开，因此确定测试目标是样本设计的第一项工作。一般而言，控制测试是为了获取有关某项控制运行是否有效的证据，而细节测试的目的是确定某类交易或账户余额的金额是否正确，获取与存在的错报有关的证据。

(2) 定义总体和抽样单元。在实施抽样之前，注册会计师必须仔细定义总体，确定抽样总体的范围。总体可以包括构成某类交易或账户余额的所有项目，也可以只包括某类交易或那些余额中的部分项目。例如，如果应收账款中没有个别重大项目，注册会计师直接对应收账款账面余额进行抽样，则总体包括构成应收账款期末余额的所有项目。如果注册会计师已使用选取特定项目的方法将应收账款中的个别重大项目挑选出来单独测试，只对剩余的应收账款余额进行抽样，则总体只包括构成应收账款期末余额的部分项目。

注册会计师应当确保总体的适当性和完整性。适当性是指确定的总体应适合于特定的审计目标，包括适合于测试的方向。例如，在细节测试中，如果注册会计师的目标是测试应付账款的高估，总体可以定义为应付账款清单。但如在测试应付账款的低估时，总体就不是应付账款清单，而是后支付的证明、未付款的发票、供货商的对账单、没有销售发票的报告，或能提供低估应付账款的审计证据的其他总体。完整性是指注册会计师应当从总体项目内容和涉及时间等方面确定总体的完整性。例如，如果注册会计师从档案中选取付款证明，除非确信所有的付款证明都已归档，否则注册会计师不能对该期间的所有付款证明做出结论。

抽样单元是指构成总体的个体项目。抽样单元可能是实务项目(如支票簿上列示的支票信息、银行对账单上的贷方记录、销售发票或应收账款余额)，也可能是货币单元。在定义抽样单元时，注册会计师应使其与审计测试目标保持一致。注册会计师在定义总体时通常都指明了适当的抽样单元。

(3) 分层。如果总体项目存在重大的变异性，注册会计师应当考虑分层。分层是指将一个总体划分为多个子总体的过程，每个子总体由一组具有相同特征(通常为货币金额)的抽样单元组成。分层可以降低每一层中项目的变异性，从而在抽样风险没有成比例增加的前提下减小样本规模，提高审计效率。注册会计师应当仔细界定子总体，以使每一个抽样单元只能属于一个层。分层的标准可以是业务的类型、账户余额的大小、项目的重要程度以及内部控制的强弱等。注册会计师可以利用分层抽样重点审查可能有重大错误的项目，以此减少样本量。

注册会计师在分层时应注意三点：第一，总体中的每一个抽样单位必须属于一个层次，并且只属于这一层次；第二，必须有事先能够确定的、有形的、具体的差别来明确区分不同的层次；第三，必须能够事先确定每一层次中抽样单位的准确数字。分层主要适用于内部各组成部分具有不同特征的总体，分层除了能提高抽样效率外，也可使注册会计师能够按项目的重要性、变化频率或其他特征而选取不同的样本数，且可对不同层次使用不同的审计程序。通常，注册会计师应对包含最重要项目的层次实施全部审查。对某一层中的样本项目实施审计程序的结果，只能用于推断构成该层的项目。如果对整个总体做出结论，注册会计师应当考虑与构成整个总体的其他层有关的重大错报风险。例如，在对某一账户余额进行测试时，占总体数量20%的项目，其金额可能占该账户余额的90%。注册会计师只能根据该样本的结果推断至上述90%的金额。对于剩余10%的金额，注册会计师可以抽取另一个样本或使用其他收集审计证据的方法，单独做出结论，或者认为其不重要而不实施审计程序。

(4) 定义误差构成条件。注册会计师必须事先准确定义构成误差的条件，否则执行审计程序时就没有识别误差的标准。在控制测试中，误差是指控制偏差，注册会计师要仔细定义所要测试的控制及其可能出现偏差的情况；在细节测试中，误差是指错报，注册会计师要确定哪些情况会构成错报。

(5) 确定审计程序。注册会计师必须确定能够最好地实现测试目标的审计程序组合。例如，如果注册会计师的审计目标是通过测试某一阶段的适当授权证实交易的有效性，审计程序就是检查特定人员已在某文件上签字以示授权的书面证据。注册会计师预计样本中每一份该文件上都有适当的签名。

2. 样本选取

(1) 影响样本规模的因素。样本规模是指从总体中选取样本项目的数量。在确定样本规模时，注册会计师应当考虑能否将抽样风险降至可接受的低水平。在审计抽样中，如样本规模过小，就不能反映出总体的特征，注册会计师就无法获取充分的审计证据；相反，如样本规模过大，则会增加审计工作量，造成不必要的时间和人力的浪费。影响样本规模的因素通常包括以下几种：

选取样本的方法

① 可接受的抽样风险。可接受的抽样风险与样本规模成反比。注册会计师愿意接受的抽样风险越低，样本规模通常越大。反之，注册会计师愿意接受的抽样风险越高，样本规模越小。

② 可容忍误差。可容忍误差是指注册会计师能够容忍的最大误差。在其他因素既定的条件下，可容忍误差越大，所需的样本规模越小。在控制测试中，可容忍误差是指可容忍偏差率，即注册会计师能够接受的最大偏差个数。在细节测试中，可容忍误差是指可容忍错报，即注册会计师设定的货币金额，注册会计师试图对总体中的实际错报不超过该货币金额获取适当水平的保证。

③ 预计总体误差。预计总体误差指注册会计师预期在审计过程中发现的误差。预计总体误差越大，可容忍误差也应当越大，但预计总体误差不应超过可容忍误差。在既定的可容忍误差下，当预计总体误差增加时，所需的样本规模更大。

④ 总体变异性。总体变异性是指总体的某一特征(如金额)在各项目之间的差异程度。在控制测试中，注册会计师在确定样本规模时一般不考虑总体变异性。在细节测试中，注册会计师确定适当的样本规模时要考虑特征的变异性。总体项目的变异性越低，通常样本规模越小。未分层总体具有高度变异性，其样本规模通常很大。最有效率的方法是根据预期降低变异性的总体项目特征进行分层。

⑤ 总体规模。除非总体非常小，一般而言总体规模对样本规模的影响几乎为零。注册会计师通常将抽样单元超过 5 000 个的总体视为大规模总体。对于大规模总体而言，总体的实际容量对样本规模几乎没有影响。对小规模总体而言，审计抽样比其他选择测试项目的方法的效率低。

表 3-1 列示了审计抽样中影响样本规模的因素，并分别说明了这些影响因素在控制测试和细节测试中的表现形式。

表 3-1　影响样本规模因素

影 响 因 素	控 制 测 试	细 节 测 试	与样本规模的关系
可接受的抽样风险	可接受的信赖过度风险	可接受的误受风险	反向变动
可容忍误差	可容忍偏差率	可容忍错报	反向变动
预计总体误差	预计总体偏差率	预计总体错报	同向变动
总体变异性		总体变异性	同向变动
总体规模	总体规模	总体规模	影响很小

(2) 选取样本的方法。选取样本的基本方法包括随机选样、系统选样和任意选样。注册会计师应根据审计的目的和要求、被审计单位实际情况、审计资源条件的限制等因素来选择选取样本的方法，以达到预期的审计质量与效率。

① 随机选样。随机选样是使用随机数表或计算机辅助审计技术进行的选择。使用随机选样需以总体中的每一项目都有不同的编号为前提。注册会计师可以使用计算机生成的随机数，如电子表格程序、随机数码生成程序、通用审计软件程序等计算机程序产生的随机数，也可以使用随机数表获得所需的随机数。随机数是一组从长期来看出现概率相同的数码，且不会产生可识别的模式。随机数表也称乱数表，它是由随机生成的从 0～9 共 10 个数字所组成的数表，每个数字在表中出现的次数大致相同，它们出现在表上的顺序是随机的。表 3-2 就是 5 位随机数表的一部分。应用随机数表选样的步骤如下：

第一，对总体项目进行编号，建立总体中的项目与表中数字的一一对应关系。一般情况下，编号可利用总体项目中原有的某些编号，如凭证号、支票号、发票号等。在没有事先编号的情况下，注册会计师需按一定的方法进行编号。如由 40 页、每页 50 行组成的应收账款明细表，可采用 4 位数字编号，前两位由 01～40 的整数组成，表示该记录在明细表中的页数，后两位数字由 01～50 的整数组成，表示该记录的行次。这样，编号 0534 表示第 5 页第 34 行的记录。所需使用的随机数的位数一般由总体项目数或编号位数决定。如前例中可采用 4 位随机数表，也可以使用 5 位随机数表的前 4 位数字或后 4 位数字。

第二，确定连续选取随机数的方法。即从随机数表中选择一个随机起点和一个选号路线，随机起点和选号路线可以任意选择，但一经选定就不得改变。从随机数表中任选一行或任何一栏开始，按照一定的方向(上下左右均可)依次查找，符合总体项目编号要求的数字即为选中的号码，与此号码相对应的总体项目即为选取的样本项目，一直到选足所需的样本量为止。例如，从前述应收账款明细表的 2000 个记录中选择 10 个样本，总体编号规则如前所述，即前两位数字不能超过 40，后两位数字不能超过 50。如从表 3-2 第一行第一列开始，使用前 4 位随机数，逐行向右查找，则选中的样本为编号 1048、1501、0201、2236、2413、0624、

0612、0546、1434、1028 的 10 个记录。

表 3-2　5 位随机数表(部分列示)

行	列号				
	(1)	(2)	(3)	(4)	(5)
1	10 480	15 011	01 536	02 011	81 647
2	22 368	46 573	25 595	85 313	30 995
3	24 130	48 360	22 527	97 265	76 393
4	42 167	93 093	06 243	61 680	07 856
5	37 570	39 975	81 837	16 656	06 121
6	77 921	06 907	11 008	42 751	27 756
7	99 562	72 905	56 420	69 994	98 872
8	96 301	91 977	05 463	07 972	18 876
9	89 759	14 342	63 661	10 281	17 453
10	85 475	36 857	53 342	53 988	53 060
11	28 018	69 578	88 231	33 276	70 997
12	63 553	40 961	48 235	03 427	49 626
13	09 429	93 069	52 636	92 737	88 974
14	10 365	61 129	87 529	85 689	48 237
15	07 119	97 336	71 048	08 078	77 233

② 系统选样。系统选样也称等距选样，是指按照相同的间隔从审计对象总体中等距离地选取样本的一种选样方法。采用系统选样法，首先要计算选样间距，确定选样起点，然后再根据间距顺序地选取样本。选样间距的计算公式如下：

选样间距=总体规模÷样本规模

例如，采用系统选样的方法从 2000 张凭证中选出 100 张作为样本。首先计算出选样间隔：2000÷100=20。如果注册会计师确定的随机起点为 541，则每隔 20 张选取一张凭证，总共选取 100 张，向上选取的样本分别为 561、581、601 等，向下选取的样本为 521、501、481 等。

系统选样方法的主要优点是使用方便，节省时间，并可用于无限总体。此外，使用这种方法时，对总体中的项目不需要编号，注册会计师只要简单数出每一个间距即可。但是，使用系统选样方法要求总体必须是随机排列的，否则容易发生较大的偏差，造成非随机的、不具代表性的样本。为克服系统选样法的这一缺点，可采用两种办法：一是增加随机起点的个数；二是在确定选样方法之前对总体特征的分布进行观察。如发现总体特征的分布呈随机分布，则采用系统选样法；否则，可考虑使用其他选样方法。

③ 任意选样。任意选样也叫随意选样，是指注册会计师不带任何偏见地选取样本，即不考虑样本项目的性质、大小、外观、位置或其他特征而选取总体项目。任意选样的主要缺点在于很难完全无偏见地选取样本项目，即这种方法难以彻底排除注册会计师的个人偏好对选取样本的影响，因而很可能使样本失去代表性。由于文化背景和所受训练等不同，每个注册会计师都可能无意识地带有某种偏好。因此，在运用任意选样方法时，注册会计师要避免由于项目

性质、大小、外观和位置等不同所引起的偏见，尽量使所选取的样本具有代表性。

以上三种基本方法均可选出代表性样本，但随机选样和系统选样属于随机基础选样方法，即对总体的所有项目按随机规则选取样本，因而可以在统计抽样中使用，当然也可以在非统计抽样中使用。而任意选样虽然也可以选出代表性样本，但它属于非随机基础选样方法，因而不能在统计抽样中使用，只能在非统计抽样中使用。

(3) 对样本实施审计程序。注册会计师应当针对选取的每个项目，实施适合于具体审计目标的审计程序。对选取的样本项目实施审计程序旨在发现并记录样本中存在的误差。

如果选取的项目不适合实施审计程序，注册会计师通常会使用替代项目。例如，注册会计师在测试付款是否得到授权时选取的付款单据中可能包括一个空白的付款单。如果注册会计师确信空白付款单是合理的且不构成偏差，可以适当选择一个替代项目进行检查。

注册会计师通常会对每一样本项目实施适合于特定审计目标的审计程序。有时，注册会计师可能无法对选取的抽样单元实施计划的审计程序(如由于原始单据丢失等原因)，对未检查项目的处理取决于未检查项目对评价样本结果的影响。如果注册会计师对样本结果的评价不会因为未检查项目可能存在错报而改变，就不需对这些项目进行检查；如果未检查项目可能存在的错报会导致该类交易或账户余额存在重大错报，注册会计师就要考虑实施替代程序，为形成结论提供充分的证据。

3. 样本结果评价

(1) 分析样本误差。注册会计师在分析样本误差时，一般应从以下几个方面着手：

① 根据预先确定的构成误差的条件，确定某一有问题的项目是否为一项误差。例如，在检查应收账款的余额时，发现被审计单位将某顾客应收账款错记在另一顾客应收账款明细账户中，但这样不影响应收账款的余额，因此在评价抽样结果时，不能认为这是一项误差。

② 注册会计师按照既定的审计程序无法对样本取得审计证据时，应当实施替代审计程序，以获取相应的审计证据。例如，对应收账款积极式函证没有收到回函时，注册会计师必须审查期后收款的情况，以证实应收账款的余额。如果注册会计师无法或者没有执行替代审计程序，在评价抽样结果时，则应将该项目视为一项误差。

③ 如果某些样本误差项目具有共同的特征，如相同的经济业务类型、场所、时间，则应将这些具有共同特征的项目作为一个整体，实施相应的审计程序，并根据审计结果进行单独的评价。

④ 在分析抽样中所发现的误差时，还应考虑误差的质的方面，包括误差的性质、原因及其对其他相关审计工作的影响。

无论是统计抽样还是非统计抽样，对样本结果的定性评估和定量评估一样重要。即使样本的统计评价结果在可以接受的范围内，注册会计师也应对样本中的所有误差(包括控制测试中的控制偏差和细节测试中的金额错报)进行定性分析。

(2) 推断总体误差。分析样本误差后，注册会计师应根据抽样中发现的误差采用适当的方法，推断审计对象总体误差。在实施控制测试时，由于样本的误差率就是整个总体的推断误差率，注册会计师无须推断总体误差率。在控制测试中，注册会计师将样本中发现的偏差数量除以样本规模，就能算出样本偏差率。无论使用统计抽样或非统计抽样方法，样本偏差率都是注册会计师对总体偏差率的最佳估计，但注册会计师必须考虑抽样风险。当实施细节测试时，注册会计师应当根据样本中发现的误差金额推断总体误差金额，并考虑推断误差对特定审计目标及审计其他方面的影响。

(3) 重估抽样风险。在实质性程序中，注册会计师运用审计抽样推断总体误差后，应将总体误差同可容忍误差进行比较，并将抽样结果同其他有关审计程序中所获得证据相比较。如果推断的总体误差超过可容忍误差，经重估后的抽样风险不能接受，就应增加样本量或执行替代审计程序。如果推断的总体误差接近可容忍误差，就应考虑是否增加样本量或执行替代审计程序。

在进行控制测试时，注册会计师如果认为抽样结果无法达到其对所测试内部控制的预期信赖程度，则应考虑增加样本量或修改实质性程序。

(4) 形成审计结论，具体包括以下几点。

① 控制测试中的样本结果评价。在控制测试中，注册会计师应当将总体偏差率与可容忍偏差率做比较，但必须考虑抽样风险。

第一，在统计抽样中，注册会计师通常使用表格或计算机程序计算抽样风险。用以评价抽样结果的大多数计算机程序都能根据样本规模、样本结果，计算在注册会计师确定的信赖过度风险条件下可能发生的偏差率上限的估计值。该偏差率上限的估计值即总体偏差率与抽样风险允许限度之和。

如果估计的总体偏差率上限低于可容忍偏差率，则总体可以接受。这时注册会计师对总体做出结论，样本结果支持计划评估的控制有效性，从而支持计划的重大错报风险评估水平。如果估计的总体偏差率上限大于或等于可容忍偏差率，则总体不能接受。这时注册会计师对总体做出结论，样本结果不支持计划评估的控制有效性，从而不支持计划的重大错报风险评估水平。此时注册会计师应当修正重大错报风险评估水平，并增加实质性程序的数量。注册会计师也可以对影响重大错报风险评估水平的其他控制进行测试，以支持计划的重大错报风险评估水平。如果估计的总体偏差率上限低于但接近可容忍偏差率，注册会计师应当结合其他审计程序的结果，考虑是否接受总体，并考虑是否需要扩大测试范围，以进一步证实计划评估的控制有效性和重大错报风险水平。

第二，在非统计抽样中，抽样风险无法直接计量。注册会计师通常将样本偏差率(即估计的总体偏差率)与可容忍偏差率相比较，以判断总体是否可以接受。

如果样本偏差率大于可容忍偏差率，则总体不能接受。这时注册会计师对总体做出结论，样本结果不支持计划评估的控制有效性，从而不支持计划的重大错报风险评估水平。因此，注册会计师应当修正重大错报风险评估水平，并增加实质性程序的数量。注册会计师也可以对影响重大错报风险评估水平的其他控制进行测试，以支持计划的重大错报风险评估水平。如果样本偏差率低于总体的可容忍偏差率，注册会计师要考虑即使总体实际偏差率高于可容忍偏差率时仍出现这种结果的风险。如果样本偏差率大大低于可容忍偏差率，注册会计师通常认为总体可以接受。如果样本偏差率虽然低于可容忍偏差率，但两者很接近，注册会计师通常认为总体实际偏差率将高出可容忍偏差率的抽样风险很多，因而总体不可接受。如果样本偏差率与可容忍偏差率之间的差额不是很大也不是很小，以至于不能认定总体是否可以接受时，注册会计师则要考虑扩大样本规模，以进一步收集证据。

② 细节测试中的样本结果评价。在细节测试中，注册会计师首先必须根据样本中发现的实际错报要求被审计单位调整账面记录金额。将被审计单位已更正的错报从推断的总体错报金额中减掉后，注册会计师应当将调整后的推断总体错报与该类交易或账户余额的可容忍错报相比较，但必须考虑抽样风险。

第一，在统计抽样中，注册会计师利用计算机程序或数学公式计算出总体错报上限，并将计算的总体错报上限与可容忍错报比较。计算的总体错报上限等于推断的总体错报(调整后)与抽样风险允许限度之和。

如果计算的总体错报上限低于可容忍错报，则总体可以接受。这时注册会计师对总体做出结论，所测试的交易或账户余额不存在重大错报。如果计算的总体错报上限大于或等于可容忍错报，则总体不能接受。这时注册会计师对总体做出结论，所测试的交易或账户余额存在重大错报。在评价财务报表整体是否存在重大错报时，注册会计师应将该类交易或账户余额的错报与其他审计证据一起考虑。通常，注册会计师会建议被审计单位对错报进行调查，且在必要时调整账面记录。

第二，在非统计抽样中，注册会计师运用其经验和职业判断评价抽样结果。如果调整后的总体错报大于可容忍错报，或虽小于但很接近可容忍错报，注册会计师通常做出总体实际错报大于可容忍错报的结论。也就是说，该类交易或账户余额存在重大错报，因而总体不能接受。如果对样本结果的评价显示，对总体相关特征的评估需要修正，注册会计师可以单独或综合采取下列措施：提请管理层对已识别的误差和存在更多误差的可能性进行调查，并在必要时予以调整；修改进一步审计程序的性质、时间和范围；考虑对审计报告的影响。

如果调整后的总体错报远远小于可容忍错报，注册会计师可以做出总体实际错报小于可容忍错报的结论，即该类交易或账户余额不存在重大错报，因而总体可以接受。如果调整后的总体错报虽然小于可容忍错报但两者之间的差距很接近，注册会计师必须特别仔细地考虑，总体实际错报超过可容忍错报的风险是否能够接受，并考虑是否需要扩大细节测试的范围，以获取进一步的证据。

任务处理

【任务 3-1】在对选取的样本项目实施审计程序时可能出现以下几种情况，其中描述不正确的是(　　)。

A. 如果注册会计师能够合理确信该收据的无效是正常的且不构成对设定控制的偏差，就要用另外的收据替代

B. 注册会计师对未使用或不适用单据的考虑与无效单据类似

C. 有时注册会计师可能在对样本的第一部分进行测试时发现大量偏差，此时注册会计师应直接放弃控制测试，转而执行实质性程序

D. 如果注册会计师无法对选取的项目实施计划的审计程序或适当的替代程序，就要考虑在评价样本时将该样本项目视为控制偏差

任务解析：应选 C。有时注册会计师可能在对样本的第一部分进行测试时发现大量偏差。其结果是，注册会计师可能认为，即使在剩余样本中没有发现更多的偏差，样本的结果也不支持计划的重大错报风险评估水平。在这种情况下，注册会计师要重估重大错报风险并考虑是否有必要继续进行测试，而不是直接放弃控制测试，转而执行实质性程序。

【任务 3-2】只要使用了审计抽样，抽样风险就会存在，注册会计师在审计抽样中需要控制抽样风险的唯一途径是(　　)。

A. 减少样本规模

B. 不选择统计抽样，而是选择非统计抽样

C. 扩大样本规模

D. 提高审计风险

任务解析：应选 C。只要使用了审计抽样，抽样风险就会存在，不管选择统计抽样还是非统计抽样都会存在抽样风险。因为抽样风险和样本规模呈反向变动，所以控制抽样风险的唯一途径是控制样本规模，即不管在控制测试还是实质性程序中，注册会计师都可以通过扩大样本规模来降低抽样风险。

任务导入分析

应选 C。误受风险是指抽样结果表明账户余额不存在重大错报而实际上存在重大错报的可能性。由于重要性水平为 6 万元，根据抽样结果推断的差错额为 4.5 万元，而账户的实际差错额为 8 万元，所以注册会计师承担误受风险。

任务二　审计抽样方法的应用

任务导入

大华公司的账面记录显示，该公司在 2019 年度共发生了 4680 笔 A 产品销售业务，确认的销售收入为 14 040 万元，注册会计师王华在审核该公司销售业务时，从销售业务总体中抽取了 300 笔构成样本进行审查。这 300 笔业务的账面记录金额为 960 万元，王华审定的金额为 810 万元，则以下结论中正确的有(　　)。

A. 采用差额估计抽样方法时，推断的总体金额为 11 700 万元

B. 基于谨慎性的考虑，注册会计师推断的总体误差为 2340 万元

C. 采用均值估计抽样方法时，推断的总体金额为 12 636 万元

D. 采用比率估计抽样方法时，推断的总体金额为 11 846.25 万元

资讯准备

一、审计抽样在控制测试中的运用

审计抽样在控制测试中的运用

控制测试的目的是测试内部控制是否有效运行，结果只有有效和无效两种。因此控制测试常用属性抽样法。用于控制测试的属性抽样法有两种，一种是发现抽样。这种方法在注册会计师预计控制高度有效时可以使用，以证实控制的有效性。在发现抽样中，注册会计师使用的预计总体偏差率是 0。在检查样本时，一旦发现一个偏差就立即停止抽样。如果在样本中没有发现偏差，则可以得出总体偏差率可以接受的结论。另一种是属性估计抽样，用以估计被测试控制的偏差发生率，或控制未有效运行的频率。下面介绍属性估计抽样的方法和步骤。

1. 样本设计

(1) 确定测试目标。注册会计师实施控制的目标是提供关于控制运行有效性的审计证据，以支持计划的重大错报风险评估水平。如果注册会计师将要测试的内控是：审计客户 2019 年采购原材料的验收手续是否得到有效执行，那么具体的测试目标就是检查原材料入库验收单和购货发票是否相符。

(2) 定义总体和抽样单元。总体应与特定的审计目标相关，并具有适当性和完整性。接前例，可将抽样总体确定为 2019 年度所有的购货发票。抽样单元是构成总体的个体项目，接前例，抽样单元可定义为每一张购货发票。

(3) 定义误差。在控制测试中，误差是指控制偏差，即控制失效的事件。注册会计师要根据对内部控制的理解，确定哪些特征能够显示所测试控制的运行情况，然后据此定义控制误差。接前例，若发现下列情况之一，即可界定为一个偏差：发票未附验收单据；发票附有不属于其本身的验收单据；发票和验收单据记载的数量不符。

2. 样本选取

(1) 确定样本规模。在控制测试中影响样本规模的因素主要有：

① 确定可接受的信赖过度风险。可接受的信赖过度风险与样本规模成反比。注册会计师愿意接受的信赖过度风险越低，样本规模通常越大；注册会计师愿意接受的信赖过度风险越高，样本规模越小。所以，可接受的信赖过度风险应确定在相对较低的水平上。通常，相对较低的水平在数量上是指 5%～10%的信赖过度风险。注册会计师一般将信赖过度风险确定为 10%，特别重要的测试则可以将信赖过度风险确定为 5%。

② 确定可容忍偏差率。在控制测试中，可容忍偏差率是指在不改变其评估的控制有效性从而不改变其评估的重大错报风险计划水平的前提下，注册会计师愿意接受的控制的最大偏差率。在确定可容忍偏差率时，注册会计师应考虑评估的控制有效性。评估的控制有效性越低，注册会计师确定的可容忍偏差率通常越高，所需的样本规模就越小，即样本规模与可容忍偏差率成反比关系。在实务中，注册会计师通常认为，当偏差率为 3%～7%时，控制有效性的估计水平较高；可容忍偏差率最高为 20%，偏差率超过 20%时，由于估计控制运行无

效，注册会计师不需进行控制测试。当估计控制运行有效时，如果注册会计师确定的可容忍偏差率较高就被认为是不恰当的。在实务中，通常可容忍偏差率与评估的控制有效性之间的关系如表 3-3 所示。

表 3-3　可容忍偏差率与评估的控制有效性之间的关系

计划评估的控制有效性	可容忍偏差率(近似值，%)
高	3～7
中	6～12
低	11～20
最低	不进行控制测试

③ 确定预计总体偏差率。预计总体偏差率与样本规模成正比关系，如果预计总体偏差率较高，意味着注册会计师预期的控制运行有效性较低。在既定的可容忍偏差率下，当预计总体偏差率增大时，所需的样本规模更大。在实务中，如果预计总体偏差率很高，意味着控制有效性很低，这时可不进行控制测试，而应实施更多的实质性程序。

④ 确定样本规模。实施控制测试时，注册会计师可能使用统计抽样，也可能使用非统计抽样，在统计抽样中，注册会计师可以使用样本量表确定样本规模。表 3-4 提供了在控制测试中确定的可接受信赖过度风险为 10%时所使用的样本量表。如果注册会计师需要其他信赖过度风险水平的抽样规模，必须使用统计抽样参考资料中的其他表格或计算机程序。

注册会计师根据可接受的信赖过度风险选择相应的抽样规模表，然后读取预计总体偏差率栏找到适当的比率。接下来注册会计师确定与可容忍偏差率对应的列，可容忍偏差率所在列与预计总体偏差率所在行的交点就是所需的样本规模。例如，如果注册会计师确定的可接受信赖过度风险为 10%，可容忍偏差率为 5%，预计总体偏差率为 1.25%，并预期至多发现一例偏差。表 3-4 中，5%可容忍偏差率与预计总体偏差率 1.25%的交叉处为 77，即所需的样本规模为 77。

表 3-4　控制测试中统计抽样样本规模(信赖过度风险 10%)

预期总体偏差/%	可容忍偏差率										
	2%	3%	4%	5%	6%	7%	8%	9%	10%	15%	20%
0.00	114(0)	76(0)	57(0)	45(0)	38(0)	32(0)	28(0)	25(0)	22(0)	15(0)	11(0)
0.25	194(1)	129(1)	96(1)	77(1)	64(1)	55(1)	48(1)	42(1)	38(1)	25(1)	18(1)
0.50	194(1)	129(1)	96(1)	77(1)	64(1)	55(1)	48(1)	42(1)	38(1)	25(1)	18(1)
0.75	265(2)	129(1)	96(1)	77(1)	64(1)	55(1)	48(1)	42(1)	38(1)	25(1)	18(1)
1.00	*	176(2)	96(1)	77(1)	64(1)	55(1)	48(1)	42(1)	38(1)	25(1)	18(1)
1.25	*	221(3)	132(2)	77(1)	64(1)	55(1)	48(1)	42(1)	38(1)	25(1)	18(1)
1.50	*	*	132(2)	105(2)	64(1)	55(1)	48(1)	42(1)	38(1)	25(1)	18(1)
1.75	*	*	166(3)	105(2)	88(2)	55(1)	48(1)	42(1)	38(1)	25(1)	18(1)
2.00	*	*	198(4)	132(3)	88(2)	75(2)	48(1)	42(1)	38(1)	25(1)	18(1)
2.25	*	*	*	132(3)	88(2)	75(2)	65(2)	42(2)	38(2)	25(1)	18(1)
2.50	*	*	*	158(4)	110(3)	75(2)	65(2)	58(2)	38(2)	25(1)	18(1)
2.75	*	*	*	209(6)	132(4)	94(3)	65(2)	58(2)	52(2)	25(1)	18(1)

(续表)

预期总体偏差/%	可容忍偏差率										
	2%	3%	4%	5%	6%	7%	8%	9%	10%	15%	20%
3.00	*	*	*	*	132(4)	94(3)	65(2)	58(2)	52(2)	25(1)	18(1)
3.25	*	*	*	*	153(5)	113(4)	82(3)	58(2)	52(2)	25(1)	18(1)
3.50	*	*	*	*	194(7)	113(4)	82(3)	73(3)	52(2)	30(1)	18(1)
3.75	*	*	*	*	*	131(5)	98(4)	73(3)	52(2)	25(1)	18(1)
4.00	*	*	*	*	*	149(6)	98(4)	73(3)	65(3)	25(1)	18(1)
5.00	*	*	*	*	*	*	160(8)	115(6)	78(4)	34(2)	18(1)
6.00	*	*	*	*	*	*	*	182(11)	116(7)	43(3)	25(2)
7.00	*	*	*	*	*	*	*	*	199(14)	52(4)	25(2)

注：*表示样本规模太大，在大多数情况下不符合成本效益原则；本表假设总体为大总体。

(2) 选取样本并实施审计程序。当样本规模确定以后，就要选择适当的选样方法(随机选样或系统选样)，选取足够的样本，然后实施审计程序。

3. 样本结果评价

将样本中发现的偏差数量除以样本规模，就可以计算出样本偏差率。样本偏差率就是注册会计师对总体偏差率的最佳估计。常用的评价样本结果的方法有下面两种。

(1) 公式法。公式法的计算公式如下：

$$总体偏差率上限(\mathrm{MDR})=\frac{R}{n}=\frac{风险系数}{样本量}$$

风险系数根据可接受的信赖过度风险和偏差数量决定。表3-5列示了在控制测试中常用的风险系数。

表3-5 控制测试中常用的风险系数表

预期发生偏差的数量	信赖过度风险	
	5%	10%
0	3.0	2.3
1	4.8	3.9
2	6.3	5.3
3	7.8	6.7
4	9.2	8.0
5	10.5	9.3
6	11.9	10.6
7	13.2	11.8
8	14.5	13.0
9	15.7	14.2
10	17.0	15.4

接前例，注册会计师对77个项目实施了既定的审计程序，且未发现偏差，则在既定的可接受信赖过度风险10%下。根据样本结果计算总体最大偏差率为：3.0/77=2.90%，即有90%的把握保证总体实际偏差率不超过2.90%。由于注册会计师确定的可容忍偏差率为5%，因此可以得出结论，总体的实际偏差率超过可容忍偏差率的风险很小，总体可以接受。也就是

说，样本结果证实注册会计师对控制运行有效性的估计和评估的重大错报风险水平是适当的。

如果在 77 个样本中有两个偏差，则在既定的可接受信赖过度风险 10%下，根据样本结果计算总体最大偏差率为：5.3/77=6.88%。这意味着，如果样本量为 77 且有两个偏差，总体实际偏差率超过 6.88%的风险为 10%。在可容忍偏差率为 5%的情况下，注册会计师可以做出结论，总体的实际偏差率超过可容忍偏差率的风险很大，因而不能接受总体。也就是说，样本结果不支持注册会计师对控制运行有效性的估计和评估的重大错报风险水平。注册会计师应当扩大控制测试范围，以证实初步评估结果，或者提高重大错报风险评估水平，并增加实质性程序的数量，或者对影响重大错报风险评估水平的其他控制进行测试，以支持计划的重大错报风险评估水平。

(2) 样本结果评价表法。注册会计师也可以使用样本结果评价表来评价统计抽样的结果，表 3-6 列示了可接受的信赖过度风险为 10%时的总体偏差率上限。接前例，注册会计师应当选择可接受的信赖过度风险为 10%的表(见表 3-6)评价样本结果。样本规模为 77，注册会计师可选择样本规模为 80 的那一行。当样本中未发现偏差时，应选择偏差数为零的那一列，两者交叉处的 2.9%即为总体的偏差率上限，与利用公式计算的结果相等。

表 3-6 控制测试中统计抽样结果评价(信赖过度风险为 10%时的偏差率上限)

样本规模	实际发生的偏差数										
	0	1	2	3	4	5	6	7	8	9	10
20	10.9	18.1									
25	8.8	14.7	19.9								
30	7.4	12.4	16.8								
35	6.4	10.7	14.5	18.1							
40	5.6	9.4	12.8	16.0	19.0						
45	5.0	8.4	11.4	14.3	17.0	19.7					
50	4.6	7.6	10.3	12.9	15.4	17.8					
55	4.1	6.9	9.4	11.8	14.1	16.3	18.4				
60	3.8	6.4	8.7	10.8	12.9	15.0	16.9	18.9			
70	3.3	5.5	7.5	9.3	11.1	12.9	14.6	16.3	17.9	19.6	
80	2.9	4.8	6.6	8.2	9.8	11.3	12.8	14.3	15.8	17.2	18.6
90	2.6	4.3	5.9	7.3	8.7	10.1	11.5	12.8	14.1	15.4	16.6
100	2.3	3.9	5.3	6.6	7.9	9.1	10.3	11.5	12.7	13.9	15.0
120	2.0	3.3	4.4	5.5	6.6	7.6	8.7	9.7	10.7	11.6	12.6
160	1.5	2.5	3.3	4.2	5.0	5.8	6.5	7.3	8.0	8.8	9.5
200	1.2	2.0	2.7	3.4	4.0	4.6	5.3	5.9	6.5	7.1	7.6

当样本中发现两个偏差，应选择偏差数为 2 的那一列，两者交叉处的 6.6%即为总体的偏差率上限，与利用公式计算的结果相近。

4. 非统计抽样在控制测试中的运用

在控制测试中使用非统计抽样时，抽样的基本流程和主要步骤与使用统计抽样时相同，只是在确定样本规模、选取样本和推断总体的具体方法上有所差别。在控制测试中使用非统计抽样时，注册会计师应当根据对被审计单位的初步了解，运用职业判断确定样本规模，可以使用随机选样、系统选样，也可以使用任意选样。非统计抽样只要求选出的样本具有代表性，并不要求必须是随机样本。在非统计抽样中，注册会计师也必须考虑可接受抽样风险、可容忍偏差率、预计总体偏差率以及总体规模等，但可以不对其量化，只进行定性的估计。在非统计抽样中，抽样风险无法直接计量，注册会计师通常将样本偏差率与可容忍偏差率相比较，以判断总体是否可以接受。

在控制测试中，注册会计师可以根据表 3-7 确定样本规模。表 3-7 是在预计没有控制偏差的情况下对人工控制进行测试的最低样本数量。假设被审计单位 2019 年发生了 500 笔采购交易，注册会计师初步评估该控制运行有效，那么所需的样本数量至少是 25 个。如果 25 个样本中没有发现偏差，那么控制测试的样本结果支持计划的控制运行有效性和重大错报风险的评估水平。如果 25 个样本中发现了 1 个偏差，注册会计师会有两种处理方法：其一，认为控制没有有效运行，控制测试样本结果不支持计划的控制运行有效性和重大错报风险的评估水平，因而提高了重大错报风险评估水平，增加了对相关账户的实质性程序；其二，再测试 25 个样本，如果其中没有再发现偏差，也可以得出样本结果支持控制运行有效性和重大错报风险的初步评估结果，反之则证明控制无效。

表 3-7　人工控制最低样本规模表

控制执行频率	控制发生总次数	最低样本数量
1 次/年度	1 次	1
1 次/季度	4 次	2
1 次/月度	12 次	3
1 次/周	52 次	5
1 次/日	250 次	20
数次/日	大于 250 次	25

二、审计抽样在细节测试中的运用

实施细节测试时，注册会计师可能使用统计抽样方法，也可能使用非统计抽样方法。注册会计师在细节测试中使用的统计抽样方法主要包括传统变量抽样和概率比例规模抽样法(以下简称 PPS 抽样)。变量抽样主要包括三种具体的方法：均值估计抽样、差额估计抽样和比率估计抽样。PPS 抽样也称全额加权抽样、货币单位抽样、累计货币金额抽样、综合属性变量抽样等，是以货币单位为抽样单元进行选样的一种方法。

1. 均值估计抽样

均值估计抽样是指通过抽样审查确定样本的平均值，再根据样本平均值推断总体的平均值和总值的一种变量抽样方法。使用这种方法时，注册会计师应先计算样本中所有项目审定金额的平均值，然后用这个样本平均值乘以总体规模，得出总体金额的估计值。总体估计金额和总体账面金额之间的差额就是推断的总体错报。

均值估计抽样

例如，ABC 公司在账龄试算表中总共列示了 4 000 笔应收账款，账面价值合计为 795 000 元。在 ABC 公司应收账款审计中，根据以前年度的审计测试结果，注册会计师确定的可容忍错报额(精确度)为 21 000 元。注册会计师确定了两类风险：采用 10%的可接受的误受风险，25%的可接受的误拒风险，估计 ABC 公司的预期总体错报的点估计值为 1500 元(高估)，公司的总体标准差为 20 元。

(1) 确定样本规模。ABC 公司的初始样本规模可用下列公式计算：

$$n=\left(\frac{\mathrm{SD}^*(Z_A+Z_R)N}{\mathrm{TM}-E^*}\right)^2$$

式中，n 为初始样本规模；SD^*为预先估计的标准差；Z_A 为可接受的误受风险的置信系数(见表 3-8)；Z_R 为可接受的误拒风险的置信系数(见表 3-8)；N 为总体容量；TM 为总体可容忍错报(重要性)；E^*为估计的总体错报点估计值。

将该公式应用于 ABC 公司，得：

$$n=\left(\frac{20\times(1.28+1.15)\times4000}{21\,000-1500}\right)^2=9.97^2=100$$

(2) 确定选样方法。注册会计师选用随机选样方法，选取了 100 个样本项目进行函证。

(3) 审查样本，并计算整个样本平均值、标准差和达成精确度(按照样本标准差计算的精确度)，进行分析评价。

表 3-8　置信度、可接受的误受风险、可接受的误拒风险的置信系数表

置　信　度	可接受的误受风险/%	可接受的误拒风险/%	置 信 系 数
99	0.5	1	2.58
95	2.5	5	1.96
90	5.0	10	1.64
80	10.0	20	1.28
75	12.5	25	1.15
70	15.0	30	1.04
60	20.0	40	0.84
50	25.0	50	0.67
40	30.0	60	0.52
30	35.0	70	0.39
20	40.0	80	0.25
10	45.0	90	0.13
0	50.0	100	0

从包含 4000 个账户的账龄试算表中随机抽取 100 笔应收账款，假定其账面价值和为 20 000 元，应收账款平方和为 4 023 344 元，则

$$\text{整个样本平均值}\ \overline{X}=\frac{\sum X}{n}=\frac{20\,000}{100}=200$$

$$整个样本标准差=SD_{样}=\sqrt{\frac{\sum X^2-n(\overline{X})^2}{n-1}}=\sqrt{\frac{4\ 025\ 344-100\times200^2}{100-1}}=16$$

$$\triangle^*=t\cdot\frac{SD_{样}}{\sqrt{n}}\cdot N\cdot\sqrt{1-\frac{n}{N}}=1.28\times\frac{16}{\sqrt{100}}\times4000\times\sqrt{1-\frac{100}{4000}}=8088.95$$

$\triangle^*$ (8 088.95 元)小于事先可接受的精确度$\triangle$(21 000 元)，说明样本符合抽样要求。

(4) 评价样本结果。用样本平均值推断总体指标，并得出结论。

$$计算总体点估计值=\overline{X}\times N=200\times4000=800\ 000$$

$$推算总体区间=\overline{X}\times N\pm\triangle=800\ 000\pm8088.95，即(791\ 911.05，808\ 088.95)。$$

因此得出如下结论：一是在 80%的置信度下，断定 4000 笔应收账款的账面价值应该在 791 911.05～808 088.95 之间；二是被审计单位账面价值为 795 000 元，处于 791 911.05～808 088.95 之间，说明应收账款并无重大差错，可将 800 000－795 000=5000 视为错报金额，并在对财务报表发表审计意见时考虑。

2. 差额估计抽样

差额估计抽样是以样本实际金额与账面金额的平均差额来估计总体实际金额与账面金额的平均差额，然后再以这个平均差额乘以总体规模，从而求出总体实际金额与账面金额差额(即总体错报)的一种方法。差额估计抽样的计算公式如下：

差额估计抽样

$$平均错报=\frac{样本实际金额-账面金额}{样本规模}$$

$$推断的总体错报=平均错报\times总体规模$$

使用这种方法时，注册会计师应先计算样本项目的平均错报，然后根据这个样本平均错报推断总体。例如，注册会计师从总体规模为 4000 个的应收账款项目中选取了 200 个项目进行检查。总体的账面金额总额为 5 000 000 元。注册会计师逐一比较 200 个样本项目的审定金额和账面金额并将账面金额(240 000 元)和审定金额(247 500 元)之间的差异加总，本例中为 7500 元。7500 元的差额除以样本项目个数 200，得到样本平均错报 37.5 元。然后注册会计师用这个平均错报乘以总体规模，计算出总体错报为 150 000 元(37.5×4000)。

3. 比率估计抽样

比率估计抽样是指以样本的实际金额与账面金额之间的比率关系来估计总体实际金额与账面金额之间的比率关系，然后再以这个比率乘以总体的账面金额，从而求出估计的总体实际金额的一种抽样方法。比率估计抽样法的计算公式如下：

比率估计抽样

$$比率=\frac{样本审定金额}{样本账面金额}\times 100\%$$

估计的总体实际金额=总体账面金额×比率

推断的总体错报=估计的总体实际金额－总体账面金额

如果上例中注册会计师使用比率估计抽样，则样本审定金额合计与样本账面金额的比例为1.03(=247 500÷240 000)。注册会计师使用总体的账面金额乘以该比例 1.03，得到估计的应收账款余额5 150 000(=5 000 000×1.03)元，推断的总体错报则为150 000(=5 150 000－5 000 000)元。

如果未对总体进行分层，注册会计师通常不使用均值估计抽样，因为此时所需的样本规模可能太大，以至于对一般的审计而言不符合成本效益原则。比率估计抽样和差额估计抽样都要求样本项目存在错报。如果样本项目的审定金额和账面金额之间没有差异，这两种方法使用的公式所隐含的机理就会导致错误的结论。如果注册会计师决定使用统计抽样，且预计只发现少量差异，就不应使用比率估计抽样和差额估计抽样，而考虑使用其他的替代方法，如均值估计抽样或PPS抽样。

4. PPS抽样

PPS 抽样是一种运用属性抽样原理对货币金额而不是对发生率得出结论的统计抽样方法。PPS抽样有助于注册会计师将审计重点放在较大的余额或交易上。此抽样方法之所以得名，是因为总体中每一余额或交易被选取的概率与其账面金额(规模)成比例。注册会计师进行 PPS 抽样必须满足两个条件：第一，总体的错报率很低(低于 10%)，且总体规模在 2000 以上。这是PPS抽样使用的泊松分布的要求。第二，总体中任一项目的错报不能超过该项目的账面金额。这就是说，如果某账户的账面金额是3000元，其错报金额不能超过3000元。

(1) 确定样本规模。在PPS抽样中，注册会计师可以根据下列公式计算样本规模：

$$样本规模(n)=\frac{总体账面价值\times 风险系数}{可容忍错报-(预计总体错误\times 扩张系数)}$$

风险系数代表注册会计师愿意接受的误受风险。PPS 抽样中的抽样风险就是指误受风险，注册会计师通过确定抽样计划中使用的抽样风险水平来控制误受风险。不同水平的误受风险对应的风险系数可从表3-9中查找。根据表3-9中高估错报数量为0的那一行，即可确定误受风险的风险系数。例如，如果所需的误受风险为 5%，注册会计师从表中查得的风险系数为3.00。

表3-9 PPS抽样风险系数表(适用于高估)

高估错报数量	误受风险								
	1%	5%	10%	15%	20%	25%	30%	37%	50%
0	4.61	3.00	2.31	1.90	1.61	1.39	1.21	1.00	0.70
1	6.64	4.75	3.89	3.38	3.00	2.70	2.44	2.14	1.68

(续表)

高估错报数量	误受风险								
	1%	5%	10%	15%	20%	25%	30%	37%	50%
2	8.41	6.30	5.33	4.72	4.28	3.93	3.62	3.25	2.68
3	10.05	7.76	6.69	6.02	5.52	5.11	4.77	4.34	3.68
4	11.61	9.16	8.00	7.27	6.73	6.28	5.90	5.43	4.68
5	13.11	10.52	9.28	8.50	7.91	7.43	7.01	6.49	5.68
6	14.57	11.85	10.54	9.71	9.08	8.56	8.12	7.56	6.67
7	16.00	13.15	11.78	10.9	10.24	9.69	9.21	8.63	7.67
8	17.41	14.44	13.00	12.08	11.38	10.81	10.31	9.68	8.67
9	18.79	15.71	14.21	13.25	12.52	11.92	11.39	10.74	9.67
10	20.15	16.97	15.41	14.42	13.66	13.02	12.47	11.79	10.67
11	21.49	18.21	16.60	15.57	14.78	14.13	13.55	12.84	11.67
12	22.83	19.45	17.79	16.72	15.90	15.22	14.63	13.89	12.67
13	24.14	20.67	18.96	17.86	17.02	16.32	15.70	14.93	13.67
14	25.45	21.89	20.13	19.00	18.13	17.40	16.77	15.97	14.67
15	26.75	23.10	21.30	20.13	19.24	18.49	17.84	17.02	15.67
16	28.03	24.31	22.46	21.26	20.34	19.58	18.9	18.06	16.67
17	29.31	25.5	23.61	22.39	21.44	20.66	19.97	19.1	17.67
18	30.59	26.7	24.76	23.51	22.54	21.74	21.03	20.14	18.67
19	31.85	27.88	25.91	24.63	23.64	22.81	22.09	21.18	19.67
20	33.11	29.07	27.05	25.74	24.73	23.89	23.15	22.22	20.67

如果注册会计师预计总体中存在错报，在使用公式法计算样本规模时必须对可容忍错报进行调整，即从可容忍错报中减去预计错报的影响。预计错报的影响等于预计错报与适当的扩张系数的乘积，表3-10提供了一些常用的误受风险所对应的扩张系数。

表3-10　预计总体错报的扩张系数表

扩张系数	误受风险								
	1%	5%	10%	15%	20%	25%	30%	37%	50%
	1.9	1.6	1.5	1.4	1.3	1.25	1.2	1.15	1

例如，总体账面价值是600 000元，误受风险是5%，可容忍错报是20 000元，预计总体错报是5580元，样本规模就是：

$$样本规模(n)=\frac{600\,000\times 3.00}{20\,000-(5580\times 1.6)}=163$$

(2) 选取样本。PPS抽样中可以使用系统抽样来选取样本，这种方法在从手工或电子记录中选取样本时非常方便。首先，要将总体分为若干个由同样的货币单位构成的组，并从每一组中选择一个逻辑单元(即实际单位)，每组的货币单位数量就是选样间距。其次，注册会计师在 1 和选样间距(包含该选样间距)之间选择一个随机数，这个数字就是随机起点。然后，注册会计师计算总体中逻辑单元的累计账面金额，选取的第一个逻辑单元就是包含与随机起点相对应的货币单位的那个项目。最后，注册会计师每隔 *n*(*n* 代表选样间距)个货币单位依次选取所需的抽样单元(即货币单位)，并选择包含这些抽样单元的所有逻辑单元。

例如，如果注册会计师使用的选样间距为 3000 元，在 1～3000 元之间(含 3000 元)选择一个随机数作为随机起点，假设是第 1000 个货币单位。然后依次是第 4000 个(=1000 元+3000 元)货币单位，第 7000 个(=4000 元+3000 元)货币单位，以及其后整个抽样总体中每间隔 *n* 个(本例中为 3000 个)货币单位被选取。注册会计师再对包含第 1000 个、第 4000 个、第 7000 个等货币单位的逻辑单元实施检查。

由于每个货币单位被选取的机会相等，逻辑单元所含的货币单位越多(即账面金额越大)，被选中的机会越大。相反，较小的逻辑单元被选中的机会也较小。在 PPS 系统选样法下，金额等于或高于选样间距的所有逻辑单元肯定会被选中，而规模只有选样间距一半的逻辑单元被选中的概率为 50%。

如果某逻辑单元的账面金额超过选样间距，它可能不止一次地被选中。出现这种情况时，注册会计师应忽略重复的选择，并且在评价样本结果时只考虑一次该逻辑单元。由于账面金额超过选样间距的逻辑单元可能不止一次被选中，实际检查的逻辑单元数量可能小于计算的样本规模，评价样本结果时对此要加以考虑。

(3) 推断总体。使用 PPS 抽样时，注册会计师应根据样本结果推断总体错报，并计算抽样风险允许限度。如果样本中没有发现错报，推断的总体错报就是零，抽样风险允许限度小于或等于设计样本时使用的可容忍错报。在这种情况下，注册会计师通常不需进行额外的计算就可得出结论，在既定的误受风险下，总体账面金额高估不超过可容忍错报。如果样本中发现了错报，注册会计师需要计算推断的错报和抽样风险允许限度。

① 确定错报比例。如果在实物单元中发现了错报，注册会计师要计算该实物单位的错报比例(用 *t* 表示)，即用该实物单元中的错报金额除以该实物单元的账面金额。如果某客户账户余额的账面金额是 500 元，其中有 250 元是高估(即审定金额为 250 元)，那么该账户余额的错报比例是：t=250/500=0.50，注册会计师可以说该账户余额中的每一货币单元都存在 0.50 元的错报。在 PPS 抽样中，注册会计师在推断总体错报时需要使用样本中存在错报的货币单元的错报比例这一数据 *t*，首先将错报分为高估错报组和低估错报组，然后两组分别按降序排列错报比例。例如，如果两个高估错报的错报比例分别为 0.37 和 0.42，不管错报的金额如何，将 0.42 作为 t_1，将 0.37 作为 t_2。

② 推断总体。完成排序后，注册会计师使用泊松分布评价特定抽样风险水平下货币单元的抽样结果。注册会计师应当计算在一定的保证水平下总体中的错报上限，并判断总体是否存在重大错报。表 3-9 中的风险系数就是规模为 *n* 的样本在特定误受风险水平下的最大错报数量(MF_x)。注册会计师用 MF_x 除以样本规模 *n*，得到的就是每个项目的错报最大发生率，并用其推断总体。

首先，如果样本中没有发现错报，注册会计师估计的总体错报上限(当没有错报时称为基本界限)是：

$$\text{基本界限}=BV\cdot\frac{MF_0}{n}\cdot 1$$

BV 为账面金额。基本界限表示不管样本结果如何，注册会计师在给定的风险水平下估计的总体错报上限总是不会低于这个基本界限。在预计总体错报为 0 时，基本界限实际上等于可容忍错报。如果在样本中发现了 1 个错报，估计的总体错报上限就会大于这个基本界限，如果发现 1 个错报的错报比例是 t，发现这个错报的额外影响就是：

$$\text{发现 1 个错报所增加的错报上限}=BV\cdot\frac{MF_1-MF_0}{n}\cdot t$$

如果发现了 2 个错报，它们的排序会影响其对总体错报上限点估计值的额外影响。令 t_1 表示排在第一(从高到低)的错报比例，t_2 表示排在第二的错报比例，那么：

$$\text{第 1 个错报的影响}=BV\cdot\frac{MF_1-MF_0}{n}\cdot t$$

$$\text{第 2 个错报的影响}=BV\cdot\frac{MF_1-MF_0}{n}\cdot t_2$$

$$\text{总体错报上限}=BV\cdot\frac{MF_0}{n}\cdot 1+\frac{MF_1-MF_0}{n}\cdot t_1+\frac{MF_2-MF_1}{n}\cdot t_2$$

假定注册会计师在审计 ABC 公司时，使用 PPS 抽样方法测试 ABC 公司 2019 年 12 月 31 日的存货余额。2019 年 12 月 31 日，ABC 公司的存货账户余额为 2 950 000 元，用 BV 表示总体账面价值，则有 BV=2 950 000 元。注册会计师确定的可接受误受风险(SR)为 5%，可容忍错报(TM)为 60 000 元，预计总体错报(E^*)为 0。拟测试的存货账面金额由 50 000 个明细账组成，即总体中实物单元的数量 N=50 000。

下面使用样本规模公式来确定所需的样本规模，即

$$\text{样本规模}(n)=\frac{\text{总账账面价值}\times\text{风险系数}}{\text{可容忍错报}-(\text{预计总体错}\times\text{扩张系数})}$$

在上述公式中，总体账面价值(即账面金额 BV)、可容忍错报(TM)和预计总体错报(E^*)已经确定。下面用 R 表示误受风险的风险系数，用 r 表示预计总体错报的扩张系数，则样本规模就是：

$$n=\frac{R\cdot BV}{TM-(E^*\cdot r)}=\frac{3.00\times 2\,950\,000}{60\,000-0\times 1.60}=147$$

在本例中，假设所有的存货明细账余额都小于 20 000 元，即没有超过抽样间隔的实物单元。如果有实物单元超出抽样间隔，应当对这些实物单元进行 100%的检查。

注册会计师运用系统选样法选出所需的 147 个样本并对其相关的实物单元进行测试后，在样本中发现了 2 个错报：第一个错报是账面金额为 1000 元的项目有 500 元的高估错报，错报比例为 0.5；第二个错报是账面金额为 2000 元的项目有 1600 元的高估错报，错报比例

为 0.8。注册会计师将错报比例从大到小排序，则有：

$$t_1=1600/2000=0.8$$

$$t_2=500/1000=0.5$$

注册会计师利用样本错报的相关信息计算总体错报上限的估计值，其步骤如下：

$$基本界限=BV\cdot\frac{MF_0}{n}\cdot 1=2\,950\,000\times\frac{3.00}{150}\times 1=59\,000(元)$$

$$第\ 1\ 个错报所增加的错报上限=BV\cdot\frac{MF_1-MF_0}{n}\cdot t_1$$

$$=2\,950\,000\times\frac{4.75-3.00}{150}\times 0.8=27\,533.33(元)$$

$$第\ 2\ 个错报所增加的错报上限=BV\cdot\frac{MF_2-MF_1}{n}\cdot t_2$$

$$=2\,950\,000\times\frac{6.30-4.75}{150}\times 0.5=15\,241.67(元)$$

总体错报上限=基本界限+第 1 个错报所增加的错报上限+第 2 个错报所增加的错报上限

=59 000+27 533.33+15 241.67

=101 775(元)

由于计算的总体错报上限 101 775 元超过了可容忍错报(60 000 元)，注册会计师决定不接受账面金额，并扩大样本规模进行进一步检查。

5. 细节测试中使用非统计抽样

注册会计师在细节测试中也可使用非统计抽样，其主要差别在于确定样本量和评价抽样结果这两个步骤。在非统计抽样中进行这些步骤时，应比在统计抽样中更注意运用注册会计师个人的专业判断。在确定适当的样本规模时，也需要考虑相关的影响因素，如总体变异性、可接受抽样风险、可容忍错报、预计总体错报以及总体规模等(即使这些因素无法明确量化)。注册会计师应当根据样本中发现的错报推断总体错报，将推断的总体错报额与百分之百检查的项目中所发现的错报加总，并要求被审计单位调整已经发现的错报。依据被审计单位已更正的错报对推断的总体错报额进行调整后，注册会计师要将其与该类交易或账户余额的可容忍错报相比较，并适当考虑抽样风险，以评价样本结果。如果推断的错报金额低于账户余额或交易类型的可容忍错报，注册会计师要考虑即使总体的实际错报金额超过可容忍错报，仍可能出现这一情况的风险。在非统计抽样中，注册会计师运用其经验和职业判断进行这种评价。但是，当推断的错报与可容忍错报的差距既不很小也不很大时，注册会计师应当仔细考虑，实际错报超过可容忍错报的风险是否高得无法接受。如果样本结果不支持总体账面金额，且注册会计师认为账面金额可能存在错报，则在评价财务报表整体是否存在重大错报时，应当将错报与其他审计证据一起考虑。通常，注册会计师会建议被审计单位对错报进行调查，且在必要时调整账面记录。

任务处理

【任务 3-3】在控制测试中，如果总体偏差率上限大于可容忍偏差率，则表示总体不能接受，此时注册会计师应该采取的措施有(　　)。

A. 扩大控制测试的范围

B. 发表保留意见或否定意见

C. 提高重大错报风险评估水平，并增加实质性程序的数量

D. 对影响重大错报风险评估水平的其他控制进行测试，以支持计划的重大错报风险评估水平

任务解析：应选 ACD。这是控制测试，所以还不足以发表审计意见，此时可以采取的措施有选项 ACD。

【任务 3-4】在控制测试对样本结果评价时，下列有关说法正确的有(　　)。

A. 统计抽样方法中，虽然抽样风险可以量化，但是注册会计师也不用考虑抽样风险，样本偏差率即估计的总体偏差率

B. 如果估计的总体偏差率上限等于可容忍偏差率，则总体不能接受，即样本结果不支持计划评估的控制有效性，也不支持计划的重大错报风险评估水平

C. 如果估计的总体偏差率上限低于但接近可容忍偏差率，则总体可以接受

D. 在统计抽样方法中，偏差率上限的估计值是总体偏差率和抽样风险允许限度之和

任务解析：应选 BD。统计抽样方法中需要考虑抽样风险，即偏差率上限的估计值是总体偏差率和抽样风险允许限度之和；统计抽样中，如果估计的总体偏差率上限低于但接近可容忍偏差率，注册会计师应当考虑是否接受总体，并考虑是否需要扩大测试范围。

任务导入分析

应选 ABCD。均值估计抽样，推断的总体金额=样本均值×总体规模=810/300×4680=12 636(万元)；差额估计抽样，推断的总体差额=样本平均差额×总体规模=(810−960)/300×4680=−2340(万元)，推断的总体金额=总体账面价值+推断的总体差额=14 040−2340=11 700(万元)；比率估计抽样，样本比率=样本审定金额/样本账面金额=810/960=0.843 75，推断的总体金额=14 040×0.843 75=11 846.25(万元)。基于谨慎性的考虑，宁可高估被审计单位的误差，也不可以低估误差，所以 ACD 所产生的误差分别为：2340 万元、1404 万元、2193.75 万元，最大误差为 2340 万元。

技能训练

1. 注册会计师在编制审计计划时，准备在 X 公司 2019 年度所开具的全部发票中，采用固定样本量抽样法随机抽取若干发票进行控制测试，检查样本发票是否有对应的安装验收报告。注册会计师确定的预期总体误差率为 1%，可容忍误差率为 4%，信赖过度风险为 5%，

在95%的可信赖程度下，控制测试的样本量见下表所示。

预期总体误差率/%	可容忍误差率			
	3%	4%	5%	6%
0.75	208(1)	117(1)	93(1)	78(1)
1.00		156(1)	93(1)	78(1)
1.25		156(1)	124(2)	78(1)
1.50		192(3)	124(2)	103(2)

要求：针对检查样本发票是否有对应的安装验收报告这项控制测试，根据资料中列示的各项条件，确定样本量，并根据以下两种情况评价抽样结果：

(1) 抽样查出的误差数为1，且没有发现舞弊或逃避内部控制的情况；

(2) 抽样查出的误差数为3，且没有发现舞弊或逃避内部控制的情况。

2. A注册会计师对B股份有限公司2019年财务报表进行审计，在对存货项目审计时存货总体规模数量为1000个，存货项目账面金额为100万元，假设A注册会计师利用审计抽样模型计算的样本规模为200个，经过对200个样本逐一实施审计程序后得到样本平均审定金额为980元。

要求：请代A注册会计师采用均值估计抽样方法推断存货项目的总体错报。

3. A注册会计师对B股份有限公司2019年财务报表进行审计，在对存货项目审计时存货总体规模数量为1200个，账面金额为110万元，假设B注册会计师利用审计抽样模型计算的样本规模为300个，样本的账面价值为28万元，同时，B注册会计师实际执行的重要性水平为10万元，B注册会计师经过对样本逐一实施审计程序后确认其审定金额为22万元。

要求：请代A注册会计师采用差额估计抽样方法推断存货项目的总体错报金额。

4. A注册会计师对B股份有限公司2019年财务报表进行审计。在对存货项目审计时存货总体规模数量为1500个，总体账面金额为160万元，假设A注册会计师利用审计抽样模型计算的样本规模为400个，其账面价值为32.5万元，同时，A注册会计师实际执行的重要性水平为13.5万元，A注册会计师经过对400个样本逐一实施审计程序确认其审定金额为30万元。

要求：请代A注册会计师采用比率估计抽样方法推断存货项目的实际总体错报金额(计算结果保留两位小数)。

5. 2019年11月5日，ABC会计师事务所承接了甲公司2019年财务报表审计业务。在实施审计过程中，A注册会计师使用PPS抽样方法测试甲公司在2019年12月31日的存货余额。2019年12月31日甲公司的存货账面余额为5 000 000元，用BV表示总体账面金额，则有BV＝5 000 000元。注册会计师确定的可接受误受风险(SR)为5%，可容忍错报(TM)为60 000元，预计总体错报(E^*)为0。拟测试的存货账面金额由30 000个明细账组成，即总体中实物单元的数量N＝30 000。

要求：根据上述已知条件并结合文中 PPS 抽样风险系数表(适用于高估)和预计总体错报的扩张系数表，回答下列问题：

(1) A 注册会计师确定的样本规模是多少？

(2) 假设A注册会计师在运用系统选项法选出所需的样本并对与其相关的实物单元进行测试后，在样本中发现了 2 个错报，第一个错报是账面金额为 2000 元的项目有 1000 元的高估错报，第二个错报是账面金额为 2500 元的项目有 1500 元的高估错报。请代 A 计算总体错报上限，并得出相关结论。

学习情境四

如何进行审计计划工作

学习目标

【知识目标】了解初步业务活动的工作内容；理解重要性和审计风险的含义，以及两者间的关系；理解错报的含义及分类；熟悉总体审计策略和具体审计计划的编制内容。

【技能目标】掌握审计业务约定书的编制；掌握重要性水平的确定方法及应用；掌握审计风险的确定方法，以及累积未更正错报对审计结果评价的影响；掌握总体审计策略和具体审计计划的格式及编制内容。

任务一 初步业务活动

任务导入

下列说法中正确的是(　　)。

A. 在确定审计范围时，不需要考虑内部审计工作的可利用性及对内部审计工作的拟依赖程度

B. 签订审计业务约定书一般都是在了解被审计单位及其环境时进行

C. 注册会计师应该根据采用的会计准则和相关会计制度、特定行业的报告要求以及被审计单位组成部分的分布等界定审计范围

D. 初步业务活动是在计划审计工作之后进行的

资讯准备

一、初步业务活动的内容

初步业务活动

注册会计师在计划审计工作前，需要开展初步业务活动。初步业务活动主要是对审计客户的情况和注册会计师自身的能力进行了解和评估，确定是

否接受或保持审计客户，是控制审计风险的第一道屏障。通过初步业务活动，确定如果接受业务委托，应确保在计划审计工作时达到以下要求：第一，注册会计师具备执行业务所需的独立性和能力；第二，不存在因管理层诚信问题而可能影响注册会计师保持该项业务意愿的事项；第三，与被审计单位之间不存在约定条款的误解。

1. 针对保持客户关系和具体审计业务实施相应的质量控制程序

与客户关系和具体审计业务的接受与保持在《中国注册会计师审计准则第 1121 号——对财务报表审计实施的质量控制》及《质量控制准则第 5101 号——会计师事务所对执行财务报表审计和审阅、其他鉴证和相关服务业务实施的质量控制》中均有相关的规定。注册会计师应按照其规定开展初步业务活动。

2. 评价遵守职业道德规范的情况

评价遵守职业道德规范的情况也是一项非常重要的初步业务活动。评价包括对会计师事务所和注册会计师遵守职业道德规范情况的评价，应评价其独立性、专业胜任能力以及必要的时间和资源。独立性质量控制准则要求会计师事务所制定政策和程序，项目负责人应实施相应措施，以保持独立性。若不独立，能力欠缺或时间、资源不足，会计师事务所应拒绝承接审计委托业务。

3. 签订或修改审计业务约定书

在做出接受或保持客户的决策后，注册会计师应按照《中国注册会计师审计准则第 1111 号——就审计业务约定条款达成一致意见》的相关规定，在审计业务开始前，与被审计单位就审计业务约定条款达成一致意见，及时签订或修改审计业务约定书，以避免双方对审计业务的理解产生分歧。

4. 初步业务活动程序表示例(见表 4-1)

表 4-1　初步业务活动程序表

被审计单位：	索引号：A
项目：初步业务活动	财务报表截止日/期间：
编制：	复核：
日期：	日期：

一、注册会计师的目标

确定是否接受委托；如果接受委托，确保在计划审计工作时达到下列要求：

(1) 注册会计师具备执行业务所需的独立性和能力；

(2) 不存在因管理层诚信问题而可能影响注册会计师保持该项业务意愿的事项；

(3) 与被审计单位之间不存在约定条款的误解。

二、审计工作核对表

初步业务活动程序	索 引 号	执 行 人
1. 与被审计单位面谈，讨论下列事项：		
(1) 审计的目标与范围	略	

(续表)

初步业务活动程序	索引号	执行人
(2) 审计报告的用途	略	
(4) 适用的财务报告编制基础	略	
(3) 管理层的责任，包括： ① 按照适用的财务报告编制基础编制财务报表，并使其实现公允反映(如适用)； ② 设计、执行和维护必要的内部控制，以使财务报表不存在由于舞弊或错误导致的重大错报； ③ 向注册会计师提供必要的工作条件，包括允许注册会计师接触与编制财务报表相关的所有信息(如记录、文件和其他事项)，向注册会计师提供审计所需要的其他信息，允许注册会计师在获取审计证据时不受限制地接触其认为必要的内部人员和其他相关人员	略	
(5) 计划和执行审计工作的安排，包括项目组的构成等	略	
(6) 拟出具审计报告的预期形式和内容，以及对在特定情况下出具的审计报告可能不同于预期形式和内容的说明	略	
(7) 对审计涉及的被审计单位内部审计人员和其他员工工作的安排	略	
(8) 对利用其他注册会计师和专家工作的安排	略	
(9) 与前任注册会计师(如存在)沟通的安排	略	
(10) 收费的计算基础和收费安排	略	
(11) 对审计结果的其他沟通形式	略	
(12) 其他需要达成一致意见的事项	略	
2. 对于首次接受委托的业务，在征得被审计单位书面同意后，与前任注册会计师沟通，并对沟通结果进行评价	AA	
3. 初步了解被审计单位及其环境，或其发生的重大变化，并予以记录	AB AC	
4. 对于连续审计的业务，查阅以前年度审计工作底稿，如果以前年度在审计报告中发表了非无保留意见，评价导致对上期财务报表发表非无保留意见的事项对本期的影响，了解以前年度在与治理层的沟通函中提及的值得关注的内部控制缺陷是否已得到解决等	略	
5. 对于连续审计业务，考虑是否需要修改业务约定条款，以及是否需要提醒被审计单位注意现有的业务约定条款	略	
6. 如为集团审计业务，确定是否担任集团审计的注册会计师	略	
7. 评价是否具备执行该项审计业务所需要的独立性和能力	AB AC	
8. 完成业务承接评价表或业务保持评价表	AB AC	
9. 签订审计业务约定书(适用于首次接受业务委托，以及连续审计中修改长期审计业务约定书条款的情况)	AD	

二、审计业务约定书

审计业务约定书是指会计师事务所与被审计单位签订的，用以记录和确认审计业务的委托与受托关系、审计目标和范围、双方的责任以及报告的格式等事项的书面协议。审计业务约定书具有经济合同的性质，一经约定各方签字认可，即成为法律上生效的契约，对各方均具有法定约束力。会计师事务所承接的任何审计业务，都应与被审计单位签订审计业务约定书。

1. 审计业务约定书的作用

签署审计业务约定书的目的是明确约定各方的权利和责任义务，促使各方遵守约定事项并加强合作，保护签约各方的正当利益。审计业务约定书主要有以下作用：可增进会计师事务所与被审计单位之间的了解，尤其是使被审计单位了解注册会计师的审计责任及需提供的协助和合作；可作为被审计单位评价审计业务完成情况及会计师事务所检查被审计单位约定义务履行情况的依据；出现法律诉讼时，是确定签约各方应负责任的重要证据。

2. 审计业务约定书的内容

审计业务约定书的具体内容可能因被审计单位的不同而存在差异，但应当包括下列主要方面：财务报表审计的目标；管理层对财务报表的责任；管理层编制财务报表采用的会计准则和相关会计制度；审计范围，包括指明在执行财务报表审计业务时遵守的审计准则；执行审计工作的安排，包括出具审计报告的时间要求；审计报告格式和对审计结果的其他沟通形式；由于测试的性质和审计的其他固有限制，以及内部控制的固有局限性，不可避免地存在着某些重大错报可能仍然未被发现的风险；管理层为注册会计师提供必要的工作条件和协助；注册会计师不受限制地接触任何与审计有关的记录、文件和所需要的其他信息；管理层对其做出的与审计有关的声明予以书面确认；注册会计师对执业过程中获知的信息保密；审计收费，包括收费的计算基础和收费安排；违约责任；解决争议的方法；签约双方法定代表人或其授权代表的签字盖章，以及签约双方加盖的公章。

如果情况需要，注册会计师应当考虑在审计业务约定书中列明下列内容：在某些方面对利用其他注册会计师和专家工作的安排；与审计涉及的内部注册会计师和被审计单位其他员工工作的协调；预期向被审计单位提交的其他函件或报告；收费的计算基础和收费安排；在首次接受审计委托时，对与前任注册会计师沟通的安排；注册会计师与被审计单位之间需要达成进一步协议的事项等。

对于连续审计，注册会计师应当考虑是否需要根据具体情况修改业务约定的条款，以及是否需要提醒被审计单位注意现有的业务约定条款。注册会计师可以与被审计单位签订长期审计业务约定书，但如果出现下列情况，应当考虑修订审计业务约定书或提醒被审计单位注意现有的业务约定条款：有迹象表明被审计单位误解审计目标和范围；需要修改约定条款或增加特别条款；高级管理人员、董事会或所有权结构近期发生变动；被审计单位业务的性质或规模发生重大变化；法律法规发生变化；编制财务报表采用的会计准则和相关会计制度发生变化等。

3. 审计业务变更的规定

在完成审计业务前，如果被审计单位要求注册会计师将审计业务变更为保证程度较低的鉴证业务或相关服务，注册会计师应当考虑变更业务的适当性。一般出现下列原因时可能导致被审计单位要求变更业务：第一，情况变化对审计服务的需求产生影响；第二，对原来要求的审计业务的性质存在误解；第三，无论是管理层施加的还是其他情况引起的审计范围受到限制。前两项通常被认为是变更业务的合理理由，但是如果有迹象表明该变更要求与错误的、不完整的或者不能令人满意的信息有关，注册会计师不应认为该变更是合理的。如果没有合理的理由，注册会计师不应当同意变更业务。如果不同意变更业务，被审计单位又不允许继续执行原审计业务，注册会计师应当解除业务约定，并考虑是否有义务向被审计单位董事会或股东会等方面说明解除业务约定的理由。在同意将审计业务变更为其他服务前，注册会计师还应当考虑变更业务对法律责任或业务约定条款的影响。如果变更业务引起业务约定条款的变更，注册会计师应当与被审计单位就新条款达成一致意见。如果认为变更业务具有合理的理由，并且按照审计准则的规定已实施的审计工作也适用于变更后的业务，注册会计师可以根据修改后的业务约定条款出具报告。

4. 审计业务约定书示例

索引号：AD

审计业务约定书

甲方：A股份有限公司

乙方：B会计师事务所

兹由甲方委托乙方对20××年度财务报表进行审计，经双方协商，达成以下约定：

一、业务范围与审计目标

1. 乙方接受甲方委托，对甲方按照企业会计准则编制的20××年12月31日的资产负债表，20××年度的利润表、股东权益变动表和现金流量表以及财务报表附注(以下统称财务报表)进行审计。

2. 乙方通过执行审计工作，对财务报表的下列方面发表审计意见：①财务报表是否在所有重大方面按照企业会计准则的规定编制；②财务报表是否在所有重大方面公允反映被审计单位甲方20××年12月31日的财务状况以及20××年度经营成果和现金流量。

二、甲方的责任

1. 根据《中华人民共和国会计法》及《企业财务会计报告条例》，甲方及甲方负责人有责任保证会计资料的真实性和完整性，因此，甲方管理层有责任妥善保存和提供会计记录(包括但不限于会计凭证、会计账簿及其他会计资料)，这些记录必须真实、完整地反映甲方的财务状况、经营成果和现金流量。

2. 按照企业会计准则的规定编制财务报表是甲方管理层的责任，这种责任包括：①按照企业会计准则的规定编制财务报表，并使其实现公允反映；②设计、实施和维护与财务报表编制相关的内部控制，以使财务报表不存在由于舞弊或错误而导致的重大错报。

3. 及时为乙方的审计工作提供其所要求的全部会计资料和其他有关资料(在20××年×月×日之前提供审计所需的全部资料，如在审计过程中需要补充资料，亦应及时提供)，并保证所提供资料的真实性和完整性。

4. 确保乙方不受限制地接触其认为必要的甲方内部人员和其他相关人员。

5. 必要时，甲方管理层包括治理层对其做出的与审计有关的声明予以书面确认。

6. 为乙方派出的有关工作人员提供必要的工作条件和协助，乙方将于外勤工作开始前提供主要事项清单。

7. 按本约定书的约定及时足额支付审计费用以及乙方人员在审计期间的交通、食宿和其他相关费用。

8. 乙方的审计不能减轻甲方及甲方管理层的责任。

三、乙方的责任

1. 乙方的责任是在实施审计工作的基础上对甲方财务报表发表审计意见。乙方按照中国注册会计师审计准则(以下简称审计准则)的规定进行审计。审计准则要求注册会计师遵守中国注册会计师职业道德守则，计划和执行审计工作，以对财务报表是否不存在重大错报获取合理保证。

2. 审计工作涉及实施审计程序，以获取有关财务报表金额和披露的审计证据。选择的审计程序取决于乙方的判断，包括对由于舞弊或错误导致的财务报表重大错报风险的评估。在进行风险评估时，乙方考虑与财务报表编制相关的内部控制，以设计恰当的审计程序，但目的并非对内部控制的有效性发表意见。审计工作还包括评价管理层选用会计政策的恰当性和做出会计估计的合理性，以及评价财务报表的总体列报。

3. 由于审计和内部控制的固有限制，即使按照审计准则的规定适当地计划和执行审计工作，仍不可避免地存在财务报表的某些重大错报可能未被乙方发现的风险。

4. 在审计过程中，乙方若发现甲方内部控制存在乙方认为的重要缺陷，应向甲方提交管理建议书。但乙方在管理建议书中提出的各种事项，并不代表已全面说明所有可能存在的缺陷或已提出所有可行的改善建议。甲方在实施乙方提出的改善建议前应全面评估其影响。未经乙方书面许可，甲方不得向任何第三方提供乙方出具的管理建议书。

5. 按照约定时间完成审计工作，出具审计报告。乙方应于 20××年×月×日前出具审计报告。

6. 除下列情况外，乙方应当对执行业务过程中知悉的甲方信息予以保密：(1)法律法规允许披露，并取得甲方的授权；(2)根据法律法规的要求，为法律诉讼、仲裁准备文件或提供证据，以及向监管机构报告发现的违法行为；(3)在法律法规允许的情况下，在法律诉讼、仲裁中维护自己的合法权益；(4)接受注册会计师协会或监管机构的执业质量检查，答复其询问和调查；(5)法律法规、执业准则和职业道德规范规定的其他情形。

四、审计收费

1. 本次审计服务的收费是以乙方各级别工作人员在本次工作中所耗费的时间为基础计算的。乙方预计本次审计服务的费用总额为人民币××万元。

2. 甲方应于本约定书签署之日起××日内支付×%的审计费用，剩余款项于(审计报告草稿完成日)结清。

3. 如果由于无法预见的原因，致使乙方从事本约定书所涉及的审计服务实际时间较本约定书签订时预计的时间有明显的增加或减少时，甲乙双方应通过协商，相应调整本部分第一段所述的审计费用。

4. 如果由于无法预见的原因，致使乙方人员抵达甲方的工作现场后，本约定书所涉及的审计服务中止，甲方不得要求退还预付的审计费用；如上述情况发生于乙方人员完成现场审计工作，并离开甲方的工作现场之后，甲方应另行向乙方支付人民币××元的补偿费，该补偿费应于甲方收到乙方的收款通知之日起×日内支付。

5. 与本次审计有关的其他费用(包括交通费、食宿费等)由甲方承担。

五、审计报告和审计报告的使用

1. 乙方按照中国注册会计师审计准则规定的格式和类型出具审计报告。

2. 乙方向甲方出具审计报告一式×份。

3. 甲方在提交或对外公布乙方出具的审计报告时，不得对其进行修改。当甲方认为有必要修改会计数据、报表附注和所做的说明时，应当事先通知乙方，乙方将考虑有关的修改对审计报告的影响，必要时，将重新出具审计报告。

六、本约定书的有效期间

本约定书自签署之日起生效，并在双方履行完毕本约定书约定的所有义务后终止。但其中第三条第 6 项以及第四、五、八、九、十条并不因本约定书终止而失效。

七、约定事项的变更

如果出现不可预见的情况影响审计工作如期完成，或需要提前出具审计报告时，甲乙双方均可要求变更约定事项，但应及时通知对方，并由双方协商解决。

八、终止条款

1. 如果根据乙方的职业道德及其他有关专业职责，适用的法律、法规或其他任何法定的要求，乙方认为已不适宜继续为甲方提供本约定书约定的审计服务时，乙方可以采取向甲方提出合理通知的方式终止履行本约定书。

2. 在本约定书终止的情况下，乙方有权就其于终止之日前对约定的审计服务项目所做的工作收取合理的审计费用。

九、违约责任

甲乙双方按照《中华人民共和国合同法》的规定承担违约责任。

十、适用法律和争议解决

本约定书的所有方面均应适用中华人民共和国法律进行解释并受其约束。本约定书履行地为乙方出具审计报告所在地，因本约定书所引起的或与本约定书有关的任何纠纷或争议(包括关于本约定书条款的存在、效力或终止，或无效之后果)，双方选择以下第____种解决方式：

1. 向有管辖权的人民法院提起诉讼；

2. 提交××仲裁委员会仲裁。

十一、双方对其他有关事项的约定

本约定书一式两份，甲乙方各执一份，具有同等法律效力。

甲方：A 股份有限公司(盖章)

授权代表：(签名并盖章)

20××年×月×日

乙方：B 会计师事务所(盖章)

授权代表：(签名并盖章)

20××年×月×日

任务处理

【任务 4-1】ABC 会计师事务所受 A 集团母公司委托，对 A 集团合并财务报表及集团母公司年度财务报表进行审计，同时，A 集团所属子公司 B 公司也聘请 ABC 事务所对年度财务报表进行审计。在这种情况下，(　　)。

A. ABC会计师事务所应当解除业务约定

B. ABC会计师事务所应当分别与A公司和B公司签订审计业务约定书

C. ABC会计师事务所与A集团母公司签订一份业务约定书即可

D. ABC会计师事务所与A集团所属子公司B公司签订一份业务约定书即可

任务解析：应选B。如果集团和组成部分审计是由不同的委托人委托的，注册会计师应当与不同的委托人分别签订审计业务约定书。

【任务4-2】下列有关审计业务约定书的说法中错误的是(　　)。

A. 审计业务约定书是会计师事务所与被审计单位签订的，而不是与委托人签订的

B. 审计业务约定书的具体内容和格式不会因被审计单位的不同而不同

C. 审计业务约定书具有经济合同的性质，它的目的是为了明确约定各方的权利和义务。约定书一经约定各方签字认可，即成为法律上生效的契约，对各方均具有法定约束力

D. 会计师事务所承接任何审计业务，均应与被审计单位签订审计业务约定书

任务解析：应选B。审计业务约定书的具体内容和格式可能会因被审计单位的不同而不同，具体单位需要具体考虑，但是一般基本内容是都包括的。

任务导入分析

选项C是正确的。选项A，在确定审计范围时，需要考虑内部审计工作的可利用性及对内部审计工作的拟依赖程度；选项B，签订审计约定书一般都是在初步业务活动时，在做出接受或保持客户关系及具体审计业务的决策之后，在审计业务开始之前，与被审计单位就审计业务约定条款达成一致意见，签订或修改审计业务约定书，以避免双方对审计业务的理解产生分歧而了解被审计单位及其环境，目的是为了识别和评估财务报表层次的重大错报风险，一般都是在风险评估阶段实施的；选项D，在计划审计工作时，注册会计师需要进行初步业务活动、制定总体审计策略和具体审计计划等。

任务二　评估并确定重要性水平业务活动

任务导入

XYZ会计师事务所承接了乙上市公司2019年度的财务报表审计业务，派出了A注册会计师进入乙股份有限公司进行审计，A注册会计师按资产总额5000万元的2‰计算了资产负债表的重要性水平，按净利润600万元的2%计算了利润表的重要性水平。从谨慎性原则出发，则其最终应取(　　)万元作为财务报表层次的重要性水平。

重要性水平的确定

A. 11　　B. 0　　C. 10　　D. 12

资讯准备

一、正确理解重要性的含义

审计重要性概念的运用贯穿于整个审计过程。财务报告编制基础通常从编制和列报财务报表的角度阐释重要性概念。财务报表错报包括财务报表金额的错报和财务报表披露的错报。重要性取决于在具体环境下对错报(含漏报)金额和性质的判断。通常而言，在理解重要性的含义时，应当注意把握以下几点：

(1) 如果一项错报单独或连同其他错报(汇总)可能影响财务报表使用者依据财务报表做出的经济决策，则该项错报是重大的。

(2) 对重要性的判断，应分别从数量和性质两个方面来考虑，或者考虑二者的综合影响。在数量方面要考虑错报的金额大小，性质方面则是注重错报的性质。一般来讲，金额大的错报比金额小的错报更重要。但是在有些情况下，某些金额的错报从数量上看并不重要，可是从性质上考虑则可能是重要的。对于某些财务报表披露的错报，难以从数量上判断是否重要，应从性质上考虑其是否重要。

(3) 确定重要性必须从财务报表使用者整体的角度考虑。重要性是针对财务报表使用者整体共同的财务信息需求而言的，因此判断一项错报重要与否，应视其对财务报表使用者依据财务报表做出经济决策的影响程度而定。如果财务报表中的某项错报足以改变或影响财务报表使用者的相关决策，则该项错报就是重要的，否则就不重要。由于不同财务报表使用者对财务信息的需求可能差异很大，因此不考虑错报对个别财务报表使用者可能产生的影响。

(4) 重要性的确定也离不开特定的环境。不同的被审计单位面临不同的环境，不同的报表使用者有着不同的信息需求，所以注册会计师确定的重要性也不相同。某一金额的错报对某被审计单位的财务报表来说是重要的，而对另一个被审计单位的财务报表来说可能不重要。

(5) 对重要性的评估需要运用注册会计师的职业判断。影响重要性的因素很多，注册会计师应当根据被审计单位面临的环境，综合考虑其他因素，合理确定重要性。

二、如何确定重要性水平

在计划审计工作时，注册会计师应当确定一个可接受的重要性水平，以发现在金额上重大的错报。注册会计师在确定计划的重要性水平时，需要考虑对被审计单位及其环境的了解、审计的目标、财务报表各项目的性质及其相互关系、财务报表项目的金额及其波动幅度。同时从数量和性质两个方面合理确定重要性水平。

1. 从数量方面考虑重要性

重要性的数量，是针对错报的金额大小而言。重要性水平是一个经验值，注册会计师只能通过职业判断来确定。在审计过程中，注册会计师应当考虑财务报表层次和各类交易、账户余额、列报认定层次的重要性水平。

(1) 财务报表层次重要性水平的确定。注册会计师要对整体财务报表发表审计意见，必须考虑财务报表层次的重要性，这样才能得出财务报表是否公允反映的结论。在确定财务报表层次重要性水平时，通常采用的程序为：首先选择一个恰当的基准，再选用适当的百分比乘以该基准，从而得出该层次的重要性水平。

在实务中，通常选用总资产、净资产、营业收入、费用总额、净利润等作为计算基准。就选用的基准而言，相关的财务数据通常包括前期财务成果和财务状况、本期最新的财务成果和财务状况、本期的预算和预测结果。当然本期最新的财务成果和财务状况、本期的预算和预测结果需要根据被审计单位情况的重大变化和被审计单位所处行业及经济环境情况的变化等做出调整。例如，当选择税前利润作为基准确定重要性水平，如果被审计单位本年度税前利润因情况变化出现意外增加或减少，注册会计师可能认为按照近几年经常性业务的平均税前利润确定财务报表层次的重要性水平更加合适。在确定恰当的基准后，注册会计师通常运用职业判断合理选择百分比，据以确定重要性水平。对于以盈利为目的的企业，来自经常性业务的税前利润或税后净利润的 5%，或总收入的 0.5%；对于非营利组织，可定为来自费用总额或总收入的 0.5%；对于共同基金公司，可定为净资产的 0.5%；如果选择总资产作为基准，可定为 0.5%。百分比无论是高一些还是低一些，只要符合具体情况都是适当的。

(2) 特定类别交易、账户余额或列报认定层次重要性水平的确定。特定类别交易、账户余额、列报认定层次的重要性水平称为可容忍错报，对审计证据数量有直接的影响，因此，注册会计师应当合理确定可容忍错报。可容忍错报的确定以注册会计师对财务报表层次重要性水平的初步评估为基础，是在不导致财务报表存在重大错报的情况下，注册会计师对特定类别交易、账户余额或列报确定的可接受的最大错报。

注册会计师在确定特定类别交易、账户余额或列报认定层次的重要性水平时，应当考虑以下主要因素：各类交易、账户余额、列报的性质及错报的可能性；各类交易、账户余额、列报的重要性水平与财务报表层次重要性水平的关系。在实务中，注册会计师还应考虑账户或交易的审计成本。可容忍错报通常可以采用分配法予以确定。在采用分配法时，各账户或交易层次的重要性水平之和，应当等于财务报表层次的重要性水平，而且分配的对象一般是资产负债表账户。

2. 从性质方面考虑重要性

注册会计师在运用重要性原则时，除了考虑错报的金额，还要考虑错报的性质。有时金额不重要的错报从性质上看有可能是重要的。

注册会计师在判断错报的性质是否重要时，应该考虑的具体情况包括：错报对遵守法律法规要求的影响程度；错报对遵守债务契约或其他合同要求的影响程度；错报对掩盖收益或其他趋势变化的影响程度(尤其在联系宏观经济背景和行业状况进行考虑时)；错报对用于评价被审计单位财务状况、经营成果或现金流量的有关比率的影响程度；错报对财务报表中列报的分部信息的影响程度，如错报事项对分部或被审计单位其他经营部分的重要程度，而这些分部或经营部分对被审计单位的经营或盈利有重大影响；错报对增加管理层报酬的影响程度，如管理层通过错报来达到有关奖金或其他激励政策规定的要求，从而增加其报酬；错报对某些账户余额之间错误分类的影响程度，这些错误分类影响财务报表中应单独披露的项目，如经营收益和非经营收益之间的错误分类，非营利单位受到限制资源和非限制资源的错误分类；相对于注册会计师所了解的以前向报表使用者传达的信息(如盈利预测)而言，错报的重大程度；错报是否涉及特定方的项目，如与被审计单位发生交易的外部单位是否与被审计单位管理层的成员有关联；错报对信息漏报的影响程度，在有些情况下，适用的会计准则和相关会计制度并未对该信息做出具体要求，但是注册会计师运用职业判断，认为该信息对财务报表使用者了解被审计单位的财务状况、经营成果或现金流量很重要；错报对与已审计财务报表一同披露的其他信息的影响程度，该影响程度能被合理预期将对财务报表使用者做出经济决策产生影响。值得注意的是，注册会计师不能以存在上述因素为由而必然认为错报是重大的。

三、实际执行的重要性的确定

实际执行的重要性，是指注册会计师确定的低于财务报表整体重要性的一个或多个金额，旨在将未更正和未发现错报的汇总数超过财务报表整体重要性的可能性降至适当的低水平。如果适用，实际执行的重要性还指注册会计师确定的低于特定类别的交易、账户余额或列报的重要性水平的一个或多个金额，其目的是将这些交易、账户余额或列报中未更正与未发现错报的汇总数超过这些交易、账户余额或列报的重要性水平的可能性降至适当的低水平。

1. 确定实际执行重要性的因素

确定实际执行的重要性，需要注册会计师运用职业判断，并考虑以下内容：对被审计单位的了解、前期审计工作中识别出的错报的性质和范围、根据前期识别出的错报对本期错报做出的预期等因素的影响。通常而言，实际执行的重要性水平一般为财务报表整体重要性的50%～70%。接近财务报表整体重要性 50%的情况包括：经常性审计，以前年度审计调整较多；项目总体风险较高(如处于高风险行业，经常面临较大市场压力，首次承接的审计项目等)。接近财务报表整体重要性 70%的情况包括：经常性审计，以前年度审计调整较少；项目总体风险较低(如处于低风险行业，面临的市场压力较小)。

2. 计划阶段重要性水平确定示例

计划阶段重要性水平计算表

被审计单位：A 股份有限公司

财务报表期间：20××-12-31

说明：本表由现场负责人或项目负责人编制，并经项目合伙人复核和批准，必要时，经第二合伙人同时复核和批准。

当以资产总额或所有者权益为基础计算重要水平时，采用资产负债表日或接近该日的余额(如总账、试算平衡表或内部财务报表)。当以主营业务收入、税前利润或毛利为基础计算重要水平时，如果采用的是最近的中期数据，应当将其换算为年度数据；如果年度间波动显著，应考虑采用 3～5 年的平均数。

步骤 3 所确定的重要性水平金额应当在步骤 1 和步骤 2 所得出结果的区间内，从谨慎性原则出发应选择最低者作为重要性水平，也可考虑被审计单位的实际情况、审计成本等方面的影响，采用平均数原则或者其他合理的原则确定。

步骤 1：以经营成果为基础计算的重要性水平。

单位：元

计算基础	金　额	百分比	估计的重要水平
	(1)	(2)	(3)=(1)×(2)
主营业务收入	1 250 000	1.65%	20 625.00
税前利润	201 686.76	8%	16 134.94
毛利			

步骤 2：以财务状况为基础计算的重要性水平。

单位：元

计算基础	金　额	百分比	估计的重要水平
	(1)	(2)	(3)=(1)×(2)
资产总额	13 436 227.55	1.55%	208 261.53
所有者权益	7 656 753.61	2%	153 135.07

步骤 3：计划阶段重要性水平。

根据步骤 1 和 2 的计算结果，计划阶段重要性水平的区间从 16 134.94 元到 208 261.53 元，采取区间平均数原则，确定重要性水平为 11.22 万元。

步骤 4：可容忍的错报水平(实际执行的重要性水平)。

可容忍的错报水平是计划阶段重要水平在认定层次的应用，是审计师可以接受的认定层次的最大错报金额。

可容忍的错报水平应用于计算样本规模和其他与测试范围相关的决策。

可容忍的错报水平可按以下方式计算，通常选择的百分比为计划阶段重要水平的 50%～70%：

计划阶段重要水平(步骤 3 的金额) × 百分比(50%～70%) = 可容忍错报金额

即 11.22 万 × 60%= 6.73(万元)。

任务处理

【任务 4-3】下列有关重要性的说法中，不正确的是(　　)。

A. 重要性与审计风险之间呈同向关系，即重要性水平越高，可接受的审计风险越高

B. 重要性与审计证据呈反向关系，即重要性水平越低，所需审计证据越多

C. 重要性不仅包括对错报数量的考虑，还包括对错报性质的考虑

D. 对重要的账户或交易，为了提高效率，重要性水平相应较低

任务解析：应选 D。对重要的账户或交易，相应的重要性水平应越低，目的并不是为了提高审计的效率，而是提高审计的效果和质量；如果要提高审计的效率，注册会计师应当在保证审计质量的前提下，制定相对较高的重要性水平。

【任务 4-4】如果错漏报的汇总数没有达到但已接近财务报表的重要性水平，注册会计

师除了提请被审计单位进行调整外，还应该实施追加的审计程序，即使用有别于原程序的另一种程序进行实质性程序，但这种做法在(　　)方面是无效的。

A. 证实或排除原推断的错漏报　　　　B. 证实或排除原程序的局限性

C. 降低已发现的错漏报　　　　D. 降低检查风险及审计风险

任务解析：应选C。无论是扩大原程序的实施范围还是追加新的审计程序，均使实质性程序中获取的证据增加，可以降低检查风险和审计风险，以及证实或排除原推断的错漏报；如果追加的程序能发现原程序未能发现的错漏报，则可以证实原程序的局限性，否则可以排除原程序的局限性。对于已经发现的错漏报只能通过调整财务报表降低故选项C不正确。

任务导入分析

应选C，即10万元作为重要性水平。如果同一时期各个财务报表的重要性水平各不相同，注册会计师应取其最低者而不是平均数作为财务报表层次的重要性水平，这样最符合谨慎性原则。但取0是注册会计师无法做到的，因为现行审计为抽样审计，在实施审计抽样的情况下，不可能做到绝对保证。

任务三　初步识别可能存在较高的重大错报风险的领域

任务导入

注册会计师一般无须充分关注单独一笔小金额的错报漏报，而应关注小金额错报漏报的累计额，是因为(　　)。

A. 单独来看，小金额错报漏报在数量上可能会超过重要性水平

B. 一笔小金额的错报漏报无论是在数量上看，还是在性质上看都不重要

C. 单独来看，小金额错报漏报在数量上虽不重要，但其性质往往是重要的

D. 小金额错报漏报的累计可能会对财务报表的反映产生重大影响

资讯准备

一、审计风险的含义及模型

1. 审计风险的含义

审计风险是指财务报表存在重大错报而注册会计师发表不恰当审计意见的可能性。注册会计师应当获取认定层次充分、适当的审计证据，以便在完成审计工作时，能够以可接受的低审计风险对财务报表整体发表审计意见。可接受的审计风险的确定，需要考虑会计师事务所对审计风险的态度、审计失败对会计师事务所可能造成损失的大小等因素。需要注意的是，审计业务是一种保证程度高的鉴证业务，可接受的审计风险应当足够低，以使注册会计师能够合

审计风险模型

理保证所审计的财务报表不含重大错报。审计风险取决于重大错报风险和检查风险。

(1) 重大错报风险。重大错报风险是指财务报表在审计前存在重大错报的可能性。注册会计师在设计审计程序以确定财务报表整体是否存在重大错报时，应从财务报表层次和各类交易、账户余额和列报认定层次两个方面来考虑重大错报风险。认定层次的重大错报风险还可继续细分为固有风险和控制风险。固有风险是指假设不存在相关的内部控制，某一认定发生重大错报的可能性，无论该错报单独考虑，还是连同其他错报构成重大错报。控制风险是指某项认定发生了重大错报，无论该错报单独考虑，还是连同其他错报构成重大错报，而该错报没有被企业的内部控制及时防止、发现和纠正的可能性。控制风险取决于与财务报表编制有关的内部控制的设计和运行的有效性。由于控制的固有局限性，某种程度的控制风险始终存在。

在设计审计程序以确定财务报表整体是否存在重大错报时，注册会计师应当从财务报表层次和各类交易、账户余额和列报认定层次考虑重大错报风险。财务报表层次重大错报风险通常与控制环境有关，并与财务报表整体存在广泛联系，可能影响多项认定，但难以界定于某类交易、账户余额、列报的具体认定。注册会计师应当评估财务报表层次的重大错报风险，并根据评估结果确定总体应对措施，包括向项目组分派更有经验或具有特殊技能的注册会计师、利用相关专家的工作或提供更多的督导等。注册会计师应当关注财务报表的重大错报，但没有责任发现对财务报表整体不产生重大影响的错报。

(2) 检查风险。检查风险是指如果存在某一错报，该错报单独或连同其他错报可能是重大的，但注册会计师通过实施将审计风险降至可接受低水平的审计程序后未发现这种错报的可能性。检查风险取决于审计程序设计的合理性和执行的有效性。由于注册会计师通常并不对所有的交易、账户余额和列报进行检查，再加上其他原因，检查风险不可能降低为零。其他原因包括注册会计师可能选择了不恰当的审计程序、审计过程执行不当，或者错误解读了审计结论。这些其他因素可以通过适当计划，在项目组成员间进行恰当的职责分配，保持职业怀疑态度以及监督、指导和复核助理人员所执行的审计工作得以解决。注册会计师应当合理设计审计程序的性质、时间和范围，并有效执行审计程序以控制检查风险。

2. 审计风险模型

在既定的审计风险水平下，可接受的检查风险水平与认定层次重大错报风险的评估结果呈反向关系。用数学模型表示为

$$审计风险=重大错报风险\times检查风险$$

评估的重大错报风险越高，可接受的检查风险越低；评估的重大错报风险越低，可接受的检查风险越高。假设针对某一认定，注册会计师将可接受的审计风险水平设定为 5%，注册会计师实施风险评估程序后将重大错报风险评估为 20%，则根据这一模型，可接受的检查风险为 25%。在实务中，注册会计师也可以用“高”“中”“低”等文字进行描述。注册会计师应当实施审计程序，评估重大错报风险，并根据评估结果设计和实施进一步审计程序，以控制检查风险。

二、重要性与审计风险的关系

1. 重要性与审计风险之间呈反向变动关系

审计重要性和审计风险的关系

重要性水平越高，审计风险就越低；重要性水平越低，审计风险就越高。重要性是决定审计风险水平高低的关键因素，注册会计师对重要性水平的判断直接影响审计风险水平的确定。这里，重要性水平指的是金额的大小，而且是从会计报表使用者的角度来判断的。

例如，一般来说5万元的重要性水平比3万元的重要性水平高，如果重要性水平是5万元，则意味着低于5万元的错报与漏报不会影响会计报表使用者的判断与决策，注册会计师仅仅需要通过执行有关审计程序查出高于5万元的错报或漏报。如果重要性水平是3万元，则意味着金额在3万元到5万元之间的错报或漏报仍然会影响会计报表使用者的决策与判断，注册会计师不仅需要执行有关审计程序查出金额在5万元以上的错报或漏报，而且还要通过执行有关审计程序查出金额在3万元至5万元之间的错报或漏报。显然，重要性水平为3万元时，审计不出重大错报的可能性(即审计风险)，要比重要性水平为5万元时的审计风险高。审计风险越高，越要求注册会计师收集更多、更有效的审计证据，以将审计风险降至可接受的低水平。因此，重要性和审计证据之间也是反向变动关系。

值得注意的是，注册会计师不能通过不合理地人为调高重要性水平降低审计风险。因为重要性是依据重要性中所述的判断标准确定的，而不是由主观期望的审计风险水平决定的。

由于重要性和审计风险存在上述反向关系，而且这种关系对注册会计师将要执行的审计程序的性质、时间和范围有直接的影响，因此，注册会计师应当综合考虑各种因素，合理确定重要性水平。

2. 考虑重要性与审计风险的关系对审计程序的影响

对重要性及其与审计风险关系的考虑应当贯穿于注册会计师审计工作的全过程。在不同的审计阶段，重要性与审计风险的关系都会对审计程序产生影响。

在审计计划阶段，注册会计师在确定审计程序的性质、时间和范围时，需要考虑计划的重要性水平。也就是说，在计划审计工作时，注册会计师应当考虑导致财务报表发生重大错报的原因，确定一个可接受的重要性水平，即首先为财务报表层次确定重要性水平，以发现在金额上重大的错报。同时，注册会计师还应当评估各类交易、账户余额及列报认定层次的重要性，以便确定进一步审计程序的性质、时间和范围，将审计风险降至可接受的低水平。注册会计师在确定审计程序的性质、时间和范围时，应当考虑重要性与审计风险之间的反向关系。

在审计测试阶段，随着审计过程的推进，注册会计师应当及时评价计划阶段确定的重要性水平是否仍然合理，并根据具体环境的变化或在审计执行过程中进一步获取的信息，修正计划的重要性水平，进而修改进一步审计程序的性质、时间和范围。在确定审计程序后，如果注册会计师决定接受更低的重要性水平，审计风险将增加。注册会计师应当选用下列方法将审计风险降至可接受的低水平：如有可能，通过扩大控制测试范围或实施追加的控制测试，降低评估的重大错报风险，并支持降低后的重大错报风险水平；通过修改计划实施的实质性程序的性质、时间和范围，降低检查风险。

在审计完成阶段，评价审计程序结果时，注册会计师确定的重要性和审计风险，可能与计划审计工作时评估的重要性和审计风险存在差异。在这种情况下，注册会计师应当重新确定重要性和审计风险，并考虑实施的审计程序是否充分。

三、评价结果时对错报与重要性的考虑

1. 错报的含义

错报，是指某一财务报表项目的金额、分类、列报或披露，与按照适用的财务报告编制基础应当列示的金额、分类、列报或披露之间存在的差异；或根据注册会计师的判断，为使财务报表在所有重大方面实现公允反映，需要对金额、分类、列报或披露做出的必要调整。错报可能由于下列事项导致：收集或处理用以编制财务报表的数据时出现错误；遗漏某项金额或披露；由于疏忽或明显误解有关事实导致做出不正确的会计估计；注册会计师认为管理层对会计估计做出不合理的判断或对会计政策做出不恰当的选择和运用。

注册会计师可能将低于某一金额的错报界定为明显微小的错报，对这类错报不需要累积，因为注册会计师认为这些错报的汇总数明显不会对财务报表产生重大影响。如果不能确定一个或多个错报是否明显微小，就不能认定这些错报是明显微小的。

2. 错报的分类

为帮助注册会计师评价审计过程中累积的错报的影响以及与管理层和治理层沟通错报事项，可以将错报分为事实错报、判断错报和推断错报。

(1) 事实错报。事实错报是毋庸置疑的错报。这类错报产生于被审计单位收集和处理数据的错误，对事实的忽略或误解，或故意舞弊行为。例如，注册会计师在审计测试中发现最近购入原材料的实际价值为80 000元，但账面记录的金额为50 000元。因此，存货和应付账款分别被低估了30 000元，这里被低估的30 000元就是已识别的对事实的具体错报。

(2) 判断错报。判断错报是由于注册会计师认为管理层对会计估计做出不合理的判断或对会计政策做出不恰当的选择和运用而产生的差异。这类错报属于主观决策的错报，产生于两种情况：一是管理层和注册会计师对会计估计值的判断差异。例如，由于包含在财务报表中的管理层做出的估计值超出了注册会计师确定的一个合理范围，导致出现判断差异；二是管理层和注册会计师对选择和运用会计政策的判断差异。由于注册会计师认为管理层选用会计政策不适当造成错报，管理层却认为选用会计政策适当，导致出现判断差异。

(3) 推断错报。注册会计师对总体存在的错报做出的最佳估计数，涉及根据在审计样本中识别出的错报来推断总体的错报。推断错报通常包括：第一，通过测试样本估计出的总体的错报减去在测试中发现的已经识别的具体错报。例如，库存商品年末余额为4000万元，注册会计师抽查10%样本发现金额有200万元的高估，高估部分为账面金额的15%。据此，注册会计师推断总体的错报金额为600万元(即4000×15%)，那么上述200万元就是已识别

的具体错报，其余 400 万元即为推断错报(或推断误差)。第二，通过实质性分析程序推断出的估计错报。例如，注册会计师根据客户的预算、资料及行业趋势等要素，对客户年度销售费用独立地做出估计，并与客户账面金额比较，发现两者间有 40%的差异；考虑到估计的精确性有限，注册会计师根据经验认为 8%的差异通常是可接受的，而剩余 32%的差异需要有合理解释并取得佐证性证据；假定注册会计师对其中 10%的差异无法得到合理解释或不能取得佐证，则该部分差异金额即为推断误差。

3. 错报的沟通和更正

注册会计师及时与适当层级的管理层沟通错报事项十分重要，因为这能使管理层评价这些事项是否为错报，并采取必要行动，如有异议则应告知注册会计师。适当层级的管理层通常是指有责任和权限对错报进行评价并采取必要行动的人员。

法律法规可能限制注册会计师向管理层或被审计单位内部的其他人员通报某些错报。例如，法律法规可能专门禁止通报某事项或采取其他行动，这些通报或行动可能不利于有关权力机构对实际存在的或怀疑存在的违法行为展开调查。在某些情况下，注册会计师的保密义务与通报义务之间存在的潜在冲突可能很复杂。此时，注册会计师可以考虑征询法律意见。

管理层更正所有错报(包括注册会计师通报的错报)，能够保持会计账簿和记录的准确性，降低由于与本期相关的、非重大的且尚未更正的错报的累积影响而导致未来期间财务报表出现重大错报的风险。

4. 评价审计结果时对错报和重要性的考虑

(1) 累积的未更正错报。累积的未更正错报是指注册会计师在审计过程中累积的且被审计单位未予更正的错报。注册会计师在完成审计工作时，为确定被审计单位的会计报表是否合法、公允，应当汇总尚未更正的错报或漏报，并将其与会计报表层次的重要性水平相比较，考虑其金额与性质是否对会计报表的反映产生重大影响。注册会计师在汇总尚未更正的错报或漏报时，应当包括已识别和推断的错报或漏报，即事实错报、判断错报和推断错报。

(2) 评价累积未更正错报的影响。注册会计师应当评估在审计过程中已识别的但尚未更正错报的累积数是否重大。注册会计师需要在出具审计报告之前，评估尚未更正错报单独或累积的影响是否重大。在评估时，注册会计师应当从特定类别的交易、账户余额及列报认定层次和财务报表层次考虑这些错报的金额和性质，以及这些错报发生的特定环境。

注册会计师应当分别考虑每项错报对相关交易、账户余额及列报的影响，包括错报是否超过之前为特定类别交易、账户余额及列报所设定的较之财务报表层次重要性水平更低的可容忍错报。此外，如果某项错报是(或可能是)由舞弊造成的，无论其金额大小，注册会计师均应当按照《中国注册会计师审计准则第 1141 号——财务报表审计中与舞弊相关的责任》的规定，考虑其对整个财务报表审计的影响。考虑某些错报发生的环境，即使其金额低于计划的重要性水平，注册会计师仍可能认为其单独或连同其他错报从性质上看是重大的。

注册会计师在评估未更正错报是否重大时，不仅需要考虑每项错报对财务报表的单独影响，而且需要考虑所有未更正错报对财务报表的累积影响及其形成原因，尤其是一些金额较小的错报，虽然单个看起来并不重大，但是其累积后却可能对财务报表产生重大的影响。将累积未更正错报与财务报表重要性水平进行比较，可能出现以下三种情况：

第一，如果累积未更正错报低于重要性水平(并且其性质不具有重要性)，对财务报表的影响不重大，注册会计师可以发表无保留意见的审计报告。

第二，如果累积未更正错报超过了重要性水平，对财务报表的影响可能是重大的，注册会计师应当考虑通过扩大审计程序的范围或要求管理层调整财务报表以降低审计风险。在任何情况下，注册会计师都应当要求管理层就已识别的错报调整财务报表。如果管理层拒绝调整财务报表，并且扩大审计程序范围的结果不能使注册会计师认为尚未更正错报的汇总数不重大，注册会计师应当考虑出具非无保留意见的审计报告。

第三，如果已识别但尚未更正错报的汇总数接近重要性水平，注册会计师应当考虑该汇总数连同尚未发现的错报是否可能超过重要性水平，并考虑通过实施追加的审计程序，或要求管理层调整财务报表降低审计风险。

任务处理

【任务 4-5】在评价审计结果时，注册会计师确定的重要性和审计风险，可能与计划审计工作时评估的重要性和审计风险存在差异。注册会计师下列做法正确的有(　　)。

A. 如果评价审计结果时的重要性小于计划审计工作时所评估的重要性，这意味着注册会计师所执行的审计程序不充分

B. 如果评价审计结果时的重要性小于计划审计工作时所评估的重要性，这意味着注册会计师所执行的审计程序已经充分

C. 如果评价审计结果时的重要性大于计划审计工作时所评估的重要性，这意味着注册会计师所执行的审计程序不充分

D. 如果评价审计结果时的重要性大于计划审计工作时所评估的重要性，这意味着注册会计师所执行的审计程序已经充分

任务解析：应选 AD。因为重要性越低，注册会计师执行的审计程序就应该越多，以便发现更多的错报，所以在评价审计结果时的重要性如果小于计划阶段的，则说明执行的审计程序不够、不充分；反之亦然。

【任务 4-6】下列有关说法不正确的有(　　)。

A. 注册会计师在考虑错报的重要性时，必须同时考虑数量和性质两个方面。只有数量和性质两方面都重要了，才可以说该错报是重要的

B. 为保证计划审计工作的效果，审计计划应由项目负责人独立完成

C. 一般而言，财务报表使用者十分关心流动性较高的项目，但是基于成本效益原则，注册会计师应当从宽确定重要性水平

D. 只要已识别的但尚未更正错报的汇总数小于重要性水平，注册会计师均应发表无保

留意见的审计报告

任务解析：应选 ABCD。选项 A，重要性包括对数量和性质两个方面的考虑，但是只要一个方面重要，那么该错报就是重要的；选项 B，项目负责人和项目组其他关键成员均应当参与计划审计工作，利用其经验和见解提高计划过程的效率和效果；选项 C，财务报表使用者十分关心的项目的重要性水平要从严确定，这体现了“重要性概念应当从财务报表使用者的角度来考虑”的观点，因此对于重要的项目不可以考虑成本效益原则，应当首先保证审计质量；选项 D，如果已识别但尚未更正错报的汇总数虽然小于但是接近重要性水平，注册会计师应当考虑该汇总数连同尚未发现的错报是否可能超过重要性水平，并考虑通过实施追加的审计程序，或要求管理层调整财务报表降低审计风险，而不应当直接就发表无保留意见的审计报告，这也是对注册会计师谨慎性的要求。

任务导入分析

应选 BD。选项 A，既然已认定为小金额的错报漏报，就已暗示了其金额没有超过重要性，反之，若金额超过重要性，就不能叫作小金额；选项 B 是题干“注册会计师一般无须充分关注单独一笔小金额的错报漏报”的原因；选项 C 错误；选项 D，是题干“应关注小金额错报漏报的累计额”的原因。

任务四 制定总体审计策略和具体审计计划

任务导入

项目经理 J 负责对 ABC 公司 2019 年度财务报表进行审计，项目经理 J 的以下处理不正确的是(　　)。

A. 为使审计程序与 ABC 公司的工作相协调，在编制审计计划时，项目经理 J 同 ABC 公司的财务经理就总体审计策略和某些审计程序进行了讨论

B. 项目经理 J 在计划中包含了审计工作进度、时间预算和费用预算等内容

C. 项目经理 J 要求在审计过程中，注册会计师应及时反馈对审计计划的执行情况，以便对审计计划进行修改、补充

D. 项目经理 J 对其编制的计划做了最后审核，在具体实施前下达至审计小组全体成员

资讯准备

一、制定总体审计策略

注册会计师应当计划审计工作，使审计业务以有效的方式得到执行。计划审计工作包括针对审计业务制定总体审计策略和具体审计计划，以使审计风险降至可接受的低水平。制定总体审计策略的目的是确定审计范围、时

总体审计策略

间和方向等，并指导制订具体审计计划。

1. 审计范围

在确定审计范围时，需要考虑下列具体事项：编制财务报表适用的会计准则和相关会计制度；特定行业的报告要求，如某些行业的监管部门要求提交的报告；预期的审计工作涵盖范围，包括需审计的集团内组成部分的数量及所在地点；母公司和集团内其他组成部分之间存在的控制关系的性质，以确定如何编制合并财务报表；其他注册会计师参与审计集团内组成部分的范围；需审计的业务分部性质，包括是否需要具备专门知识；外币业务的核算方法及外币财务报表折算和合并方法；除对合并财务报表审计之外，是否需要对组成部分的财务报表单独进行法定审计；内部审计工作的可利用性及对内部审计工作的拟依赖程度；被审计单位使用服务机构的情况，以及注册会计师如何取得有关服务机构内部控制设计、执行和运行有效性的证据；预期利用在以前审计工作中获取的审计证据的程度，如获取的与风险评估程序和控制测试相关的审计证据；信息技术对审计程序的影响，包括数据的可获得性和预期使用计算机辅助审计技术的情况；根据中期财务信息审阅及在审阅中所获信息对审计的影响，相应调整审计涵盖范围和时间安排；与为被审计单位提供其他服务的会计师事务所人员讨论可能影响审计的事项；与被审计单位人员的时间协调和相关数据可利用性。

2. 报告目标、时间安排及所需沟通

为计划报告目标、时间安排和所需沟通，需要考虑下列事项：被审计单位对外报告的时间表，包括中间阶段和最终阶段；与管理层和治理层就审计工作的性质、范围和时间所举行的会谈；与管理层和治理层讨论预期签发报告和其他沟通文件的类型及提交时间，报告和其他沟通文件既包括书面的，也包括口头的，如审计报告、管理建议书和与治理层沟通函等；就组成部分的报告及其他沟通文件的类型及提交时间与组成部分的注册会计师沟通；项目组成员之间预期沟通的性质和时间安排，包括项目组会议的性质和时间安排及复核工作的时间安排；预期是否需要与第三方沟通，包括与审计相关的法律法规规定和业务约定书约定的报告责任；与管理层讨论在整个审计过程中通报审计工作进展及审计结果的预期方式。

3. 审计方向

总体审计策略的制定，应当包括考虑影响审计业务的重要因素，以确定项目组工作方向，包括确定适当的重要性水平，初步识别可能存在较高的重大错报风险的领域，初步识别重要的组成部分和账户余额，评价是否需要针对内部控制的有效性获取审计证据，识别被审计单位、所处行业、财务报告要求及其他相关方面最近发生的重大变化等。在确定审计方向时，注册会计师需要考虑下列事项。

(1) 重要性方面。具体包括为计划目的确定重要性、为组成部分确定重要性且与组成部分的注册会计师沟通、在审计过程中重新考虑重要性、识别重要的组成部分和账户余额。

(2) 重大错报风险较高的审计领域。

(3) 评估的财务报表层次的重大错报风险对指导、监督及复核的影响。

(4) 项目组人员的选择(在必要时包括项目质量控制复核人员)和工作分工，包括向重大

错报风险较高的审计领域分派具备适当经验的人员。

(5) 项目预算，包括考虑为重大错报风险可能较高的审计领域分配适当的工作时间。

(6) 如何向项目组成员强调在收集和评价审计证据过程中保持职业怀疑必要性的方式。

(7) 以往审计中对内部控制运行有效性评价的结果，包括所识别的控制缺陷的性质及应对措施。

(8) 管理层重视设计和实施健全的内部控制的相关证据，包括这些内部控制得以适当记录的证据。

(9) 业务交易量规模，以基于审计效率的考虑确定是否依赖内部控制。

(10) 对内部控制重要性的重视程度。

(11) 影响被审计单位经营的重大发展变化，包括信息技术和业务流程的变化，关键管理人员变化，以及收购、兼并和分立。

(12) 重大的行业发展情况，如行业法规变化和使用新的报告规定。

(13) 会计准则及会计制度的变化。

(14) 其他重大变化，如影响被审计单位的法律环境的变化。

4. 审计资源

根据《中国注册会计师审计准则第 1201 号——计划审计工作》的规定，注册会计师应当在总体审计策略中清楚地说明审计资源的规划和调配，包括确定执行审计业务所必需的审计资源的性质、时间安排和范围。

(1) 向具体审计领域调配的资源，包括向高风险领域分派有适当经验的项目组成员，就复杂的问题利用专家工作等。

(2) 向具体审计领域分配资源的数量，包括安排到重要存货存放地观察存货盘点的项目组成员的数量，对其他注册会计师工作的复核范围，对高风险领域安排的审计时间预算等。

(3) 何时调配资源，包括是在期中审计阶段还是在关键的截止日期调配资源等。

(4) 如何管理、指导、监督这些资源的利用，包括预期何时召开项目组预备会和总结会，预期项目负责人和经理如何进行复核，是否需要实施项目质量控制复核等。

注册会计师应当根据实施风险评估程序的结果对上述内容予以调整。总体审计策略的详略程度应当依据被审计单位的规模及该项审计业务的复杂程度的不同而变化。在小型被审计单位审计中，全部审计工作可能由一个很小的审计项目组执行，项目组成员间容易沟通和协调，总体审计策略可以制定得相对简单。

5. 总体审计策略示例

总体审计策略

被审计单位:	索引号: BE
项目: 总体审计策略	财务报表截止日/期间:
编制:	复核:
日期:	日期:

1. 审计范围

报告要求	内容
使用的财务报告编制基础(包括是否需要将财务信息按照其他财务报告编制基础进行转换)	
适用的审计基础	
与财务报告相关的行业特别规定	如监管机构发布的有关信息披露的法规、特定行业主管部门发布的与财务报告相关的法规等
由组成部分注册会计师审计的组成部分的范围	
……	

2. 审计时间安排

2.1 报告时间要求

审计工作	时间
提交审计报告草稿	
签署正式审计报告	
公布已审计报表和审计报告	
……	

2.2 执行审计工作的时间安排

审计工作	时间
制定总体审计策略	
制订具体审计计划	
执行存货监盘	
……	

2.3 沟通的时间安排

沟通	时间
与管理层的沟通	
与治理层的沟通	
项目组会议(包括预备会和总结会)	
与注册会计师的专家的沟通	
与组成部分注册会计师的沟通	
与前任注册会计师的沟通	
……	

3. 影响审计业务的重要因素

3.1 重要性

重要性	索引号
财务报表整体的重要性	
特别类别的交易、账户余额或披露的一个或多个重要性水平(如适用)	
实际执行的重要性	
明显微小错报的临界值	

3.2 可能存在较高重大错报风险的领域

可能存在较高重大错报风险的领域	索引号

3.3 识别重要组成部分

组成部分名称	索引号

3.4 识别重要的交易、账户余额和披露及相关认定

重要的交易、账户余额和披露及相关认定	索引号

4. 人员安排

4.1 项目组主要成员

姓名	职级	主要职责

4.2 质量控制复核人员

姓名	职级	主要职责

5. 对专家或其他第三方工作的利用

5.1 对专家工作的利用

利用领域	专家名称	主要职责及工作范围	索引号

5.2 对内部审计工作的利用

利用领域	拟利用的内部审计工作	索引号
存货	内部审计部门对各仓库每半年至少盘点一次。在中期审计时，项目组已经对内部审计部门盘点步骤进行观察，结果满意，因此项目组将审阅年底的盘点结果，并缩小存货监盘范围	
……		

5.3 对组成部分注册会计师工作的利用

组成部分注册会计师名称	利用其工作范围及程度	索引号

二、制订具体审计计划

总体审计策略一经制定，注册会计师应当针对总体审计策略中所识别的不同事项，制订具体审计计划，并考虑通过有效利用审计资源以实现审计目标。

具体审计计划

1. 总体审计策略和具体审计计划之间的关系

制定总体审计策略和具体审计计划的过程紧密联系，并且两者的内容也紧密相关。值得注意的是，虽然编制总体审计策略的过程通常在具体审计计划之前，但是两项计划活动并不是孤立的、不连续的过程，而是内在紧密联系的，对其中一项的决定可能会影响甚至改变对另外一项的决定。例如，注册会计师在了解被审计单位及其环境的过程中，注意到被审计单位对主要业务的处理依赖复杂的自动化信息系统，因此计算机信息系统的可靠性及有效性对其经营、管理、决策以及编制可靠的财务报告具有重大影响。对此，注册会计师可能会在具体审计计划中制定相应的审计程序，并相应调整总体审计策略的内容，做出利用信息风险管理专家工作的决定。因此，注册会计师应当根据实施风险评估程序的结果，对总体审计策略的内容予以调整。在实务中，注册会计师将制定总体审计策略和具体审计计划相结合进行，可能会使计划审计工作更有效率及效果，注册会计师也可以采用将总体审计策略和具体审计计划合并为一份审计计划文件的方式，以提高编制及复核工作的效率，增强其效果。

2. 具体审计计划的内容

(1) 注册会计师计划实施的风险评估程序的性质、时间和范围。按照《中国注册会计师审计准则第 1211 号——通过了解被审计单位及其环境识别和评估重大错报风险》的规定，为了足够识别和评估财务报表重大错报风险，注册会计师计划实施的风险评估程序的性质、时间和范围。例如，注册会计师计划向被审计单位为纺织品销售企业的管理层询问所在纺织行业经营环境是否已经发生或将要发生重大变化。这项计划将由谁，在什么时间来执行，受访者的身份等均需在具体审计计划中予以明确。

(2) 注册会计师计划实施的进一步审计程序的性质、时间和范围。按照《中国注册会计师审计准则第 1231 号——针对评估的重大错报风险采取的应对措施》的规定，针对评估的认定层次的重大错报风险，注册会计师计划实施的进一步审计程序的性质、时间和范围。通常，注册会计师计划的进一步审计程序可拟分为进一步审计程序的总体方案和拟实施的具体审计程序两个层次。进一步审计程序的总体方案主要是指注册会计师针对各类交易、账户余额和列报决定采用的总体方案(包括实质性方案或综合方案)。具体审计程序则是对进一步审计程序的总体方案的延伸和细化，通常包括控制测试和实质性程序的性质、时间和范围。在实务中，注册会计师可以统筹安排进一步审计程序的先后顺序，如果对某类交易、账户余额或列报已经做出计划，则可以安排先行开展工作，与此同时再制定其他交易、账户余额和列报的进一步审计程序。

(3) 注册会计师计划实施的其他审计程序。根据中国注册会计师审计准则的规定，注册会计师针对审计业务需要实施的其他审计程序。例如，《中国注册会计师审计准则第 1141 号——财务报表审计中与舞弊相关的责任》《中国注册会计师审计准则第 1142 号——财务报表审计中对法律法规的考虑》《中国注册会计师审计准则第 1323 号——关联方》《中国注册会计师审计准则第 1324 号——持续经营》等准则中分别对注册会计师针对舞弊、违法法规行为、关联方交易、持续经营特定项目在审计计划阶段应执行的程序及其记录做出了规定。

计划审计工作并非审计业务的一个孤立阶段，而是一个持续的、不断修正的过程，贯穿于整个审计业务的始终。由于未预期事项、条件的变化或在实施审计程序中获取的审计证据等原因，注册会计师应当在审计过程中对总体审计策略和具体审计计划做出必要的更新和修改。在审计计划阶段，注册会计师还必须加强与管理层和治理层的沟通，这样才有助于注册会计师协调某些计划的审计程序与被审计单位人员工作之间的关系，从而使审计业务更易于执行和管理，提高审计效率和效果。沟通的内容包括注册会计师独立性、注册会计师责任(指明对财务报表的审计并不能减轻被审计单位的责任)、审计时间安排和总体策略、审计工作中受到的限制以及治理层和管理层对审计工作的额外要求等。当就总体审计策略和具体审计计划中的内容与治理层、管理层进行沟通时，注册会计师应保持职业怀疑，以防止由于具体审计程序易于被管理层或治理层所预见而损害审计工作的有效性。

3. 具体审计计划示例

具体审计计划

1. 风险评估程序

风险评估程序	执行人及日期	工作底稿索引号
向管理层询问有关被审计单位业务、经营环境及内部控制的变化情况等。	郁某 2020-2-6	1101、1401-1405

2. 了解被审计单位及其环境(不包括内部控制)

记录对被审计单位及其环境的了解(对内部控制的了解见以下第 3 部分)、信息来源及风险评估程序。

2.1　行业状况、法律环境与监管环境以及其他外部因素

审 计 程 序	执行人及日期	工作底稿索引号
询问相关人员、检查各类文件、阅读相关资料等	李某、郁某 2020-2-6	1201

2.2　被审计单位的性质

审 计 程 序	执行人及日期	工作底稿索引号
询问相关人员、检查各类文件、阅读相关资料等	李某、郁某 2020-2-6	1202

2.3　会计政策的选择和运用

审 计 程 序	执行人及日期	工作底稿索引号
询问相关人员、检查各类文件、阅读相关资料等	李某、郁某 2020-2-6	1203、1203-1

2.4　目标、战略及相关经营风险

审 计 程 序	执行人及日期	工作底稿索引号
询问相关人员、检查各类文件、阅读相关资料等	李某、郁某 2020-2-6	1204

2.5　财务业绩的衡量和评价

、审 计 程 序	执行人及日期	工作底稿索引号
询问相关人员、检查各类文件、阅读相关资料等	李某、郁某 2020-2-6	1205

3. 了解内部控制

3.1　整体层面

记录被审计单位在此方面所具有的控制，以及项目组为评价该控制的设计和是否得到执行(以下简称设计和执行)所实施的审计程序及其结果。表格中列示的对内部控制要素了解的方面为参考内容。

为评价与组织结构、职权与责任的分配相关的控制的设计和执行实施的审计程序	工作底稿索引号	执行人及日期
控制环境	1311	祁某、李某 2020-2-8
风险评估	1312	祁某、李某 2020-2-8
了解和评价信息系统与沟通	1313	祁某、李某 2020-2-8
控制活动调查	1314	祁某、李某 2020-2-8
对管理层的监督调查	1315	祁某、李某 2020-2-8

3.2　业务层面

各个主要循环	工作底稿索引号	执行人及日期
销售和收款	1321-1 至 1321-6	祁某、郁某 2020-2-8
采购和付款	1322-1 至 1322-6	祁某、郁某 2020-2-8
生产和仓储	1323-1 至 1323-6	左某、李某 2020-2-8
投资和筹资	1324-1 至 1324-6	左某、李某 2020-2-8
人力和工薪	1325-1 至 1325-6	左某、李某 2020-2-8

4. 对风险评估及审计计划的讨论

日期：2020-02-04
参加人员：田某、王某、祁某、郁某、李某、左某
讨论项目：讨论了该公司的重大错报风险领域，讨论重点是固定资产、期间费用、实收资本、营业收入、关联方交易

5. 评估的重大错报风险

5.1　评估的财务报表层次的重大错报风险

具体审计计划中对应部分索引号	风 险 描 述
1401	销售和应收账款、生产成本计算，材料、人工记录不规范
确定的总体应对措施： 被审计单位报表层次的风险主要集中在销售收入和成本的确定上，对这几个项目应重点安排人员进行详细的测试，项目组高级成员应对此提供更多的督导，并注意选择某些程序不被管理层预见或事先了解	

5.2　评估的认定层次的重大错报风险

风险编号	识别的重大错报风险		是否为特别风险及原因	重大错报风险水平
	交　易	相关账户及列报		
5-2-1	销售和收款	长期应收款	否	高
5-2-2	应收账款和坏账准备	应收账款、坏账准备	否	中
5-2-3	固定资产折旧	固定资产、累计折旧、管理费用、销售费用	否	中

6. 计划的进一步审计程序

项　目	销售和收款循环	采购和付款循环	生产和仓储循环	投资和筹资循环	人力和工薪循环
控制测试：					
执行人及日期	祁某、郁某 2020-02-07	祁某、郁某 2020-02-07	左某、李某 2020-02-07	左某、李某 2020-02-07	左某、李某 2020-02-07
索引号	2101-1 至 2101-4	2102-1 至 2102-4	2102-1 至 2102-4	2102-1 至 2102-4	2102-1 至 2102-4
实质性程序：					
执行人及日期	祁某、郁某 2020-02-08	祁某、郁某 2020-02-08	左某、李某 2020-02-08	左某、李某 2020-02-08	左某、李某 2020-02-08
索引号	3113、3114 等	3115、3119 等	3119、3501 等	3112、3118 等	3215 等

任务处理

【任务 4-7】在确定审计范围时，注册会计师应该考虑的事项有(　　)。

A. 重大错报风险较高的审计领域

B. 需审计的业务分部性质，包括是否需要具备专门知识

C. 其他注册会计师参与审计集团内组成部分的范围

D. 被审计单位的人员和相关数据的可利用性

任务解析：应选 BCD。选项 A 属于总体审计策略中注册会计师在考虑审计方向时需要考虑的因素。

【任务 4-8】制定总体审计策略时应当考虑影响审计业务的重要因素，以确定项目组的工作方向。在确定审计方向时，注册会计师需要考虑下列事项中的(　　)。

A. 评估的财务报表层次的重大错报风险对指导、监督和复核的影响

B. 管理层重视设计和实施健全的内部控制的相关证据

C. 与治理层和管理层就审计工作的性质、范围和时间所举行的会议的组织工作

D. 以往审计中对内部控制运行有效性评价的结果

任务解析：应选 ABD。选项 C 属于计划报告目标、时间安排时，注册会计师需要考虑的事项。

任务导入分析

应选 D。审计计划应由审计项目负责人编制，并报更高级的人员审核后实施。

技能训练

1. 甲公司是 B 会计师事务所的常年审计客户，由于其业务的性质和经营规模发生重大变化，B 会计师事务所正在考虑是否继续接受委托以及审计收费等问题。

要求：

(1) 连续审计情况下，哪些情况注册会计师应当考虑重新签订审计业务约定书？

(2) 在重新签订业务约定书前，B 会计师事务所开展初步业务活动的目的是什么？

(3) 开展初步业务活动的内容一般包括哪些？

2. Y 公司是 P 公司的控股子公司，ABC 会计师事务所注册会计师 A 和 B 负责对 Y 公司 2019 年度财务报表进行审计，并于 2020 年 3 月 6 日完成外勤审计工作，Y 公司未经审计的报表部分资料(金额：万元)如下表所示。

Y 公司 2019 年度财务报表简表

项　目	年初数(上年数)	年末数(本年数)
主营业务收入	20 000	15 000
净利润	2 500	0
资产总额	18 000	19 000
净资产	10 000	9 600

要求：根据所给资料，按资产总额 0.5%，净资产 1%，营业收入 0.5%和净利润 5%，并充分考虑谨慎性原则，计算确定该公司财务报表层次的重要性水平。

3. 重大错报风险和检查风险的 6 种情况如下表所示：

风　险	情　况					
	1	2	3	4	5	6
重大错报风险/%	24	100	60	36	25	90
检查风险/%	1	1	6	6	6	6
审计风险/%						

要求：

(1) 按照上述资料，计算每种情况下的审计风险，写出计算过程，并填在表中相应空格处。

(2) 根据风险之间的关系，分析下列情况对审计风险的影响(假定其他因素不变)：

A. 检查风险减少；B. 重大错报风险减少；C. 重大错报风险增加；D. 检查风险增加。

(3) 哪一种情况需要的审计证据最多？哪一种需要的审计证据最少？并分别说明理由。

4. 某注册会计师对清江公司 2019 年的财务报表进行审计，确定资产负债表的重要性水平为 14 万元，利润表的重要性水平为 20 万元。清江公司的总资产构成如下表(假设清江公司仅存在下面列示的资产，不存在除此之外的其他资产种类)。

账　　户	金额/万元
现金	20
应收账款	200
存货	600
固定资产	500
无形资产	80
总计	1 400

要求：

(1) 从谨慎性原则出发，清江公司 2019 年财务报表层次的计划重要性水平是多少？

(2) 如果按每项资产所占总资产的比例分配财务报表层次重要性到各账户，这样的分配方式有无缺陷？为什么？

学习情境五

如何进行风险评估工作

学习目标

【知识目标】了解被审计单位及其环境的主要内容、审计程序；了解内部控制的含义、要素及审计程序；理解评估重大错报风险的审计程序。

【技能目标】掌握了解被审计单位及其环境的程序及应用；掌握了解内部控制的程序及应用；掌握识别和评估重大错报风险的方法及应用。

任务一　了解被审计单位及其环境

任务导入

风险导向审计的基本步骤

下列关于风险评估的理解中正确的有(　　)。

A. 注册会计师在风险评估程序中实施的分析程序有助于识别异常的交易或事项，以及对财务报表和审计产生影响的金额、比率和趋势

B. 在财务报表审计业务中，了解被审计单位的性质不仅有助于注册会计师理解预期在财务报表中反映的各类交易、账户余额，而且有助于其理解财务报表的列报与披露

C. 预防性控制通常并不适用于业务流程中的所有交易，而适用于一般业务流程以外的已经处理或部分处理的某类交易

D. 某企业通过高度自动化的系统确定采购品种和数量，生成采购订单，并通过系统中设定的收货确认和付款条件进行付款。除了系统中的相关信息以外，该企业没有其他有关订单和收货的记录。在这种情况下，如果认为仅通过实施实质性程序不能获取充分、适当的审计证据，注册会计师也不应当考虑依赖的相关控制的有效性

资讯准备

一、了解被审计单位及其环境的作用及审计程序

1. 了解被审计单位及其环境的作用

了解被审计单位及其环境是风险评估的基础和前提，是注册会计师执行财务报表审计的必要程序。了解被审计单位及其环境为注册会计师在下列关键环节做出职业判断提供了依据：确定重要性水平，并随着审计工作的进程评估对重要性水平的判断是否仍然适当；考虑会计政策的选择和运用是否恰当，以及财务报表的列报是否适当；识别需要特别考虑的领域，包括关联方交易、管理层运用持续经营假设的合理性，或交易是否具有合理的商业目的等；确定在实施分析程序时所使用的预期值；设计和实施进一步审计程序，以将审计风险降至可接受的低水平；评价所获取审计证据的充分性和适当性。

了解被审计单位及其环境是一个连续和动态地收集、更新与分析信息的过程，贯穿于整个审计过程的始终。注册会计师也应当能用职业判断确定需要了解被审计单位及其环境的程度。评价对被审计单位及其环境了解的程度十分恰当，关键是看注册会计师对被审计单位及其环境的了解是否足以识别和评估财务报表层次和认定层次的重大错报风险(无论该错报由于舞弊还是错误导致)。

2. 了解被审计单位及其环境的审计程序

注册会计师通过实施下列风险评估程序以了解被审计单位及其环境：询问被审计单位管理层和内部其他相关人员、分析程序、观察和检查等。

了解被审计单位及其环境的审计程序

(1) 询问。注册会计师可以考虑向管理层和财务负责人询问下列事项：第一，管理层所关注的主要问题，如新的竞争对手、主要客户和供应商的流失、新的税收法规的实施以及经营目标或战略的变化等。第二，被审计单位最近的财务状况、经营成果和现金流量。第三，可能影响财务报告的交易和事项，或者目前发生的重大会计处理问题，如重大的购并事宜等。第四，被审计单位发生的其他重要变化，如所有权结构、组织结构的变化以及内部控制的变化等。

在确定向被审计单位的哪些人员进行询问以及询问哪些问题时，注册会计师应当考虑何种信息有助于其识别和评估重大错报风险。例如，询问治理层，有助于注册会计师了解财务报表编制的环境；询问内部注册会计师，有助于注册会计师了解其针对被审计单位内部控制设计和运行有效性而实施的工作，以及管理层对内部审计发现的问题是否采取适当的措施；询问参与生成、处理或记录复杂或异常交易的员工，有助于注册会计师评估被审计单位选择和运用某项会计政策的适当性；询问内部法律顾问，有助于注册会计师了解有关法律法规的遵循情况、产品保证和售后责任、与业务合作伙伴(如合营企业)的安排、合同条款的含义以及诉讼情况等；询问营销或销售人员，有助于注册会计师了解被审计单位的营销策略及其变化、销售趋势以及与客户的合同安排；询问采购人员和生产人员，有助于注册会计师了解被审计单位的原材料采购和产品生产等情况；询问仓库人员，有助于注册会计师了解原材料、

产成品等存货的进出、保管和盘点等情况。

(2) 分析程序。分析程序是指注册会计师通过研究不同财务数据之间以及财务数据与非财务数据之间的内在关系，对财务信息做出评价。分析程序还包括调查识别出与其他相关信息不一致或与预期数据严重偏离的波动和关系。注册会计师实施分析程序有助于识别异常的交易或事项，以及对财务报表和审计产生影响的金额、比率和趋势。在实施分析程序时，注册会计师应当预期可能存在的合理关系，并与被审计单位记录的金额依据记录金额计算的比率或趋势相比较；如果发现异常或未预期到的关系，注册会计师应当在识别重大错报风险时考虑这些比较结果。

如果使用了高度汇总的数据，实施分析程序的结果仅可能初步显示财务报表存在重大错报风险，注册会计师应当将分析结果连同识别重大错报风险时获取的其他信息一并考虑。

(3) 观察和检查。观察和检查程序可以印证对管理层和其他相关人员的询问结果，并可提供有关被审计单位及其环境的信息，注册会计师应当实施下列观察和检查程序。

第一，观察被审计单位的生产经营活动。例如，观察被审计单位人员正在从事的生产活动和内部控制活动，增加注册会计师对被审计单位人员如何进行生产经营活动及实施内部控制的了解。

第二，检查文件、记录和内部控制手册。例如，检查被审计单位的章程，与其他单位签订的合同、协议，各业务流程操作指引和内部控制手册等，了解被审计单位组织结构和内部控制制度的建立健全情况。

第三，阅读由管理层和治理层编制的报告。例如，阅读被审计单位年度和中期财务报告，股东大会、董事会会议、高级管理层会议的会议记录或纪要，管理层的讨论和分析资料，经营计划和战略，对重要经营环节和外部因素的评价，被审计单位内部管理报告以及其他特殊目的的报告(如新投资项目的可行性分析报告)等，了解自上一期审计结束至本期审计期间被审计单位发生的重大事项。

第四，实地察看被审计单位的生产经营场所和设备。通过现场访问和实地察看被审计单位的生产经营场所和设备，可以帮助注册会计师了解被审计单位的性质及其经营活动。在实地察看被审计单位的厂房和办公场所的过程中，注册会计师有机会与被审计单位管理层和担任不同职责的员工进行交流，可以增强注册会计师对被审计单位的经营活动及其重大影响因素的了解。

第五，追踪交易在财务报告信息系统中的处理过程(穿行测试)。这是注册会计师了解被审计单位业务流程及其相关控制时经常使用的审计程序。通过追踪某笔或某几笔交易在业务流程中如何生成、记录、处理和报告，以及相关控制如何执行，注册会计师可以确定被审计单位的交易流程和相关控制是否与之前通过其他程序所了解的相一致，并确定相关控制是否得到执行。

二、了解被审计单位及其环境的主要内容

1. 了解行业状况、法律环境与监管环境以及其他外部因素

了解被审计单位及其环境

(1) 了解行业状况。了解行业状况有助于注册会计师识别与被审计单位所处行业有关的重大错报风险。有关行业状况的内容包括：所处行业的市场供求与竞争；生产经营的季节性和周期性；产品生产技术的变化；能源供应与成本；行业的关键指标和统计数据等。

具体而言，注册会计师可能需要了解如下情况：被审计单位所处行业的总体发展趋势是什么？处于哪一个发展阶段，起步、快速成长、成熟还是衰退阶段？所处市场的需求、市场容量和价格竞争如何？该行业是否受经济周期波动的影响，以及采取了什么行动使波动产生的影响最小化？该行业受技术发展影响的程度如何？是否开发了新的技术？能源消耗在成本中所占比重是多少，能源价格的变化对成本的影响有哪些？谁是被审计单位最重要的竞争者，他们各自所占的市场份额是多少？被审计单位与其竞争者相比主要的竞争优势是什么？被审计单位业务的增长率和财务业绩与行业的平均水平及主要竞争者相比如何？存在重大差异的原因是什么？竞争者是否采取了某些行动，如购并活动、降低销售价格、开发新技术等，从而对被审计单位的经营活动产生影响？

(2) 了解法律环境及监管环境。了解法律环境及监管环境的主要原因在于：某些法规或监管要求可能对被审计单位经营活动有重大影响，如不遵守将导致停业等严重后果；某些法规或监管要求规定了被审计单位某些方面的责任和义务；某些法规或监管要求决定了被审计单位需要遵循的行业惯例和核算要求。因此，注册会计师应当了解被审计单位所处的法律环境及监管环境包括：适用的会计准则、会计制度和行业惯例；对经营活动产生重大影响的法律法规及监管活动；对开展业务产生重大影响的政府政策，如货币、财政、税收和贸易等政策；与被审计单位所处行业和所从事经营活动相关的环保要求。

具体而言，注册会计师可能需要了解如下情况：国家对某一行业的企业是否有特殊的监管要求(如对银行、保险等行业的特殊监管要求)？是否存在新出台的法律法规(如新出台的有关产品责任、劳动安全或环境保护的法律法规等)，对被审计单位有何影响？国家货币、财政、税收和贸易等方面政策的变化是否会对被审计单位的经营活动产生影响？与被审计单位相关的税务法规是否发生变化？

(3) 了解其他外部因素。注册会计师还需要了解其他外部因素，主要包括宏观经济的景气度；利率和资金供求状况；通货膨胀水平及币值变动；国际经济环境和汇率变动。

具体而言，注册会计师可能需要了解如下情况：当前的宏观经济状况以及未来的发展趋势如何？目前国内或本地区的经济状况(如增长率、通货膨胀、失业率、利率等)怎样影响被审计单位的经营活动?被审计单位的经营活动是否受到汇率波动或全球市场力量的影响?

注册会计师应当考虑将了解的重点放在对被审计单位的经营活动可能产生重要影响的关键外部因素以及与前期相比发生的重大变化上。注册会计师对行业状况、法律环境与监管环境以及其他外部因素了解的范围和程度会因被审计单位所处行业、规模以及其他因素(如在市场中的地位)的不同而不同。例如，对从事计算机硬件制造的被审计单位，注册会计师

可能更关心市场和竞争以及技术进步的情况；对金融机构，注册会计师可能更关心宏观经济走势以及货币、财政等方面的宏观经济政策；对化工等产生污染的行业，注册会计师可能更关心相关环保法规。注册会计师应当考虑被审计单位所在行业的业务性质或监管程度是否可能导致特定的重大错报风险，考虑项目组是否配备了具有相关知识和经验的成员。例如，银行监管机构对商业银行的资本充足率有专门规定，不能满足这一监管要求的商业银行可能有操纵财务报表的动机和压力。

2. 了解被审计单位的性质

被审计单位的性质，包括所有权结构、治理结构、组织结构、经营活动、投资活动、筹资活动等内容。

(1) 了解所有权结构。对被审计单位所有权结构的了解，有助于注册会计师识别关联方关系并了解被审计单位的决策过程。例如，注册会计师应当了解被审计单位是属于国有企业、外商投资企业、民营企业，还是属于其他类型的企业，还应当了解其直接控股母公司、间接控股母公司、最终控股母公司和其他股东的构成，以及所有者与其他人员或单位之间的关系。

(2) 了解治理结构。良好的治理结构可以对被审计单位的经营和财务运作实施有效的监督，从而降低财务报表发生重大错报的风险。例如，注册会计师应当了解被审计单位董事会的构成情况，董事会内部是否有独立董事，治理结构中是否设有审计委员会或监事会及其运作情况，注册会计师还应当考虑治理层是否能够在独立于管理层的情况下对被审计单位事务做出客观判断。

(3) 了解组织结构。复杂的组织结构可能导致某些特定的重大错报风险。因此，注册会计师应当了解被审计单位的组织结构，考虑复杂的组织结构可能导致的重大错报风险，包括财务报表合并、商誉摊销和减值、长期股权投资核算以及特殊目的实体核算等问题。

(4) 了解经营活动。了解被审计单位经营活动有助于注册会计师识别预期将在财务报表中反映的主要交易类别、重要账户余额和列报。注册会计师应当了解的经营活动主要包括主营业务的性质；与生产产品或提供劳务相关的市场信息；业务的开展情况；生产设施、仓库和办公室的地理位置，存货存放地点和数量；关键客户；货物和服务的重要供应商；劳动用工安排；关联方交易等。

(5) 了解投资活动。了解被审计单位投资活动有助于注册会计师关注被审计单位在经营策略和方向上的重大变化。注册会计师应当了解的投资活动主要包括近期拟实施或已实施的并购活动与资产处置情况，包括业务重组或某些业务的终止；证券投资、委托贷款的发生与处置；资本性投资活动，包括无形资产和固定资产投资，近期或计划发生的变动，以及重大的资本承诺等；不纳入合并范围的投资，如联营、合营或其他投资等。

(6) 了解筹资活动。了解被审计单位筹资活动有助于注册会计师评估被审计单位在融资方面的压力，并进一步考虑被审计单位在可预见未来的持续经营能力。注册会计师应当了解的筹资活动主要包括债务结构和相关条款，包括资产负债表外融资和租赁安排；主要子公司和联营企业(无论是否处于合并范围内)；实际受益方及关联方；衍生金融工具的使用，是用于交易目的还是套期目的，以及运用的种类、范围和交易对手等。

3. 被审计单位对会计政策的选择和运用

(1) 重大和异常交易的会计处理方法。例如，本期发生的企业合并的会计处理方法、某些被审计单位可能存在与其所处行业相关的重大交易(如银行向客户发放贷款、证券公司对外投资等)。注册会计师应当充分考虑对重大和不经常发生的交易的会计处理方法是否适当。

(2) 在这些领域采用重要会计政策产生的影响。在这些领域，注册会计师应关注被审计单位选用了哪些会计政策，为什么选用这些会计政策以及选用这些会计政策产生的影响。

(3) 会计政策的变更。如果被审计单位变更了重要的会计政策，注册会计师应当考虑变更的原因及其适当性。也就是要考虑：会计政策变更是否是法律、行政法规或适用的会计准则和相关会计制度要求的变更；会计政策变更是否能够提供更可靠、更相关的会计信息；会计政策的变更是否得到充分的披露。

4. 被审计单位的目标、战略以及相关经营风险

(1) 目标、战略与经营风险的含义。目标是企业经营活动的指针。企业管理层或治理层一般会根据企业经营面临的外部环境和内部各种因素，制定合理可行的经营目标。战略是企业管理层为实现经营目标采用的总体层面的策略和方法。为了实现某一既定的经营目标，企业可能有多个可行战略。随着外部环境的变化，企业应对目标和战略做出相应的调整。

经营风险是指可能对被审计单位实现目标和战略的能力产生不利影响的重大情况、事项、作为(或不作为)而导致的风险，或由于制定不恰当的目标和战略而导致的风险。不同的企业可能面临不同的经营风险，这取决于企业经营的性质、所处行业、外部监管环境、企业的规模和复杂程度。企业管理层有责任识别和应对这些风险。

(2) 注册会计师对目标、战略及经营风险的考虑。注册会计师应当了解被审计单位是否存在与下列方面有关的目标和战略，并考虑相应的经营风险：行业发展及其可能导致的被审计单位不具备足以应对行业变化的人力资源和业务专长等风险；开发新产品或提供新服务及其可能导致的被审计单位产品责任增加等风险；业务扩张及其可能导致的被审计单位对市场需求的估计不准确等风险；新颁布的会计法规及其可能导致的被审计单位执行法规不当或不完整或会计处理成本增加等风险；监管要求及其可能导致的被审计单位法律责任增加等风险；本期及未来的融资条件及其可能导致的被审计单位由于无法满足融资条件而失去融资机会等风险；信息技术的运用及其可能导致的被审计单位信息系统与业务流程难以融合等风险。

(3) 经营风险与财务报表错报间的关系。注册会计师了解被审计单位的经营风险有助于其识别财务报表重大错报风险。例如，为保持和扩大市场，应对消费者需求的变化(目标)，企业开发了新产品(战略)。但是，开发新产品可能会产生许多经营风险，如开发失败的风险市场需求没有充分开发而导致产品营销风险；产品的缺陷导致声誉受损风险和承担产品赔偿责任的风险。这些经营风险反映到财务报表中，可能会出现研发支出资本化与费用化的问题，营业收入、销售费用与应收账款的确认与计量问题，从而导致财务报表的重大错报风险。但并非所有的经营风险都与财务报表相关，注册会计师没有责任识别或评估对财务报表没有影响的经营风险。

5. 被审计单位财务业绩的衡量和评价

(1) 注册会计师应当关注的信息。在了解被审计单位财务业绩衡量和评价情况时，注册会计师应当关注下列信息：关键业绩指标；业绩趋势；预测和差异分析；管理层和员工业绩考核与激励性报酬政策；分部信息与不同层次部门的业绩报告；与竞争对手的业绩比；外部机构提出的报告。

(2) 关注内部财务业绩衡量的结果。内部财务业绩衡量可能会显示未预期到的结果或趋势。在这种情况下，管理层通常会进行调查并采取纠正措施。与内部财务业绩衡量相关的信息可能显示财务报表存在错报风险。因此，注册会计师应当关注：被审计单位内部财务业绩衡量所显示的未预期到的结果或趋势；管理层的调查结果和纠正措施；相关信息是否显示财务报表可能存在重大错报。注册会计师如果拟利用被审计单位内部信息系统生成的财务业绩衡量指标，应当考虑相关信息是否可靠，以及利用这些信息是否足以发现重大错报，是否足以实现审计目标。

三、了解被审计单位及其环境示例

1. 了解行业状况、法律环境与监管环境以及其他外部因素的示例(见表 5-1)

表 5-1 了解被审计单位及其环境(行业状况、法律环境与监管环境以及其他外部因素)

项　目	描　述
1. 行业状况	
(1) 所在行业的市场供求与竞争	
被审计单位的主要产品是什么？所处什么行业	主要产品为床品套件、蚊帐、电热毯等，所处行业为家纺行业，属制造业企业
行业的总体发展趋势是什么	该行业现处于成熟期，据行业报告显示，行业业务增长率为 7.8%，与其他产业相比相对成熟
行业处于哪一总体发展阶段(如起步、快速成长、成熟或衰退阶段)	成熟期
市场需求、市场容量和价格竞争如何	市场发展较为稳定，据预测，2020 年家纺市场容量将达 100 亿元，因竞争较为激烈，公司市场份额约占 5%
行业上下游关系如何	与主要原料的供应商合作关系稳定；但销售市场以价格战为主，购买商主要集中在北京、沈阳、成都、广州等地
谁是被审计单位最重要的竞争者，他们所占的市场份额是多少	最重要竞争者为翔纺制品有限公司，该公司以生产套件、被类等日常床上用品为主，占市场份额的 25%左右
被审计单位及其竞争者的主要竞争优势是什么	被审计单位原料成本较低，采用的是价格优势；翔纺公司质量一流，但相对成本较高
(2) 生产经营的季节性和周期性	
行业是否受经济周期波动影响，以及采取了什么行动使波动的影响最小化	是，如近期布艺行业价格猛涨，公司采用纵向联合方式缩减成本
行业生产经营和销售是否受季节影响	否
(3) 产品生产技术的变化	
本行业的核心技术是什么	无
受技术发展影响的程度如何	中等；本行业是机械化、技术性与艺术化并重行业
被审计单位在技术方面是否具有领先地位	国内技术领先

(续表)

项　目	描　述
(4) 能源供应与成本	
能源消耗在成本中所占比重及能源价格的变化对成本有怎样的影响	原材料占成本比重约为 30%，能源价格的变化引发布艺行业价格的变化
(5) 行业的关键指标和统计数据	
行业产品平均价格、产量是多少	套件价格在 75～3 000 元之间，被子类型不同价格差异较大，蚊帐价格在 50～200 元之间，电热毯价格在 80～500 元之间；被审计单位 2019 年套件产品产量大约 2 万套，被子产量约 3 万条，蚊帐 2 万床，电热毯 2.5 万个
被审计单位业务的增长率和财务业绩与行业的平均水平及主要竞争者相比如何，存在重大差异的原因是什么	2019 年营业收入增长率为 13%左右，略高于行业平均水平和主要竞争者，存在差异的原因是公司成本领先战略的有效实施
竞争者是否采取了某些行动，如购并活动、降低销售价格、开发新技术等，从而对被审计单位的经营活动产生影响	竞争者主要采取了降低销售价格的方式(因被审计单位的技术居国内领先水平)，对被审计单位经营活动本年度影响较小
2. 法律环境及监管环境	
(1) 适用的会计准则、会计制度和行业特定惯例	
被审计单位是属于上市公司、外商投资企业还是其他企业，适用的会计准则或会计制度是什么，是《企业会计准则》还是《企业会计制度》或者《小企业会计准则》	《企业会计准则》及相关财经法规
是否仍采用行业核算办法	否
(2) 对经营活动产生重大影响的法律法规及监管活动	
国家对该行业是否有特殊监管要求	无
(3) 对开展业务产生重大影响的政府政策，包括货币、财政、税收和贸易等政策	
现行货币政策、财政政策、关税和贸易限制等法规对被审计单位经营活动产生怎样的影响	从行业税负看，家纺行业税负不低，受税收政策影响较大
是否存在新出台的法律法规(如新出台的有关产品责任、劳动安全或环境保护的法律法规等)，对被审计单位有何影响	无
3. 其他外部因素	
当前的宏观经济状况如何(萧条、景气)，以及未来的发展趋势	当前宏观经济不是很景气，但布艺、蚕丝、羊毛等原材料行业有价格上升的趋势，成本会加大
利率和资金供求状况如何影响被审计单位的经营活动	现金流比较充足，不存在此类影响
目前国内或本地区的经济状况(如增长率、通货膨胀、失业率、利率等)如何影响被审计单位的经营活动	宏观经济环境通货膨胀率较高，行业成本、销售价格与往年相比均有上升趋势
被审计单位的经营活动是否受到汇率波动或全球市场力量的影响	否
总体情况及潜在风险描述： 被审计单位所处行业为成熟阶段，行业发展比较稳定，市场供过于求，主要采用价格战方式竞争，行业的原材料成本占业务成本比例较大，可能存在重大错报风险	

2. 了解被审计单位的性质的示例(见表 5-2)

表 5-2　了解被审计单位及其环境(被审计单位性质)

<table>
<tr><th>项　　目</th><th colspan="2">描述/了解结果</th></tr>
<tr><td>被审计单位的性质</td><td colspan="2">私营企业</td></tr>
<tr><td colspan="3">1. 所有权结构</td></tr>
<tr><td>(1) 被审计单位的所有权结构</td><td colspan="2">被审计单位的直接控股母公司、间接控股母公司、最终控股母公司和其他股东的构成，以及所有者与其他人员或单位之间的关系</td></tr>
<tr><td>(2) 所有者</td><td>主要描述</td><td>与被审计单位之间的关系</td></tr>
<tr><td>北京浅草科技开发有限公司</td><td>住所：北京市海淀区某大厦 B3-108
营业执照注册号：第 00079 号</td><td>总公司</td></tr>
<tr><td colspan="3">(3) 控股母公司</td></tr>
<tr><td>控股母公司的所有权性质，管理风格及其对被审计单位经营活动及财务报表可能产生的影响</td><td></td><td></td></tr>
<tr><td>控股母公司与被审计单位在资产、业务、人员、机构、财务等方面是否分开，是否存在占用资金等情况</td><td></td><td></td></tr>
<tr><td>控股母公司是否施加压力，要求被审计单位达到其设定的财务业绩目标</td><td></td><td></td></tr>
<tr><td colspan="3">2. 治理结构</td></tr>
<tr><td>(1) 获取或编制被审计单位治理结构图</td><td colspan="2">公司治理结构较完善，按公司法要求设置(图略)</td></tr>
<tr><td colspan="3">(2) 对图示内容做出详细解释说明</td></tr>
<tr><td>董事会的构成和运作情况</td><td colspan="2">正常</td></tr>
<tr><td>董事会内部是否有独立董事，独立董事的构成</td><td colspan="2">无独立董事</td></tr>
<tr><td>治理结构中是否设有审计委员会或监事会及其运作情况等</td><td colspan="2">设立了监事会；董事会下设审计委员会</td></tr>
<tr><td colspan="3">3. 组织结构</td></tr>
<tr><td>(1) 获取或编制被审计单位组织结构图</td><td colspan="2">(图略)</td></tr>
<tr><td>(2) 对图示内容做出详细解释说明</td><td colspan="2">无</td></tr>
<tr><td>组织结构是否复杂，是否可能导致重大错报风险</td><td colspan="2">组织结构简单，存在导致重大错报风险的可能</td></tr>
<tr><td>财务报表合并、商誉减值、长期股权投资核算以及特殊目的实体核算等问题的执行情况</td><td colspan="2">均按照《企业会计准则》有关规定执行</td></tr>
<tr><td colspan="3">4. 经营活动</td></tr>
<tr><td>(1) 主营业务的性质</td><td colspan="2">加工制造、销售资产产品</td></tr>
<tr><td>(2) 主要产品及描述</td><td colspan="2">主要产品为套件、被类、蚊帐、电热毯等</td></tr>
<tr><td>(3) 与生产产品或提供劳务相关的市场信息</td><td colspan="2">市场较为乐观，保持持续增长趋势</td></tr>
<tr><td>主要客户和合同、付款条件</td><td colspan="2">沈宇纺织制品有限公司、海静家用纺织品有限公司、苏盛纺织品有限公司、州庆纺织制品有限公司等。赊销付款，付款条件为 n/60，1/30，2/20</td></tr>
<tr><td>利润率、市场份额、竞争者</td><td colspan="2">利润率为 16%、市场份额为 5%、竞争者为翔纺公司</td></tr>
<tr><td>出口、定价政策、产品声誉、质量保证、营销策略和目标</td><td colspan="2">无出口事务，产品声誉很好，质量保证预计不会产生负债，营销策略是价格战，目标是获取更大的市场份额</td></tr>
</table>

(续表)

项　目	描述/了解结果
(4) 业务的开展情况	
业务分部的设立情况	
产品和服务的交付情况	按时、按需交付
衰退或扩展的经营活动情况	
(5) 联盟、合营与外包情况	
(6) 从事电子商务的情况(是否通过互联网销售产品，提供服务或从事营销活动)	
(7) 地区与行业分布	
是否涉及跨地区经营和多种经营	涉及
各个地区和各行业分布的相对规模以及相互之间是否存在依赖关系	各个地区和各行业之间相互独立，不存在依赖关系。规模相对均衡
(8) 生产设施、仓库的地理位置及办公地点	均在南通市
(9) 关键客户	沈宇纺织制品有限公司、海静家用纺织品有限公司、苏盛纺织品有限公司、州庆纺织制品有限公司
销售对象是少量的大客户还是众多的小客户	少量的大客户和众多的小客户
是否有被审计单位高度依赖的特定客户(如超过销售总额10%的顾客)	没有，客户的销售量处于动态变动之中
是否有造成高回收性风险的若干客户或客户类别	否
是否与某些客户订立了不寻常的销售条款或条件	否
(10) 重要供应商	
主要供应商名单	恒丽布艺、路易邦威布艺、宝丰羊毛、亚通蚕丝等
是否签订长期供应合同	否
原材料供应的可靠性和稳定性	相当可靠和稳定
付款条件	验货付款
原材料是否受重大价格变动的影响	货源稳定，受到重大价格变动影响，但不是很重大
(11) 劳动用工情况	
分地区用工情况	一般是技术人员，员工质量要求不高
劳动力供应情况	十分丰富
工资水平、退休金和其他福利、股权激励或其他奖金安排	均按照《中华人民共和国劳动合同法》有关规定安排
适用的劳动用工事项相关法规	《中华人民共和国劳动法》《中华人民共和国劳动合同法》
(12) 研究与开发活动及其支出	
从事的研究与开发活动	
研发支出占收入比重	
与同行业相比情况	
(13) 关联方交易	
哪些客户或供应商是关联方	
对关联方和非关联方是否采用不同的销售和采购条款	
关联方交易以及定价政策	

(续表)

项　目	描述/了解结果
5. 投资活动	
(1) 近期拟实施或已实施的并购活动与资产处置情况	
被审计单位的并购活动或某些业务的终止，如何与目前的经营业务相协调	不存在重大业务并购和终止
被审计单位的并购活动或某些业务的终止，是否会引发进一步的经营风险	不会引发进一步的经营风险
(2) 证券投资、委托贷款的发生与处置	
证券投资、委托贷款的发生与处置是否按照有关规定执行	按照有关规定执行
(3) 资本性投资活动	
固定资产和无形资产投资	按照有关规定执行，会计处理及业务办理合法
近期发生的或计划发生的投资变动	按照有关规定执行，会计处理及业务办理合法
重大的资本承诺	
(4) 不纳入合并范围的投资	联营、合营或其他投资，包括近期计划的投资项目
6. 筹资活动	
(1) 债务结构和相关条款，包括担保情况及表外融资	
获得的信贷额度是否可以满足营运需要	可以
得到的融资条件及利率是否与竞争对手相似，如不相似，原因何在	相似
是否存在违反借款合同中限制性条款的情况	否
是否承受重大的汇率与利率风险	否
(2) 固定资产的租赁	通过融资租赁方式进行的筹资活动
(3) 关联方融资	
(4) 实际受益股东(名称、国籍、商业声誉、经验以及可能对被审计单位产生的影响)	
(5) 衍生金融工具的运用	
衍生金融工具是用于交易目的还是套期目的	
衍生金融工具的种类	
使用衍生金融工具的范围	
交易对手	翔纺公司
总体情况及潜在风险描述： 公司的竞争对手 B 有限公司虽然在各方面和它势均力敌，但是由于家纺行业潜力较大，大家的精力主要放在开发新的市场上，故短期内公司在市场营销上不会受到较大的冲击，财务状况也不会出现较大的波动	

3. 了解被审计单位对会计政策的选择和运用示例(见表 5-3)

表 5-3　了解被审计单位及其环境(会计政策的选择和运用)

项　目	被审计单位选择和运用的会计政策	选择和运用的会计政策是否合法
发出存货成本的计量	加权平均法	是
长期股权投资的后续计量	个别认定为成本法或者权益法	是
固定资产的初始计量	实际成本入账	是

(续表)

项　目	被审计单位选择和运用的会计政策	选择和运用的会计政策是否合法
无形资产的确定	按照《企业会计准则》规定	是
非货币性资产交换的计量	按照《企业会计准则》规定	是
收入的确认	商品所有权转移时	是
借款费用的处理	按照《企业会计准则》规定	是
合并政策	不适用	

会计政策变更的情况：

原会计政策	变更后会计政策	变更日期	变更原因	对变更的处理	对变更的评价

披露：

被审计单位是否按照适用的会计准则和会计制度对会计政策的选择和运用进行了恰当的披露	恰当披露，合理合法

总体情况及潜在风险描述：

公司在会计政策和核算方法的选用上，结合了自身的情况并根据《企业会计准则》的规定选取，且公司业务简单，《企业会计准则》中都有明确规定，不存在会计政策误用的风险

4. 了解被审计单位的目标、战略及相关经营风险的示例(见表5-4)

表5-4　了解被审计单位及其环境(目标、战略及相关经营风险)

调查内容	调查结果
1. 被审计单位是否存在与行业发展等方面有关的目标和战略，并考虑相应的经营风险	存在。经营风险突出表现为行业发展慢或竞争加剧导致价格下降，利润率下降，出现营业收入增加但是利润不增反降的现象
2. 被审计单位新近制定的目标、战略，以及为实现上述目标、战略在经营、财务等各方面计划或已经采取的措施及其适当性	近期目标是进一步扩大市场占有率、采用低价销售战略。采取扩大销售队伍、放松信用条件等措施，经过讨论和审查，措施较为适当
3. 其他如新产品开发导致产品责任增加、行业监管要求导致的法律责任增加等	被审计单位合法经营、服从监管，预计不会造成实质性影响

总体情况及潜在风险描述：

被审计单位确定的目标和战略虽略有偏高，但因行业较为成熟，被审计单位在这一行业已经有了较为巩固的地位，潜在风险较小，国家颁布的新法律法规不会对被审计单位的经营产生实质性的影响

5. 了解被审计单位财务业绩的衡量和评价的示例(见表5-5)

表5-5　了解被审计单位及其环境(财务业绩的衡量和评价)

调查内容	调查结果
1. 关键业绩指标	公司关键业绩指标主要有营业收入、营业利润、净利润、资产总额等
2. 业绩趋势	公司整体发展良好，主要业绩指标逐年增长

(续表)

调查内容	调查结果
3. 预测、预算和差异分析	公司在2019年以前尚无相关业务活动的预算。利润总额与营业收入比2018年都有所增长，但是财务费用和所得税费用出现了异常的下降情况，在从整体层面了解被审计单位的情况后，初步认定这两个方面发生额存在重大错报风险
4. 管理层和员工业绩考核与激励性报酬政策	管理层报酬根据公司年度净利润确定，员工业绩根据平时工作量以及部门业绩确定。具体为管理层年薪加上年度净利润的0.1%，员工有浮动的基本工资加上部门利润的0.1%
5. 分部门信息与不同层次部门的业绩报告	采用分业务、分部门按月报告业绩，业绩报告由公司财务人员汇总，然后提交相关管理者
6. 与竞争对手的业绩比较	目前看来，公司无论是在营销渠道、售后服务等方面都具有较好优势，但是市场瞬息万变，被审计单位能否继续保持有很多不确定性
7. 外部机构提出的报告	外部机构提出的行业分析报告看好业内的被审计单位，普遍认为该公司具有引导该产业发展方向的潜质，预计其经营业绩以及社会声誉都会在新的会计年度有新的发展
总体情况及潜在风险描述： 公司目前经营业绩处于良好运行状态，只是其未来的发展方向看法褒贬不一，但是就审计该年度的财务报表来看，不存在重大错报风险，但存在为了维持良好发展形象，把销售收入推迟入账的风险	

任务处理

【任务5-1】对小型被审计单位的审计，由于其通常没有正式的计划或程序来确定目标、战略并管理经营风险，注册会计师应当(　　)。

A. 直接将其重大错报风险水平评估为高

B. 收集同行业信息，参照同行业水平评估重大错报风险

C. 询问管理层或观察小型被审计单位如何应对这些事项，以获取了解，并评估重大错报风险

D. 直接视为审计范围受限

任务解析：应选C。小型被审计单位通常没有正式的计划和程序来确定其目标、战略并管理经营风险。注册会计师应当询问管理层或观察小型被审计单位如何应对这些事项，以获取了解，并评估重大错报风险。

【任务5-2】下列情形中，最有可能导致注册会计师不能执行财务报表审计的是(　　)。

A. 被审计单位管理层没有清晰区分内部控制要素

B. 被审计单位管理层没有根据变化的情况修改相关的内部控制

C. 被审计单位管理层凌驾于内部控制之上

D. 注册会计师对被审计单位管理层的诚信存在严重疑虑

任务解析：应选D。题目中要求选择的是不能执行财务报表审计业务，比较难以判断的是选项C和D；针对选项C，注册会计师可以根据情况采用针对管理层凌驾于控制之上的风

险来实施有效的审计程序；而对于选项 D，对被审计单位管理层的诚信有严重疑虑的，就非常有可能不承接这个业务或者是解除该业务了。

任务导入分析

应选 AB。选项 C，检查性控制通常并不适用于业务流程中的所有交易，而适用于一般业务流程以外的已经处理或部分处理的某类交易，可能一年只运行几次，如每月将应收账款明细账与总账比较；也可能每周运行，甚至一天运行几次；选项 D，在被审计单位对日常交易采用高度自动化处理的情况下，审计证据可能仅以电子形式存在，其充分性和适当性通常取决于自动化信息系统相关控制的有效性，注册会计师应当考虑仅通过实施实质性程序不能获取充分、适当审计证据的可能性。在这种情况下，注册会计师应当考虑依赖的相关控制的有效性，并对其进行了解、评估和测试。

任务二　了解被审计单位的内部控制

任务导入

下列关于与审计相关的内部控制的了解中，不正确的有(　　)。

A. 注册会计师需要了解和评价的内部控制只是与财务报表审计相关的内部控制，这是因为注册会计师审计的目标是对财务报表是否不存在重大错报发表审计意见，尽管要求注册会计师在财务报表审计中考虑与财务报表编制相关的内部控制，但是目的并非对被审计单位内部控制的有效性发表意见

B. 因为内部控制的执行在不同的时点均有可能变化，所以注册会计师对控制的了解一定不能够代替对控制运行有效性的测试

C. 注册会计师在确定是否考虑控制得到执行时，应当首先考虑控制的运行。如果控制运行不当，不需要再考虑控制是否得到合理的设计

D. 内部控制要素包括控制环境、风险评估过程、信息系统与沟通、控制活动和对控制的监督

资讯准备

一、内部控制的内涵和要素

1. 内部控制的内涵

内部控制是被审计单位为了合理保证财务报告的可靠性、经营的效率和效果以及对法律法规的遵守，由治理层、管理层和其他人员设计和执行的政策和程序。内部控制的目标是合理保证：第一，财务报告的可靠性，这一目标与管理层履行财务报告编制责任密切相关；第二，经营的效率和效果，即经济有效地使用企业资源，以最优方式实现企业的目标；第三，

在所有经营活动中遵守法律法规的要求，即在法律法规的框架下从事经营活动。了解被审计单位的内部控制是识别和评估重大错报风险、设计和实施进一步审计程序的基础。注册会计师应当了解与审计相关的内部控制以识别潜在错报的类型，考虑导致重大错报风险的因素，以及设计和实施进一步审计程序的性质、时间和范围。

2. 内部控制的要素

内部控制包括控制环境、风险评估过程、信息系统与沟通、控制活动和对控制活动的监督。被审计单位可能并不一定采用这种分类方式来设计和执行内部控制，但无论怎样对控制要素进行分类，注册会计师都应当重点考虑被审计单位的某项控制是否能够以及如何防止或发现并纠正各类交易、账户余额和列报存在的重大错报。

内部控制的五要素

(1) 控制环境。控制环境包括治理职能和管理职能，以及治理层和管理层对内部控制及其重要性的态度、认识和措施。控制环境对重大错报风险的评估具有广泛影响，注册会计师应当考虑控制环境的总体优势是否为内部控制的其他要素提供了适当的基础，并且未被控制环境中存在的缺陷所削弱。控制环境本身并不能防止或发现并纠正各类交易、账户余额、列报认定层次的重大错报，注册会计师在评估重大错报风险时应当将控制环境连同其他内部控制要素产生的影响一并考虑。在评价控制环境的设计和实施情况时，注册会计师应当了解管理层在治理层的监督下，是否营造并保持了诚实守信和合乎道德的文化，以及是否建立了防止或发现并纠正舞弊和错误的恰当控制。控制环境调查明细表示例如表 5-6 所示。

表 5-6　控制环境调查明细表

控 制 目 标	被审计单位的控制	实施的风险评估程序	是否达到预期效果	存在的缺陷
1. 诚信和道德价值观念的沟通与落实				
员工行为守则及其他政策得到执行	公司制定了员工的行为守则，对没有规范的地方，通过建设企业文化予以弥补	参阅员工的行为守则；询问员工对守则了解程度遵守情况；与员工讨论职业操守问题	是	无明显缺陷
建立信息传达机制，使员工能够清晰了解管理层的理念	通过文字和实际行动灌输所需要的理念；鼓励员工行为端正；当出现存在问题的迹象时，管理层予以恰当处理	与管理层讨论；翻阅关于诚实和道德规范观念的文字；询问相关责任人，了解企业对问题的处理方式	是	管理层的处理往往是在出现问题之后；缺乏对问题发生之前的有效识别和处理
与公司的利益相关者保持良好的关系	管理层保持高度诚信，并要求其员工和客户保持诚信	与公司管理层交流；与员工、客户讨论诚信问题；询问相关负责人	是	无明显缺陷
对背离公司现有控制的行为进行调查记录	管理层对违反规定的行为做出反应；处理结果及时公布	询问管理层；翻阅企业对违反规定的处理处罚文件；询问员工实际执行情况	是	未区分违规行为的轻重而做“一刀切式”处理

(续表)

控制目标	被审计单位的控制	实施的风险评估程序	是否达到预期效果	存在的缺陷
对背离公司现有控制的行为进行调查记录	明确地禁止管理人员逾越既定控制；与既定政策不一致的事件都会被调查并记录；鼓励员工举报任何企图逾越控制的情况	与管理人员讨论了解其对既定控制的遵守情况；查阅规定文件；查阅违规行为的调查记录文件；询问员工	是	无明显缺陷
2. 对胜任能力的重视程度				
员工和管理层的工作压力恰当	合理的激励机制；员工的报酬和晋升并不完全建立在实现短期目标的基础上；薪酬体系设计着眼于调动员工个人及团体的积极性	查阅相关文件；与管理层讨论激励机制的合理性；询问人事部相关人员；询问部分员工，了解其对该激励机制的满意度	是	无明显缺陷
公司岗位责任明确，任职条件清晰	岗位工作有正式的书面描述；任职条件规定明确；岗位职责在公司内予以清晰地传达；岗位责任与权限相符	查阅职务书面描述；复核书面描述中关于任职条件的规定是否充分；翻阅相关职务人员的履历表；与人事部讨论	是	无明显缺陷
持续培训员工	定期对员工进行培训，更新员工的知识	询问管理层，与员工讨论	是	实际培训效果不佳
3. 治理层的参与程度				
在董事会内部建立监督机制	董事会内监督委员会	翻阅公司的治理结构图	是	监督委员会与内部审计人员的交流较少
保证董事会成员具备适当的经验和资历，并保持成员的相对稳定性	董事会成员的经验和资历有明确的书面规定；提名董事会成员时严格按照规定进行；每届任期 3 年，可以连任	查阅对董事会成员经验及资历做出规定的书面文件；与高层讨论，了解董事提名及任命程序	是	董事会成员极少变更
董事会、审计委员会或类似机构独立于管理层	管理层的提案需要经过董事会审议；董事会监督经营成果	与管理层讨论；翻阅董事会职责说明文件；复核董事会成员的组成情况	是	董事会成员中没有独立董事
审计委员会正常运作	监事会每年召开三次会议	查阅会议记录	是	无明显缺陷
管理层不能由一个或少数几个人控制	董事会、审计委员会对管理层实施有效监督	与管理层讨论；与董事会成员、监事会成员讨论	是	未实现实时监控
4. 管理层的理念和经营风格				
对非经常的经营风险，管理层采取稳妥措施	管理层进行重大决策时必须稳健	与管理层讨论；查阅相关的行业资料；查阅公司相关会计制度	是	无明显缺陷

(续表)

控 制 目 标	被审计单位的控制	实施的风险评估程序	是否达到预期效果	存在的缺陷
管理层对信息技术的控制给予适当关注	定期召开信息技术工作会议	翻阅相关记录文件	是	无明显缺陷
管理层对财务报告的态度合理	管理层对财务报告的基本态度是财务报告应反映实际情况	与管理层讨论；查阅企业往年的审计报告、内审报告，了解各报告的审计意见	是	无明显缺陷
管理层对于重大的内部控制和会计事项，征询注册会计师的意见	管理层和注册会计师经常就会计和审计问题进行沟通	与管理层讨论；询问注册会计师；查阅相应的沟通、调整记录	是	无明显缺陷
5. 组织结构				
组织结构合理，具备提供管理各类活动所需信息的能力	恰当地采用集权或者分权的组织结构；组织结构的设计便于由上而下、由下而上或横向的信息传递	查阅公司组织结构图；复核其合理性；询问管理层，了解其组织结构设计依据及信息传递途径	是	无明显缺陷
交易授权控制层次适当	董事会对董事长、总经理授予不同的权利；总经理对副总经理授权适当	查阅董事长、总经理、副总经理的职责描述文件；与相关人员讨论，了解其权限及分级授权情况	是	具体业务授权方法并没有成文的规定
对于分散(分权)处理的交易存在适当的监控	经理层密切关注该类交易，经常听取汇报	询问经理，确认其对交易的关注程度；实地追踪对分散处理交易的监控情况	是	无明显缺陷
管理层制定和修订会计系统和控制活动的政策	会计系统和控制活动的标准形成书面文件；管理层依其职责和权限从报告系统中得到适当的信息；业务经理可接触到负责经营的高级主管	查阅相关的书面文件；询问管理层、询问业务经理	是	无明显缺陷
保持足够的人力资源，特别是负有监督和管理责任的员工数量充足	对加班严格审批；工作压力大时，及时招聘人员	查阅加班审批手续及相应流程；与人事部相关人员讨论；与员工讨论	是	无明显缺陷
管理层定期评估组织结构的恰当性	董事会每年召开一次会议	查阅相关会议记录	是	无明显缺陷

(续表)

控制目标	被审计单位的控制	实施的风险评估程序	是否达到预期效果	存在的缺陷
6. 职权与责任的分配				
明确员工的岗位职责，包括具体任务、报告关系及所受限制等并传达到本人	明确的职务说明书；职务说明书明确规定了与控制有关的责任	查阅职务说明书；与管理层讨论；与各级员工讨论	是	无明显缺陷
在被审计单位内部有明确的职责划分和岗位分离	将业务授权、业务记录、资产保管和维护，以及业务执行的责任尽可能地分离	审查治理结构图；实地追踪信息处理传递流程；询问各业务执行人	是	无明显缺陷
保持权利和责任的对等	工作所需权利与高级管理人员的参与程度保持平衡；授予适当级别的员工纠正问题或实施改进的权利	与管理层讨论，了解其权利责任的对等情况；实地追踪具体工作进展相应的权责状况	是	具有纠正问题或实施改进权利的人员仅限于管理层
对授权交易及系统改善的控制有适当的记录，对数据处理的控制有适当的记录	建立授权交易及系统改善的控制制度	调阅相关的记录文件资料；询问相关负责人	是	无明显缺陷
7. 人力资源政策与实务				
关键管理人员具备岗位所需的丰富知识和经验	招聘主管需要具备执行任务、履行职责的知识及经验	查阅相关人员的履历表；与相关人员讨论；查阅公司相关培训资料	是	无明显缺陷
人事政策中强调员工需保持适当的伦理和道德标准	评价业绩时将员工的操守和价值观纳入评价标准之中	查阅公司相关的业绩评价资料；与人事部主管讨论；与员工讨论，了解其对评价体系的满意度	是	实际操作性较差
人力资源政策与程序清晰，定期发布和更新	每年检查人力资源政策与程序	翻阅各年人力资源政策和程序；与主要管理人员进行讨论	是	无明显缺陷

(2) 风险评估过程。风险评估过程的作用是识别、评估和管理影响被审计单位实现经营目标能力的各种风险。被审计单位的风险评估过程包括识别与财务报告相关的经营风险，以及针对这些风险所采取的措施。注册会计师应当了解被审计单位的风险评估过程和结果。在评价被审计单位风险评估过程的设计和执行时，注册会计师应当确定管理层如何识别与财务报告相关的经营风险，如何估计该风险的重要性，如何评估风险发生的可能性，以及如何采取措施管理这些风险。如果被审计单位的风险评估过程符合其具体情况，了解被审计单位的风险评估过程和结果有助于注册会计师识别财务报表的重大错报风险。注册会计师了解被审

计单位的风险评估过程的调查明细表示例如表5-7所示。

表5-7　风险评估过程调查明细表

控制目标	被审计单位的控制	实施的风险评估程序	是否达到预期效果	存在的缺陷
1. 建立公司整体目标并传达到相关层次	管理层确立了整体目标，以区分于一般目标；经营战略和整体目标一致；整体目标能够有效地传达到全体员工和董事	与治理层、管理层讨论；查阅公司战略规划相关文件及会议记录；询问董事、经理和相关员工	是	经营战略和整体目标略高
2. 具体策略和业务流程层面的目标与整体目标协调	业务层面与整体目标相关联；业务层面的目标表述为有期限要求的具体目标；作业活动都制定有目标；保持定期各个目标的一致性	与管理层讨论；查阅行业发展资料及产品市场情况；阅读并分析经营战略和整体目标之间的关系；询问董事、经理和相关员工	是	未考虑企业出现作业目标冲突的情况应急处理
3. 明确影响整体目标实施的关键因素	管理层明确实现目标的关键措施；管理层特别关注重要目标(成功的关键因素)	阅读管理层对关键因素确认相关的分析报告；复核这些关键因素对实现整体目标的作用	是	无明显缺陷
4. 各级管理人员参与制定目标	管理人员参与目标制定；明确管理人员的责任；制定了争议和分歧的解决程序	与管理人员讨论了解其目标制定过程；查阅相关人员职责说明书、争议和分歧解决程序的相关书面文件	是	无明显缺陷
5. 建立风险评估方法	风险评估程序综合考虑内外因素；对每项重要的业务层面目标，确定影响其实现的重大风险	分析、复核分析风险管理依据的合理性；与管理层讨论；复核各业务层面的重大目标是否相应考虑了影响其实现的重大风险	是	无明显缺陷
6. 建立风险识别、应对机制，处理具有普遍影响的变化	设置相应机制；将对日常变化的处理与风险分析程序联系；风险与机遇由足够高层次的管理层处理，保证确认所有潜在的影响，并制定适当的行动计划	查阅相关文件资料；实地追踪风险识别及处理过程；询问管理层；翻阅与此相关的行动计划	是	无明显缺陷
7. 对于可能对被审计单位产生迅速、巨大并持久影响的变化，建立相应的识别和应对机制	被审计单位制定处理各种风险的制度	阅读相关制度文件；询问管理层确认其对该制度的了解熟悉程度；询问相关负责人了解制度的实际执行情况	是	对识别出的重大风险没有分出轻重缓急
8. 会计部门建立流程适应会计准则的重大变化	会计部门学习新准则法规以识别其重大变化；通过后续教育跟进会计准则的最新进展	询问会计部门人员；复核后续教育情况及效果；查阅相关流程的文件记录资料	是	无明显缺陷

(续表)

控制目标	被审计单位的控制	实施的风险评估程序	是否达到预期效果	存在的缺陷
9. 当被审计单位业务操作发生变化并影响交易记录的流程时，及时通知会计部门	当被审计单位业务操作发生变化并影响交易记录的流程时，召开部门会议进行讨论，会计部门必须参加	翻阅相关的会议记录，确认是否有会计人员参与；询问会计部门人员，确认其是否了解企业最新业务操作变化	是	无明显缺陷
10. 风险管理部门建立流程以识别经营环境的重大变化	定期召开部门会议，进行沟通，讨论经营环境的重大变化	翻阅相应的会议记录；与管理层进行讨论；询问各部门负责人，核实召开定期会议的实际效果	是	无明显缺陷
11. 政策和程序得到有效执行	管理层定期审查政策和程序的遵循情况	阅读政策和程序相应的文件记录资料；与管理层讨论，了解其定期审查活动的进展情况；实地观察企业的主要政策和程序的执行情况	是	管理层定期审查是事先预知的审查

(3) 信息系统与沟通。与财务报告相关的信息系统，包括用以生成、记录、处理和报告交易、事项和情况，对相关资产、负债和所有者权益履行经营管理责任的程序、记录。与财务报告相关的信息系统应当和业务流程相适应。在了解与财务报告相关的信息系统时，注册会计师应当特别关注由于管理层凌驾于账户记录控制之上，或规避控制行为而产生的重大错报风险，并考虑被审计单位如何纠正不正确的交易处理。与财务报告相关的沟通包括使员工了解各自在与财务报告有关的内部控制方面的角色和职责，员工之间的工作联系，以及向适当级别的管理层报告例外事项的方式。注册会计师应当了解被审计单位内部如何对财务报告的岗位职责，以及与财务报告相关的重大事项进行沟通。注册会计师还应当了解管理层与治理层之间的沟通，以及被审计单位与外部的沟通。注册会计师了解被审计单位的信息系统与沟通的调查明细表示例如表 5-8 所示。

表 5-8　信息系统与沟通调查明细表

控制目标	被审计单位的控制	实施的风险评估程序	是否达到预期效果	存在的缺陷
1. 信息系统向管理层提供有关被审计单位经营的相关信息	建立必要的机制获取外部信息；整体战略规划可识别、分析和监控整体目标所需的内外部信息；管理层可获取履行职责所需信息的报告	询问管理层；阅读行业资料、市场资料、相关法律法规；与管理层讨论；查阅整体战略规划；分析信息的准确性	是	无明显缺陷
2. 向适当人员提供的信息充分、具体且及时，保证其能够有效地履行职责	标明信息的有效期；定期监测企业的财务信息对不同级别的管理人员提供不同详细程度的信息；有专人识别员工需要的信息并及时提供给员工	询问管理人员；询问会计主管；翻阅不同级别的汇报资料；询问员工，核实其所需的信息是否有专人提供	是	无明显缺陷

(续表)

控 制 目 标	被审计单位的控制	实施的风险评估程序	是否达到预期效果	存在的缺陷
3. 与财务报告相关的信息系统的开发及改善，基于战略考虑，与被审计单位整体层面的信息系统紧密相关，有助于实现被审计单位整体层面和业务流程层面的目标	建立必要的机制识别新的信息需求；由适当的人员确定优先次序；制定长期战略规划，且随着被审计单位的战略发展及时更新	询问公司管理层；翻阅信息处理流程；查阅与信息系统相关的长期战略规划，确认规划是否随企业发展规划及时更新	是	专门识别信息需求的机构尚未建立
4. 提供适当的人力和财力开发必需的信息系统	投入充足的资源支持开发新的信息系统或者增强现有信息系统的功能	与管理层讨论；实地追踪信息系统开发的进展情况	是	开发尚处初步阶段
5. 监督信息系统的开发、变更和测试工作	设立小组	与领导小组讨论，了解其工作进展情况；询问专业负责人，了解监督工作的有效性	是	无明显缺陷
6. 就岗位职责与员工进行有效沟通	建立各种沟通渠道有效地实现沟通；新员工培训中向员工提供有关其岗位职责的信息；定期对员工评估，对员工职责进行讨论以确保员工能充分理解其自身职责，定期对员工进行考核	与管理层讨论；翻阅新员工培训资料；查阅定期评估制度相关文件资料，统计考核的数据	是	沟通的实际效果欠佳
7. 针对不恰当事项和行为建立沟通渠道	对员工手册进行相应说明；建立恰当的信息沟通渠道；向沟通员工反馈沟通事项的处理情况，并确保其不受打击报复	查阅员工手册；询问管理层、员工	是	员工对该渠道反映不积极
8. 组织内部有充分畅通的横向沟通渠道，横向信息沟通完整、及时，并能提供有关人员履行其职责所需的充分信息	建立各部门沟通渠道，保证顾客的需求得到适当的处理；建立相关的沟通渠道，保证关于竞争对手新产品、售后服务保障等信息传递给负责技术、市场开拓和营销的部门	与各部门主要负责人讨论；询问公司主要顾客；查阅公司的付款记录；询问市场部门，确认其对市场竞争状况、竞争对手的了解情况	是	对顾客的售后服务情况关注较少
9. 管理层认真听取和采纳员工提出的改进意见	建立有效的机制使员工能够提出改进建议；建立奖励机制促使员工积极提出改进意见	与管理层讨论；与员工讨论，了解其对该机制的反应状况	是	员工积极性不高
10. 管理层与客户、供应商、监管者和其他外部人士有效地沟通	建立与各方的沟通渠道；收集各方的建议、投诉及其他信息；建立信息的追踪调查等后续措施；定期向管理层报告投诉的性质和数量	与管理层讨论；查阅公司接到的各种投诉及外部信息；询问管理人员定期投诉的性质和数量	是	无明显缺陷

(续表)

控制目标	被审计单位的控制	实施的风险评估程序	是否达到预期效果	存在的缺陷
11. 外部人士了解被审计单位的行为守则	负责向外发布重要信息的管理人员，其级别应与所发布信息的性质和重要程度相称	查阅负责对外发布信息管理人员的履历表；查阅对外发布信息的具体内容	是	无明显缺陷
12. 员工职责适当分离，以降低舞弊和不当行为发生的风险	公司制度相关的员工职责分离的制度，明确需分离的职责，重点突出财务部门	查阅有关职责分离的制度文件说明；询问关键岗位的职工；实地观察不相容岗位职员的操作；查看相关的交接手续	是	关键岗位仅一人执行，缺乏必要的监督；没有相应的交接手续
13. 会计系统中的数据与实物资产定期核对	公司制定会计账簿与实物的定期核对制度；定期盘点	查阅公司定期核对制度说明文件；询问相关人员，了解核对制度的实际执行情况	是	无明显缺陷

(4) 控制活动。控制活动是指有助于确保管理层的指令得以执行的政策和程序，包括与授权、业绩评价、信息处理、实物控制和职责分离等相关的活动。注册会计师应当了解与授权有关的控制活动，包括一般授权和特别授权。其中，一般授权是指管理层制定的要求组织内部遵守的普遍适用于某类交易或活动的政策；特别授权是指管理层针对特定类别的交易或活动逐一设置的授权，如重大资本支出和股票发行等。特别授权也可能用于超过一般授权限制的常规交易。例如，因某些特别原因，同意对某个不符合一般信用条件的客户赊销商品。

注册会计师应当了解与业绩评价有关的控制活动，主要包括被审计单位分析评价实际业绩与预算(或预测、前期业绩)的差异，综合分析财务数据与经营数据的内在关系，将内部数据与外部信息来源相比较，评价职能部门、分支机构或项目活动的业绩(如银行客户信贷经理复核各分行、地区和各种贷款类型的审批和收回)，以及对发现的异常差异或关系采取必要的调查与纠正措施。

注册会计师应当了解与信息处理有关的控制活动，包括信息技术的一般控制和应用控制。被审计单位通常执行各种措施，检查各种类型信息处理环境下的交易的准确性、完整性和授权。信息处理控制可以是人工的、自动化的，或是基于自动流程的人工控制。信息处理控制分为两类，即信息技术的一般控制和应用控制。

注册会计师应当了解实物控制，主要包括了解对资产和记录采取适当的安全保护措施，对访问计算机程序和数据文件设置授权，以及定期盘点并将盘点记录与会计记录相核对。例如，现金、有价证券和存货的定期盘点控制。实物控制的效果会影响资产的安全，从而对财务报表的可靠性及审计产生影响。

注册会计师应当了解职责分离，主要包括了解被审计单位如何将交易授权、交易记录以及资产保管等职责分配给不同员工，以防范同一员工在履行多项职责时可能发生的舞弊或错误。当信息技术运用于信息系统时，职责分离可以通过设置安全控制来实现。

在了解控制活动时，注册会计师应当重点考虑一项控制活动单独或连同其他控制活动，是否能够以及如何防止或发现并纠正各类交易、账户余额、列报存在的重大错报。如果多项控制活动能够实现同一目标，注册会计师不必了解与该目标相关的每项控制活动。在了解其他内部控制要素时，如果获取了控制活动是否存在的信息，注册会计师应当确定是否有必要进一步了解这些控制活动。注册会计师了解被审计单位控制活动的调查明细表示例如表 5-9 所示。

表 5-9 控制活动调查明细表

需要考虑的事项	是否达到预期效果	存在的缺陷
1. 企业的主要经营活动是否都有必要的控制政策和程序	是	无明显缺陷
2. 管理层是否对预算、利润和其他财务和经营业绩方面都有清晰的目标	是	无明显缺陷
3. 在企业内部，是否对这些目标加以清晰的记录和沟通，并且积极地对其进行监控	是	无明显缺陷
4. 是否存在计划和报告系统，以识别与目标业绩的差异，并向适当层次的管理层报告该差异	是	无明显缺陷
5. 是否由适当层次的管理层对差异进行调查，并及时采取适当的纠正措施	是	无明显缺陷
6. 不同人员的职责应在何种程度上相分离，以降低舞弊和不当行为发生的风险	是	无明显缺陷
7. 会计系统中的数据是否与实物资产定期核对	是	无明显缺陷
8. 是否建立了适当的保护措施，以防止未经授权接触文件、记录和资产的行为	是	无明显缺陷
9. 是否存在负责监控信息安全政策和程序的信息安全职能部门	是	无明显缺陷

(5) 对控制活动的监督。注册会计师应当了解被审计单位对与财务报告相关的内部控制的监督活动，并了解如何采取纠正措施。对控制的监督是指被审计单位评价内部控制在一段时间内运行有效性的过程，该过程包括及时评价控制的设计和运行，以及根据情况的变化采取必要的纠正措施。注册会计师应当了解被审计单位对控制的持续监督活动和专门的评价活动。持续的监督活动通常贯穿于被审计单位的日常经营活动与常规管理工作中，被审计单位可能使用内部审计人员或具有类似职能的人员对内部控制的设计和执行进行专门的评价，被审计单位也可能利用与外部有关各方沟通或交流所获取的信息监督相关的控制活动。注册会计师了解被审计单位的控制活动的调查明细表示例如表 5-10 所示。

表 5-10 对控制活动的调查明细表

控制目标	被审计单位的控制	实施的风险评估程序	结论	存在的缺陷
1. 持续监督				
内部控制定期评价	建立内部控制评价体系，由内部审计部门定期评价内部控制	查阅内部控制评价体系相关文件记录资料；询问管理层、内部审计人员；实地观察定期评价活动；查阅内部控制评价书面报告；追踪企业对评价中出现问题的后续处理等	内部控制定期评价体系基本达到预期作用	管理层对评价体系的重视不足，评价工作并非全员参与，仅仅是内审部门的事。评价过程中反馈的内部控制缺陷后续处理及时性不够

(续表)

控制目标	被审计单位的控制	实施的风险评估程序	结论	存在的缺陷
评价内部控制制度对常规工作活动有效运行的保障程度	负责业务活动的管理人员将其在日常经营活动获得的信息与信息系统产生的信息相比较；将用于管理业务活动的经营信息与由财务系统所产生的财务资料相整合或者相比较	询问参与该业务活动管理人员相应的执行情况；查阅相关的分析对比记录文件；观察相关人员的实际操作过程	该项控制较好地保障了工作活动的有效进行	差异分析的及时性不够
外界沟通所获取的信息能够反映内部控制运行的有效性	顾客按销货发票付款隐含该发票金额正确无误；顾客投诉账单有错误表明处理销售业务的系统可能存在缺陷。当顾客投诉时，调查出现问题的原因；记录来自供应商的信息；考虑监管机构告知本企业遵循相关法律、法规和规章的情况或其他有助于判断内部控制系统作用的事项	抽查销售发票与相应的付款凭证；询问相关人员对顾客投诉账单及供应商对账单的处理情况；追踪处理销售业务系统的实际操作过程；询问企业主要管理人员对相关法律法规的了解情况	外界沟通获取的信息基本能够反映内部控制运行状况	销售业务系统出现缺陷时，没有自动更正能力，需人工介入
管理层对内部审计人员和注册会计师提出的内部控制方面的意见和建议进行适当的处理	设置具有适当权限的管理人员处理内部审计师和注册会计师所提的意见和建议，并形成记录；跟踪相关决策并验证其落实情况	查阅记录文件；询问管理人员处理程序及后续的落实情况；实地观察往年审计提出的问题是否已得到解决	相关人员的建议和意见有较好的回应	相关的处理流程并没有统一的规定，导致实际处理较为随意
管理层能够获得有关控制有效的反馈信息	通过培训课程、规划会议和其他会议，掌握提出的争议及问题；员工建议自上而下传递	查阅相关课程文件、会议记录；询问员工对信息沟通渠道的了解情况；检查相应信息传递制度规定	信息沟通顺畅、管理层能够有效获取相应信息	信息传递渠道较少，仅限于企业举行的各种会议
定期询问员工遵循公司行为守则的情况、重要控制活动执行的有效性	要求员工定期确认其切实遵循了行为守则的规定；要求员工在执行重要控制工作(如调节指定账户金额)之后签名，留下执行证据	查阅相关守则；抽查重要控制工作是否有相应人员的签字；询问员工实际操作情况并实地观察	该项控制基本达到了预期的控制目的	员工定期工作报告之后缺乏相应的激励制度
内部审计工作有效	内部审计人员的能力及经验水平适当；内部审计人员在组织中的地位恰当；建立内部审计人员直接向董事会或审计委员会报告的渠道；内部审计人员的审计范围、责任和审计计划恰当	翻阅内部审计人员的履历表；查阅企业组织结构图、内部审计部门工作流程表等；询问内部审计人员日常工作进展情况及取得的效果	内部审计工作取得较好的效果	内部审计部门与企业其他部门的沟通尚待提高

(续表)

控制目标	被审计单位的控制	实施的风险评估程序	结论	存在的缺陷
政策和程序得到有效执行	管理层定期审查政策和程序的遵循情况	查阅管理层相关工作总结；询问管理层关于政策及程序的遵循情况等	企业内部相关规定基本得到贯彻和执行	管理层组织的审查活动参与人员仅局限于内审部门，其他部门多属被动状况
2. 专门评价				
对内部控制进行专门评价，专门评价的范围和频率适当	专门评价的范围(包括广度和深度)及频率适当	查阅内部控制专门评价相关制度的文件资料；询问管理人员、内审人员对评价范围及频率确定的依据	专门评价的范围及频率基本满足企业实际需要	对评价范围及频率的确定尚无统一制度，只有靠关键管理人员的职业敏感性来确定
评价过程是适当的	负责专门评价的人员具备必要的知识和技能；评价人员充分了解企业的活动；了解系统应当如何运作，以及实际如何运作；将评估结果与既定标准进行比较并对发现的差异进行分析	查阅相关工作人员的履历表；翻阅评价人员的工作进程安排情况表及相应评价结果报告；实地观察评价人员的工作	评价人员具备相应资历，工作过程是适当的	评价结果报告中仅进行差异分析，尚无改进建议
用以评价内部控制系统的方法适当，并合乎逻辑	评价方法使用核对清单、问卷及其他评价工具；评价小组成员一起设计评价程序，并保证各成员工作的协调；负责管理该项评价工作的高层管理人员具备足够的权威	抽查评价过程中使用的清单、问卷及其他评价工具；观察评价小组成员的工作过程；检查其设计的评价程序是否合理；翻阅负责人的履历表	评价小组采用恰当的方法保证工作有效进行	评价小组内部沟通方式有限
书面记录适当	书面记录评价的过程；审计委员会会议记录中包括评价的记录	查阅书面记录；实地参与会议过程	评价活动有恰当的书面记录	书面记录无定期进行整理成文，外人参阅时需较多询问记录人
内部审计主要集中于经营责任审计，工作能够降低财务报表重大错报风险	内部审计人员定期检查财务信息；内部审计人员定期评价经营效率和经营效果	查阅内部审计人员职责范围规定文件；检查内部审计人员定期工作记录文件；询问内部审计人员相应工作情况	内审部门职责明确，其工作取得良好的效果	内审部门对经营责任之外的经济业务关注较少，影响其从整体上把握审计风险能力
内部审计的独立性适当	内部审计部门定期地直接向董事会、审计委员会或类似的独立机构报告	查阅内审部门职责文件；询问企业高层管理人员以了解其对内审部门工作的态度；翻阅内审部门直接向董事会；审计委员会报告的规定文件；询问内审人员了解其在报告中是否受到高层不恰当的干预	内部审计具有较高的独立性	内部审计部门定期报告制度尚未形成统一制度

(续表)

控制目标	被审计单位的控制	实施的风险评估程序	结论	存在的缺陷
信息系统审计人员能够胜任职责	定期对信息系统审计人员培训，以应对复杂的高度自动化的环境	查阅相应人员的履历表；翻阅定期培训资料；询问审计人员以了解其培训效果及胜任状况；实地观察其业务执行过程	信息系统审计人员基本能够胜任相应职责	定期培训资料尚未形成自动更新的资料库，以实现审计人员培训实时进行和监控
内部审计人员坚持适用的专业准则	建立内部审计人员的定期培训制度；建立内部审计自查制度	阅读定期培训制度和自查制度；询问相关人员以确定其是否了解最新准则变化；进行新制度问卷调查了解相关人员的了解深度	内部审计人员基本上坚持了适用的专业准则	准则、学习资料仅限于内审部门，尚未在企业内部普及
内部审计人员记录了计划、风险评估和执行的过程，形成的结论适当	内部审计定期制定内部审计计划；内部审计记录适当	翻阅相应的记录文件、检查其程序是否充分、形成的结论是否恰当	内部审计工作全过程得到恰当的记录，相应的结论是恰当的	记录文件整理归档尚待改进
内部审计部门活动的范围适当	以日常活动经营审计工作为主，配合内部审计工作	查阅内审部门工作职责文件、询问内审人员以了解其日常工作范围	内部审计活动范围较为合适	对职责范围之外的业务关注较少，限制了其看问题的全局观

3. 了解内部控制的审计程序

了解内部控制的审计程序

(1) 询问被审计单位的人员。注册会计师可以向管理层和财务负责人询问下列事项：管理层所关注的主要问题，如新的竞争对手、主要客户和供应商的流失，新的税收法规的实施以及经营目标或战略的变化等；被审计单位的财务状况和最近的经营成果、现金流量；可能影响财务报告的交易和事项，或者目前发生的重大会计处理问题，如重大的购并事宜等；被审计单位发生的其他重要变化，如所有权结构、组织结构的变化，以及内部控制的变化等。注册会计师还应当询问内部审计人员、采购人员、生产人员、销售人员等其他人员，并考虑询问不同级别的员工，以获取对识别重大错报风险有用的信息。注册会计师还可以询问被审计单位聘请的外部法律顾问、专业评估师、投资顾问和财务顾问，从被审计单位外部获取信息以了解被审计单位及其环境并识别重大错报风险。

(2) 观察特定控制的运用。注册会计师通过观察程序可以印证对管理层和其他相关人员的询问结果，并可提供有关被审计单位及其环境的信息。注册会计师应当观察被审计单位的生产经营活动，通过观察被审计单位人员正在从事的生产活动和内部控制活动，可以增加注册会计师对被审计单位人员如何进行生产经营活动及实施内部控制的了解。注册会计师还应当实地察看被审计单位的生产经营场所和设备，通过现场访问和实地察看被审计单位的生产经营场所和设备，可以帮助注册会计师了解被审计单位的性质及其经营活动。在实地察看被审计单位的厂房和办公场所的过程中，注册会计师有机会与被审计单位的管理层和担任不同职责的员工进行交流，以增加注册会计师对被审计单位的经营活动及其重大影响因素的了解。

(3) 检查文件和报告。注册会计师应检查文件、记录和内部控制手册，如检查被审计单位的章程，与其他单位签订的合同、协议，股东大会、监事会会议、高级管理层会议的会议记录或纪要，各业务流程操作指引和内部控制手册，各种会计资料、内部凭证和单据等。注册会计师还应阅读由管理层和治理层编制的报告，如阅读被审计单位年度和中期财务报告、管理层的讨论和分析资料、经营计划和战略、对重要经营环节和外部因素的评价、被审计单位内部管理报告以及其他特殊目的报告(如新投资项目的可行性分析报告)。另外，阅读外部信息也可能有助于注册会计师了解被审计单位及其环境。外部信息包括证券分析师、银行、评级机构出具的有关被审计单位及其所处行业的经济或市场环境等状况的报告，贸易与经济方面的期刊、法规或金融出版物，以及政府部门或民间组织发布的行业报告和统计数据等。

(4) 穿行测试。穿行测试，即追踪交易在财务报告信息系统中的处理过程，是注册会计师了解被审计单位业务流程及其内部控制时经常使用的审计程序。通过追踪某笔或某几笔交易在业务流程中如何生成、记录、处理和报告，以及相关内部控制如何执行，注册会计师可以确定被审计单位的交易流程和内部控制是否与之前通过其他程序所获得的了解一致，并确定内部控制是否得到执行。

(5) 分析程序。在了解被审计单位及其环境并评估重大错报风险时使用分析程序有助于识别异常的交易或事项，以及对财务报表和审计产生影响的金额、比率和趋势。例如，注册会计师通过对被审计单位及其环境的了解，获知其银行贷款比去年略有增加，今年银行贷款利率上涨 1%，因此注册会计师预期财务费用应相应上升，但注册会计师比较两年的财务费用，发现今年财务费用比去年大幅下降。上述分析可以使注册会计师得出结论：财务费用可能存在重大错报风险，应对其给予足够的重视。

4. 内部控制的固有缺陷

内部控制存在下列固有局限性，无论如何设计和执行，只能对财务报告的可靠性提供合理的保证：在决策时人为判断可能出现错误和由于人为失误而导致内部控制失效；可能由于两个或更多的人员进行串通或管理层凌驾于内部控制之上而被规避。小型被审计单位拥有的员工通常较少，限制了其职责分离的程度，业主凌驾于内部控制之上的可能性较大，注册会计师应当考虑一些关键领域是否存在有效的内部控制。

5. 了解内部控制的基本方法

注册会计师在了解内部控制时，要采取一定的形式掌握内部控制制度的状况，并形成书面资料。通常使用的方法有调查表法、记述法和流程图法。

了解内部控制的基本方法

(1) 调查表法。调查表法就是事先将要调查的问题制成调查表，通过向有关人员询问填表的方式了解内部控制的方法。采用调查表法时，要先拟出被调查的业务环节的关键性问题，设置一套标准格式的调查表，要注意所提出的问题必须是能用“是”或“否”来回答的。“是”表示肯定，即为控制的强点，“否”表示否定，即为控制的弱点。还可以将否定栏细分为“较重”和“较轻”两栏以表示否定的程度。“不适用”表示该问题不适用本企业。此外，还可以设置备注栏，以记录某些特殊事项。调查表可以由被询问的人员填写，也可以由注册会计师边询问边填写。调查表填写完毕，所调查的内部控制制度的情况即显示清楚。表 5-11 是一个现金收款业务的内部控制制度的调查表。使用调查表法的好处是调查范围明确，可提高审计工作效率。它的局限性是缺乏灵活性，因为所询问和回答的问题只限于表内所提出的问题，如果调查的问题设置不当，就不能全面而正确地反映内部控制制度的情况，遇到特殊情况时，往往会因为“不适用”一栏填得过多而失去意义。

表 5-11　内部控制制度调查表(现金收款业务)

目标与问题	回答					
	不适用	是	否	缺陷		备注
				主要	次要	
1. 出纳员缺勤时，主管人员是否指定专人代理						
2. 收入现金是否都开有收据						
3. 收款单据是否连续编号						
4. 收款单据是否都盖有财务收款公章和经手人印章						
5. 收款单据作废时是否注明作废字样并附在存根上						
6. 收到现金时是否随即编制记账凭证						
7. 库存现金是否每日与现金日记账核对						
8. 超过限额的现金是否及时送存企业						

(2) 记述法。注册会计师实施程序了解内部控制，将调查所得的内部控制记录下来并用文字加以叙述的方法，称为记述法。采用这种方法时，注册会计师根据拟审查的经济业务的性质，先按每一业务环节的流程向有关人员逐一询问，并记录下来，然后综合记录，形成一份文字说明材料。图 5-1 是一个典型的内部控制制度书面报告示例。

公司现金收入业务内部控制情况

当交款人持现金到财务部门交款时，出纳员审核有关单据后开出现金收款单据，交给收款人一联，留存一联，将现金放入保险柜。然后根据留存的现金收据和有关凭证登记现金日记账，并把现金收据转给会计人员。下班前将现金日记账结出余额，并清点库存现金，出纳员和另一位会计人员一起将超过库存现金限额的现金送存企业。会计人员根据现金收据编制现金收入凭证，登记现金总账。

报告人：

年　月　日

图 5-1　内部控制制度书面报告示例

记述法的优点是形式灵活，可应用于各种类型的企业；注册会计师可根据实际情况灵活地选择调查内容；能充分表达内部控制制度的一切特殊情况。其局限性表现在记录和说明内部控制制度的情况比较耗时，对于业务环节多的企业，用文字说明难免冗长，记录说明时也容易发生遗漏，且不能快速确定内部控制制度的强弱点，因此，此种方法只适用于业务简单的小型企业。

(3) 流程图法。注册会计师在评审被审计单位内部控制制度时，往往制作说明单位内部控制的作业流程图，如现金收入、现金支出、应收账款、存货、采购等，用于评估企业会计程序及内部控制的适当性。内部控制流程图是用符号和图形来表示被审计单位经济业务和文件凭证在组织机构内部有序流动的图表。流程图能够很清晰地反映出被审计单位内部控制的概况，可使审计师直观地看到内部控制是如何运行的，从而有助于发现内部控制中的不足之处。与文字表述相比较，流程图便于表达内部控制的特征，同时便于修改，但是编制流程图需具备较娴熟的技术和花费较多的时间，对内部控制的某些弱点有时也很难在图上明确地表达出来。注册会计师可根据所审计企业的业务经营特点，编制简明易懂的流程图。

任务处理

【任务 5-3】在识别和了解被审计单位内部控制后，注册会计师对控制的评价结论可能是(　　)。

A. 所设计的控制单独或连同其他控制能够防止或发现并纠正重大错报，并得到执行

B. 控制本身的设计不合理，但得到了执行

C. 控制本身的设计是合理的，但没有得到执行

D. 控制本身的设计就是无效的或缺乏必要的控制

任务解析：应选 ACD。注册会计师在确定是否考虑控制得到执行时，应当首先考虑控制的设计，如果控制设计不当的，不需要考虑控制是否得到执行，所以注册会计师在进行了解内部控制后，不会得出控制设计不合理但是得到了执行的结论。

【任务 5-4】戊公司下列控制活动中，属于经营业绩评价方面的有(　　)。

A. 由内部审计部门定期对内部控制的设计和执行效果进行评价

B. 定期与客户对账并对发现的差异进行调查

C. 对照预算、预测和前期实际结果，对公司的业绩进行复核和评价

D. 综合分析财务数据和经营数据之间的内在关系

任务解析：应选 CD。注册会计师应当了解和评价与业绩有关的控制活动，主要包括被审计单位分析评价实际业绩与预算(或预测、前期业绩)的差异，综合分析财务数据与经营数据的内在关系，将内部证据与外部信息来源相比较，评价职能部门分支机构或项目活动的业绩，以及对发现的异常差异或关系采取必要的调查与纠正措施。

任务导入分析

应选 BC。选项 B，这个说法过于绝对，如果存在某些可以使控制得到一贯运行的自动化控制，则对于控制的了解是可以实现对控制运行有效性的测试；选项 C，注册会计师在确定是否考虑控制得到执行时，应当首先考虑控制的设计。如果控制设计不当，不需要再考虑

控制是否得到执行。

任务三 评估重大错报风险

任务导入

在确定特别风险时，注册会计师的下列做法正确的有(　　)。

A. 直接假定丙公司收入确认存在特别风险

B. 将丙公司管理层舞弊导致的重大错报风险确定为特别风险

C. 直接假定丙公司存货存在特别风险

D. 将丙公司管理层凌驾于控制之上的风险确定为特别风险

资讯准备

一、评估重大错报风险的审计程序

1. 识别风险，并考虑各类交易、账户余额、列报

注册会计师应当运用各项风险评估程序，在了解被审计单位及其环境的整个过程中识别风险，并将识别的风险与各类交易、账户余额和列报相联系。例如，被审计单位因相关环境法规的实施需要更新设备，可能面临原有设备闲置或贬值的风险；宏观经济的低迷可能预示应收账款的回收存在问题；竞争者开发的新产品上市，可能导致被审计单位的主要产品在短期内过时，预示将出现存货跌价和长期资产(如固定资产等)的减值。

2. 将识别的风险与认定层次可能发生错报的领域相联系

注册会计师应当将识别的风险与认定层次可能发生错报的领域相联系。例如，销售困难使产品的市场价格下降，可能导致年末存货减值而需要计提存货跌价准备，这显示存货的计价认定可能发生错报。

3. 考虑识别的风险是否重大

风险是否重大是指风险造成后果的严重程度。如上例中，除考虑产品市场价格下降因素外，注册会计师还应当考虑产品市场价格下降的幅度、该产品在被审计单位产品中的比重等，以确定识别的风险对财务报表的影响是否重大。假如产品市场价格大幅下降，导致产品销售收入不能抵偿成本，毛利率为负，那么年末存货跌价问题严重，存货计价认定发生错报的风险重大；假如价格下降的产品在被审计单位销售收入中所占比例很小，被审计单位其他产品销售毛利率很高，尽管该产品的毛利率为负，但可能不会使年末存货发生重大跌价问题。

4. 考虑识别的风险导致财务报表发生重大错报的可能性

注册会计师还需要考虑上述识别的风险是否会导致财务报表发生重大错报。例如，考虑存货的账面余额是否重大，是否已适当计提存货跌价准备等。若被审计单位对于存货跌价准

备的计提实施了比较有效的内部控制，管理层已根据存货的可变现净值，计提了相应的跌价准备，那么在这种情况下，财务报表发生重大错报的可能性将相应降低。

二、识别两个层次的重大错报风险

1. 识别认定层次的重大错报风险

某些重大错报风险可能与特定的某类交易、账户余额、列报的认定相关。例如，被审计单位存在复杂的联营或合资，这一事项表明长期股权投资账户的认定可能存在重大错报风险。又如，被审计单位存在重大的关联方交易，该事项表明关联方及关联方交易的披露认定可能存在重大错报风险。

识别两个层次的重大错报风险

在评估重大错报风险时，注册会计师应当将所了解的控制与特定认定相联系，这是由于控制有助于防止或发现并纠正认定层次的重大错报。在评估重大错报风险发生的可能性时，除了考虑可能的风险外，还要考虑控制对风险的抵消和遏制作用。有效的控制会减少错报发生的可能性，而控制不当或缺乏控制，错报就会有可能变为现实。控制可能与某一认定直接相关，也可能与某一认定间接相关，关系越间接，控制在防止或发现并纠正认定中错报的作用越小。

注册会计师可能识别出有助于防止或发现并纠正特定认定发生重大错报的控制。在确定这些控制是否能够实现上述目标时，注册会计师应当将控制活动和其他要素综合考虑，如将销售和收款的控制置于其所在的流程和系统中考虑，以确定其能否实现控制目标。当然，也有某些控制活动可能专门针对某类交易或账户余额的个别认定。例如，被审计单位建立以确保盘点工作人员能够正确地盘点和记录存货的控制活动，直接与存货账户余额的存在性和完整性认定相关。注册会计师只需要对盘点过程和程序进行了解，就可以确定控制是否能够实现目标。

2. 识别财务报表层次的重大错报风险

财务报表层次的重大错报风险很可能源于薄弱的控制环境。薄弱的控制环境带来的风险可能对财务报表产生广泛影响，难以限于某类交易、账户余额、列报，注册会计师应当采取总体应对措施。例如，被审计单位治理层、管理层对内部控制的重要性缺乏认识，没有建立必要的制度和程序；管理层经营理念偏于激进，又缺乏实现激进目标的人力资源等，这些缺陷源于薄弱的控制环境，可能对财务报表产生广泛影响，需要注册会计师采取总体应对措施。

注册会计师在了解被审计单位内部控制后，可能对被审计单位财务报表的可审计性产生怀疑。例如，对被审计单位会计记录的可靠性和状况的担心可能会使注册会计师认为可能很难获取充分、适当的审计证据，以支持对财务报表发表意见。再如，管理层严重缺乏诚信，注册会计师认为管理层在财务报表中做出虚假陈述的风险高到无法进行审计的程度。因此，如果通过对内部控制的了解发现下列情况，并对财务报表局部或整体的可审计性产生疑问，注册会计师应当考虑出具保留意见或无法表示意见的审计报告：第一，被审计单位会计记录的状况和可靠性存在重大问题，不能获取充分、适当的审计证据以发表无保留意见；第二，对管理层的诚信度存在严重疑虑。必要时，注册会计师应当考虑解除业务约定。

注册会计师应当利用实施风险评估程序获取的信息，包括在评价控制设计和确定其是否得到执行时获取的审计证据，作为支持风险评估结果的审计证据。注册会计师应当根据风险评估结果，确定实施进一步审计的程序(见表 5-12～表 5-14)。

表 5-12　识别的重大错报风险汇总表

识别的重大错报风险	索引号	所属层次		是否属于特别风险	是否属于仅实质性程序无法应付的特别风险	受影响的交易类别、账户余额和列报认定
		报表层次	认定层次			
应收账款的坏账准备计提不足	1321	√		是	否	销售收款 应收账款：计价和分摊、列报 管理费用：完整性
成本计算不规范	1323	√		否	否	生产成本：计价、完整性、发生 库存商品：计价 主营业务收入：计价
长期应收款分类有误	2516		√	否	否	长期应收款：计价、分类、权利和义务
投资性房地产计价有误	2308		√	否	否	投资性房地产：存在、计价、列报

表 5-13　对重要交易和账户的进一步审计程序方案表(仅截取部分)

业务循环涉及的重要账户或列报	风险评估								相关控制预期是否有效
	是否属于特别风险	相关认定							
		存在/发生	完整性	权利和义务	截止	计价和分摊/准确性	分类	列报	
资产负债表									
货币资金	否	√	√	√				√	是
交易性金融资产	否	√	√						是
应收票据	否	√						√	是
应收账款余额	是	√	√	√	√	√			是
应收账款余额—坏账准备	是	√		√	√				是
预付账款	否	√	√	√	√				是
应收股利	是	√	√	√				√	是
其他应收款	是	√	√	√					是
存货	是	√	√	√		√	√		是
待处理流动资产净损失	否	√	√	√		√			是
一年内到期的非流动资产	否		√	√				√	不适用

表 5-14　财务报表层次风险应对方案表(仅截取部分)

识别的重大错报风险	总体应对措施
销售与收款	具体审计时首先对发生交易的时间进行截止认定，对应收款项进行函证，同时对销售退回的和销售折扣进行具体分析
计价方法不准确	对于计价方法，注册会计师应保持较高的职业谨慎，从而保证数据准确性

(续表)

识别的重大错报风险	总体应对措施
生产成本计算，材料、人工记录不规范	在收集相关资料的过程中，保持职业怀疑态度；对于具体审计工作，提供更多的督导；复核成本计算单，获取原始数据，重新计算
折旧方法不统一	注册会计师对固定资产的折旧方法进行分析，并且统一其折旧方法，准确地计算出折旧额

三、需要特别考虑的重大错报风险

作为风险评估的一部分，注册会计师应当运用职业判断，确定识别的风险哪些是需要特别考虑的重大错报风险(以下简称特别风险)。

1. 确定特别风险时应考虑的事项

确定特别风险时应考虑的事项包括：风险是否属于舞弊风险；风险是否与近期经济环境、会计处理方法和其他方面的重大变化有关；交易的复杂程度；风险是否涉及重大的关联方交易；财务信息计量的主观程度，特别是对不确定事项的计量存在较大区间；风险是否涉及异常或超出正常经营过程的重大交易。

2. 非常规交易和判断事项导致的特别风险

特别风险通常与重大的非常规交易和判断事项有关，日常的、不复杂的、经正规处理的交易不太可能产生特别风险。非常规交易是指由于金额或性质异常而不经常发生的交易。例如，企业购并、债务重组、重大或有事项等。与重大非常规交易相关的特别风险可能导致更高的重大错报风险，这是因为非常规交易通常会使管理层更多地介入会计处理，数据收集和处理涉及更多的人工成分，计算或会计处理方法复杂，且被审计单位难以对非常规交易产生的特别风险实施有效控制。

判断事项通常指做出的会计估计。例如，资产减值准备金额的估计、需要运用复杂估值技术确定的公允价值计量等。与重大判断事项相关的特别风险可能导致更高的重大错报风险，这是因为对涉及会计估计、收入确认等方面的会计原则存在不同的理解，或所要求的判断可能是主观和复杂的，或需要对未来事项做出假设。

3. 考虑与特别风险相关的控制

了解与特别风险相关的控制，有助于注册会计师制定有效的审计方案予以应对。对特别风险，注册会计师应当评价相关控制的设计情况，并确定其是否已经得到执行。由于与重大非常规交易或判断事项相关的风险很少受到日常控制的约束，注册会计师应当了解被审计单位是否针对该特别风险设计和实施了控制。如果管理层未能实施控制以恰当应对特别风险，注册会计师应当认为内部控制存在重大缺陷，并考虑其对风险评估的影响。在此情况下，注册会计师应当就此类事项与治理层沟通。如果计划测试旨在减轻特别风险的控制运行的有效性，注册会计师不应依赖以前审计获取的关于内部控制运行有效性的审计证据。注册会计师应当专门针对识别的风险实施实质性程序，由于实质性分析程序单独实施并不足以应对特别风险，注册会计师应当实施细节测试，或将实质性分析程序与细节测试结合运用。

四、初步评价内部控制和风险评估

1. 初步评价内部控制

在识别和了解控制后，注册会计师要对内部控制进行评价。根据执行的程序和获取的审计证据，注册会计师需要评价控制的设计并确定其是否得到执行。注册会计师对控制的评价结论可能是：所设计的内部控制单独或连同其他控制能够有效防止或发现并纠正重大错报，并得到执行；控制本身的设计是合理的，能够防止或发现并纠正重大错报，但没有得到执行；控制本身的设计就是无效的或缺乏必要的控制。由于对控制的了解和评价是在穿行测试完成后，但在测试控制运行有效性之前进行的，因此，上述评价结论只是初步结论，仍可能随控制测试后实质性程序的结果而发生变化。

初步评价内部控制和风险评估

2. 对风险评估的修正

在每次审计中，无论被审计单位规模大小，注册会计师首先必须实施风险评估程序，了解被审计单位及其环境，包括内部控制，以评估重大错报风险。这是审计的起点，是必须实施的程序，不得未经过风险评估，直接将风险设定为高水平。注册会计师应当运用职业判断确定需要了解被审计单位及其环境的程度，这个程度应以是否能识别和评估对财务报表重大错报风险为标准。如果了解被审计单位及其环境获得的信息足以识别和评估财务报表重大错报风险，那么了解的程度就是恰当的。

注册会计师对认定层次重大错报风险的评估应以获取的审计证据为基础，并随着不断获取审计证据而做出相应的变化。例如，注册会计师对重大错报风险的评估可能基于预期控制运行有效这一判断，即相关控制可以防止或发现并纠正认定层次的重大错报。但在测试控制运行的有效性时，注册会计师获取的证据可能表明相关控制在被审计期间并未有效运行。同样，在实施实质性程序后，注册会计师可能发现错报的金额和频率比在风险评估时预计的金额和频率要高。因此，如果通过实施进一步审计程序获取的审计证据与初始评估获取的审计证据相矛盾，注册会计师应当修正风险评估结果，并相应修改原计划实施的进一步审计程序。因此，识别和评估重大错报风险与了解被审计单位及其环境一样，也是一个连续和动态地收集、更新与分析信息的过程，贯穿于整个审计过程的始终。

3. 仅通过实质性程序无法应对的重大错报风险

作为风险评估的一部分，如果认为仅通过实质性程序获取的审计证据无法将认定层次的重大错报风险降至可接受的低水平，注册会计师应当评价被审计单位针对这些风险设计的控制，并确定其执行情况。

在被审计单位对日常交易采用高度自动化处理的情况下，审计证据可能仅以电子形式存在，其充分性和适当性通常取决于自动化信息系统相关控制的有效性。注册会计师应当考虑仅通过实施实质性程序不能获取充分、适当的审计证据的可能性。例如，某企业通过高度自动化的系统确定采购品种和数量，生成采购订购单，并通过系统中设定的收货确认和付款条件进行付款。除了系统中的相关信息以外，该企业没有其他有关订购单和收货的记录。在这种情况下，如果认为仅通过实施实质性程序不能获取充分、适当的审计证据，那么注册会计师应当考虑依赖的相关控制的有效性，并对其进行了解、评估和测试。

任务处理

【任务 5-5】由于下列(　　)特征，与重大判断事项相关的特别风险可能导致更高的重大错报风险。

A. 复杂的计算或会计处理方法

B. 数据收集和处理涉及更多的人工成分

C. 风险是否涉及重大的关联方交易

D. 所要求的判断是主观和复杂的，或需要对未来事项做出假设

任务解析：应选 D。选项 AB 属于非常规交易的特征，不属于重大判断事项的特征；选项 C 属于是在确定风险的性质时，注册会计师应当考虑的事项。

【任务 5-6】下列选项中，属于注册会计师在识别和评估重大错报风险时所实施的审计程序有(　　)。

A. 考虑识别的风险导致财务报表发生重大错报的可能性

B. 将识别的风险与认定层次可能发生错报的领域相联系

C. 在了解被审计单位及其环境的整个过程中识别风险，并考虑各类交易、账户余额、列报

D. 考虑识别的风险是否重大

任务解析：应选 ABCD。选项 ABCD 均是注册会计师在识别和评估重大错报风险时必须实施的审计程序。

任务导入分析

应选 ABD。特别风险通常与非常规的交易和判断事项有关，对于收入而言，注册会计师会认为其存在舞弊的风险非常大，所以选项 ABD 会认为其存在特别风险。

技能训练

1. 大华公司生产不锈钢门窗，产品主要销售给各建筑公司，订单均供应建筑工地，公司的原料有常备料及特殊配件之分。近年来，产销平衡，但公司库存有逐年增加的情况。注册会计师张华接受会计事务所委派，对该公司进行审计。审计过程中发现，该公司在接到顾客订单后，直接交由采购员李某办理采购，李某不仅超量购买且单价偏高，但由于采购经理是李某的近亲，因此，仍签字核准李某申请的采购。

要求：大华公司内部控制存在哪些缺陷？

2. 注册会计师C和D负责审计Y公司2019年度财务报表，于2019年12月1日至12月15日对Y公司相关的内部控制进行了解、测试与评价。C和D计划实施以下程序以了解相关内部控制：

(1) 询问Y公司有关人员，并查阅相关内部控制文件；

(2) 检查内部控制生成的文件和记录。

要求：假定不考虑其他条件，请指出C和D还可以选择实施哪些审计程序以了解Y公司相关内部控制。

3. ABC会计师事务所注册会计师A和B，对Z股份有限公司2019年度财务报表进行审计，在了解该公司的内部控制时，了解到以下几项内部控制：

(1) 信用部门的职员在其信用政策范围内，批准赊销。

(2) 验收报告单经过连续编号。

(3) 按批准的商品价目表所列价格开具账单。

(4) 银行存款支出交易同编制银行存款余额调节表相分离。

(5) 保持存货的永续盘存记录。

要求：请指出这些内部控制所影响的认定。

4. 为了识别和评估昌盛公司2019年度财务报表的重大错报风险，注册会计师李华和王怡需要了解昌盛公司及其环境，以评估重大错报风险。为此决定专门实施下列风险评估程序：询问被审计单位管理层和内部其他相关人员；观察和检查。

要求：

(1) 李华和王怡应当从哪些方面对昌盛公司及其环境进行了解？

(2) 在进行风险评估时，除了上述两类专门程序外，李华和王怡还可以实施哪些程序？

(3) 在了解昌盛公司及其环境，以评估重大错报风险时，李华和王怡可以向昌盛公司管理层和财务负责人询问哪些主要情况或事项？

(4) 除了询问昌盛公司管理层和财务负责人外，李华和王怡还考虑询问昌盛公司的其他人员，如管理层、内部审计人员、参与异常交易的员工、内部法律顾问、销售人员、采购和生产人员、仓库人员，以获取对识别重大错报风险有用的信息。询问这些人员可以对注册会计师了解昌盛公司及其环境、识别重大错报风险提供哪方面的信息？

(5) 在了解昌盛公司及其环境以评估重大错报风险时，注册会计师实施的观察和检查程序的具体内容包括哪些方面？

学习情境六

如何进行风险应对工作

学习目标

【知识目标】了解针对财务报表层次重大错报风险所采取的总体应对措施；了解进一步审计程序的性质、时间和范围；了解控制测试和实质性程序性质、时间和范围的含义。

【技能目标】掌握针对财务报表层次重大错报风险的总体应对措施的确定，以及拟实施的进一步审计程序总体方案(实质性方案或综合性方案)的选择方法；掌握控制测试以及实质性程序的性质、时间和范围的确定方法。

任务一 针对财务报表层次重大错报风险的总体应对措施

任务导入

报表层次的重大错报风险与总体应对措施

下列关于"针对财务报表层次重大错报风险的总体应对措施"的说法中不正确的有(　　)。

A. 如果控制环境存在缺陷，注册会计师在对拟实施审计程序的性质、时间和范围做出总体修改时应当考虑的因素之一就是修改审计程序的性质，获取更具说服力的审计证据。修改审计程序的性质主要是指调整拟实施审计程序的类别及组合，例如，在期末而非期中实施更多的审计程序

B. 在执行甲有限责任公司 2019 年度财务报表审计业务时，如果注册会计师发现甲有限责任公司的内部控制存在重大缺陷，则其实施的进一步审计程序应采取综合性方案

C. 对于财务报表层次重大错报风险较高的审计项目，审计项目组的高级别成员要对其他成员提供更多的督导，并加强项目质量控制复核

D. 在执行甲有限责任公司 2019 年度财务报表审计业务时，如果注册会计师发现甲有限责任公司的内部控制存在重大缺陷，则其实施的进一步审计程序应采取实质性方案

资讯准备

一、财务报表层次的重大错报风险与总体应对措施

注册会计师针对财务报表层次的重大错报风险，运用职业判断来确定总体应对措施，这是战略上的应对，主要包括以下几方面的内容。

1. 向项目组成员强调在收集和评价审计证据过程中要保持职业怀疑态度

职业怀疑是指注册会计师执行审计业务的一种态度，包括采取质疑的思维，对可能表明由于错误或舞弊导致错报的迹象保持警觉，以及对审计证据进行审慎评价。职业怀疑要求注册会计师凭证据“说话”。职业怀疑意味着在进行询问和实施其他审计程序时，注册会计师不能因轻信管理层和治理层的诚信而满足于说服力不够的审计证据。例如，注册会计师不能仅凭管理层声明，而对重要的应收账款不进行函证就得出应收账款余额存在的结论。

2. 分派更有经验的具有特殊技能的注册会计师，或利用专家的工作

由于各行业在经营业务、经营风险、财务报告、法规要求等方面具有特殊性，注册会计师的专业分工细化成为一种趋势。审计项目组成员中应有一定比例的人员曾参与过被审计单位以前年度的审计，或具有被审计单位所处特定行业的相关审计经验。必要时，要考虑利用信息技术、税务、评估、精算等方面的专家的工作。例如，被审计单位是银行，可以派熟悉金融业的注册会计师去审计；对被审计单位发生的资产减值，可以考虑利用资产评估专家的工作。

3. 提供更多的指导和监督

对于财务报表层次重大错报风险较高的审计项目，项目组的较高级别成员，如项目合伙人、项目经理等经验较丰富的人员，要对其他成员提供更详细、更及时的指导和监督并加强项目质量复核。

4. 增加审计程序的不可预见性

在选择进一步审计程序时，应当注意某些程序不被管理层预见或事先了解。被审计单位管理层如果熟悉注册会计师的审计套路，就可能采取种种规避手段，掩盖财务报告中的舞弊行为。因此，在设计拟实施审计程序的性质、时间和范围时，注册会计师要考虑使某些程序不被管理层预见或事先了解。

5. 对拟实施审计程序的性质、时间和范围做出总体修改

如果控制环境存在缺陷，报表层次重大错报风险可能很高，注册会计师在对拟实施审计程序的性质、时间和范围做出总体修改时应当考虑：在期末而非期中实施更多的审计程序，以避免期中审计时剩余期间推算带来的风险；主要依赖实质性程序获取审计证据；修改审计程序的性质，获取更具说服力的审计证据，即调整拟实施审计程序的类别及组合，如原来主要检查某项资产的账面记录或相关文件，而现在调整为实地检查该项资产(监盘)；

扩大审计程序的范围，如扩大样本规模；采用更详细的数据实施分析程序，如对收入按细类进行分析。

二、增加审计程序不可预见性的方法

1. 增加审计程序不可预见性的思路

在实务中，注册会计师可以采用如下做法增加审计程序的不可预见性。

(1) 采取不同的审计抽样方法，使当期抽取的测试样本与以前有所不同。

(2) 对某些未测试过的低于设定的重要性水平或风险较小的账户余额和认定实施实质性程序，如以前只对大型设备进行盘查，现在可以考虑实地盘查一些价值较低的汽车和其他设备等固定资产。

(3) 调整实施审计程序的时间，如注册会计师从习惯上测试 12 月的项目调整到测试 9 月、10 月或 11 月的项目。

(4) 选取不同的地点实施审计程序，或预先不告知被审计单位所选定的测试地点，如在存货监盘程序中，注册会计师可以到未事先通知被审计单位的盘点现场进行监盘。

2. 增加审计程序不可预见性的实施要点

(1) 注册会计师需要与被审计单位的高层管理人员事先沟通，要求实施具有不可预见性的审计程序，但不能告知其具体内容。注册会计师可以在签订审计业务约定书时明确提出这一要求。

(2) 虽然对不可预见性程度没有量化的规定，但审计项目组可根据对舞弊风险的评估等确定具有不可预见性的审计程序。审计项目组可以汇总那些具有不可预见性的审计程序，并记录在审计工作底稿中。

(3) 项目负责人需要安排项目组成员有效地实施具有不可预见性的审计程序，但同时要避免使项目组成员处于困难境地。

3. 增加审计程序不可预见性的示例(见表 6-1)

表 6-1 审计程序的不可预见性示例(仅截取部分内容)

审计领域	可能适用的具有不可预见性的审计程序
销售和应收账款	向以前审计过程中接触不多或未曾接触过的被审计单位员工询问，如负责处理大客户账户的销售部人员
	改变实施实质性分析程序的对象，如对收入按细类进行分析
	针对销售和销售退回延长截止测试期间
	实施以前未曾考虑过的审计程序，具体如下： ① 函证确认销售条款或者选定销售额较不重要、以前未曾关注的销售交易，如对出口销售实施实质性程序 ② 实施更细致的分析程序，如使用计算机辅助审计技术复核销售及客户账户 ③ 测试以前未曾函证过的账户余额，如金额为负或是零的账户，或者余额低于以前设定的重要性水平的账户 ④ 改变函证日期，即把所函证账户的截止日期提前或者推迟 ⑤ 对关联公司销售和相关账户余额，除了进行详细函证外，再实施其他审计程序进行验证

三、总体应对措施对进一步审计程序的总体审计方案的影响

财务报表层次的重大错报风险难以限于某类交易、账户余额、列报的特点，意味着此类风险可能对财务报表的多项认定产生广泛影响，并相应增加注册会计师对认定层次重大错报风险的评估难度。因此，注册会计师评估的财务报表层次重大错报风险以及采取的总体应对措施，对拟实施进一步审计程序的总体方案具有重大影响。

总体应对措施对进一步审计程序的总体审计方案的影响

注册会计师针对认定层次重大错报风险拟实施的进一步审计程序的总体方案包括实质性方案和综合性方案。其中，实质性方案是指注册会计师实施的进一步审计程序以实质性程序为主；综合性方案是指注册会计师在实施进一步审计程序时，将控制测试与实质性程序结合使用。当评估的财务报表层次重大错报风险属于高风险水平，并相应采取更强调审计程序不可预见性，重视调整审计程序的性质、时间和范围等总体应对措施时，拟实施进一步审计程序的总体方案往往更倾向于实质性方案。重大错报风险与总体方案的对应关系示例如表 6-2 所示。

表 6-2 重大错报风险与总体方案的对应关系

重要账户或交易	识别的重大错报风险									相关控制预期是否有效	拟实施的总体方案				
	重大错报风险水平	是否为特别风险	相关认定								总体方案	控制测试	控制测试索引号	实质性程序	
			存在/发生	完整性	权利和义务	准确性/计价和分摊	截止	分类	列报					分析程序	细节测试
应收账款	高	是	√			√				否	实质性方案	少		少	多
主营业务收入	高	是	√			√	√			否	实质性方案	少		少	多

任务处理

【任务 6-1】针对评估的财务报表层次的重大错报风险，注册会计师应当恰当选择拟实施的进一步审计程序的总体应对方案。在下列(　　)情况下，注册会计师选择综合性方案是最恰当的。

A. 注册会计师认为实施控制测试不符合成本效益原则

B. 被审计单位采用高度自动化系统处理和记录重要交易

C. 被审计单位存在广泛的管理层凌驾于主要内部控制之上的情况

D. 注册会计师发现被审计单位不存在与特定认定相关的内部控制

任务解析：应选 B。总体应对方案包括综合性方案和实质性方案两种。选项 B 选择综合

性方案是最恰当的，其余三项要么财务报表层次的重大错报风险属于高水平，要么不适宜实施控制测试，因此选择实质性方案较为恰当。

【任务 6-2】 在下列针对销售和应收账款的审计程序中，可能提高审计程序不可预见性的有(　　)。

A. 函证以前经常关注的销售交易的应收账款账户

B. 改变函证日期，将函证账户的截止日期提前或推后

C. 以前审计过程中经常会询问销售经理甲，此次审计也将其列入审计计划

D. 金额为零的账户在以前审计过程中没有关注过，此次审计将其列入审计计划

任务解析： 应选 BD。选项 A 是注册会计师进行审计时通常使用的程序；选项 C 并没有改变注册会计师的审计套路，没有提高审计程序的不可预见性。

任务导入分析

应选 AB。选项 A，在期末而非期中实施更多的审计程序属于改变审计程序的时间来应对控制环境存在缺陷的措施，而不是修改审计程序性质的措施；选项 B，综合性方案是指注册会计师在实施进一步审计程序时同时采用控制测试与实质性程序。既然内部控制存在重大缺陷，实施进一步控制测试是不适宜的，所以此时应该选择的是实质性方案。

任务二　针对认定层次重大错报风险的进一步审计程序

任务导入

注册会计师 A 接受了甲公司(上市公司)委托审计其 2019 年财务报表。经过评估后，注册会计师为存在重大错报风险较高的项目确定了进一步审计程序的性质和时间。以下计划中恰当的是(　　)。

针对认定层次重大错报风险的进一步审计程序

A. 在 2019 年 11 月份监盘库存商品

B. 在 2020 年年初检查销售退回业务

C. 在 2019 年 12 月 25 日向重要客户函证应收账款

D. 在 2020 年 3 月份观察内部控制执行状况

资讯准备

一、进一步审计程序的含义及考虑因素

1. 进一步审计程序的含义

进一步审计程序相对于风险评估程序而言，是指注册会计师针对评估的各类交易、账户余额、列报认定层次重大错报风险实施的审计程序，包括控制测试和实质性程序。

注册会计师应当针对评估的认定层次重大错报风险设计和实施进一步审计程序，包括审计程序的性质、时间和范围。注册会计师设计和实施的进一步审计程序的性质、时间和范围，应当与评估的认定层次重大错报风险具备明确的对应关系。注册会计师实施的审计程序应具有目的性和针对性，有的放矢地配置审计资源，有利于提高审计效率和效果。

2. 设计进一步审计程序应考虑的因素

在设计进一步审计程序时，注册会计师应考虑下列因素：

(1) 风险的重要性。风险的重要性是指风险造成的后果的严重程度。风险的后果越严重，就越需要注册会计师关注和重视，越需要精心设计有针对性的进一步审计程序。

(2) 重大错报发生的可能性。重大错报发生的可能性越大，同样越需要注册会计师精心设计有针对性的进一步审计程序。

(3) 涉及的各类交易、账户余额和列报的特征。不同的交易、账户余额和列报，产生的认定层次的重大错报风险也会存在差异，适用的审计程序也有差别，需要注册会计师区别对待，并设计有针对性的进一步审计程序予以应对。

(4) 被审计单位采用的特定控制的性质。不同性质的控制(尤其是人工控制还是自动化控制)对注册会计师设计进一步审计程序具有重要影响。

(5) 注册会计师是否拟获取审计证据，以确定内部控制在防止或发现并纠正重大错报方面的有效性。

通常情况下，注册会计师出于成本效益的考虑可以采用综合性方案设计进一步审计程序，即将测试控制运行的有效性与实质性程序结合使用。但在某些情况下(如仅通过实质性程序无法应对重大错报风险)，注册会计师必须通过实施控制测试，才可能有效应对评估出的某一认定的重大错报风险；而在另一些情况下(如注册会计师的风险评估程序未能识别出与认定相关的任何控制，或注册会计师认为控制测试很可能不符合成本效益原则)，注册会计师可能认为仅实施实质性程序就是适当的。无论选择何种方案，注册会计师都应对所有重大的各类交易、账户余额、列报设计和实施实质性程序。

二、进一步审计程序的性质、时间、范围

尽管在应对评估的认定层次重大错报风险时，拟实施的进一步审计程序的性质、时间和范围都应当确保其具有针对性，但其中进一步审计程序的性质是最重要的。例如，注册会计师评估的重大错报风险越高，实施进一步审计程序的范围通常越大；但是，只有首先确保进一步审计程序的性质与特定风险相关时，扩大审计程序的范围才是有效的。

1. 进一步审计程序的性质

进一步审计程序的性质是指进一步审计程序的目的和类型。进一步审计程序的目的包括通过实施控制测试以确定内部控制运行的有效性，通过实施实质性程序以发现认定层次的重大错报；进一步审计程序的类型包括检查、观察、询问、函证、重新计算、重新执行和分析程序。

在确定进一步审计程序的性质时，注册会计师首先需要考虑的是认定层次重大错报风险的评估结果。因此，注册会计师应当根据认定层次重大错报风险的评估结果选择审计程序。评估的认定层次重大错报风险越高，对通过实质性程序获取的审计证据的相关性和可靠性的要求越高，从而可能影响进一步审计程序的类型及其综合运用。例如，当注册会计师判断某类交易协议的完整性存在更高的重大错报风险时，除了检查文件外还可能决定向第三方询问或函证协议条款的完整性。注册会计师还应当考虑评估的认定层次重大错报风险产生的原因，包括考虑各类交易、账户余额、列报的具体特征以及内部控制。如果在实施进一步审计程序时拟利用被审计单位信息系统生成的信息，注册会计师应当就信息的准确性和完整性获取审计证据。

2. 进一步审计程序的时间

进一步审计程序的时间是指注册会计师何时实施进一步审计程序，或审计证据适用的期间或时点。因此，关于进一步审计程序的时间选择问题，第一个层面是指注册会计师选择在何时实施审计程序的问题，主要是权衡期中与期末实施审计程序的关系问题；第二个层面是选择获取什么时期或时点审计证据适用的问题，主要权衡期中审计证据与期末审计证据的关系、以前审计获取的审计证据与本期审计获取的审计证据的关系问题。这两个层面的最终落脚点都是如何确保获取审计证据的效率和效果。

当重大错报风险较高时，注册会计师应当考虑在期末或接近期末实施实质性程序，或采用不通知的方式，或在管理层不能预见的时间实施审计程序。虽然在期末实施审计程序在很多情况下非常必要，但仍然不排除注册会计师在期中实施审计程序可能发挥的积极作用。在期中实施进一步审计程序，可能有助于注册会计师在审计工作初期识别重大事项，并在管理层的协助下及时解决这些事项，或针对这些事项制定有效的实质性方案或综合性方案。但是，在期中实施进一步审计程序也存在很大的局限。首先，注册会计师往往难以仅凭在期中实施的进一步审计程序获取有关期中以前的充分、适当的审计证据(如某些期中以前发生的交易或事项在期中审计结束时尚未完结)；其次，即使注册会计师在期中实施的进一步审计程序能够获取有关期中以前的充分、适当的审计证据，但从期中到期末这段剩余期间往往还会发生重大的交易或事项(包括期中以前发生的交易、事项的延续，以及期中以后发生的新的交易、事项)，从而对所审计期间的财务报表认定产生重大影响；最后，被审计单位管理层也完全有可能在注册会计师于期中实施了进一步审计程序之后，对期中以前的相关会计记录做出调整甚至篡改，注册会计师在期中实施了进一步审计程序所获取的审计证据已经发生了变化。为此，如果在期中实施了进一步审计程序，注册会计师还应当针对剩余期间获取审计证据。

注册会计师在确定何时实施审计程序时应当考虑的几项重要因素包括：第一，控制环境；第二，何时能得到相关信息；第三，错报风险的性质；第四，审计证据适用的期间或时点。

3. 进一步审计程序的范围

进一步审计程序的范围是指实施进一步审计程序的数量，包括抽取的样本量，对某项控制活动的观察次数等。在确定进一步审计程序的范围时，注册会计师应当考虑下列因素：①确定的重要性水平。确定的重要性水平越低，注册会计师实施进一步审计程序的范围越广。②评估的重大错报风险。评估的重大错报风险越高，对拟获取审计证据的相关性、可靠性的要求越高，因此注册会计师实施的进一步审计程序的范围也越广。③计划获取的保证程度。计划获取的保证程度越高，对测试结果可靠性要求越高，注册会计师实施的进一步审计程序的范围越广。

需要说明的是，随着重大错报风险的增加，注册会计师应当考虑扩大审计程序的范围。但是，只有当审计程序本身与特定风险相关时，扩大审计程序的范围才是有效的。在考虑确定进一步审计程序的范围时，使用计算机辅助审计技术具有积极的作用。注册会计师可以使用计算机辅助审计技术对电子化的交易和账户文档进行更广泛的测试，包括从主要的电子文档中选取交易样本，或按照某一特征对交易进行分类，或对总体而非样本进行测试。

鉴于进一步审计程序的范围往往是通过一定的抽样方法加以确定的，因此，注册会计师需要慎重考虑抽样过程对审计程序范围的影响是否能够有效实现审计目的。注册会计师使用恰当的抽样方法通常可以得出有效结论。但如果存在下列情形，注册会计师依据样本得出的结论可能与对总体实施同样的审计程序得出的结论不同，出现不可接受的风险：从总体中选择的样本量过小；选择的抽样方法对实现特定目标不适当；未对发现的例外事项进行恰当的追查。

任务处理

【任务 6-3】下列针对期中证据以外的、剩余期间的补充证据的描述不正确的是(　　)。

A. 如果注册会计师在期中对有关控制运行有效性获取的审计证据比较充分，可以考虑适当减少需要获取的剩余期间的补充证据

B. 剩余期间越长，注册会计师需要获取的剩余期间的补充证据越少

C. 评估的重大错报风险对财务报表的影响越大，注册会计师需要获取的剩余期间的补充证据越多

D. 对自动化运行的控制，注册会计师更可能测试信息系统一般控制的运行有效性，以获取控制在剩余期间运行有效性的审计证据

任务解析：应选 B。剩余期间越长，注册会计师需要获取的剩余期间的补充证据越多。

【任务 6-4】下列说法中，正确的有(　　)。

A. 在实施风险评估程序以获取控制是否得到执行的审计证据时，注册会计师应当确定某项控制是否存在，设计是否合理，运行是否有效

B. 如果注册会计师拟信赖针对特别风险的控制，那么所有关于该控制运行有效性的审计证据必须来自当年的控制测试。相应的，注册会计师应当在每次审计中都测试这类控制

C. 如果信赖的内部控制自上次测试后未发生变化，且不属于旨在减轻特别风险的控制，注册会计师对以前审计获取的某些控制运行有效性的审计证据信赖程度较高，则在本次审计中可不进行控制测试

D. 对于一项自动化的应用控制，注册会计师可以利用该项控制得以执行的审计证据和信息技术一般控制(特别是对系统变动的控制)运行有效性的审计证据，作为支持该项控制在相关期间运行有效性的重要审计证据

任务解析：应选 BD。选项 A，在实施风险评估程序以获取控制是否得到执行的审计证据时，注册会计师应当确定某项控制是否存在，被审计单位是否正在使用。控制测试主要测试控制运行的有效性；选项 C，此时注册会计师应当运用职业判断确定是否在本期审计中测试其运行有效性，以及本次测试与上次测试的时间间隔，但两次测试的时间间隔不得超过两年。

任务导入分析

应选 B。存货、应收账款均为资产负债表项目，注册会计师主要关心这些项目的年末余额是否正确，一般应在期末或次年年初实施审计程序。如果存在重大错报风险较低且内部控制不存在重大缺陷，则可以考虑在年末之前实施实质性程序。对内部控制的观察应当在所审计的会计期内进行。高估收入是上市公司常用的舞弊手段，尤其是年前销售、年后退货这种方式最为频繁，故注册会计师检查年后的销售退回具有很强的针对性。

任务三 控制测试

任务导入

如果被审计单位的某项不属于旨在减轻特别风险的控制在上次审计时被认为设计合理、执行有效，注册会计师在本期审计中可以根据职业判断决定减少或不对该项内部控制进行测试而加以直接利用。但当出现下列(　　)情况时，注册会计师应当缩短再次测试内部控制的时间间隔或完全不信赖以前审计获取的审计证据。

A. 执行控制程序的人员发生变动　　B. 对控制的拟信赖程度大大降低

C. 所控制的业务性质发生了变化　　D. 重大错报风险较前期有所降低

资讯准备

一、控制测试与了解内部控制的区别和联系

控制测试与了解内部控制的区别和联系

1. 控制测试与了解内部控制的区别

控制测试是指对控制运行的有效性进行的测试。控制测试是为了获取关于控制防止或发现并纠正认定层次重大错报的有效性而实施的测试。注册会计师应当选择为相关认定提供证据的控制进行测试。这一概念需要与了解内

部控制加以区分。了解内部控制包含两层含义：一是评价控制的设计；二是确定控制是否得到执行。因此，在概念上容易引起混淆的是测试控制运行的有效性与确定控制是否得到执行。测试控制运行的有效性与确定控制是否得到执行所需获取的审计证据是不同的。

2. 控制测试与了解内部控制的联系

测试控制运行的有效性与确定控制是否得到执行所需获取的审计证据虽然存在差异，但两者也有联系。为评价控制设计和确定控制是否得到执行而实施的某些风险评估程序并非专为控制测试而设计，但可能提供有关控制运行有效性的审计证据，注册会计师可以考虑在评价控制设计和获取其得到执行的审计证据的同时测试控制运行有效性，以提高审计效率；同时注册会计师应当考虑这些审计证据是否足以实现控制测试的目的。例如，被审计单位可能采用预算管理制度，以防止或发现并纠正与费用有关的重大错报风险。通过询问管理层是否编制预算，观察管理层对月度预算费用与实际发生费用的比较，并检查预算金额与实际金额之间的差异报告，注册会计师可能获取有关被审计单位费用预算管理制度的设计及其是否得到执行的审计证据，同时也可能获取相关制度运行有效性的审计证据。当然，注册会计师需要考虑所实施的风险评估程序获取的审计证据是否能够充分、适当地反映被审计单位费用预算管理制度在各个不同时点按照既定设计得以一贯执行。

二、控制测试证据的获取和测试要求

1. 控制测试证据的获取

在实施风险评估程序以获取控制是否得到执行的审计证据时，注册会计师应当确定某项控制是否存在，被审计单位是否正在使用。在测试控制运行的有效性时，注册会计师应当从下列方面获取关于控制是否有效运行的审计证据：控制在所审计期间的不同时点是如何运行的；控制是否得到一贯执行；控制由谁执行；控制以何种方式运行(如人工控制或自动化控制)。从这四个方面来看，控制运行有效性强调的是控制能够在各个不同时点按照既定设计得以一贯执行。因此，在了解控制是否得以执行时，注册会计师只需抽取少量的交易，进行检查或观察某几个时点。但在测试控制运行的有效性时，注册会计师需要抽取足够数量的交易进行检查或对多个不同时点进行观察。

2. 控制测试的要求

当存在下列情形之一时，注册会计师应当实施控制测试：第一，在评估认定层次重大错报风险时，预期控制的运行是有效的；第二，仅实施实质性程序不足以提供认定层次充分、适当的审计证据。具体而言，在实务中，注册会计师在进行控制测试应考虑下列要求：

控制测试的要求

(1) 预期控制运行有效时。如果在评估认定层次重大错报风险时预期控制的运行是有效的，注册会计师应当实施控制测试，就控制在相关期间或时点的运行有效性获取充分、适当的审计证据。

(2) 基于成本效益考虑时。出于成本效益的考虑，注册会计师可能预期，如果相关控制在不同时点都得到了一贯执行，与该项控制有关的财务报表认定发生重大错报的可能性就不会很大，也就不需要实施很多的实质性程序。因此，只有认为控制设计合理、能够防止或发现和纠正认定层次的重大错报，注册会计师才有必要对控制运行的有效性实施测试。

(3) 仅实施实质性程序无法获取充分适当审计证据时。如果认为仅实施实质性程序获取的审计证据无法将认定层次重大错报风险降至可接受的低水平，注册会计师应当实施相关的控制测试，以获取控制运行有效性的审计证据。例如，被审计单位的日常交易和财务报表数据采用高度自动化处理的情况下，审计证据可能仅以电子形式存在，此时审计证据是否充分和适当通常取决于自动化信息系统相关控制的有效性。如果信息的生成、记录、处理和报告均通过电子形式进行而没有适当有效地控制，则生成不正确信息或信息被不恰当修改的可能性就会大大增加。在这种情况下注册会计师必须实施控制测试，且这种测试不能仅出于成本效益考虑，而是必须获取这一类的审计证据。

(4) 信息系统更新或变更时。被审计单位在所审计期间内可能由于技术更新或组织管理变更而更换了信息系统，从而导致在不同时期使用了不同的控制。如果被审计单位在所审计期间内的不同时期使用了不同的控制，注册会计师应当考虑不同时期控制运行的有效性。

三、控制测试的性质、时间和范围

1. 控制测试的性质

控制测试的性质是指控制测试所使用的审计程序的类型及其组合。计划从控制测试中获取的保证水平是决定控制测试性质的主要因素之一，注册会计师应当选择适当类型的审计程序以获取有关控制运行有效性的保证。计划的保证水平越高，对有关控制运行有效性的审计证据的可靠性要求越高。当拟实施的进一步审计程序主要以控制测试为主，尤其是仅实施实质性程序获取的审计证据无法将认定层次重大错报风险降至可接受的低水平时，注册会计师应当获取有关控制运行有效性更高的保证水平。

(1) 控制测试的审计程序。控制测试和了解内部控制通常采用的审计程序还是相同的，主要包括询问、观察、检查、重新执行、穿行测试。询问本身并不足以测试控制运行的有效性，注册会计师应当将询问与其他审计程序结合使用，以获取有关控制运行有效性的审计证据。观察提供的证据仅限于观察发生的时点，本身也不足以测试控制运行的有效性；将询问与检查或重新执行结合使用，通常能够比仅实施询问和观察获取更高的保证。穿行测试不是单独的一种程序，而是将多种程序按特定审计需要进行结合运用的方法。穿行测试是通过追踪交易在财务报告信息系统中的处理过程，来证实注册会计师对控制的了解、评价控制设计的有效性以及确定控制是否得到执行。穿行测试更多地在了解内部控制时运用，但在执行穿行测试时，注册会计师可能获取部分控制运行有效性的审计证据。

(2) 确定控制测试的性质时的要求，具体如下。

① 考虑特定控制的性质。注册会计师应当根据特定控制的性质选择所需实施审计程序的类型。例如，某些控制可能存在反映控制运行有效性的文件记录。在这种情况下，注册会计师可以检查这些文件记录以获取控制运行有效的审计证据；某些控制可能不存在文件记录

(如一项自动化的控制活动)，或文件记录与能否证实控制运行有效性不相关，注册会计师应当考虑实施检查以外的其他审计程序(如询问和观察)或借助计算机辅助审计技术，以获取有关控制运行有效性的审计证据。

② 考虑测试与认定直接相关和间接相关的控制。在设计控制测试时，注册会计师不仅应当考虑与认定直接相关的控制，还应当考虑这些控制所依赖的与认定间接相关的控制，以获取支持控制运行有效性的审计证据。

对一项自动化的应用控制实施控制测试时，由于信息技术处理过程的内在一贯性，注册会计师可以利用该项控制得以执行的审计证据和信息技术一般控制(特别是对系统变动的控制)运行有效性的审计证据，作为支持该项控制在相关期间运行有效性的重要审计证据。

2. 控制测试的时间

控制测试的时间包含两层含义：一是何时实施控制测试；二是测试所针对的控制适用的时点或期间。如果测试特定时点的控制，注册会计师仅得到该时点控制运行有效性的审计证据；如果测试某一期间的控制，注册会计师可获取控制在该期间有效运行的审计证据。注册会计师应当根据控制测试的目的确定控制测试的时间，并确定拟信赖的相关控制的时点或期间。

如果仅需要测试控制在特定时点的运行有效性(如对被审计单位期末存货盘点进行控制测试)，注册会计师只需要获取该时点的审计证据。如果需要获取控制在某一期间有效运行的审计证据，仅获取与时点相关的审计证据是不充分的，注册会计师应当辅以其他控制测试，包括测试被审计单位对控制的监督。换言之，关于控制在多个不同时点运行有效性的审计证据的简单累加并不能构成控制在某期间运行有效性的充分、适当的审计证据，而所谓的其他控制测试应当具备的功能是能提供相关控制在所有相关时点都运行有效的审计证据。被审计单位对控制的监督起到的就是一种检验相关控制在所有相关时点是否都有效运行的作用，因此注册会计师测试这类活动能够强化控制在某期间运行有效性的审计证据效力。

(1) 对期中获取审计证据的考虑。注册会计师可能在期中实施进一步审计程序。对于控制测试，注册会计师在期中实施此类程序具有更加积极的作用。但需要说明的是，即使注册会计师已获取有关控制在期中运行有效性的审计证据，仍然需要考虑如何能够将控制在期中运行有效性的审计证据合理地延伸至期末，一个基本的考虑是针对期中至期末这段剩余期间获取充分、适当的审计证据。因此，如果已获取有关控制在期中运行有效性的审计证据，并拟利用该证据，注册会计师应当实施下列审计程序。

① 获取这些控制在剩余期间变化情况的审计证据。注册会计师应针对期中已获取审计证据的控制，考察这些控制在剩余期间的变化情况(包括是否发生了变化以及如何变化)。如果这些控制在剩余期间没有发生变化，注册会计师可能决定信赖期中获取的审计证据；如果这些控制在剩余期间发生了变化(如信息系统、业务流程或人事管理等方面发生变动)，注册会计师需要了解并测试控制的变化对期中审计证据的影响。

② 确定针对剩余期间还需获取的补充审计证据。注册会计师针对期中证据以外的、剩余期间的补充证据应当考虑下列因素：

第一，评估的认定层次重大错报风险的严重程度。评估的重大错报风险对财务报表的影响越大，注册会计师需要获取的剩余期间的补充证据越多。

第二，在期中测试的特定控制。例如，对自动化运行的控制，注册会计师更可能测试信息系统一般控制的运行有效性，以获取控制在剩余期间运行有效性的审计证据。

第三，在期中对有关控制运行有效性获取的审计证据的程度。如果注册会计师在期中对有关控制运行有效性获取的审计证据比较充分，可以考虑适当减少需要获取的剩余期间的补充证据。

第四，剩余期间的长度。剩余期间越长，注册会计师需要获取的剩余期间的补充证据越多。

第五，在信赖控制的基础上拟减少进一步实质性程序的范围。注册会计师对相关控制的信赖程度越高，通常在信赖控制的基础上拟减少进一步实质性程序的范围就越大。在这种情况下，注册会计师需要获取的剩余期间的补充证据越多。

第六，控制环境。在注册会计师总体上拟信赖控制的前提下，控制环境越薄弱(或把握程度越低)，注册会计师需要获取的剩余期间的补充证据越多。

(2) 对以前审计获取审计证据的考虑。如果控制在本期发生变化，注册会计师应当考虑以前审计获取的有关控制运行有效性的审计证据是否与本期审计相关。例如，如果系统的变化仅仅使被审计单位从中获取新的报告，这种变化通常不影响以前审计所获取证据的相关性；如果系统的变化引起数据累积或计算发生改变，这种变化可能影响以前审计所获取证据的相关性。如果拟信赖的控制自上次测试后已发生变化，注册会计师应当在本期审计中测试这些控制的运行有效性。

如果拟信赖的控制自上次测试后未发生变化，且不属于旨在减轻特别风险的控制，注册会计师应当运用职业判断确定是否在本期审计中测试其运行有效性，以及本次测试与上次测试的时间间隔，但每三年至少对控制测试一次。在确定利用以前审计获取的有关控制运行有效性的审计证据是否适当以及再次测试控制的时间间隔时，注册会计师应当考虑的因素或情况包括：内部控制其他要素的有效性、控制特征(人工控制还是自动化控制)产生的风险、信息技术一般控制的有效性、控制设计及其运行的有效性、由于环境发生变化而特定控制缺乏相应变化导致的风险、重大错报的风险和对控制的拟信赖程度等。

如果拟信赖以前审计获取的某些控制运行有效性的审计证据，注册会计师应当在每次审计时从中选取足够数量的控制，测试其运行有效性。这主要是为了尽量降低审计风险，毕竟注册会计师难以充分识别以前审计中测试过的控制在本期是否发生变化。此外，在每一次审计中选取足够数量的部分控制进行测试，除了能够提供这些以前审计中测试过的控制在本期运行有效性的审计证据外，还可提供控制环境持续有效性的旁证，从而有助于注册会计师判断其信赖以前审计获取的审计证据是否恰当。鉴于特别风险的特殊性，对于旨在减轻特别风险的控制，不论该控制在本期是否发生变化，注册会计师都不应依赖以前审计获取的证据。

3. 控制测试的范围

控制测试的范围主要是指某项控制活动的测试次数。注册会计师应当设计控制测试，以获取控制在整个拟信赖期间有效运行的充分、适当的审计证据。

(1) 确定控制测试范围应考虑的一般因素，具体如下。

① 在整个拟信赖的期间被审计单位执行控制的频率。控制执行的频率越高，控制测试的范围越大。

② 在所审计期间，注册会计师拟信赖控制运行有效性的时间长度。拟信赖控制运行有效性的时间长度不同，在该时间长度内发生的控制活动次数也不同。注册会计师需要根据拟信赖控制的时间长度确定控制测试的范围。拟信赖期越长，控制测试的范围越大。

③ 为证实控制能够防止或发现并纠正认定层次重大错报，所需获取审计证据的相关性和可靠性。对审计证据的相关性和可靠性要求越高，控制测试的范围越大。

④ 通过测试与认定相关的其他控制获取的审计证据的范围。针对同一认定，可能存在不同的控制。当针对其他控制获取审计证据的充分性和适当性较高时，测试该控制的范围可适当缩小。

⑤ 在风险评估时拟信赖控制运行有效性的程度。注册会计师在风险评估时对控制运行有效性的拟信赖程度越高，需要实施控制测试的范围越大。

⑥ 控制的预期偏差。预期偏差可以用控制未得到执行的预期次数占控制应当得到执行次数的比率加以衡量(也可称作预期偏差率)。考虑该因素是因为在考虑测试结果是否可以得出控制运行有效性的结论时，不可能只要出现任何控制执行偏差就认定控制运行无效，所以需要确定一个合理水平的预期偏差率。控制的预期偏差率越高，需要实施控制测试的范围越大。如果控制的预期偏差率过高，注册会计师应当考虑控制可能不足以将认定层次的重大错报风险降至可接受的低水平，从而针对某一认定实施的控制测试可能是无效的。

(2) 对自动化控制的测试范围的特别考虑。审计准则指出，除非系统(包括系统使用的表格、文档或其他永久性数据)发生变动，注册会计师通常不需要增加自动化控制的测试范围。信息技术处理具有内在一贯性，除非系统发生变动，一项自动化应用控制应当一贯运行。对于一项自动化应用控制，一旦确定被审计单位正在执行该控制，注册会计师通常无需扩大控制测试的范围，但需要考虑执行下列测试以确定该控制持续有效运行：

① 测试与该应用控制有关的一般控制的运行有效性。

② 确定系统是否发生更改，如果发生更改，是否存在适当的系统更改控制。

③ 确定对交易的处理是否使用授权批准的软件版本。例如，注册会计师可以检查信息系统安全控制记录，以确定是否存在未经授权的接触系统硬件和软件，以及系统是否发生变动。

任务处理

【任务 6-5】注册会计师在对内部控制进行了解后，针对某一项认定制订审计计划时，下列表述正确的是(　　)。

A. 无论控制风险的估计水平如何，都必须执行控制测试

B. 如果预期控制风险的水平为中等或低等，可计划最少的控制测试

C. 如果预期控制风险的水平为最高，不执行控制测试

D. 如果预期控制风险的水平为最高，可计划扩大控制测试

任务解析：应选 C。预期控制风险的水平为中等或低等，表明拟依赖内部控制，应执行较多的控制测试。

【任务 6-6】注册会计师在对被审计单位年度财务报表进行审计时，选择在期中进行控制测试，但仍需要考虑对剩余期间获取补充审计证据，则下列说法中正确的有(　　)。

A. 评估的重大错报风险对财务报表的影响越大，注册会计师需要获取的剩余期间的补充证据就越少

B. 对自动化运行的控制，注册会计师更可能测试信息系统一般控制的运行有效性，以获取控制在剩余期间运行有效的审计证据

C. 剩余期间越长，注册会计师需要获取的剩余期间的补充证据越多

D. 注册会计师对相关控制的信赖程度越高，通常在信赖控制的基础上拟减少进一步实质性程序的范围就越大，需要获得的剩余期间相关控制是否有效的补充证据就越少

任务解析：应选 BC。选项 A 中评估的重大错报风险对财务报表的影响越大，注册会计师需要获取的剩余期间的补充证据就越多；选项 D 中注册会计师需要获取的剩余期间的相关控制是否有效的补充证据越多。

任务导入分析

应选 AC。执行人员变动属于“对控制运行产生重大影响的人事变动”，业务发生变化后原来的控制可能已不适用。所以选项 AC 中，注册会计师均应当缩短再次测试内部控制的时间间隔或完全不信赖以前审计获取的审计证据；如果对控制的拟信赖程度较高或重大错报风险较大，则注册会计师应当缩短再次测试控制的时间间隔或完全不信赖以前审计获取的审计证据，故选项 BD 不合题意。

任务四　实质性程序

任务导入

控制测试和实质性程序

如果注册会计师在期中已识别出被审计单位某项认定中存在故意出错和操纵记录的可能性，确认该项认定存在舞弊导致的重大错报风险，则下列有关实质性程序的说法或做法不可取的是(　　)。

A. 考虑主要在期末或接近期末实施实质性程序

B. 不拟实施审计程序将期中得出的结论延伸至期末

C. 将实质性程序与控制测试结合运用，以便将期中的结论延伸到期末

D. 针对剩余期间实施进一步实质性程序，以便将期中的结论延伸到期末

资讯准备

一、实施实质性程序的总体要求

实质性程序是指注册会计师针对评估的重大错报风险实施的直接用以发现认定层次重大错报的审计程序。注册会计师应当针对评估的重大错报风险设计和实施实质性程序，以发现认定层次的重大错报。实质性程序包括对各类交易、账户余额、列报的细节测试以及实质性分析程序。由于注册会计师对重大错报风险的评估是一种判断，可能无法充分识别所有的重大错报风险，并且由于内部控制存在固有局限性，无论评估的重大错报风险结果如何，注册会计师都应当针对所有重大的各类交易、账户余额、列报实施实质性程序。

(1) 注册会计师实施的实质性程序应当包括下列与财务报表编制完成阶段相关的审计程序：将财务报表与其所依据的会计记录相核对；检查财务报表编制过程中做出的重大会计分录和其他会计调整。注册会计师对会计分录和其他会计调整检查的性质和范围，取决于被审计单位财务报告过程的性质和复杂程度以及由此产生的重大错报风险。

(2) 如果认为评估的认定层次重大错报风险是特别风险，注册会计师应当专门针对该风险实施实质性程序。例如，如果认为管理层面临实现盈利指标的压力而可能提前确认收入，注册会计师在设计询证函时不仅应当考虑函证应收账款的账户余额，还应当考虑询证销售协议的细节条款(如交货、结算及退货条款)；注册会计师还可考虑在实施函证的基础上针对销售协议及其变动情况询问被审计单位的非财务人员。

(3) 如果针对特别风险仅实施实质性程序，注册会计师应当使用细节测试，或将细节测试和实质性分析程序结合使用，以获取充分、适当的审计证据。做此规定的考虑是为应对特别风险需要获取具有高度相关性和可靠性的审计证据，仅实施实质性分析程序不足以获取有关特别风险的充分、适当的审计证据。

二、实质性程序的性质、时间和范围

1. 实质性程序的性质

实质性程序的性质，是指实质性程序的类型及其组合。实质性程序的两种基本类型包括细节测试和实质性分析程序。细节测试是对各类交易、账户余额、列报的具体细节进行测试，目的在于直接识别财务报表认定是否存在错报。实质性分析程序从技术特征上看仍然是分析程序，主要是通过研究数据间关系评价信息，只是将该技术方法用作实质性程序，即用以识别各类交易、账户余额、列报及相关认定是否存在错报。

(1) 细节测试和实质性分析程序的适用性。由于细节测试和实质性分析程序的目的及技术手段存在一定差异，因此各自有不同的适用领域。注册会计师应当根据各类交易、账户余额、列报的性质选择实质性程序的类型。细节测试适用于对各类交易、账户余额、列报认定的测试，尤其是对存在或发生、计价认定的测试；对在一段时期内存在可预期关系的大量交易，注册会计师可以考虑实施实质性分析程序。

(2) 细节测试的方向。对于细节测试，注册会计师应当针对评估的风险设计细节测试，

获取充分、适当的审计证据，以达到认定层次所计划的保证水平。该规定的含义是，注册会计师需要根据不同的认定层次的重大错报风险设计有针对性的细节测试。例如，在针对存在或发生认定设计细节测试时，注册会计师应当选择包含在财务报表金额中的项目，并获取相关审计证据。又如，在针对完整性认定设计细节测试时，注册会计师应当选择有证据表明应包含在财务报表金额中的项目，并调查这些项目是否确实包括在内，如为应对被审计单位漏记本期应付账款的风险，注册会计师可以检查期后付款记录。

(3) 设计实质性分析程序应考虑的因素。注册会计师在设计实质性分析程序时应当考虑以下一系列因素：一是对特定认定使用实质性分析程序的适当性；二是对已记录的金额或比率做出预期时，所依据的内部或外部数据的可靠性；三是做出预期的准确程度是否足以在计划的保证水平上识别重大错报；四是已记录金额与预期值之间可接受的差异额。当实施实质性分析程序时，如果使用被审计单位编制的信息，注册会计师应当考虑测试与信息编制相关的控制，以及这些信息是否在本期或前期经过审计。

2. 实质性程序的时间

(1) 对期中实施实质性程序的考虑。在期中实施实质性程序，一方面消耗了审计资源，另一方面期中实施实质性程序获取的审计证据又不能直接作为期末财务报表认定的审计证据，注册会计师仍然需要消耗进一步的审计资源使期中审计证据能够合理延伸至期末。这两部分审计资源的总和是否能够显著小于完全在期末实施实质性程序所需消耗的审计资源，是注册会计师需要权衡的。注册会计师在考虑是否期中实施实质性程序时应当考虑下面一系列因素：

第一，控制环境和其他相关的控制。控制环境和其他相关的控制越薄弱，注册会计师越不宜依赖期中实施的实质性程序。

第二，实施审计程序所需信息在期中之后的可获得性。如果实施实质性程序所获信息在期中之后可能难以获取(如系统变动导致某类交易记录难以获取)，注册会计师应考虑在期中实施实质性程序。但如果实施实质性程序所需信息在期中之后的可获得性并不存在明显困难，该因素不应成为注册会计师在期中实施实质性程序的重要影响因素。

第三，实质性程序的目标。如果针对某项认定实施实质性程序的目标就包括获取该认定的期中审计证据(从而与期末比较)，注册会计师应在期中实施实质性程序。

第四，评估的重大错报风险。注册会计师评估的某项认定的重大错报风险越高，针对该认定所需获取的审计证据的相关性和可靠性要求也就越高，注册会计师越应当考虑将实质性程序集中于期末(或接近期末)实施。

第五，各类交易或账户余额以及相关认定的性质。例如，某些交易或账户余额以及相关认定的特殊性质(如收入截止认定、未决诉讼)决定了注册会计师必须在期末(或接近期末)实施实质性程序。

第六，针对剩余期间，能否通过实施实质性程序或将实质性程序与控制测试相结合，降低期末存在错报而未被发现的风险。如果针对剩余期间注册会计师可以通过实施实质性程序或将实质性程序与控制测试相结合，较有把握地降低期末存在错报而未被发现的风险，注册会计师可以考虑在期中实施实质性程序。但如果针对剩余期间注册会计师认为还需要消耗大量审计资源才有可能降低期末存在错报而未被发现的风险，甚至没有把握通过适当的进一步审计程序降低期末存在错报而未被发现的风险，注册会计师就不宜在期中实施实质性程序。

(2) 对期中审计证据的考虑。如果在期中实施了实质性程序，注册会计师应当针对剩余期间实施进一步的实质性程序，或将实质性程序和控制测试结合使用，以将期中测试得出的结论合理延伸至期末。如何将期中实施的实质性程序得出的结论合理延伸至期末时，注册会计师有两种选择：其一是针对剩余期间实施进一步的实质性程序；其二是将实质性程序和控制测试结合使用。即如果拟将期中测试得出的结论延伸至期末，注册会计师应当考虑针对剩余期间仅实施实质性程序是否足够。如果认为实施实质性程序本身不充分，注册会计师还应测试剩余期间相关控制运行的有效性或针对期末实施实质性程序。

对于舞弊导致的重大错报风险(作为一类重要的特别风险)，被审计单位存在故意错报或操纵的可能性，那么注册会计师更应慎重考虑能否将期中测试得出的结论延伸至期末。因此，如果已识别出由于舞弊导致的重大错报风险，为将期中得出的结论延伸至期末而实施的审计程序通常是无效的，注册会计师应当考虑在期末或者接近期末实施实质性程序。

如果已在期中实施了实质性程序，或将控制测试与实质性程序相结合，并拟信赖期中测试得出的结论，注册会计师应当将期末信息和期中的可比信息进行比较、调节、识别和调查出现的异常金额，并针对剩余期间实施实质性分析程序或细节测试。

(3) 对以前审计证据的考虑。在以前审计中实施实质性程序获取的审计证据，通常对本期只有很弱的证据效力或没有证据效力，不足以应对本期的重大错报风险。只有当以前获取的审计证据及其相关事项未发生重大变动时(如以前审计通过实质性程序测试过的某项诉讼在本期没有任何实质性进展)，以前获取的审计证据才可能用作本期的有效审计证据。即使如此，如果拟利用以前审计中实施实质性程序获取的审计证据，注册会计师应当在本期实施审计程序，以确定这些审计证据是否具有持续相关性。

3. 实质性程序的范围

评估的认定层次重大错报风险和实施控制测试的结果是注册会计师在确定实质性程序范围时的重要考虑因素。注册会计师评估的认定层次的重大错报风险越高，需要实施实质性程序的范围越广。如果对控制测试结果不满意，注册会计师应当考虑扩大实质性程序的范围。在设计细节测试时，注册会计师除了从样本量的角度考虑测试范围外，还要考虑选择方法的有效性等因素。例如，从总体中选取大额或异常项目，而不是进行代表性抽样或分层抽样。

实质性分析程序的范围有两层含义。第一层含义是对什么层次上的数据进行分析，注册会计师可以选择在高度汇总的财务数据层次进行分析，也可以根据重大错报风险的性质和水平调整分析层次。例如，按照不同产品线、不同月份、不同经营地点或存货存放地点等实施实质性分析程序。第二层含义是需要对什么幅度或性质的偏差展开进一步调查。实施分析程序可能发现偏差，但并非所有的偏差都值得展开进一步调查。可容忍或可接受的偏差(即预期偏差)越大，作为实质性分析程序一部分的进一步调查的范围就越小，于是确定适当的预期偏差幅度同样属于实质性分析程序的范畴。因此，审计准则规定，在设计实质性分析程序时，注册会计师应当确定已记录金额与预期值之间可接受的差异额。在确定该差异额时，注册会计师应当主要考虑各类交易、账户余额、列报及相关认定的重要性和计划的保证水平。

三、实质性程序结果对控制测试结果的考虑

1. 实施控制测试时对双重目的实现的考虑

控制测试的目的是评价控制是否有效运行；细节测试的目的是发现认定层次的重大错报。注册会计师可以考虑针对同一交易同时实施控制测试和细节测试，以实现双重目的。例如，注册会计师通过检查某笔交易的发票可以确定其是否经过适当的授权，也可以获取关于该交易的金额、发生时间等细节证据。当然，如果拟实施双重目的测试，注册会计师应当仔细设计和评价测试程序。

2. 实施实质性程序的结果对控制测试结果的影响

(1) 如果通过实施实质性程序未发现某项认定存在错报，这本身并不能说明与该认定有关的控制是有效运行的。

(2) 如果通过实施实质性程序发现某项认定存在错报，注册会计师应当在评价相关控制的运行有效性时予以考虑。

(3) 注册会计师应当考虑实施实质性程序发现的错报对评价相关控制运行有效性的影响(如降低对相关控制的信赖程度、调整实质性程序的性质、扩大实质性程序的范围等)。

(4) 如果实施实质性程序发现被审计单位没有识别出的重大错报，通常表明内部控制存在重大缺陷，注册会计师应当就这些缺陷与被审计单位的管理层和治理层进行沟通。

任务处理

【任务 6-7】审计甲有限责任公司 2019 年度财务报表时，注册会计师 A 在风险评估阶段发现其在 2019 年 12 月份发生了多笔重大的销售业务，并且还有若干笔大额销售业务在 2019 年年底尚未完成。对此，注册会计师 A 首先应当(　　)，并在期末或期末以后检查此类交易。

A. 向甲公司的客户发出询证函

B. 检查财务报表编制过程中所做的会计调整

C. 将财务报表与会计记录相核对

D. 考虑截止认定可能存在的重大错报风险

任务解析：应选 D。选项 ABC 均为审计程序，选项 D 为风险评估。对于被审计单位的重大交易，注册会计师首先评估重大错报风险，然后依据风险评估结果设计和实施审计程序。

【任务 6-8】以下有关实质性程序的说法中正确的是(　　)。

A. 如果针对特别风险仅实施实质性程序，注册会计师可以单独使用细节测试或实质性分析程序，以获取充分、适当的审计证据

B. 如果仅实施实质性程序不足以提供认定层次充分、适当的审计证据，注册会计师应当实施控制测试，以获取内部控制运行有效性的审计证据

C. 无论评估的重大错报风险结果如何，注册会计师均应当针对所有重大的各类交易、账户余额、列报实施实质性程序，以获取充分、适当的审计证据

D. 注册会计师可以在期中或期末实施控制测试或实质性程序，当重大错报风险较低时，注册会计师应当考虑在期末或接近期末实施实质性程序，或采用不通知的方式，或在管理层不能预见的时间实施审计程序

任务解析：应选 BC。选项 A，为应对特别风险需要获取具有高度相关性和可靠性的审计证据，仅实施实质性分析程序不足以获取有关特别风险的充分、适当的审计证据。选项 D，当重大错报风险较高时，注册会计师应当考虑在期末或接近期末实施实质性程序，或采用不通知的方式，或在管理层不能预见的时间实施审计程序。

任务导入分析

应选 CD。当存在舞弊导致的重大错报风险时，期中已测试的资料在剩余期间很可能被篡改，导致期中得出的结论无效。此时注册会计师主要应在期末实施实质性程序。

技能训练

1. 甲公司主要从事小型电子消费品的生产和销售，注册会计师 A 负责审计甲公司 2019 年度财务报表。

资料一：注册会计师 A 在审计工作底稿中记录了所了解的甲公司情况及其环境，部分内容摘录如下。

(1) 甲公司于 2019 年年初完成了部分主要产品的更新换代。由于利用现有主要产品(T 产品)生产线生产的换代产品(S 产品)市场销售情况良好，甲公司自 2019 年 2 月起大幅减少了 T 产品的生产，S 产品所需原材料与 T 产品所需原材料基本相同，原材料平均价格相比 2018 年上涨了约 2%。由于 S 产品的功能更加齐全且设计新颖，其平均售价比 T 产品高约 10%。

(2) 为加快新产品研发进度以应对激烈的市场竞争，甲公司于 2019 年 6 月支付 500 万元购入一项非专利技术的永久使用权，并将其确认为使用寿命不确定的无形资产。最新行业分析报告显示，甲公司的竞争对手乙公司已于 2019 年年初推出类似新产品，市场销售良好。同时，乙公司宣布将于 2020 年 12 月推出更新一代的换代产品。

(3) 经董事会批准，甲公司于 2019 年 12 月 1 日与丙公司股东达成协议，以 1800 万元受让丙公司 20%股权，并付讫股权受让款。2020 年 1 月 25 日，甲公司向丙公司派出 1 名董事(丙公司共有 5 名董事)参与其生产经营决策。

(4) 甲公司生产过程中产生的噪声和排放的气体对环境造成了一定的影响。尽管周围居民要求给予补偿，但甲公司考虑现行法律并没有相关规定，以前并未对此做出回应。为改善与周围居民的关系，甲公司董事会于 2019 年 12 月 26 日决定对居民给予总额为 100 万元的一次性补偿，并制定了具体的补偿方案。2020 年 1 月 15 日，甲公司向居民公布了上述补偿决定和具体补偿方案。

资料二：注册会计师 A 在审计工作底稿中记录了所获取的甲公司财务数据(金额单位：万元)，部分内容摘录如下。

项　目	未审数 2019 年			已审数 2018 年		
	S 产品	T 产品	其他产品	S 产品	T 产品	其他产品
营业收入	32 340	3000	20 440	0	28 500	18 000
营业成本	27 500	2920	19 800	0	27 200	15 300
存货						
账面余额	2340	180	4440	0	2030	4130
减：存货跌价准备	0	0	0	0	0	0
账面价值	2340	180	4440	0	2030	4130
长期股权投资—联营(丙)						
年初余额	0			0		
加：增加投资	1800			0		
加：按权益法调整数	20			0		
年末余额	1820			0		
无形资产						
非专利技术	500			0		
预计负债						
居民环境污染补偿	100					

资料三：注册会计师 A 在审计工作底稿中记录了已实施的相关实质性程序，部分内容摘录如下。

(1) 抽取一定数量的 2019 年度发运凭证，检查日期、品名、数量、单价、金额等是否与销售发票和记录凭证一致。

(2) 计算期末存货的可变现净值，与存货账面价值比较，检查存货跌价准备的计提是否充分。

(3) 对于外购的无形资产，通过核对购买合同等资料，检查其入账价值是否正确。

(4) 根据有关合同和文件，确认长期股权投资的股权比例和持有时间，检查股权投资的核算方法是否正确。

(5) 根据具体的居民补偿方案，独立估算补偿金额，与公布的补偿金额进行比较。

要求：结合资料二，假定不考虑其他条件，逐项指出资料一所述事项是否可能表明甲公司存在重大错报风险。如果认为存在，简要说明理由，并分别说明该风险主要与哪些财务报表项目(仅限于营业收入、营业成本、存货、长期股权投资、无形资产和预计负债)的哪几项认定相关。

另外，针对资料三中实质性程序，假定不考虑其他条件，逐项指出上述实质性程序与根据资料一(结合资料二)识别的重大错报风险是否直接相关。如果直接相关，指出对应的是哪一项(或者哪几项)识别的重大错报风险，并简要说明理由。

2. 注册会计师在对华清公司存货项目的相关内部控制进行研究评价后，发现华清公司存在下述可能导致错误的情况：

(1) 存货盘点有漏盘的可能。

(2) 由昌盛公司代管的甲材料可能并不存在。

(3) 通过销售与收款循环审计发现期末已销售的产成品可能未进行相关会计处理。

(4) 华清公司将P公司存放在库中的乙材料可能记入了华清公司存货项目中。

要求：针对以上每一种错误，注册会计师应采取的审计程序有哪些。

3. 注册会计师A和B于2019年12月1日至7日对红星公司购货与付款循环的内部控制进行了解和测试，并在相关审计工作底稿中记录了了解和测试的事项，摘录如下：

(1) 红星公司的材料采购需要经授权批准后方可进行。采购部根据经批准的请购单进行采购，货物运达后，验收部根据订购单的要求验收货物，并编制一式多联的未连续编号的验收单。仓库根据验收单验收货物，在验收单上签字后，将货物移入仓库加以保管，验收单上有数量、品名、单价等要素。验收单一联交采购部登记采购明细账和编制付款凭单，付款凭单经批准后，月末交会计部；一联交会计部登记材料明细账；一联由仓库保留并登记材料明细账。会计部根据只附有验收单的付款凭单登记有关账簿。

(2) 会计部月末审核付款凭单后，支付采购款项。红星公司授权会计部的经理签署支票，经理将其授权给会计人员丁某负责，但保留了支票印章。丁某根据已经过批准的凭单，在确定支票收款人名称与凭单内容一致后签署支票，并在凭单上加盖“已支付”的印章。对付款控制程序的穿行测试表明，注册会计师A和B未发现与公司规定有不一致之处。

要求：根据上述摘录，请代注册会计师A和B指出购货与付款循环内部控制方面的缺陷，并提出改进建议。

学习情境七

销售与收款循环审计

学习目标

【知识目标】了解销售与收款循环涉及的业务活动及其内部控制的主要内容；理解销售与收款循环内部控制的风险及相关控制程序；理解销售与收款循环实质性程序的工作内容。

【技能目标】掌握销售与收款循环内部控制测试的步骤、方法及相关工作底稿的编制；掌握销售与收款循环实质性程序的步骤、方法及相关工作底稿的编制。

任务一　销售与收款循环控制测试

任务导入

为保证所有的产品销售均已入账，下列控制活动中与这一控制目标直接相关的有(　　)。

A. 对销售发票进行顺序编号并复核当月开具的销售发票是否均已登记入账

B. 检查销售发票是否经适当的授权批准

C. 将每月产品发运数量与销售入账数量相核对

D. 定期与客户核对应收账款余额

资讯准备

一、业务循环与财务报表项目的对应关系

1. 财务报表审计的组织方式

对财务报表审计的组织方式大致有账户法和循环法两种。账户法是指注册会计师对财务报表的每个账户余额单独进行审计的一种方法。循环法是指注册会计师将财务报表分成几个循环进行审计的一种方法，即把紧密联系的交易种类和账户余额归入同一循环中，按业务循环组织实施审计。一般而言，账户法与多数被审计单位账户设置体系及财务报表格式相吻合，

具有操作方便的优点，但它将紧密联系的相关账户(如存货和营业成本)人为地予以分割，容易造成整个审计工作的脱节和重复，使得审计效率低下；而循环法则更符合被审计单位的业务流程和内部控制设计的实际情况，不仅可加深注册会计师对被审计单位经济业务的理解，而且由于将特定业务循环所涉及的财务报表项目分配给一个或数个审计人员，增强了注册会计师分工的合理性，有助于提高审计工作的效率与效果。

对于控制测试，注册会计师通常采用循环法实施。一般而言，在财务报表审计中可将被审计单位的所有交易和账户余额划分为销售与收款循环、采购与付款循环、生产与存货循环、投资与筹资循环和人力资源与工薪循环。由于货币资金与上述 5 个业务循环均密切相关，并且货币资金的业务和内部控制又有着不同于其他业务循环和其他财务报表项目的鲜明特征，因此，本书将货币资金审计单独作为一个学习情境讲解。对交易和账户余额的实质性程序，既可采用账户法实施，也可采用循环法实施，但由于控制测试通常按循环法实施，为避免实质性程序与控制测试严重脱节的弊端，本书提倡采用循环法。

2. 各业务循环涉及的主要财务报表项目

对于销售与收款循环而言，涉及的资产负债表项目有应收票据、应收账款、长期应收款、预收款项、应交税费；涉及的利润表项目有营业收入、税金及附加、销售费用。

对于采购与付款循环而言，涉及的资产负债表项目有预付款项、固定资产、在建工程、工程物资、固定资产清理、无形资产、开发支出、商誉、长期待摊费用、应付票据、应付账款、长期应付款；涉及的利润表项目有管理费用。

对于生产与存货循环而言，涉及的资产负债表项目有存货(包括材料采购或在途物资、原材料、材料成本差异、库存商品、发出商品、商品进销差价、委托加工物资、委托代销商品、受托代销商品、周转材料、生产成本、制造费用、劳务成本、存货跌价准备、受托代销商品款等)；涉及的利润表项目有营业成本。

对于筹资与投资循环而言，涉及的资产负债表项目有交易性金融资产、应收利息、应收股利、其他应收款、其他流动资产、可供出售金融资产、持有至到期投资、长期股权投资、投资性房地产、递延所得税资产、其他非流动资产、短期借款、交易性金融负债、应付利息、应付股利、其他应付款、其他流动负债、长期借款、应付债券、专项应付款、预计负债、递延所得税负债、其他非流动负债、实收资本(或股本)、资本公积、盈余公积、未分配利润；涉及的利润表项目有财务费用、资产减值损失、公允价值变动收益、投资收益、营业外收入、营业外支出、所得税费用。

对于人力资源与薪酬循环而言，涉及的资产负债表项目有应付职工薪酬，利润表项目并未涉及。

二、认识销售与收款循环的内部控制

销售与收款循环涉及的主要业务活动

1. 销售与收款循环涉及的主要业务活动

(1) 接受客户订购单。客户提出订货要求是整个销售与收款循环的起点，客户的订购单只有在符合企业管理层的授权标准时才能被接受。管理层一般都列出了已批准销售的客户名单。销售单管理部门在决定是否同意接受某客户的订购单时，应追查该客户是否被列入这张名单。如果该客户未被列入，则通常需要由销售单管理部门的主管来决定是否同意销售。

(2) 批准赊销信用。对于赊销业务，赊销批准是由信用管理部门根据管理层的赊销政策在每个客户已授权的信用额度内进行的。信用管理部门的职员在收到销售单管理部门的销售单后，应将销售单与该客户已被授权的赊销信用额度以及至今尚欠的账款余额加以比较。执行人工赊销信用检查时，还应合理划分工作职责，以切实避免销售人员为扩大销售而使企业承受不适当的信用风险。

(3) 按销售单供货。企业管理层通常要求商品仓库人员只有在收到经过批准的销售单时才能供货。设立这项控制程序的目的是为了防止仓库人员在未经授权的情况下擅自发货。

(4) 按销售单装运货物。将按经批准的销售单供货与按销售单装运货物职责相分离，有助于避免负责装运货物的职员在未经授权的情况下装运产品。此外，装运部门职员在装运之前还必须进行独立验证，以确定从仓库提取的商品都附有经批准的销售单，并且所提取商品的内容与销售单一致。

(5) 向客户开具账单。开具账单是指开具并向客户寄送事先连续编号的销售发票。为了降低开具账单过程中出现遗漏、重复、错误计价或其他差错的风险，应设立以下控制程序：开具账单部门职员在开具每张销售发票之前，独立检查是否存在装运凭证和相应的经批准的销售单；依据已授权批准的商品价目表开具销售发票；独立检查销售发票计价和计算的准确性；将装运凭证上的商品总数与相对应的销售发票上的商品总数进行比较。

(6) 记录销售。在手工会计系统中，记录销售的过程包括区分赊销、现销，按销售发票编制转账凭证或现金、银行存款收款凭证，再据以登记销售明细账和应收账款明细账或库存现金、银行存款日记账。

(7) 办理和记录现金、银行存款收入。这项业务涉及的是有关货款收回，现金、银行存款增加以及应收账款减少的活动。在办理和记录现金、银行存款收入时，最应关心的是货币资金失窃的可能性。货币资金失窃可能发生在货币资金收入登记入账之前或登记入账之后。处理货币资金收入时最重要的是要保证全部货币资金都必须如数、及时地记入库存现金、银行存款日记账或应收账款明细账，并如数、及时地将现金存入银行。

(8) 办理和记录销售退回、销售折扣与折让。客户如果对商品不满意，销售企业一般都会同意接受退货，或给予一定的销售折让；客户如果提前支付货款，销售企业则可能会给予一定的销售折扣。发生此类事项时，必须经授权批准，并应确保与办理此事有关的部门和职员各司其职，分别控制物流和会计处理。

(9) 注销坏账。不管赊销部门的工作如何主动，客户因经营不善、宣告破产、死亡等原因而不支付货款的事仍可能发生。销售企业若认为某项货款再也无法收回，就必须注销这笔货款。对于这些坏账，正确的处理方法应该是获取货款无法收回的确凿证据，经适当审批后及时进行会计调整。

(10) 提取坏账准备。坏账准备提取的数额必须能够抵补企业以后无法收回的销货款。

2. 销售与收款循环内部控制的内容

销售与收款循环的内部控制

(1) 销售交易的内部控制，具体内容如下。

① 适当的职责分离。适当的职责分离有助于防止各种有意或无意的错误。为确保办理销售与收款业务的不相容岗位相互分离、制约和监督，一个企业有关销售与收款业务相关职责适当分离的基本要求通常包括：企业应当将办理销售、发货、收款三项业务的部门(或岗位)分别设立；企业在销售合同订立前，应当指定专门人员就销售价格、信用政策、发货及收款方式等具体事项与客户进行谈判。谈判人员至少应有两人以上，并与订立合同的人员相分离；编制销售发票通知单的人员与开具销售发票的人员应相互分离；销售人员应当避免接触销货现款；企业应收票据的取得和贴现必须经由保管票据以外的主管人员的书面批准。

② 正确的授权审批。对于授权审批问题，注册会计师应当关注以下四个关键点的审批程序：在销售发生之前，赊销已经正确审批；非经正当审批，不得发出货物；销售价格、销售条件、运费、折扣等必须经过审批；审批人应当根据销售与收款授权批准制度的规定，在授权范围内进行审批，不得超越审批权限。对于超过企业既定销售政策和信用政策规定范围的特殊销售交易，企业应当进行集体决策。前两项控制的目的在于防止企业因向虚构的或者无力支付货款的客户发货而蒙受损失；价格审批控制的目的在于保证销售交易按照企业定价政策规定的价格开票收款；对授权审批范围设定权限的目的则在于防止因审批人决策失误而造成严重损失。

③ 充分的凭证和记录。每个企业交易的产生、处理和记录等制度都有其特点，因此，很难评价其各项控制是否足以发挥最大的作用。然而，只有具备充分的记录手续，才有可能实现其他各项控制目标。例如，企业在收到客户订购单后，就立即编制一份预先编号的一式多联的销售单，分别用于批准赊销、审批发货、记录发货数量以及向客户开具账单等。

④ 凭证的预先编号。对凭证预先进行编号，旨在防止销售以后遗漏向客户开具账单或登记入账，也可防止重复开具账单或重复记账。当然，如果对凭证的编号不做清点，预先编号就会失去其控制意义。由收款员对每笔销售开具账单后，将发运凭证按顺序归档，而由另一位职员定期检查全部凭证的编号，并调查凭证缺号的原因，就是实施这项控制的一种方法。

⑤ 按月寄出对账单。由不负责现金出纳和销售及应收账款记账的人员按月向客户寄发对账单，能促使客户在发现应付账款余额不正确后及时反馈有关信息，因而这是一项有用的控制。

⑥ 内部核查程序。由内部审计人员或其他独立人员核查销售交易的处理和记录，是实现内部控制目标所不可缺少的一项控制措施。表 7-1 所列程序是针对相应控制目标的典型的内部核查程序。

表 7-1　内部核查程序

内部控制目标	内部核查程序举例
登记入账的销售交易是真实的	检查销售发票的连续性及其所附的佐证凭证
销售交易均经适当审批	了解客户的信用情况，确定是否符合企业的赊销政策
所有销售交易均已登记入账	检查发运凭证的连续性，并将其与主营业务收入明细账核对
登记入账的销售交易均经正确估价	将销售发票上的数量与发运凭证上的记录进行比较核对

(续表)

内部控制目标	内部核查程序举例
登记入账的销售交易分类恰当	将登记入账的销售交易原始凭证与会计科目表进行比较核对
销售交易的记录及时	检查开票员所保管的未开票发运凭证，确定是否包括所有应开票的发运凭证在内
销售交易已正确记入明细账并经正确汇总	从发运凭证追查至主营业务收入明细账和总账

(2) 收款交易的内部控制，具体内容如下。

① 企业应当按照《现金管理暂行条例》《支付结算办法》等规定，及时办理销售收款业务。

② 企业应将销售收入及时入账，不得账外设账，不得擅自坐支现金。销售人员应当避免接触销售现款。

③ 企业应当建立应收账款账龄分析制度和逾期应收账款催收制度。销售部门应当负责应收账款的催收，财会部门应当督促销售部门加紧催收。对催收无效的逾期应收账款可通过法律程序予以解决。

④ 企业应当按客户设置应收账款台账，及时登记每一位客户应收账款余额增减变动情况和信用额度使用情况。对长期往来客户应当建立起完善的客户资料，并对客户资料实行动态管理，及时更新。

⑤ 企业对于可能成为坏账的应收账款应当报告有关决策机构，由其进行审查，确定是否确认为坏账。企业发生的各项坏账，应查明原因、明确责任，并在履行规定的审批程序后做出会计处理。

⑥ 企业注销的坏账应当进行备查登记，做到账销案存。已注销的坏账又收回时应当及时入账，防止形成账外资金。

⑦ 企业应收票据的取得和贴现必须经由保管票据以外的主管人员的书面批准。应有专人保管应收票据，对于即将到期的应收票据，应及时向付款人提示付款；已贴现票据应在备查簿中登记，以便日后追踪管理；并应制定逾期票据的冲销管理程序和逾期票据追踪监控制度。

⑧ 企业应当定期与往来客户通过函证等方式核对应收账款、应收票据、预收款项等往来款项。如有不符，应查明原因，及时处理。

三、以风险为起点的销售与收款循环的控制测试

1. 信用控制和赊销的风险、控制与控制测试(见表7-2)

表7-2　信用控制与赊销的风险、控制与控制测试

风　　险	计算机控制	人 工 控 制	控 制 测 试
可能向没有获得赊销授权或超出了其信用额度的客户赊销	订购单上的客户代码与应收账款主文档记录的代码一致；目前未偿付余额加上本次销售额在信用限额范围内。只有上述两项均已满足才能按顺序生成发运凭证	信用控制程序包括复核信用申请、收入和信用状况的支持性信息，批准信用限额，授权增设新的账户，以及适当授权超过信用限额的人工控制	通过询问员工、检查相关文件证实上述控制的实施

2. 发出商品的风险、控制与控制测试(见表 7-3)

表 7-3　发出商品的风险、控制与控制测试

风　险	计算机控制	人工控制	控制测试
• 订购的商品可能没有发出 • 可能在没有批准发运凭证的情况下发出了商品 • 已发出商品可能与发运凭证上的商品种类和数量不符 • 客户可能拒绝承认已收到商品	• 只要客户订购单获得批准，系统就会自动生成一份订购单、发运凭证和销售发票，发票内容单独保存在一个临时文件里直到商品发出后才打印 • 计算机把所有准备发出的商品与销售单上的商品种类和数量进行比对。打印种类或数量不符的销售单例外报告，并暂缓发货	• 商品打包发运前，对商品和发运凭证内容进行独立核对。在发运凭证上签字以示商品已与发运凭证核对且种类和数量相符 • 销售人员关注快到期的发运凭证和未完成的订购单，督促尽快向客户发货。只有当商品附有发运凭证时保安人员才能放行 • 客户要在发运凭证上签字以作为收到商品且商品与订购单一致的证据。管理层复核例外报告和暂缓发货的清单，并解决问题	• 执行观察、检查程序 • 检查发运凭证上相关员工和客户的签名，作为发货的证据 • 检查例外报告和暂缓发货的清单

3. 开具发票的风险、控制与控制测试(见表 7-4)

表 7-4　开具发票的风险、控制与控制测试

风　险	计算机控制	人工控制	控制测试
商品发运可能未开具销售发票	临时文件中的发票已经打印，已发运商品已被记录于销售和应收账款。发货以后才能生成销售发票，发票上的连续编号应与发运凭证上的连续编号一致，系统应该利用连续编号比对发票和发运凭证。比对不符的发运凭证，生成例外报告	复核临时文件中打印出来的发票，调查未予发货的理由并予以解决。打印尚未开具发票的发运凭证，并进行复核	检查打印出来的发票是否经过复核。对未予发货或者与发运凭证相对应的发票仍保存在临时文件中的情况进行调查。检查已打印单据是否经过复核，对无发票的发运凭证进行调查
生成的发票可能未附有效的订购单，商品的发出或者发票可能重复	利用事先编号的系统比对发票和发运凭证。比对不符的，生成例外报告	复核比对不符的发票编号、发运凭证编号和订购单，复核发票重复问题，并予以解决	检查例外报告，以确定是否已经解决比对不符问题
由于定价或产品摘要不正确，以及订购单、发运凭证或销售发票代码输入错误，可能使销售价格不正确	通过逻辑准入系统控制定价主文档的更改。只有得到授权的员工才能进行更改。系统通过使用和检查主文档版本序号，确定正确的定价主文档版本已经被上传。系统检查录入的产品代码的合理性	核对经授权的有效的价格更改清单与计算机获得的价格更改清单是否一致。如果发票由手工填写或没有定价主文档，则有必要对发票的价格进行独立核对	检查文件以确定价格更改是否经授权。重新执行以确定打印出的更改后价格与授权是否一致(可以使用计算机辅助审计方法加以实施)。通过检查 IT 的一般控制和收入交易的应用控制，确定正确的定价主文档版本是否已被用来生成发票。检查发票中价格复核人员的签名。通过核对经授权的价格清单与发票上的价格，重新执行检查

(续表)

风　险	计算机控制	人工控制	控制测试
发票上的金额可能出现计算错误	每张发票的单价、计算、商品代码、商品摘要和客户账户代码均由计算机程序控制。如果由计算机控制的发票开具程序的更改是受监控的，在操作控制帮助下，可以确保使用的是正确的发票生成程序版本。系统代码有密码保护，只有经授权的员工才可以更改。定期打印所有系统上做出的更改	如果由手工开具发票，独立复核发票上计算的增值税和总额的正确性。上述程序的所有更改由上级复核和审批	检查与发票计算金额正确性相关的人员的签名。重新计算发票金额，证实其是否正确。询问发票生成程序更改的一般控制情况，确定是否经授权以及现有的版本是否正在被使用。检查有关程序更改的复核审批程序

4. 记录赊销的风险、控制与控制测试(见表7-5)

表7-5　记录赊销的风险、控制与控制测试

风　险	计算机控制	人工控制	控制测试
销售发票可能被记入不正确的应收账款账户。销售发票可能未入账	检查客户代码。系统将客户代码、商品发送地址、发运凭证、发票与应收账款主文档中的相关信息进行比对。当开具发票时，系统应将所有应收账款账户的期初余额加上本期赊销交易额与主文档中的期末余额调节一致	在记录交易前要检查交易的合法性。在开具发票和录入应收账款时，会计人员负责核对所有与销售发票相关的单据，以及应收账款主文档的调节情况。向客户发送月末对账单，调查并解决客户质询的差异	在系统中运行测试数据，以测试系统录入数据的合法性控制。检查会计人员在核对单据和应收账款主文档调节情况时留在打印文件上的证据。检查客户咨询信件并确定问题是否已得到解决
销售发票入账的会计期间可能不正确	如果发票只有在发货时才会生成，系统应根据登记的交易代码自动生成未开具发票的发运凭证清单	定期执行人工销售截止检查程序。应收账款客户主文档中明细余额的汇总金额应与应收账款总分类账核对。如果发票与订购单和发运凭证一同生成，应检查在临时文件中的发票打印件。复核并调查所有与发票不匹配的发运凭证，保证未开具发票的销售也未发出商品	检查发票，重新执行销售截止检查程序。检查应收账款客户主文档中明细余额汇总金额的调节结果与应收账款总分类账是否核对相符，以及负责该项工作的员工签名。重新执行调节程序
上述所有风险		管理层根据关键业绩指标复核实际业绩。例如，实际销售与计划销售、实现的毛利率、应收账款周转天数、当前已逾期的应收账款账龄分析、注销坏账占逾期应收账款的比率	检查用于证明识别和解决与关键业绩指标不符的实际业绩问题的文件。询问管理层针对上述问题所采取的解决措施

5. 记录现金销售的风险、控制与控制测试(见表 7-6)

表 7-6　记录现金销售的风险、控制与控制测试

风　险	计算机控制	人工控制	控制测试
现金销售可能没有在销售时被记录。收到的现金可能没有存入银行	要求每个收款台都打印每日现金销售汇总表	将收银机或销售点设置在出口处或其附近，并显示金额记录。打印销售小票交予客户。通过监视器监督收款台。计算每个收款台收到的现金，并与相关销售汇总表调节相符。独立检查所有收到的现金已存入银行	实地检查收银台、销售点并询问管理层，以确定在这些地方是否有足够的物理监控。检查结算记录上负责计算现金和与销售汇总表相调节工作的员工的签名。检查存款单和销售汇总表上的签名，证明已实施复核。重新检查已存入金额和销售汇总表金额

6. 应收账款收款的风险、控制与控制测试(见表 7-7)

表 7-7　应收账款收款的风险、控制与控制测试

风　险	计算机控制	人工控制	控制测试
客户使用支票支付货款，收取后可能未被存入银行	应收账款的内容和收取的数额都通过终端记录	任何可用于流通的支票必须被严格控制，由收款人在收到款项清单上签字。如果存款清单没有在收取支票时自动生成，由负责生成存款清单的人员在支票签收清单上签字，以证明收到了这些款项。独立检查所有收到的支票都被存入银行	检查在收到款项清单上的签字。检查支票签收清单上相关人员的签字。检查支票签收清单和存款清单上相关人员的签字。对所有通过邮寄收到的支票是否都被存入银行重新执行一次检查
客户通过电子货币转账系统或银行汇款支付的款项收取后可能没有被记录		无论客户通过电子货币转账系统还是银行汇款直接支付，均应分别将汇款通知上的金额与银行每日的电子货币转账清单或直接汇款清单进行比对	检查清单上相关人员的签名。重新执行比对程序

7. 记录收款的风险、控制与控制测试(见表 7-8)

表 7-8　记录收款的风险、控制与控制测试

风　险	计算机控制	人工控制	控制测试
收款可能被记入不正确的应收账款账户	在录入应收账款账户的代码时，姓名和其他信息均取自主文档并在终端上显示	将终端显示的信息与汇款通知或支票的相关信息进行比较。向客户发送月末对账单，对客户质询的差异应予以调查并解决	检查客户质询信件并确定问题是否已被解决。询问尚未解决的质询和计划采取的措施
应收账款记录的收款与银行存款可能不一致	在编制存款清单时，系统自动贷记应收账款	定期独立编制银行存款余额调节表	检查负责编制银行存款余额调节表的员工签名

(续表)

风　　险	计算机控制	人 工 控 制	控 制 测 试
上述所有风险		将每日现金汇总表和收款清单与银行存款清单相比较；客户对应收账款的质询和解决措施；应收账款主文档汇总金额与应收账款总分类账之间的调节；银行存款余额调节表；在应收账款账龄分析表中反映长期无法收回的金额；将实际业绩与关键业绩指标进行比较	询问这些事项，检查证明实施这些监控程序的记录和文件

四、销售与收款循环控制测试工作底稿示例

1. 销售与收款循环控制测试导引表(见表 7-9)

表 7-9　控制测试导引表(销售与收款循环)

客户：A 股份有限公司	索引号：XSC
项目：控制测试(销售与收款循环)	财务报表截止日/期间：20××年度
编制：左某	复核：郁某
日期：20××-2-5	日期：20××-2-6
测试本循环控制运行有效性的工作	
1. 针对了解的被审计单位销售与收款循环的控制活动，确定拟进行控制测试的活动	
2. 测试控制运行的有效性，记录测试过程和结论	
3. 根据测试结论，确定对实质性程序的性质、时间和范围的影响	
测试本循环控制运行有效性形成下列审计工作底稿	
1. XSC-1：控制测试汇总表 2. XSC-2：控制测试程序 3. XSC-3：控制测试过程	
编制说明	
本审计工作底稿用以记录下列内容： 1. 汇总对本循环内部控制运行有效性进行测试的主要内容和结论 2. 控制测试程序和测试过程	

2. 销售与收款循环控制测试汇总表(见表 7-10)

表 7-10　控制测试汇总表(销售与收款循环)

客户：A 股份有限公司	索引号：XSC-1
项目：控制测试(销售与收款循环)	财务报表截止日/期间：20××年度
编制：左某	复核：郁某
日期：20××-2-5	日期：20××-2-6
1. 了解内部控制的初步结论 (1) 控制设计合理，并得到执行　(√) (2) 控制设计合理，未得到执行　(　) (3) 控制设计无效或缺乏必要的控制　(　)	

(续表)

2. 控制测试结论

控制目标	被审计单位的控制活动	对实现控制目标是否有效	是否得到执行	是否有效运行	控制测试结果是否支持风险评估结论
与销售货物相关的权利均已记录至应收账款	信息管理员根据系统“已完工”订单信息和合同约定交货日期开具连续编号销售发票,交销售经理审核。存根联销售部留存，其他联次用于税务核销及财务记账。记账员根据系统“已离岸”信息，将销售发票信息和相关单据核对。核对一致后记账员在发票上加盖“相符”印戳并将信息输入系统，采购订单状态由“已离岸”更改为“已处理”	是	是	是	是
销售货物交易均已记录于适当时期	若期末存在商品已发出尚未离岸，记账员根据出库单等单证记录应收账款，并于下月初冲回，当系统显示“已离岸”销售订单信息时，记录销售收入实现	否	否	否	支持
已记录的销售退回，折扣与折让均为真实发生的	销售合同不允许退货的，发生质量纠纷时，根据双方确定金额调整应收账款采取索赔方式。业务员接到索赔资料后编制连续编号顾客索赔处理表，由生产经理/技术经理确定是否确属产品质量问题。属公司责任，记账员在处理表注明货款结算情况。索赔金额低于人民币 100 000 元由销售经理批准，超过该标准由总经理审批	是	是	是	支持
已发生的销售退回，折扣与折让均已记录	月末，应收账款主管编制应收账款账龄报告，内容包括应收账款总额/应收账款明细账合计数/应收账款明细账与顾客对账单的核对情况	是	是	是	支持
已发生的销售退回，折扣与折让均已记录于适当时期	业务员接到顾客的索赔资料后编制连续编号的顾客索赔处理表。记录员编制应收账款调整分录，后附经适当审批的顾客索赔处理表，交会计主管复核后进行账务处理	是	是	是	支持
已发生的销售退回，折扣与折让均已准确记录	业务员接到顾客的索赔资料后编制连续编号的顾客索赔处理表，由生产经理、技术经理确定是否属产品质量问题。属公司责任，记账员在顾客索赔处理表注明货款结算情况。索赔金额低于人民币 100 000 元由销售经理批准；超过该标准由总经理审批	是	是	是	支持

(续表)

控制目标	被审计单位的控制活动	对实现控制目标是否有效	是否得到执行	是否有效运行	控制测试结果是否支持风险评估结论
准确计提坏账准备和核销坏账，并记录于适当时期	销售经理编写可收回性分析报告，交财务部复核；会计主管编写会计估计变更建议，计提特别坏账准备及拟核销坏账，业务员填写坏账变更申请表附顾客资料，销售经理审阅后，金额 50 000 元以下由财务经理审批，500 000 元以上由总经理审批。记账员据申请表进行账务处理	是	是	是	支持
收款是真实发生的	信用证到期或收到顾客已付款通知，由出纳员前往银行办理托收。款项收妥后记账员编制收款凭证附相关单证，提交会计主管复核。完成复核后会计主管在收款凭证上签字作为审批证据，并在所有单证上加盖“核销”印戳	是	是	是	支持
准确记录收款	记账员将编制收款凭证附相关单证，提交会计主管复核。在完成对收款凭证及相关单证的复核后，会计主管在收款凭证上签字，并在所有支持文件上加盖“核销”印戳。出纳员依据收款凭证及时登记现金和银行存款日记账	是	是	是	支持
收款均已记录	每月末由会计主管指定出纳员以外人员核对银行存款日记账和银行对账单，编制银行存款余额调节表，提交给财务经理复核，财务经理在银行存款余额调节表中签字	否	否	否	不支持
监督应收账款及时收回	月末，往来会计编制应收账款账龄报告	是	是	是	支持
对顾客档案变更均为真实有效的	需对系统内顾客信息进行修改的，业务员填写更改申请表经销售经理审批后交信息管理员，由其负责对更改申请表预先连续编号并在系统内进行更改。财务经理核对月度更改报告，检查实际更改和申请表是否一致、是否恰当审批、编号是否正确。签字作为复核的证据。销售经理每半年复核一次顾客档案	是	是	是	支持

(续表)

控制目标	被审计单位的控制活动	对实现控制目标是否有效	是否得到执行	是否有效运行	控制测试结果是否支持风险评估结论
对顾客档案变更均为准确的	需对系统内顾客信息进行修改的，业务员填写更改申请表经销售经理审批后交信息管理员，由其负责对更改申请表预先连续编号并在系统内进行更改。会计主管核对月度更改报告，检查实际更改和申请表是否一致、是否恰当审批、编号是否正确。签字作为复核的证据。销售经理每半年复核一次顾客档案	是	是	是	支持
对顾客档案变更均已于适当期间进行处理	信息管理员每月复核一次顾客档案。对两年内未与公司发生业务往来的顾客，通知业务员，由其填写更改申请表，经销售经理审批后交信息管理部删除该顾客档案。销售经理每半年复核该顾客档案	是	是	是	支持

3. 相关交易和账户余额的总体审计方案

(1) 对未进行测试的控制目标的汇总

根据计划实施的控制测试，我们未对下述控制目标、相关的交易和账户余额及其认定进行测试。

业务循环	主要业务活动	相关交易和账户余额及其认定	原因
销售与收款	记录应收账款	应收账款：存在 主营业收入：截止	控制设计不合理
销售与收款	收款	应收账款：存在、完整性	控制未得到执行

(2) 对未达到控制目标的主要业务活动的汇总

根据控制测试的结果，我们确定下述控制运行无效，在审计过程中不予信赖，拟实施实质性程序获取充分、适当的审计证据。

业务循环	主要业务活动	相关交易和账户余额及其认定	原因
销售与收款	维护顾客档案	应收账款：权利和义务/存在 主营业务收入：完整性/发生	未按政策及时维护顾客信息

(3) 对相关交易和账户余额的审计方案

根据控制测试的结果，制定下列审计方案(各种认定需从实质性程序获取的保证程度)：

受影响的交易、账户余额	完整性	发生 / 存在	准确性 / 计价和分摊	截止	权利和义务	分类	列报
主营业务收入	低	中	低	高	高	高	高
应收账款	低	高	低	高	中	高	高

(注：由于假定收入存在舞弊风险，虽然控制测试的结果表明控制活动可以缓解该特别风险，我们仍拟从实质性程序中就收入的完整性，发生认定中获取中等保证程度。)

4. 沟通事项

是否需要就已识别的内部控制设计、执行以及运行方面的重大缺陷，与管理层或治理层进行沟通？

事项编号	事项记录	与治理层的沟通	与管理层的沟通
(1)	应收账款记录控制设计不合理	是	是
(2)	应收账款记录的完整性控制未执行	是	是
(3)	应收账款未正确记录于相应的期间	是	是

3. 销售与收款循环控制测试程序表(见表7-11)

表7-11 控制测试程序和过程记录(销售与收款循环)

客户：A股份有限公司	索引号：XSC-2
项目：控制测试程序(销售与收款循环)	财务报表截止日/期间：20××年度
编制：左某	复核：郁某
日期：20××-2-5	日期：20××-2-6

1. 控制测试——销售

(1) 询问程序

通过实施询问程序，被审计单位已确定下列事项：①本年度未发现任何特殊情况、错报和异常项目；②财务或生产部门的人员在未得到授权的情况下无法访问或修改系统内数据；③本年度未发现下列控制活动未得到执行；④本年度未发现下列控制活动发生变化。

(2) 其他测试程序

<table>
<tr><th>控制目标</th><th>控制活动</th><th>控制测试程序</th><th>执行控制频率</th><th>测试项目数量</th><th>索引号</th></tr>
<tr><td>仅接受在信用额度内的订单</td><td>如果是新顾客，销售经理将对其进行客户背景调查，获取包括信用评审机构对顾客信用等级的评定报告等，填写“新顾客基本情况表”，并附相关资料交至信用管理经理审批。信用管理经理将在“新顾客基本情况表”上签字注明是否同意赊销。通常情况下，给予新顾客的信用额度不超过人民币50万元；若高于该标准，应经总经理审批。如果是现有顾客，业务员将订单金额与该顾客已被授权的信用额度以及至今尚欠的账款余额进行检查</td><td>抽取新顾客基本情况表，检查是否符合经批准的信用额度</td><td>不定期</td><td>3</td><td>XSC-3</td></tr>
<tr><td>仅接受在信用额度内的订单</td><td>经销售经理审批后，交至信用管理经理复核。如果是超过信用额度的采购订单，应由总经理审批</td><td>抽取现有顾客订单，检查是否适当复核</td><td>每周执行一次</td><td>3</td><td>XSC-3</td></tr>
<tr><td rowspan="2">管理层核准销售订单的价格、条件</td><td rowspan="2">对于新顾客的初次订单，不允许超过经审批的信用额度。如新顾客能够及时支付货款，信用良好，则可视同“现有顾客”进行交易。收到现有顾客的采购订单后，业务员将订单金额与该顾客已被授权的信用额度以及至今尚欠的账款余额进行检查，经销售经理审批后交至信用管理经理复核。如果是超过信用额度的采购订单，应由总经理审批</td><td>抽取新顾客订单；检查是否符合经批准的信用额度</td><td>不定期</td><td rowspan="2">3</td><td rowspan="2">XSC-3</td></tr>
<tr><td>抽取现有顾客订单，检查是否适当复核</td><td>每周执行一次</td></tr>
</table>

(续表)

控制目标	控制活动	控制测试程序	执行控制频率	测试项目数量	索引号
已记录的销售订单内容准确	信息管理员负责将顾客采购订单和销售合同信息输入系统，由系统自动生成连续编号的销售订单(此时系统显示为“待处理”状态)。每周由信息管理员李明珠核对本周内生成的销售订单，对任何不连续编号的情况将进行检查	抽取销售信息报告，检查是否已经编制，如有差异是否已调查和处理	每周执行一次	3	XSC-3
销售订单均已得到处理	每周记账员汇总本周内所有签订的销售合同，与销售订单核对，编制销售信息报告。有不符的，记账员将通知信息管理员，共同调查该事项	抽取销售信息报告，检查是否已经编制，如有差异是否已调查和处理	每周执行一次	3	XSC-3

2. 控制测试——记录应收账款

(1) 询问程序

通过实施询问程序，被审计单位已确定下列事项：①本年度未发现任何特殊情况、错报和异常项目；②财务或销售部门的人员在未得到授权的情况下无法访问或修改系统内数据；③本年度未发现下列控制活动未得到执行；④本年度未发现下列控制活动发生变化。

(2) 其他测试程序

控制目标	控制活动	控制测试程序	执行控制频率	测试项目数量	索引号
已记录的销售均确已发出货物	运输公司在货物发车后开货运提单，通知公司货物离开时间；信息管理员将信息输入系统，系统订单状态由“已完工”变为“已发车”。应收账款记账员根据系统显示信息，将销售发票	抽取销售订单、销售发票、出运通知单以及送货单，检查	每日执行多次	3	XSC-3
已记录的销售均确已发出货物	所载信息和相关单据核对。核对一致后应收账款记账员在发票上加盖“相符”印戳并将信息输入系统，系统采购订单状态由“已发车”更改为“已处理”	其内容是否一致	每日执行多次	3	XSC-3
已记录的销售交易计价准确	月末，应收账款主管编制账龄报告，包括应收账款总额、应收账款明细账合计数及应收账款明细账与顾客对账单的核对情况。如有差异，应收账款主管将立即进行调查	抽取顾客对账单检查其与应收账款明细账金额是否一致，如有差异，是否已进行调查和处理	每月执行一次	3	XSC-3
与销售货物相关的权利均已记录至应收账款	信息管理员根据系统显示的“已完工”销售订单信息和销售合同约定的交货日期，开具连续编号的销售发票交销售经理审核，发票存根联由销售部留存，其他联次分别用于税务核销、财务记账等。应收账款记账员根据系统显示的“已发车”销售订单信息，将	抽取销售订单、销售发票、出运通知单以及送货单检查其内容是否一致	每日执行多次	3	XSC-3

(续表)

控制目标	控制活动	控制测试程序	执行控制频率	测试项目数量	索引号
与销售货物相关的权利均已记录至应收账款	销售发票所载信息和货运提单等进行核对。如所有单证核对一致，应收账款记账员在发票上加盖“相符”印戳并将有关信息输入系统，此时系统内的采购订单状态即由“已发车”自动更改为“已处理”	抽取销售订单、销售发票、出运通知单以及送货单检查其内容是否一致	每日执行多次	3	XSC-3
已记录的销售均已发出货物	运输公司在货物发车后，开出货运提单，通知公司货物发车时间。信息管理员将货物发车信息输入系统，系统内的销售订单状态由 “已完工”自动更改为“已发车”。应收账款记账员根据系统显示的“已发车”销售订单信息，将销售发票所载信息和货运提单等进行核对。如所有单证核对一致，应收账款记账员李晓辉在发票上加盖“相符”印戳并将有关信息输入系统，此时系统内的采购订单状态即由“已发车”自动更改为“已处理”	抽取销售订单、销售发票、出运通知单以及货运提单，检查其内容是否一致	每日执行多次	3	XSC-3
已记录的销售交易计价准确	月末，应收账款主管编制应收账款账龄报告。内容包括应收账款总额、应收账款明细账合计数以及应收账款明细账与顾客对账单的核对情况。 如有差异， 应收账款主管将立即进行调查	抽取顾客对账单，检查其与应收账款明细账金额是否一致，如有差异，是否已进行调查和处理	每月执行一次	3	XSC-3
与销售货物相关的权利均已记录至应收账款	信息管理员根据系统显示的“已完工”销售订单信息和销售合同约定的交货日期，开具连续编号的销售发票交销售经理审核，发票存根联由销售部留存，其他联次分别用于税务核销、财务记账等	抽取销售订单、销售发票、出运通知单以及货运提单，检查其内容是否一致	每日执行多次	3	XSC-3
已发生的销售退回、折扣与折让均已记录	月末应收账款主管编制应收账款账龄报告，包括应收账款总额、应收账款明细账合计数、应收账款明细账与顾客对账单的核对情况。如有差异，收账款主管应立即进行调查	抽取顾客对账单，检查其与应收账款明细账金额是否一致，如有差异，是否已进行调查和处理	每月执行一次	3	XSC-3

(续表)

控制目标	控制活动	控制测试程序	执行控制频率	测试项目数量	索引号
已发生的销售退回、折扣与折让均计入适当期间	业务员接到顾客的索赔资料后编制连续编号的顾客索赔处理表。应收账款记账员编制应收账款调整分录，后附经适当审批的顾客索赔处理表，交至会计主管复核后进行账务处理	抽取顾客索赔处理表，检查是否已进行记录	每月执行一次	3	XSC-3
已发生的销售退回、折扣与折让均已准确记录	业务员接到顾客的索赔传真件等资料后，编制连续编号的顾客索赔处理表，交至生产部门和技术部门，由生产经理、技术经理确定是否属产品质量问题，并签字确认。如确属公司责任，应收账款记账员在顾客索赔处理表注明货款结算情况，对于索赔金额低于人民币10万元的，由销售经理批准；超过该标准则由总经理审批	抽取记账凭证，检查与顾客索赔处理表金额是否一致，并经适当复核	每月执行一次	3	XSC-3

3. 控制测试——收款

(1) 询问程序

通过实施询问程序，被审计单位已确定下列事项：①本年度未发现任何特殊情况、错报和异常项目；②财务或销售部门人员在未得到授权的情况下无法访问或修改系统内数据；③本年度未发现下列控制活动未得到执行；④本年度未发现下列控制活动发生变化。

(2) 其他测试程序

控制目标	控制活动	控制测试程序	执行控制频率	测试项目数量	索引号
收款是真实发生的	信用证到期或收到顾客已付款通知后，由出纳员前往银行办理托收。款项收妥后，应收账款记账员将编制收款凭证，并附相关单证，如银行结汇单、银行到款通知单等，提交会计主管审批。在完成对收款凭证及相关的复核后，会计主管在收款凭证上签字作为审批证据，并在所有单证上加盖“核销”印戳	抽取收款凭证，检查其是否经会计主管复核，是否加盖“核销”印戳	每日执行多次	3	XSC-3
准确记录收款	应收账款记账员将编制收款凭证，并附相关单证，如银行结汇单、银行到款通知单等，提交会计主管审批。在完成对收款凭证及相关单证的复核后，会计主管在收款凭证上签字，作为复核证据，并在所有支持文件上加盖“核销”印戳。出纳员根据经复核无误的收款凭证及时登记现金和银行存款日记账	抽取收款凭证，检查其是否经会计主管复核，是否加盖“核销”印戳	每日执行多次	3	XSC-3
监督应收账款及时收回	月末，应收账款主管编制应收账款账龄报告	抽取应收账款账龄分析报告，检查是否编制并经复核	每月执行一次	3	XSC-3

(续表)

4. 控制测试——维护顾客档案

(1) 询问程序

通过实施询问程序，被审计单位已确定下列事项：①本年度未发现任何特殊情况、错报和异常项目；②财务或销售部门人员在未得到授权的情况下无法访问或修改系统内数据；③本年度未发现下列控制活动未得到执行；④本年度未发现下列控制活动发生变化。

(2) 其他测试程序

控制目标	控制活动	控制测试程序	执行控制频率	测试项目数量	索引号
对顾客档案变更均为真实有效的	如需对系统内顾客信息进行修改的，业务员填写更改申请表经销售经理审批后交信息管理员李明珠，由其负责对更改申请表预先连续编号并在系统内进行更改。财务经理核对月度更改报告，检查实际更改和申请表是否一致、否恰当审批、编号是否正确，在月度顾客信息更改报告和编号记录表上签字作为复核的证据。如发现异常情况，将进一步调查处理。销售经理每半年复核顾客档案	抽取月度顾客信息更改报告，检查是否已经复核	每月执行一次	3	XSC-3
对顾客档案变更均为准确的	如需对系统内的顾客信息做出修改，业务员填写更改申请表，经销售经理审批后交信息管理员，由其负责对更改申请表预先连续编号并在系统内进行更改。财务经理对月度顾客更改信息报告，检查实际更改情况和更改申请表是否一致，所有变更是否得到适当审批以及编号记录表是否正确，在月度顾客信息更该报告和编号记录表上签字作为复核的证据。如发现异常情况，将进一步调查处理。销售经理每半年复核顾客档案	抽取按月编制的编号记录表，检查其是否已经复核	每月执行一次	3	XSC-3
对顾客档案变更均已于适当期间进行处理	信息管理员负责对更改申请表预先连续编号并在系统内进行更改。财务经理核对月度顾客更改信息报告，检查实际更改情况和更改申请表是否一致，所有变更是否得到适当审批以及编号记录表是否正确，在月度顾客信息更改报告和编号记录表上签字作为复核的证据。如发现异常情况，将进一步调查处理。销售经理每半年复核顾客档案	抽取月度顾客信息更改报告，检查是否已经复核	每月执行一次	3	XSC-3
确保顾客档案数据及时更新	信息管理员每月复核顾客档案。对两年内未与公司发生业务往来的顾客，通知业务员由其填写更改申请表，经销售经理审批后交信息管理部删除该顾客档案。销售经理每半年复核顾客档案	抽取顾客档案，检查是否已及时更新	不定期	3	XSC-3

4. 销售与收款循环控制测试过程表(见表 7-12)

表 7-12 控制测试过程表(销售与收款循环)

客户：A 股份有限公司　　索引号：XSC-2

项目：控制测试过程(销售与收款循环)　　财务报表截止日/期间：20××年度

编制：左某　　复核：郁某

日期：20××-2-5　　日期：20××-2-6

1. 与销售有关的业务活动的控制

主要业务活动	测试内容	项目 1	项目 2	项目 3
销售	销售订单编号#(日期)	20××.06.15	20××.12.10	20××.08.26
	销售订单内容	(略)	(略)	(略)
	是否复核顾客信用额度(是/否)	是	是	是
	销售订单是否得到适当的审批(是/否)	是	是	是
	销售发票是否经过复核	是	是	是
	销售发票编号#(日期)	20××.06.19	20××.12.15	20××.09.03
	出运通知单编号#(日期)			
	销售订单、销售发票、出运通知单、送货单内容是否一致(是/否)	是	是	是
	是否取得运货提单(是/否)	是	是	是
记录应收账款	记录应收账的凭证编号#(日期)	6-176#	9-239#	10-265#
	发票上是否盖“相符”印戳(是/否)	否	否	否
收款	收款凭证编号#(日期)	4-136#	2-78#	12-301#
	收款凭证是否得到会计主管的适当审批(是/否)	是	是	是
	有关支持性文件上是否盖“核销”章(是/否)	是	是	是
	付款人名称是否与顾客一致(是/否)	是	是	是
	银行进账单编号#/信用证编号#(日期)	20××.04.04	20××.02.15	20××.12.01
	是否正确计入应收账款贷方(是/否)	是	是	是

2. 与新顾客承接有关的业务活动的控制

序号	是否编制顾客申请表	是否编制新顾客基本情况表	是否取得新顾客信用等级的评定报告	是否经信用管理经理审批	信用额度是否经适当审批	是否根据经适当审批的文件建立新顾客档案
无新增客户						

(续表)

3. 与比较销售信息报告和相关文件(销售订单)是否相符有关的业务活动的控制

序号	选择的销售信息报告期间	记账员是否已复核销售信息报告	销售订单是否连续编号
(1)	20××.01	是	是
(2)	20××.03	是	是
(3)	20××.10	是	是

4. 与调整应收账款有关的业务活动的控制

序号	顾客名称	是否编制账龄分析报告	应收账款调节表编号	是否与支持文件相符	是否经过恰当审批	是否已调节应收账款
(4)	博源实业有限公司	是	20××-12-31	是	是	是
(5)	晨实业有限公司	是	20××-12-31	是	是	是
(6)	华海器械有限公司	是	20××-12-31	是	是	是

5. 与核销坏账或计提特别坏账准备有关的业务活动的控制

序号	顾客名称	坏账变更申请表编号(日期)	是否与支持文件相符	是否经过恰当审批	是否已调节应收账款
本期未发生					

6. 与计提坏账准备有关的业务活动的控制

主要业务活动	测试内容	项目1	项目2	项目3
计提坏账准备	董事会制定与计提坏账准备有关的会计估计(是/否)	是		
	年末销售经理编写应收账款可回收性分析报告(是/否)	是		
	如较之前估计数发生较大变化，会计主管编写会计估计变更建议(是/否)	是		
	财务经理复核会计估计变更建议(是/否)	是		
	董事会审核会计估计变更建议(是/否)	是		
	会计估计变更已进行恰当处理和列报(是/否)	是		
	记账凭证编号#	不适用		

7. 与退货及索赔有关的业务活动的控制

序号	顾客名称	顾客投诉处理表编号(日期)	财务部是否注明货款结算情况	生产经理是否确定质量责任	技术经理是否确定质量责任	是否经过恰当审批	是否已调节应收账款
(7)	晨海实业有限公司	20××-12-16	是	是	是	是	是

8. 与顾客档案更改记录有关的业务活动的控制

序号	更改申请表	更改申请表是否经过恰当审批	是否包含在月度供应商信息更改报告中	月度供应商信息更改报告是否经恰当复核	更改申请表号码是否包含在编号记录表中	编号记录表是否经复核
未更改						

(续表)

9. 与顾客档案及时维护有关的业务活动的控制				
序号	顾客名称	档案编号	最近一次与公司发生交易的时间	是否已按照规定对顾客档案进行维护
(8)	嘉嘉家纺有限公司	200501105	20××. 09. 03	是
(9)	梦境家纺有限公司	200205008	20××. 12. 20	是

任务处理

【任务 7-1】下列说法中正确的有(　　)。

A. 注册会计师通常通过观察被审计单位有关人员的活动，以及与这些人员进行讨论，来实施对被审计单位相关职责是否分离的控制测试

B. 被审计单位对售出的商品由收款员对每笔销货开具账单后，将发运凭证按顺序归档，且收款员应定期检查全部凭证的编号是否连续

C. 被审计单位在签订销售合同前，指定两名以上专门人员与购货方谈判，并由他们中的首席谈判代表负责签订销售合同

D. 注册会计师如果将收入与资产虚报问题确定为被审计单位销货业务的审计重点，则通常无需对销货业务完整性进行实质性程序

任务解析：应选 AD。选项 B，定期检查应由收款员以外的其他人员担任；选项 C，应由谈判人员以外的专门人员与购货方签订销售合同。

【任务 7-2】注册会计师对被审计单位已发生的销售业务是否均已登记入账进行审计时，常用的控制测试程序有(　　)。

A. 检查发运凭证连续编号的完整性　　B. 检查赊销业务是否经过授权批准

C. 检查销售发票连续编号的完整性　　D. 观察已经寄出的对账单的完整性

任务解析：应选 AC。选项 A、C 在销售与收款循环“销售业务的控制目标、内部控制和测试一览表”中有明确规定。事实上，发运凭证不完整将导致销售发票不完整，而销售发票不完整又将导致入账不完整。选项 B 明显属于“授权审批”目标的控制测试。由于对账单是根据“账”填制的，因此选项 D 无助于入账完整性目标的测试。

任务导入分析

应选 AC。在选项 A 中，销售发票和发运凭证进行连续编号是被审计单位控制漏记销售业务的关键控制活动；选项 B 的控制活动主要控制销售业务的“发生”认定；在选项 C 中，已发运的产品如果都已入账可以防止销售业务的漏记；在选项 D 中，定期与客户核对应收账款余额主要是为了确保销售业务记录金额是否正确。可见，选项 A 和 C 的控制活动可以保证所有的产品销售均已入账这一控制目标。

任务二 销售与收款循环实质性程序

任务导入

注册会计师对 M 公司 2019 年的相关收入进行审计时，发现 M 公司存在以下与收入确认相关的交易处理情况，其中正确的有(　　)。

A. M公司确认对B公司销售收入计2000万元(不含税，增值税税率为17%)，相关会计记录显示，销售给B公司的产品系按其要求定制，成本为1800万元，支付了1000万元款项，该产品尚存放于Y公司，且M公司尚未开具增值税发票和通知B公司提货

B. M 公司拟以在 2019 年 12 月按合同约定给 A 公司发出产品时，对方告知由于发生巨额亏损，资金周转困难，无法承诺付款。为了保持良好的客户关系，M 公司仍于 2019 年年末交付产品，但在 2019 年未确认相应的主营业务收入

C. 2019 年 12 月，M 公司销售一批商品给 C 公司。C 公司已根据 M 公司开出的发票账单支付了货款，取得了提货单，但 M 公司尚未将商品移交 C 公司。M 公司未确认该笔收入

D. 2019 年 12 月 30 日，M 公司销售一批高档家具给 D 宾馆。该批家具总售价 1000 万元，12 月 30 日装运家具时，M 公司已收到 800 万元货款。按照合同约定，M 公司应将该家具送抵 D 宾馆并按照图纸摆放到各客房。M 公司于 2020 年 1 月 3 日安装摆放完毕且收到剩余货款。2019 年，M 公司确认了销售收入 1000 万元

资讯准备

一、销售与收款循环实质性分析程序

通常，注册会计师在对交易和余额实施细节测试前实施实质性分析程序，符合成本效益原则。具体到销售与收款交易和相关余额，应包括以下内容。

1. 识别需要运用实质性分析程序的账户余额或交易

就销售与收款交易和相关余额而言，通常需要运用实质性分析程序的是销售交易、收款交易、营业收入项目和应收账款项目。

2. 确定期望值

基于注册会计师对经营活动、市场份额、经济形势和发展历程的了解，与营业额、毛利率和应收账款等的预期相关。

3. 确定可接受的差异额

在确定可接受的差异额时，注册会计师首先应当确定管理层使用的关键业绩指标，并考核这些指标的适当性和监督过程。

4. 识别需要进一步调查的差异并调查异常数据关系

注册会计师应当识别实际和期望值之间的差异，这涉及一些比率和比较，主要包括：

(1) 观察月度(或每周)的销售记录趋势，与往年或预算相比较。任何异常波动都必须与管理层讨论，如果有必要的话还应作进一步的调查。

(2) 将销售毛利率与以前年度和预算相比较。如果被审计单位各种产品的销售价格是不同的，那么就应当对每种产品或者相近毛利率的产品组进行分类比较。任何重大的差异都需要与管理层沟通。

(3) 计算应收账款周转率和存货周转率，并与以前年度相比较。未预期的差异可能由很多因素引起，包括未记录销售、虚构销售记录或截止问题。

(4) 检查异常项目的销售。例如，对大额销售以及未从销售记录过入销售总账的销售应予以调查。对临近年末的异常销售记录更应加以特别关注。

5. 调查重大差异并做出判断

注册会计师在分析上述与预期相联系的指标后，如果认为存在未预期的重大差异，就可能需要对营业收入发生额和应收账款余额实施更加详细的细节测试。

6. 评价分析程序的结果

注册会计师应当就收集的审计证据是否能支持其试图证实的审计目标和认定形成结论。

二、营业收入的审计

1. 营业收入的审计目标

(1) 确定利润表中记录的营业收入是否已经发生，且与被审计单位有关。

(2) 确定营业收入的记录是否完整。

(3) 确定与营业收入有关的金额及其他数据是否已恰当记录，包括对销售退回、销售折扣与折让的处理是否适当。

营业收入的审计目标

(4) 确定营业收入是否已记录于正确的会计期间，并记录于恰当的账户，内容是否正确。

(5) 确定营业收入在会计报表上的列报是否恰当。

2. 主营业务收入的实质性程序

(1) 获取或编制主营业务收入明细表，复核加计正确，并与总账数和明细账合计数核对相符，同时结合其他业务收入科目数额与报表数核对相符。

营业收入的实质性程序-核对总账和明细账(明细表)

(2) 查明主营业务收入的确认原则、方法，注意是否符合企业会计准则和会计制度规定的收入确认条件，前后期是否一致。特别关注偶然性、周期性的收入是否符合既定的收入确认原则和方法。

(3) 选择运用分析程序，具体如下。

① 将本期的主营业务收入与上一期的主营业务收入进行比较，分析产品销售的结构和价格变动是否正常，并分析异常变动的原因；

② 比较本期各月各种主营业务收入波动情况，分析其变动趋势是否正常，是否符合被审计单位季节性、周期性的经营规律，并查明异常现象和重大波动的原因，注意是否有企业内部各部门或企业间相互原价开票转账，虚

营业收入的实质性程序-分析程序(毛利率分析表)

增销售收入的情况；

③ 计算本期重要产品的毛利率，分析比较本期与上一期同类产品毛利率变化的情况，注意收入与成本是否配比，并查明重大波动和异常情况的原因；

④ 计算对重要客户的销售额及产品毛利率，分析比较本期与上一期有无异常变化；

⑤ 将上述分析结果与同行业企业本期资料进行对比分析，检查是否存在异常。

(4) 根据增值税发票申报表或普通发票，估算全年收入，与实际入账收入金额核对，并检查是否存在虚开发票或已销售但未开发票的情况。

(5) 获取产品价格目录，抽查售价是否符合定价政策，并注意销售给关联方或关系密切的重要客户的产品价格是否合理，有无低价或高价结算以转移收入和利润的现象。

(6) 抽取本期一定数量的销售发票，检查开票、记账、发货日期是否相符，品名、数量、单价、金额等是否与发运凭证、销售合同或协议、记账凭证等一致。

(7) 抽取本期一定数量的记账凭证，检查入账日期、品名、数量、单价、金额是否与销售发票、发运凭证、销售合同或协议等一致。

营业收入的实质性程序-抽查(抽查表1)

营业收入的实质性程序-抽查(抽查表2)

营业收入的实质性程序-抽查(抽查表3)

营业收入的实质性程序-抽查(抽查表4)

营业收入的实质性程序-截止测试(截止测试表1)

营业收入的实质性程序-截止测试(截止测试表2)

(8) 实施销售截止测试。抽查资产负债表日前后若干日的销售收入与退货记录，检查销售业务的会计处理有无跨年度现象。在审计实务中，注册会计师可以考虑选择3条审计路径实施主营业务收入的截止测试：一是以账簿记录为起点。从资产负债表日前后若干天的账簿记录查至记账凭证，检查发票存根与发运凭证，目的是证实已入账收入是否在同一期间已开具发票并发货，有无多记收入。二是以销售发票为起点。从资产负债表日前后若干天的发票存根查至发运凭证与账簿记录，确定已开具发票的货物是否已发货并于同一会计期间确认收入。具体做法是：抽取若干张在资产负债表日前后开具的销售发票的存根，追查至发运凭证和账簿记录，查明有无漏记收入现象。三是以发运凭证为起点。从资产负债表日前后若干天的发运凭证查至发票开具情况与账簿记录，确定主营业务收入是否已计入恰当的会计期间。

(9) 结合资产负债表日应收账款的函询程序，查明有无未经认可的大额销售。

(10) 检查销售折扣、销售退回与折让业务是否真实，内容是否完整，手续是否符合规定，会计处理是否正确。

(11) 检查以外币结算的主营业务收入的折算方法是否正确。

(12) 检查有无特殊的销售行为，如委托代销、分期收款销售、商品需要安装和检验的销售、附有退回条件的销售、售后租回、售后回购、以旧换新、出口销售等，选择恰当的审计程序进行审核。

(13) 调查向关联方销售的情况，记录其交易品种、价格、数量、金额和比例，并记录占总销售收入的比例。对于合并范围内的销售活动，记录应予合并抵消的金额。

(14) 调查集团内部销售的情况，记录其交易价格、数量和金额，并追查在编制合并财务报表时是否已予以抵消。

(15) 根据评估的舞弊风险等因素增加的审计程序。

(16) 验明主营业务收入是否在利润表上恰当列报。

营业收入审定表

3. 其他业务收入的实质性程序

(1) 获取或编制主营业务收入明细表，复核加计正确，并与总账数和明细账合计数核对相符，同时结合主营业务收入科目数额与报表数核对相符。注意其他业务收入是否有相应的成本；检查是否存在技术转让等免税收益，如有，应调整应纳税所得额。

(2) 计算本期其他业务收入与其他业务成本的比率，并与上一期该比率比较，检查是否有重大波动，如有，应查明原因。

(3) 检查其他业务收入内容是否真实、合法，收入确认原则及会计处理是否符合规定，选择抽查原始凭证予以核实。

(4) 对异常项目，应追查入账依据及有关法律文件是否充分。

(5) 抽查资产负债表日前后一定数量的记账凭证，实施截止测试，追踪到发票、收据等，确认入账时间是否正确，对于重大跨期事项做必要的调整建议。

(6) 确定其他业务收入在利润表上的列报是否恰当。

4. 营业收入审计工作底稿示例

(1) 营业收入审计审定表示例(见表 7-13)。

表 7-13　营业收入审定表

客户：A 股份有限公司　　索引号：SA1

项目：营业收入　　财务报表截止日/期间：20××年度

编制：左某　　复核：郁某

日期：20××-2-5　　日期：20××-2-6

序号	项目	类别	上年审定数	本年未审数	结构比	变动趋势	本年审计调整		审定数
							借方	贷方	
1	主营业务收入	损益	15 387 974	11 314 851	100%	26.47%			11 314 851
2	其他业务收入	损益	0	0	0	0			0
合　计			15 387 974	11 314 851					11 314 851

审计说明：

1. 上年未对本项目进行审计调整。
2. 本年未对本项目进行审计调整。
3. 无其他说明事项。

审计结论：

经审计，营业收入无调整事项，可以确认。

(2) 营业收入审计明细表示例(见表 7-14、表 7-15)。

表 7-14　营业收入明细表(结构及变动趋势分析)

客户：A 股份有限公司　　索引号：SA2

项目：营业收入(结构及变动趋势分析)　　财务报表截止日/期间：20××年度

编制：左某　　复核：郁某

日期：20××-2-7　　日期：20××-2-8

明细项目		上年审定数	本年未审数	结构比	变动趋势	备注
1. 主营业务收入						
(1)	多件套	3 846 994	1 717 330	15.18%	-55.36%	
(2)	绣花四件套	461 639.2	206 079.6	1.82%	-55.36%	
(3)	羊羔绒毯	769 398.7	343 466	3.04%	-55.36%	
(4)	普通四季毯	1 538 797	686 932	6.07%	-55.36%	
(5)	活套被	1 538 797	686 932	6.07%	-55.36%	
(6)	糖果被	1 077 158	480 852.4	4.25%	-55.36%	
(7)	羽绒被	1 231 038	549 545.6	4.86%	-55.36%	
(8)	圆花边床单	1 846 557	824 318.4	7.29%	-55.36%	
(9)	花式枕套	615 519	274 772.8	2.43%	-55.36%	
(10)	床垫	2 462 076	1 099 091	9.71%	-55.36%	
2. 其他业务收入						
合计		1 5387 974	11 314 851	100.00%	-26.47%	

审计说明：

1. 复核加计正确，并与明细账及合计数、总账数、未审报表数核对相符。
2. 毛利率分析见本项目工作底稿 SA3。

审计结论：

营业收入的结构及变动趋势无异常。

表 7-15　营业收入明细表(毛利率分析)

客户：A 股份有限公司　　索引号：SA3

项目：营业收入(毛利率分析)　　财务报表截止日/期间：20××年度

编制：左某　　复核：郁某

日期：20××-2-7　　日期：20××-2-8

1. 成本调整前毛利率分析

名称	本年度				上年度			
	收入	成本	毛利	毛利率/%	收入	成本	毛利	毛利率/%
多件套	2 828 713.00	1 342 568.00	1 486 145.00	52.54	3 846 994.00	2 402 710.00	1 444 284.0	37.54
绣花四件套	339 445.50	206 079.60	133 365.90	39.29	461 639.20	288 325.20	173 314.00	37.54
羊羔绒毯	565 742.60	343 466.00	222 276.60	39.29	769 398.70	480 542.10	288 856.60	37.54
普通四季毯	1 131 485.00	686 932.00	444 553.00	39.29	1 538 797.00	961 084.10	577 712.90	37.54
活套被	1 131 485.00	686 932.00	444 553.00	39.29	1 538 797.00	961 084.10	577 712.90	37.54
糖果被	792 039.60	480 852.40	311 187.20	39.29	1 077 158.00	672 758.90	404 399.10	37.54

(续表)

名称	本年度				上年度			
	收入	成本	毛利	毛利率/%	收入	成本	毛利	毛利率/%
羽绒被	905 188.10	549 545.60	355 642.50	39.29	1 231 038.00	768 867.30	462 170.70	37.54
圆花边床单	1 357 782.00	824 318.40	533 463.60	39.29	1 846 557.00	1 153 301.00	693 256.00	37.54
花式枕套	452 594.00	274 772.80	177 821.20	39.29	615 519.00	384 433.60	231 085.40	37.54
床垫	1 810 376.00	1 473 853.00	336 523.00	18.59	2 462 076.00	1 537 735.00	924 341.00	37.54

2. 成本调整后毛利率分析(本年度)

名称	收入	成本	成本调整数	调整后成本	调整后毛利	调整后毛利率
多件套	2 828 713.00	1 342 568.00	373 026.00	1715 594.00	1 113 119.00	39.35%
绣花四件套	339 445.50	206 079.60		206 079.60	133 365.90	39.29%
羊羔绒毯	565 742.60	343 466.00		343 466.00	222 276.60	39.29%
普通四季毯	1 131 485.00	686 932.00		686 932.00	444 553.00	39.29%
活套被	1 131 485.00	686 932.00		686 932.00	444 553.00	39.29%
糖果被	792 039.60	480 852.40		480 852.40	311 187.20	39.29%
羽绒被	905 188.10	549 545.60		549 545.60	355 642.50	39.29%
圆花边床单	1 357 782.00	824 318.40		824 318.40	533 463.60	39.29%
花式枕套	452 594.00	274 772.80		274 772.80	177 821.20	39.29%
床垫	1 810 376.00	1 473 853.00	-35 4762.00	1 119 091.00	691 285.00	38.18%

审计说明：

1. 多件套和床垫毛利率与上年相比波动异常。
2. 多件套和床垫毛利率异常成本计量出错所致，调整分录见营业成本工作底稿。

审计结论：

多件套和床垫毛利率异常，因成本原因造成，营业收入可以确认。

(3) 营业收入审计抽凭表示例(见表 7-16)

表 7-16　营业收入抽凭表

客户：A 股份有限公司　　索引号：SA6
项目：营业收入抽凭　　财务报表截止日/期间：20××年度
编制：左某　　复核：郁某
日期：20××-2-7　　日期：20××-2-8

日期	凭证号	明细科目	经济内容	对方科目	金额		测试				附件名称	测试说明
					借方	贷方	①	②	③	④		
12.07	193	主营业务收入	销售四季毯	银行存款		585 000	是	是	是	是	增值税发票	未发现异常
12.26	445	主营业务收入	销售活套被	应收账款		581 440	是	是	是	是	增值税发票	未发现异常

审计说明：

① 金额核对相符；　　③ 账务处理正确；
② 所附凭证齐全；　　④ 业经恰当授权。

测试目标：计价、截止
重大错报风险评估结果：低
测试项目的选取方法：任意选样

审计结论：

营业收入凭证测试未发现异常，可以确认。

三、应收账款的审计

1. 应收账款的审计目标

(1) 确定被审计单位的应收账款是否存在，是否归被审计单位所有。

(2) 确定应收账款及其坏账准备的记录是否完整。

(3) 确定应收账款是否可收回，坏账准备的计提方法和比例是否恰当，计提是否充分。

应收账款审计目标

(4) 确定应收账款及其坏账准备的期末余额是否正确。

(5) 确定应收账款和预收账款的分类是否恰当。

(6) 确定应收账款及其坏账准备的列报是否恰当。

2. 应收账款的实质性程序

(1) 取得或编制应收账款明细表，复核加计正确，并与总账数和明细账合计数核对相符，结合坏账准备科目与应收账款相关的坏账准备数、预收账款借方明细余额，与报表数核对相符。

应收账款实质性程序-核对总账和明细账(明细表)

(2) 检查应收账款账龄分析是否正确。注册会计师可以通过编制或索取应收账款账龄分析表来分析应收账款的账龄，以便了解应收账款的可收回性。编制应收账款账龄分析表时，可以考虑选择重要的顾客及其余额列示，而将不重要的或余额较小的顾客汇总列示。

应收账款实质性程序-账龄分析(账龄分析表)

(3) 检查非记账本位币应收账款的折算汇率及折算是否正确。对于用非记账本位币(通常为外币)结算的应收账款，注册会计师应检查被审计单位外币应收账款的增减变动是否采用交易发生日的即期汇率将外币金额折算为记账本位币金额，或者采用按照系统、合理的方法确定的与交易发生日即期汇率近似的汇率折算，选择采用汇率的方法前后各期是否一致；期末外币应收账款余额是否采用期末即期汇率折合为记账本位币金额；折算差额的会计处理是否正确。

(4) 对应收账款实施实质性分析程序。复核应收账款借方累计发生额与主营业务收入是否匹配，如存在不匹配的情况应查明原因；在明细表上标注重要客户，并编制对重要客户的应收账款增减变动表，与上期比较分析是否发生变动，必要时收集客户资料分析其变动的合理性；计算应收账款周转率、应收账款周转期等指标，并与被审计单位上年指标、同行业同期相关指标对比分析，检查是否存在重大异常。

(5) 向债务人函证应收账款。函证应收账款的目的在于证实应收账款账户余额的真实性、正确性，防止或发现被审计单位及其有关人员在销售交易中发生的错误或舞弊行为。通过函证应收账款，可以比较有效地证明被询证者(即债务人)的存在和被审计单位记录的可靠性。

注册会计师应当考虑被审计单位的经营环境、内部控制的有效性、应收账款账户的性质、被询证者处理询证函的习惯做法及回函的可能性等，以确定应收账款函证的范围、对象、方式和时间。

应收账款实质性程序-函证(询证函)

① 函证的范围和对象。除非有充分证据表明应收账款对被审计单位财务报表而言是不重要的，或者函证很可能是无效的，否则，注册会计师应当对应收账款进行函证。如果注册会计师不对应收账款进行函证，应当在工作底稿中说明理由。如果认为函证很可能是无效的，注册会计师应当实施替代审计程序，获取充分、适当的审计证据。函证数量的范围、多少是由诸多因素决定的，主要有：第一，应收账款在全部资产中的重要性。若应收账款在全部资产中所占的比重较大，则函证的范围应相应大一些。第二，被审计单位内部控制的强弱。若内部控制制度较健全，则可以相应减少函证量；反之，则应相应扩大函证范围。第三，以前期间的函证结果。若以前期间函证中发现过重大差异，或欠款纠纷较多，则函证范围应相应扩大一些。第四，函证方式的选择。若采用积极的函证方式，则可以相应减少函证量；若采用消极的函证方式，则要相应增加函证量。

一般情况下，注册会计师应选择以下项目作为函证对象：大额或账龄较长的项目；与债务人发生纠纷的项目；关联方项目；主要客户(包括关系密切的客户)项目；交易频繁但期末余额较小甚至余额为零的项目；可能产生重大错报或舞弊的非正常项目。

② 函证的方式。注册会计师可采用积极的或消极的函证方式实施函证，也可将两种方式结合使用。如果采用积极的函证方式，注册会计师应当要求被询证者在所有情况下必须回函，确认询证函所列示信息是否正确，或填列询证函要求的信息。积极的函证方式可分为两种：一种是在询证函中列明拟函证的账户余额或其他信息，要求被询证者确认所函证的款项是否正确。通常认为，对这种询证函的回复能够提供可靠的审计证据。但是，其缺点是被询证者可能对所列示信息根本不加以验证就予以回函确认。为了避免这种风险，注册会计师可以采用另外一种询证函，即在询证函中不列明账户余额或其他信息，而要求被询证者填写有关信息或提供进一步信息。由于这种询证函要求被询证者做出更多的努力，可能会导致回函率降低，进而导致注册会计师执行更多的替代程序。在采用积极的函证方式时，只有注册会计师收到回函，才能为财务报表认定提供审计证据。注册会计师没有收到回函，可能是由于被询证者根本不存在，或是由于被询证者没有收到询证函，也可能是由于询证者没有理会询证函，因此，无法证明所函证信息是否正确。

如果采用消极的函证方式，注册会计师只要求询证者仅在不同意询证函列示信息的情况下才予以回函。在采用消极的函证方式时，如果收到回函，能够为财务报表认定提供说服力强的审计证据。未收到回函可能是因为被询证者已收到询证函且核对无误，也可能是因为被询证者根本就没有收到询证函。因此，积极的函证方式通常比消极的函证方式提供的审计证据可靠。因而在采用消极的方式函证时，注册会计师通常还需辅之以其他审计程序。当同时存在下列情况时，注册会计师可考虑采用消极的函证方式：重大错报风险评估为低水平；涉及大量余额较小的账户；预期不存在大量的错误；没有理由相信被询证者不认真对待函证。

在审计实务中，注册会计师也可将这两种方式结合使用。当应收账款的余额是由少量的大额应收账款和大量的小额应收账款构成时，注册会计师可对所有的或抽取的大额应收账款样本采用积极的函证方式，而对抽取的小额应收账款样本采用消极的函证方式。

③ 函证实施时间的选择。为了充分发挥函证的作用，应恰当选择函证的实施时间。注

册会计师通常以资产负债表日为截止日，在资产负债表日后适当时间内实施函证。如果重大错报风险评估为低水平，注册会计师可选择资产负债表日前适当日期为截止日实施函证，并对所函证项目自该截止日起至资产负债表日止发生的变动实施实质性程序。

④ 函证的实施与控制。注册会计师通常利用被审计单位提供的应收账款明细账户名称及客户地址等资料据以编制询证函，但注册会计师应当对选择被询证者、设计询证函以及发出和收回询证函保持控制。

注册会计师应当对函证实施过程进行控制：将被询证者的名称、地址与被审计单位有关记录核对；将询证函中列示的账户余额或其他信息与被审计单位有关资料核对；在询证函中指明直接向接受审计业务委托的会计师事务所回函；询证函经被审计单位盖章后，由注册会计师直接发出；将发出询证函的情况形成审计工作记录；将收到的回函形成审计工作记录，并汇总统计函证结果。

如果被询证者以传真、电子邮件等方式回函，为防止回函信息被截留、篡改或难以确定回函者的真实身份，注册会计师应当直接接收，并要求被询证者及时寄回询证函原件。如果遇到采用积极的函证方式实施函证而未能收到回函的，注册会计师应当考虑与被询证者联系，要求对方做出回应或再次寄发询证函。如果未能得到被询证者的回应，注册会计师应当实施替代审计程序。所实施的替代程序因所涉及的账户和认定而异，但替代审计程序应当能够提供实施函证所能够提供的同样效果的审计证据。例如，检查与销售有关的文件，包括销售合同或协议、销售订单、销售发票副本及发运凭证等，以验证这些应收账款的真实性。

⑤ 对不符事项的处理。收回的询证函若有差异，即函证出现了不符事项，注册会计师应当首先提请被审计单位查明原因，并作进一步分析和核实。不符事项的原因可能是由于双方登记入账的时间不同，或是由于一方或双方记账错误，也可能是被审计单位的舞弊行为。对应收账款而言，登记入账的时间不同而产生的不符事项主要表现为：询证函发出时，债务人已经付款，而被审计单位尚未收到货款；询证函发出时，被审计单位的货物已经发出并已做销售记录，但货物仍在途中，债务人尚未收到货物；债务人由于某种原因将货物退回，而被审计单位尚未收到；债务人对收到的货物的数量、质量及价格等方面有异议而全部或部分拒付货款等。如果不符事项构成错报，注册会计师应当重新考虑所实施审计程序的性质、时间和范围。

⑥ 对函证结果的评价。注册会计师应将函证的过程和情况记录在工作底稿中，并据以评价函证的可靠性。在评价函证的可靠性时，注册会计师应当考虑：对询证函的设计、发出及收回的控制情况；被询证者的胜任能力、独立性、授权回函情况、对函证项目的了解及其客观性；被审计单位施加的限制或回函中的限制。

应收账款实质性程序-函证(函证结果汇总表)

应收账款实质性程序-替代审计程序(替代测试表)

注册会计师对函证结果可进行如下评价：一是注册会计师应重新考虑：对内部控制的原有评价是否适当；控制测试的结果是否适当；分析程序的结果是否适当；相关的风险评价是否适当等。二是如果函证结果表明没有审计差异，则注册会计师可以合理地推论，全部应收账款总体是正确的。三是如果函证结果表明存在审计差异，注册会计师则应当估算应收账款总额中可能的累计差错；也可以考虑进一步扩大函证范围，以取得对累计差错更加准确的估计。

(6) 检查未函证的应收账款金额。对于未函证的应收账款，注册会计师应抽查有关原始凭据，如销售合同、销售订单、销售发票副本及发运凭证等，以验证与其相关的这些应收账款的真实性。

(7) 检查坏账的确认和处理。注册会计师应检查发生坏账损失的原因是否合理；坏账的处理是否经授权批准，有关会计处理是否正确。

(8) 抽查有无不属于结算业务的债权。注册会计师应抽查应收账款明细账，并追查有关原始凭证，查证被审计单位有无不属于结算业务的债权。如有，应做记录或建议被审计单位作适当调整。

(9) 分析应收账款明细账余额。应收账款明细账的余额一般在借方。在分析应收账款明细账余额时，注册会计师如果发现应收账款出现贷方明细余额的情形，应查明原因，必要时建议做重分类调整。

(10) 确定应收账款在财务会计报告上的列报是否恰当。

应收账款审定表

3. 坏账准备的实质性程序

企业会计准则规定，企业应当在期末对应收款项进行检查，并预计可能产生的坏账损失。应收款项包括应收票据、应收账款、预付款项、其他应收款和长期应收款等。坏账准备审计常用的实质性程序如下：

(1) 取得或编制坏账准备明细表，复核加计正确，与坏账准备总账数、明细账合计数核对相符。

(2) 将坏账准备本期计提数与资产减值损失相应明细项目的发生额核对相符。

(3) 检查坏账准备计提和核销的批准程序，评价坏账准备所依据的资料、假设及计提方法。

企业通常应采用备抵法核算坏账损失，计提坏账损失的具体方法由企业自行确定。企业应当列出目录，具体注明计提坏账准备的范围、提取方法、账龄的划分和提取比例，按照管理权限，经股东大会或董事会，或经理(厂长)会议或类似机构批准，并且按照法律、行政法规的规定报有关各方备案，同时，备置于公司所在地，以供投资者查阅。坏账准备提取方法一经确定，不得随意变更。如需变更，仍然应按上述程序经批准后报经有关各方备案，并在财务报表附注中说明变更的内容和理由、变更的影响数等。

(4) 实际发生坏账损失的，检查转销依据是否符合有关规定，会计处理是否正确。对于被审计单位在被审计期间内发生的坏账损失，注册会计师应检查其原因是否清楚，是否符合有关规定，有无授权批准，有无已做坏账处理后又重新收回的应收账款，相应的会计处理是否正确。对有确凿证据表明确实无法收回的应收账款，如债务单位已撤销、破产、资不抵债、现金流量严重不足等，企业应根据管理权限，经股东(大)会、董事会、经理(厂长)办公会或类似机构批准作为坏账损失，冲销提取的坏账准备。

(5) 检查长期挂账应收账款。注册会计师应检查应收账款明细账及相关原始凭证，查找有无资产负债表日后仍未收回的长期挂账应收账款。如有，应提请被审计单位做适当处理。

(6) 实施分析程序。通过计算因应收账款计提的坏账准备余额占应收账款余额、因应收票据计提的坏账准备余额占应收票据余额、因其他应收账款计提的坏账准备余额占其他应收款余额等的比例并和以前期间的相关比例比较，评价坏账准备计提的合理性。

(7) 结合应收账款、应收票据、预付账款、其他应收款等确定坏账准备的披露是否恰当。对于上市公司还应在财务报表附注中分项披露如下事项：本期全额计提坏账准备，或计提坏账准备的比例较大的(计提比例一般超过 40%及以上的，下同)，应说明计提的比例以及理由；以前期间已全额计提坏账准备，或计提坏账准备的比例较大但在本期又全额或部分收回的，或通过重组等其他方式收回的，应说明其原因、原估计计提比例的理由以及原估计计提比例的合理性；对某些金额较大的应收账款不计提坏账准备或计提坏账准备比例较低(一般为 5%或低于 5%)的理由；本期实际冲销的应收款项及其理由。其中，实际冲销的关联交易产生的应收账款应单独披露。

4. 应收账款审计工作底稿示例

(1) 应收账款审计审定表示例(见表 7-17)。

表 7-17　应收账款审定表

客户：A 股份有限公司	索引号：ZD1
项目：应收账款	财务报表截止日/期间：20××年 12 月 31 日
编制：左某	复核：郁某
日期：20××-2-7	日期：20××-2-8

项目		未审数				本年审计调整		审定数
		年初余额	借方	贷方	期末余额	借方	贷方	
1	应收账款	593 546	561 297	597 998	556 845	285 947		842 792
2	坏账准备——应收账款						43 639.6	-43 639.6
合计		593 546	561 297	597 998	556 845			799 152.4

审计说明：

1. 上年未对本项目进行审计调整，年初余额与上年审定数核对一致。
2. 坏账准备少提取 43 639.60 元，补提分录见工作底稿 ZD2。
3. 无关联交易及外币余额。
4. 账龄如下：

项目	1 年以内	1～2 年	合计
应收账款	812 792	30 000	842 792

5. 预收账款重分类到应收账款 285 947 元，调整分录见工作底稿 ZD2。
6. 无其他说明事项。

审计结论：

应收账款余额调整后可以确认。

(2) 应收账款审计明细表示例(见表 7-18)。

表 7-18 应收账款明细表

客户：A 股份有限公司　　索引号：ZD2

项目：应收账款明细　　财务报表截止日/期间：20××年 12 月 31 日

编制：左某　　复核：郁某

日期：20××-2-7　　日期：20××-2-8

明细项目		未审数				1 年以内	1~2 年
		年初余额	本期借方	本期贷方	期末余额		
1	海苏林超市	88 500	22 054	110 554			
2	江家家爱超市	113 140		113 140			
3	京林达家纺城	96 552	178 167	108 950	165 769	165 769	
4	永禾床上用品大卖场	122 644	128 500	92 644	158 500	128 500	30 000
5	海美馨大世界	98 500	115 400	98 500	115 400	115 400	
6	京华大超市	74 210	117 176	74 210	117 176	117 176	
合计		593 546	561 297	597 998	556 845	526 845	30 000

审计说明：

1. 复核加计正确，并与明细账及合计数、总账数、结合坏账准备与未审报表数核对相符，年初数与上年审定数核对相符。
2. 账龄分析见工作底稿 ZD1。
3. 预收账款重分类到应收账款 285 947 元(1 年以内)。
4. 坏账测试：该公司的坏账准备计提政策为按照账龄计提，1 年以内 5%，1～2 年 10%，2～3 年 30%，3 年以上 50%，但是关联方不计提坏账准备。

项目	1 年以内	1～2 年
应收账款	526 845+285 947=812 792	30 000

坏账准备——应收账款应有余额= 812 792×5%+30 000×10%=43 639.6，坏账准备——应收账款的账面余额 0，差异 43 639.6，应补提应收账款的坏账准备 43 639.6 元。

调整分录：

借：资产减值损失　　43 639.6

　　贷：坏账准备　　43 639.6

审计结论：

应收账款调整后余额可以确认。

(3) 应收账款审计抽凭表示例(见表 7-19)。

表 7-19 应收账款抽凭表

客户：A 股份有限公司　　索引号：ZD5

项目：应收账款抽凭　　财务报表截止日/期间：20××年 12 月 31 日

编制：左某　　复核：郁某

日期：20××-2-7　　日期：20××-2-8

日期	凭证号	明细科目	经济内容	对方科目	金额		测试				附件名称	测试说明
					借方	贷方	①	②	③	④		
11.01	11	海林超市	收到货款	银行存款		240 000	是	是	是	是	银行进账单	无异常
12.15	78	海美世界	收到货款	银行存款		18 340	是	是	是	是	银行进账单	无异常

(续表)

审计说明：
① 金额核对相符； ② 账务处理正确； ③ 所附凭证齐全； ④ 业经恰当授权。 测试目标：计价、发生 重大错报风险评估结果：低 测试项目的选取方法：根据回函结果，对未回函的项目进行重点抽凭
审计结论： 应收账款所抽取的凭证样本无异常。

四、销售费用的审计

1. 销售费用的审计目标

(1) 确定记录的销售费用是否已发生，且与被审计单位有关。

(2) 确定销售费用记录是否完整，与销售费用有关的金额及其他数据是否已恰当记录。

(3) 确定销售费用的内容是否正确，是否已记录于正确的会计期间。

(4) 确定销售费用在利润表上的披露是否恰当。

2. 销售费用的实质性程序

(1) 获取或编制销售费用明细表，复核加计正确，并与报表数、总账数和明细账合计数核对相符。

(2) 将本期销售费用与上一期的销售费用各明细项目进行比较，并将本期各个月份的销售费用进行比较，如有重大波动和异常情况应查明原因。

(3) 检查各明细项目是否与被审计单位销售商品和材料、提供劳务以及销售机构经营有关，是否合规、合理，计算是否正确。

(4) 核对有关费用项目与累计折旧、应付职工薪酬等项目的钩稽关系，做交叉索引。

(5) 针对重要或异常的销售费用项目，检查其原始凭证是否合法，会计处理是否正确。必要时，对销售费用实施截止测试，检查有无跨期入账的现象，对于重大跨期项目，应做必要调整。注意广告费、业务宣传费的划分是否合理，是否符合税前列支条件。

(6) 检查销售费用是否已在利润表上恰当列报。

3. 销售费用审计工作底稿示例

(1) 销售费用审计审定表示例(见表 7-20)。

表 7-20 销售费用审定表

客户：A 股份有限公司　　索引号：SD1

项目：销售费用　　财务报表截止日/期间：20××年度

编制：李某　　复核：郁某

日期：20××-2-9　　日期：20××-2-10

项 目	上年审定数	本年未审数	结构比	变动趋势	审计调整		审定数
					借方	贷方	
销售费用	486 300.25	535 040.84	100%	10.02%			535 040.84
合计	486 300.25	535 040.84	100%	10.02%			535 040.84

审计说明：

1. 上年未对本项目进行审计调整。
2. 无其他说明事项。

审计结论：

销售费用可以确认。

(2) 销售费用审计明细表示例(见表 7-21)。

表 7-21 销售费用明细表

客户：A 股份有限公司　　索引号：SD2

项目：销售费用明细　　财务报表截止日/期间：20××年度

编制：李某　　复核：郁某

日期：20××-2-9　　日期：20××-2-10

明细项目		上年审定数	本年未审数	结构比	变动趋势	备注
1	工资	250 000.00	270 000.00	50.46%	8.00%	钩稽见应付职工薪酬底稿
2	福利费	45 000.00	50 000.00	9.35%	11.11%	钩稽见应付职工薪酬底稿
3	折旧费	16 870.25	18 950.84	3.54%	12.33%	钩稽见固定资产底稿
4	差旅费	20 340.00	22 800.00	4.26%	12.09%	
5	招待费	30 860.00	32 000.00	5.98%	3.69%	
6	包装费	40 000.00	38 000.00	7.10%	-5.00%	
7	广告费	33 000.00	45 000.00	8.41%	36.36%	波动较大
8	运杂费	20 000.00	30 000.00	5.61%	50.00%	钩稽见托运单汇总表
9	工会经费	10 000.00	10 000.00	1.87%	0.00%	
10	教育经费	20 230.00	21 290.00	3.98%	5.24%	钩稽见应付职工薪酬底稿
	合计	486 300.25	535 040.84	100%	10.02%	

审计说明：

1. 复核加计正确，并与明细账及合计数、总账数、未审报表数核对相符。
2. 销售费用项目中广告费、运杂费波动比较异常。
3. 无其他说明事项。

审计结论：

销售费用项目中包装费、运杂费波动比较异常，应重点进行抽凭。

(3) 销售费用审计抽凭表示例(见表7-22)。

表7-22 销售费用抽凭表

客户：A股份有限公司　　索引号：SD3
项目：销售费用抽凭　　财务报表截止日/期间：20××年度
编制：李某　　复核：郁某
日期：20××-2-9　　日期：20××-2-10

日期	凭证号	明细科目	经济内容	对方科目	金额		测试				附件名称	测试说明
					借方	贷方	①	②	③	④		
6.1	46	包装费	付包装费	库存现金	12 000		是	是	是	是	报销单、发票	未发现异常
11.2	323	广告费	付广告费	银行存款	20 008		是	是	是	是	转账支票、服务业发票	未发现异常
12.8	324	运输费	付运输费	银行存款	8500		是	是	是	是	转账支票、托运单	未发现异常

审计说明：

① 金额核对相符；　② 账务处理正确；
③ 所附凭证齐全；　④ 业经恰当授权。

测试目标：完整性、计价

重大错报风险评估结果：低

测试项目的选取方法：重点关注运杂费、广告费，任意选样

审计结论：

销售费用可以确认。

任务处理

【任务7-3】为保证所有的产品销售均已入账，戊公司的下列控制活动中与这一控制目标直接相关的有(　　)。

A. 对销售发票进行顺序编号并复核当月开具的销售发票是否均已登记入账

B. 检查销售发票是否经适当的授权批准

C. 将每月产品发运数量与销售入账数量相核对

D. 定期与客户核对应收账款余额

任务解析：应选AC。在选项A中，销售发票和发运凭证进行连续编号是被审计单位控制漏记销售业务的关键控制活动；选项B的控制活动主要控制销售业务的“发生”认定；在选项C中，已发运的产品如果都已入账可以防止销售业务的漏记；在选项D中，定期与客户核对应收账款余额主要是为了确保销售业务记录金额是否正确。可见，选项A和C的控制活动可以保证所有的产品销售均已入账这一控制目标。

【任务 7-4】 D 公司应收账款采用余额百分比法计提坏账准备，自行确定的比例为 2%。年末应收借款借方余额为 750 万元。因应收账款提取的坏账准备期初余额为 20 万元，本期发生坏账损失 20 万元，本期收回前期已核销的坏账 15 万元。期末应收账款中应收甲公司货款 60 万元，有确凿证据表明只能收回 30%。D 公司年末因应收账款计提了 10 万元的坏账准备，计提后相关坏账准备的期末余额为 15 万元。

要求：分析该公司因应收账款计提的坏账准备是否恰当？并提出相应建议。

任务解析： D 公司计提的坏账准备是不恰当的。根据规定，应收甲公司货款 60 万元，有确凿证据表明只能收回 30%，应采用个别认定法计提坏账准备。应建议 D 公司进行调整，补提坏账准备：$(750-60)\times 2\%+60\times 70\%-15=40.8$(万元)。建议调整分录如下：

借：资产减值损失 408 000

　贷：坏账准备 408 000

任务导入分析

应选 BD。选项 A，由于 B 公司并未验收，产品是否合格无法认定，所以不应确认收入。选项 B，由于并不满足预期的经济利益能够流入企业这个关键的条件，所以不应确认收入。选项 C，采用交款提货的销售方式，即购买方已根据销售方开出的发票账单支付货款，并取得销售方开出的提货单。在这种情况下，购买方支付货款并取得提货单，说明商品所有权上的主要风险和报酬已转移给购买方，虽然商品未实际交付，M 公司仍可以认为商品所有权上的主要风险和报酬已经转移。选项 D，虽然 M 公司尚未完成安装摆放工作，但就该销售而言，安装工作并不是影响销售实现的重要因素。

技能训练

1. 注册会计师在审查某公司 2019 年度利润表时，抽查了 12 月份的销售业务，发现以下情况：

(1) 5 日送交该公司不独立核算的门市部甲产品 600 件，产品已发出，账中未做处理；

(2) 7 日售给某工厂甲产品 800 件，货款已收到并已入账；

(3) 12 日售给另一工厂乙产品 1 600 件，货款收到未入账；

(4) 26 日某工厂退回有质量问题的甲产品 400 件，产品已收到，账中未做处理；

(5) 31 日库存商品明细账中对 12 日售出的乙产品未结转成本。

经查，甲产品单位售价为 10 元，单位制造成本为 7 元；乙产品单位售价为 20 元，单位制造成本为 15 元。

要求：计算出应调整的销售收入和销售成本，并提出处理意见。

2. D 公司 2019 年度的资产负债表“应收账款”数额为 18 560 000 元，与应收账款总账余额相符，预收账款数额为 2 125 000 元。经审验发现应收账款 F 公司明细账有贷方余额 880 000 元，经查系 F 公司的预付货款，尚未履行购货合同。该公司按应收账款余额的 5‰ 计提坏账准备。

要求：该公司 2019 年度的资产负债表“应收账款”数额是否正确？应如何调整？

3. 注册会计师在审查某公司销售费用明细账时，发现如下记录：公司分管销售副总经理的差旅费 25 000 元；招待客户的费用 18 000 元；专设销售机构人员的工资及奖金 30 000 元；支付产品的包装费 8000 元。

要求：指出上述存在的问题，并提出处理意见。

学习情境八

采购与付款循环审计

学习目标

【知识目标】了解采购与付款循环涉及的业务活动及其内部控制的主要内容；理解采购与付款循环内部控制的风险及相关控制程序；理解采购与付款循环实质性程序的工作内容。

【技能目标】掌握采购与付款循环内部控制测试的步骤、方法及相关工作底稿的编制；掌握采购与付款循环实质性程序的步骤、方法及相关工作底稿的编制。

任务一 采购与付款循环控制测试

任务导入

下列说法中正确的有(　　)。

A. 为降低付款环节的控制风险，应付凭单部门在编制付款凭单之前应核对供应商发票与验收单、订购单的一致性，以确定供应商发票计算的正确性，并将这些凭单附在付款凭单之后。为加强控制，通常还要求在付款凭单上填入借记的资产或费用类账户的名称

B. 为降低付款环节的控制风险，销售部门在编制付款凭单后应核对供应商发票与验收单、订购单的一致性，以确定供应商发票计算的正确性，并将这些凭单附在付款凭单之后。为加强控制，通常还要求在付款凭单上填入借记的资产或费用类账户的名称

C. 注册会计师王华和李明在审计 M 公司 2019 年度财务报表时，注意到与采购和付款循环相关的内部控制存在缺陷。他们认为 M 公司管理层在资产负债表日故意推迟记录发生的应付账款，于是决定实施审计程序进一步查找未入账的应付账款

D. 注册会计师审查被审计单位卖方发票、验收单、订货单和请购单的合理性和真实性，追查存货的采购业务至存货的永续盘存记录，可测试已发生采购业务的发生

资讯准备

一、认识采购与付款循环的内部控制

1. 采购与付款循环涉及的主要业务活动

采购与付款循环涉及的主要业务活动

(1) 请购商品和劳务。仓库负责对需要购买的已列入存货清单的项目填写请购单，其他部门也可以对所需要购买的未列入存货清单的项目编制请购单。大多数企业对正常经营所需物资的购买均做一般授权。例如，仓库在现有库存达到再订购点时就可直接提出采购申请，其他部门也可为正常的维修工作和类似工作直接申请采购有关物品。但对资本支出和租赁合同，企业政策则通常要求进行特别授权，只允许指定人员提出请购。请购单可由手工或计算机编制，由于企业内不少部门都可以填列请购单，不便事先编号，为加强控制，每张请购单必须经过对这类支出预算负责的主管人员签字批准。

(2) 编制订购单。采购部门在收到请购单后，只能对经过批准的请购单发出订购单。采购部门应确定每张订购单最佳的供应来源，对一些大额的、重要的采购项目，应采取竞价方式确定供应商，以保证供货的质量、时间和成本。订购单应正确填写所需要的商品品名、数量、价格、厂商名称和地址等，预先予以编号并经过被授权的采购人员签名。

(3) 验收商品。有效的订购单代表企业已授权验收部门接受供应商发运来的商品。验收部门首先应比较所收商品与订购单上的要求是否相符，如商品的品名、说明、数量、到货时间等，然后再盘点商品并检查商品有无损坏。验收后，验收部门应根据已收货的订购单编制一式多联、预先编号的验收单，作为验收和检验商品的依据。

(4) 储存已验收的商品存货。将已验收商品的保管与采购的其他职责相分离，可减少未经授权的采购和盗用商品的风险。存放商品的仓储区应相对独立，限制无关人员接近。

(5) 编制付款凭单。记录采购交易之前，应付凭单部门应编制付款凭单。这项功能的控制包括：确定供应商发票的内容与相关的验收单、订购单的一致性；确定供应商发票计算的正确性；编制有预先编号的付款凭单，并附上支持性凭证(如订购单、验收单和供应商发票等)；独立检查付款凭单计算的正确性；在付款凭单上填入应借记的资产或费用账户名称；由被授权人员在凭单上签字，以示批准照此凭单要求付款。

(6) 确认与记录负债。正确确认已验收货物和已接受劳务的债务，要求准确、及时地记录负债。该记录对企业财务报表反映和企业实际现金支出有重大影响。因此，必须特别注意按正确的数额记载企业确实已发生的购货和接受劳务事项。

(7) 付款。通常是由应付凭单部门负责确定未付凭单在到期日付款。企业有多种款项结算方式，以支票结算方式为例，编制和签署支票的有关控制包括：独立检查已签发支票的总额与所处理付款凭单总额的一致性；应由被授权的财务部门人员负责签署支票；被授权签署支票的人员应确定每张支票都附有一张已经适当批准的未付款凭单，并确定支票收款人的姓名和金额与凭单内容的一致；支票一经签署就应在其凭单和支持性凭证上用加盖印戳或打洞

等方式将其注销，以免重复付款；支票签署人不应签发无记名甚至空白的支票；支票应预先连续编号，保证支出支票存根的完整性和作废支票处理的恰当性；应确保只有被授权的人员才能接近未经使用的空白支票。

(8) 记录现金、银行存款支出。仍以支票结算方式为例，在手工系统下，会计部门应根据已签发的支票编制付款记账凭证，并据以登记银行存款日记账及其他相关账簿。以记录银行存款支出为例，有关控制包括：会计主管应独立检查记入银行存款日记账和应付账款明细账金额的一致性，以及与支票汇总记录的一致性；通过定期比较银行存款日记账记录的日期与支票副本的日期，独立检查入账的及时性；独立编制银行存款余额调节表。

2. 采购与付款循环内部控制的内容

(1) 采购交易的内部控制。应付账款、固定资产等财务报表项目均属采购与付款循环。在正常的审计中，如果忽视采购与付款循环的控制测试及相应的交易实质性程序，仅仅依赖于这些具体财务报表项目余额实施实质性程序，则审计工作不仅费时、费力，而且也难以保证效果。如果被审计单位具有健全且运行良好的相关内部控制，注册会计师把审计重点放在控制测试和交易的实质性程序上，则既可以降低审计风险，又可大大减少报表项目实质性程序的工作量，提高审计效率。采购交易的内部控制需要特别关注以下几点。

采购交易的内部控制

① 适当的职责分离。适当的职责分离有助于防止各种有意或无意的错误。采购与付款业务不相容岗位至少包括：请购与审批；询价与确定供应商；采购合同的订立与审批；采购与验收；采购、验收与相关会计记录；付款审批与付款执行。这些都是对单位提出的有关采购与付款业务相关职责适当分离的基本要求，以确保办理采购与付款业务的不相容岗位相互分离、制约和监督。

② 内部核查程序。企业应当建立对采购与付款交易内部控制的监督检查制度。采购与付款内部控制监督检查的主要内容通常包括：

第一，采购与付款业务相关岗位及人员的设置情况。重点检查是否存在采购与付款业务不相容职务混岗的现象。

第二，采购与付款业务授权批准制度的执行情况。重点检查大宗采购与付款业务的授权批准手续是否健全，是否存在越权审批的行为。

第三，应付账款和预付账款的管理。重点审查应付账款和预付账款支付的正确性、时效性和合法性。

第四，有关单据、凭证和文件的使用与保管情况。重点检查凭证的登记、领用、传递、保管、注销手续是否健全，使用和保管制度是否存在漏洞。

(2) 付款交易的控制测试。对于每个企业而言，由于性质、所处行业、规模以及内部控制健全程度等不同，而使得其与付款交易相关的内部控制内容可能有所不同，但财政部发布的《内部会计控制规范——采购与付款(试行)》中规定的以下与付款交易相关的内部控制内容是应当共同遵循的：

付款交易的内部控制

① 单位应当按照《现金管理暂行条例》《支付结算办法》和《内部会计

控制规范——货币资金(试行)》等规定办理采购付款业务。

② 单位财会部门在办理付款业务时，应当对采购发票、结算凭证、验收证明等相关凭证的真实性、完整性、合法性及合规性进行严格审核。

③ 单位应当建立预付账款和定金的授权批准制度，加强预付账款和定金的管理。

④ 单位应当加强应付账款和应付票据的管理，由专人按照约定的付款日期、折扣条件等管理应付款项。已到期的应付款项需经有关授权人员审批后方可办理结算与支付。

⑤ 单位应当建立退货管理制度。对退货条件、退货手续、货物出库、退货货款回收等做出明确规定，确保及时收回退货款。

⑥ 单位应当定期与供应商核对应付账款、应付票据、预付款项等往来款项。如有不符，应查明原因，及时处理。

(3) 固定资产的内部控制，具体如下。

① 固定资产的预算制度。预算制度是固定资产内部控制中最重要的部分。通常，大中型企业应编制旨在预测与控制固定资产增减和合理运用资金的年度预算；小规模企业即使没有正规的预算，对固定资产的购建也要事先加以计划。

固定资产的内部控制

② 授权批准制度。完善的授权批准制度包括：企业的资本性支出预算只有经过董事会等高层管理机构批准方可生效；所有固定资产的取得和处置均需经企业管理当局的书面认可。

③ 账簿记录制度。除固定资产总账外，被审计单位还需设置固定资产明细分类账和固定资产登记卡，按固定资产类别、使用部门和每项固定资产进行明细分类核算。固定资产增减变化均有原始凭证。

④ 职责分工制度。对固定资产的取得、记录、保管、使用、维修、处置等，均应明确划分责任。

⑤ 资本性支出和收益性支出的区分制度。企业应制定区分资本性支出和收益性支出的书面标准。通常需明确资本性支出的范围和最低金额，凡不属于资本性支出的范围、金额低于下限的任何支出，均应列作费用并抵减当期收益。

⑥ 固定资产的处置制度。固定资产的处置包括投资转出、报废、出售等，均要有一定的申请报批程序。

⑦ 固定资产的定期盘点制度。对固定资产的定期盘点，是验证账面各项固定资产是否真实存在、了解固定资产放置地点和使用状况以及发现是否存在未入账固定资产的必要手段。

⑧ 固定资产的维护保养制度。固定资产应有严密的维护保养制度，以防止其因各种自然和人为的因素而遭受损失，并应建立日常维护和定期检修制度，以延长其使用寿命。

二、以风险为起点的采购与付款循环的控制测试

1. 订购商品和劳务的风险、控制和控制测试(见表 8-1)

表 8-1　订购商品和劳务的风险、控制和控制测试

风　险	计算机控制	人 工 控 制	控 制 测 试
未经授权的供应商可能进入经批准的供应商主文档	程序设定只允许经授权的人员修改经批准的供应商主文档	只有采购部门高级员工才被授权在供应商主文档中增加新供应商信息	询问管理层并检查证明这些控制完成情况的文件
可能向未经批准的供应商采购	处理前，计算机自动与供应商主文档中的每一份订购单比对。将不符事项记录于例外报告中	复核例外报告并解决问题。绕过控制的人工处理经恰当审批	检查复核例外报告的证据，以及批准僭越控制的人工处理的恰当签名
采购可能由未经授权的员工执行	访问控制只允许经授权的员工处理订购单，菜单层面的控制授权限定至单个员工	复核正式的授权级别并定期修订，采购人员有权在限额内进行采购或处理某些类型的支出。僭越控制的、人工接受的订购单，需经采购主管或高级管理层批准	询问、检查授权批准和授权越权的文件。检查订购单并确定其是否在授权批准的范围之内
订购的商品或劳务可能未被提供	计算机自动对所有发出的订购单事先编号，并与随后的采购入库通知单和供应商发票进行比对。比对不符的订购单被单独打印	长期未执行的订购单被记录于未执行订购单的文件上，并采取跟进行动	询问并检查文件，以证实对未执行订购单的跟进情况
采购订购单的项目或数量可能不准确	计算机将订购单上的产品摘要和存货代码与存货主文档明细进行比对。当再订货数量超过存货主文档记录的再订货数量，或者现有的存货项目数量超过再订货水平时，生成订货例外报告	由采购部门复核例外报告，取消订购单或经过恰当授权后处理	检查例外报告，证实问题已被适当处理

2. 收到商品和劳务的风险、控制和控制测试(见表 8-2)

表 8-2　收到商品和劳务的风险、控制和控制测试

风　险	计算机控制	人 工 控 制	控 制 测 试
收到商品或劳务可能未被记录	当商品接收仓库索取订购单以核对所收货物时，计算机生成一份事先编号的采购入库通知单。定期打印未完成订购单	由采购部门复核和追踪未完成订购单报告。定期将报表余额调整至应付账款余额	检查打印文件并追踪未完成订购单。检查应付账款的调整，并重新执行这些程序，以获取其是否正确的证据

(续表)

风　　险	计算机控制	人 工 控 制	控 制 测 试
收到商品或劳务可能不符合订购单的要求或可能已被损坏	收货人员将收到的商品的情况、实际收货数量录入采购入库通知单，将采购入库通知单与订购单上的具体信息进行比对，并就比对不符商品的情况和数量生成例外报告	清点从供应商处收到的商品，将商品的情况、收货数量与订购单进行核对。检查货物的状况，复核例外报告并解决所有差异	询问、观察商品实物并与订购单进行核对。检查打印文件以获取复核和跟进的证据

3. 记录采购和应付账款的风险、控制和控制测试(见表 8-3)

表 8-3　记录采购和应付账款的风险、控制和控制测试

风　　险	计算机控制	人 工 控 制	控 制 测 试
收到的商品可能未被计入采购	由计算机打印一份没有相应发票记录的采购入库通知单的完整清单。在一些计算机系统中，可能根据订购单上的采购价格在临时文档中生成一份预开单据，当实际收到供应商发票时，再按发票金额转账	由会计部门人员追踪遗失的发票	询问、检查例外报告的和其他文件，追踪商品已收到但发票未到、未做采购记录的情况
对发票已到但商品或劳务尚未收到的可能做采购记录，或可能重复做采购记录	由计算机比对订购单、采购入库通知单和发票，只有比对一致后，采购才能被记录至总分类账；对比对不符和重复的发票生成例外报告。在分批次处理系统中，由计算机控制各采购入库通知单金额的总额，并与相应的供应商发票金额比对，对出现的差异打印成例外报告	由会计部门的人员追踪例外报告中提及的供应商发票与订购单或采购入库通知单比对不一致问题或重复问题	询问和检查例外报告，并追踪已收到但比对不符的发票
采购发票可能未被记录于正确的会计期间	由计算机将记录采购的日期和采购入库通知单上的日期进行比对，如果这些日期归属不同的会计期间，应生成打印文件	由会计人员输入必要的分录，确保对计入当期的负债的核算是恰当的	询问和检查打印文件并重新执行截止程序
记录的采购价格可能不正确	由计算机将供应商发票上的单价与订购单上的单价进行比对，如有差异应生成例外报告	复核例外报告，并解决问题	询问和检查打印文件，以及解决差异的证据。通过对照发票价格与订购单上的价格，重新执行价格测试
供应商发票可能未被分配至正确的应付账款账户	由计算机将订购单和采购入库通知单上的代码与发票上的供应商名称和代码进行比对，并将期与应付账款账户明细核对	由会计部门人员追踪例外报告上供应商名称和代码比对不符的情况	询问和观察例外报告，以及解决例外情况的证据。重新执行分配费用支出的测试
发票可能未分配至个人客户的账户，或在更新时使用了错误的应付账款文档	更新后由计算机将应付账款期初余额合计数，加上本期购货，减去本期支付，得到应付账款期末余额合计数，再与应付账款总分类的期末余额进行比对。每次更新前由计算机检查日期和更新前的版本号。每次更新后，应付账款主文档会注明日期或顺序编号	由适当的会计人员执行连续运行总额调节。复核并重新提交未分配采购发票的例外报告。利用外部文件标签和整理功能来标明使用哪一版本的主文档	检查连续运行控制总额的打印文件。询问对 IT 程序的一般控制，以确保应付账款主文档使用正确的版本

(续表)

风 险	计算机控制	人 工 控 制	控 制 测 试
在记录或处理采购发票时可能出现错误	在处理运行过程中检查发票计算的准确性：检查商品数量，将数量乘以单价与发票总额核对，并计算得出应收的折扣	每月根据供应商对账单调整应付账款金额，编制汇款通知单并邮寄给供应商。询问处理供应商付款的人员是否与记录采购发票的人员职责分离。应付账款明细账合计数应调节与应付账款总分类账一致	询问、检查并重新执行应付账款总分类账的调节程序
购买的商品或劳务可能未被记录于正确的费用或资产账户	由计算机将订购单、入库通知单和发票上的账户代码与总分类账上的账户代码进行比对。定期(如按周或按月)打印采购交易中费用和资产的分配	复核交易打印文件的合理性	询问和检查打印文件，以获取经管理层复核的证据。询问对于发现的错误是否采取了改正措施
上述所有风险		由管理层根据关键业绩指标复核实际业绩。例如，实际采购、计划采购及月度趋势分析；实现的毛利率；应付账款的周转天数	检查用于证明已经识别和解决与关键业绩指标不符的实际业绩问题的文件。询问管理层所采取的措施，重新执行复核和跟进程序

4. 记录开具的支票和电子货币转账支付的风险、控制和控制测试(见表 8-4)

表 8-4 记录开具的支票和电子货币转账支付的风险、控制和控制测试

风 险	计算机控制	人 工 控 制	控 制 测 试
开具的支票和电子货币转账支付凭证可能未被记录	在开具支票过程中，由计算机生成事先顺序编号的支票。对空白支票实施接触控制，只有得到授权的员工才能接触。由支票支付系统打印所有开具的支票	如果支票是手工开具的，应控制尚未签发的事先顺序编号的支票表；由高级员工开具支票；按顺序检查支票编号；调节银行存款余额	询问并观察实物控制和接触控制。重新执行顺序检查和调节银行存款余额的程序
电子转账支付可能由于未经授权的人员执行	只有得到授权、掌握密码的员工才能接触电子货币转账专用终端机	授权执行电子货币支付交易的人员，根据支付次数的多少，按月、按周或按日复核电子货币支付清单打印文件，以发现不正常或未经授权的支付	询问、观察实物控制和接触控制
可能向不正确的供应商银行账户进行电子货币转账支付	对于处理电子货币转账支付而从银行下载的供应商的银行账户详细信息，实施严格的控制	只授权高级员工出于处理电子货币转账支付的目的，在银行记录中变更或增加供应商银行信息。详细信息由供应商书面提供，并在供应商文档中保存。依靠银行安全控制对此进行监督	询问和检查经恰当授权签字的记录
支票和电子货币转账支付凭证可能未被及时记录或分配到正确的应付账款账户	付款被自动计入相关应付账款或费用账户和银行存款账户。每一次开具支票后，及时调节相关总分类账的变动	定期进行银行存款调节。根据银行存款余额调节表对应付账款账户余额进行调节	检查并重新执行调节程序

(续表)

风　　险	计算机控制	人 工 控 制	控 制 测 试
可能就虚构或未经授权的采购开具支票和电子货币转账支付凭证	由计算机比对订购单、采购入库通知单和发票，以及经批准的供应商主文档上的供应商账户代码和名称，打印例外报告	如果支票由人工开具，由支票开具人员检查所有支持性文件，包括支票开具前供应商的应付账款调节表和汇款通知。由管理层复核应付账款明细表和采购交易明细表以发现非正常支付	询问和观察支票开具流程。检查例外报告并追踪问题的解决
可能重复开具支票和电子货币转账支付	由计算机将付款金额和应付账款余额进行比对，并就支付金额超过应付金额的情况生成例外报告	支持性凭据应该注明“已付讫”标记以防止重复支付。复核例外报告并检查例外事项的处理	检查例外报告，以确定任何付款额超过应付余额的情况是否已得到解决。检查已注明“已付讫”标记的凭据
开具支票和电子货币转账支付的金额可能不正确	由计算机比对订购单、采购入库通知单、发票以及在每一项应付账款记录中的供应商账户代码和金额	如果支票由人工开具，由支票开具人员检查所有支持性文件，包括支票开具前供应商的应付账款调节表和汇款通知	询问和观察支票开具流程，并重新执行调节程序
上述所有风险		管理层的监控主要涉及以下方面：日常零用现金或现金支付清单应该反映分摊到应付账款、费用或资产总分类账户的金额，并就异常的金额对供应商进行询问；定期复核应付账款的账龄分析，并调整应付账款总分类账；追踪异常的余额或不熟悉的供应商名称；监控关键业绩指标	询问、观察管理层的复核程序以及对任何异常事项的追踪。重新执行复核和追踪程序

三、采购与付款循环控制测试工作底稿示例

1. 采购与付款循环控制测试导引表(见表8-5)

表8-5　控制测试导引表(采购与付款循环)

客户：A股份有限公司	索引号：CGC
项目：控制测试(采购付款循环)	财务报表截止日/期间：20××年度
编制：郁某	复核：李某
日期：20××-2-7	日期：20××-2-8
测试本循环控制运行有效性的工作	
1. 针对了解的被审计单位采购与付款循环的控制活动，确定拟进行控制测试的活动。 2. 测试控制运行的有效性，记录测试过程和结论。 3. 根据测试结论，确定对实质性程序的性质、时间和范围的影响。	
测试本循环控制运行有效性形成下列审计工作底稿	

(续表)

1. CGC-1：控制测试汇总表
2. CGC-2：控制测试程序
3. CGC-3：控制测试过程

编制要求或参考

本审计工作底稿用以记录下列内容：
1. 汇总对本循环内部控制运行有效性进行测试的主要内容和结论；
2. 记录控制测试程序和测试过程。

2. 采购与付款循环控制测试汇总表(见表 8-6)

表 8-6　控制测试汇总表(采购与付款循环)

客户：A 股份有限公司　　索引号：CGC-1
项目：控制测试(采购与付款循环)　　财务报表截止日/期间：20××年度
编制：左某　　复核：郁某
日期：20××-2-7　　日期：20××-2-8

1. 了解内部控制的初步结论
控制设计合理，并得到执行。根据了解本循环控制的设计并评估其执行情况所获取的审计证据，注册会计师对控制的评价结论可能是：①控制设计合理，并得到执行；②控制设计合理，未得到执行；③控制设计无效或缺乏必要的控制。

2. 控制测试结论

控制目标	被审计单位的控制活动	对实现控制目标是否有效	是否得到执行	是否有效运行	测试结果是否支持实施风险评估结论
只有经过核准的采购订单才能发给供应商	采购部门收到请购单后，对金额在 20 000 元以下的请购单由采购经理负责审批；金额在 20 000 元至 200 000 元的请购单由总经理负责审批；需发生销售(管理)费用支出的部门填写费用申请单，其部门经理可以审批金额 5000 元以下的费用；金额 5000 元至 50 000 元的费用由总经理负责审批	是	是	是	支持
采购订单均已得到处理	采购订单由系统按顺序的方式予以编号。每周，采购信息管理员核对采购订单，应付账款记账员编制采购信息报告，亦会核对采购账单，对任何不符合连续编号的情况进行调查	是	是	是	支持
已记录的采购均确已收到物品	收到采购发票后，往来会计将发票所载信息和验收单、采购订单进行核对，如所有单据核对一致，在发票上加盖“相符”印戳并将有关信息输入系统。此时系统自动生成记账凭证至明细账和总账，采购订单的状态也由“待处理”自动更改为“已处理”	是	是	是	支持

(续表)

<table>
<tr><th>控制目标</th><th>被审计单位的控制活动</th><th>对实现控制目标是否有效</th><th>是否得到执行</th><th>是否有效运行</th><th>测试结果是否支持实施风险评估结论</th></tr>
<tr><td>已记录的采购均确已接受劳务</td><td>发生销售(管理)费用的部门收到费用发票后，由其部门经理签字确认并交至应付账款记账员。往来会计对收到的费用发票、费用申请单和其他单据进行核对，核对内容包括有关单据是否经恰当人员审批、金额是否相符等。如所有单据核对一致，在发票上加盖“相符”印戳并将有关信息输入系统，此时系统自动生成记账凭证至明细账和总账。如发现任何差异，应付账款记账员将立即通知采购人员，以实施进一步调查</td><td>是</td><td>是</td><td>是</td><td>支持</td></tr>
<tr><td>已记录的采购交易计价正确</td><td rowspan="5">往来会计每月末编制应付账款账龄分析报告，其内容还包括应付账款总额与应付账款明细账以及应付账款明细账与供应商对账单的核对情况。如有差异，往来会计将立即进行调查，如调查结果表明需调整账簿记录，往来会计将编制账款调节表和调整建议，连同应付账款账龄分析报告一并交至会计主管复核，批准后方可进行账务调整</td><td rowspan="5">是</td><td rowspan="5">是</td><td rowspan="5">是</td><td rowspan="5">支持</td></tr>
<tr><td>与采购物品相关的义务均已确认并记录至应付账款</td></tr>
<tr><td>与接受劳务相关的义务均已确认并记录至应付账款</td></tr>
<tr><td>采购物品交易均于适当期间进行记录</td></tr>
<tr><td></td></tr>
<tr><td>接受劳务交易均于适当期间进行记录</td><td>每月末，对已经发生但尚未收到的费用发票的支出，公司不进行账务处理</td><td>否</td><td>不适用</td><td>不适用</td><td>支持</td></tr>
<tr><td>仅对已记录的应付账款办理支付，准确记录付款</td><td>往来会计编制付款凭证，并附相关单证，提交会计主管审批。在完成对付款凭证及相关单证的复核后，会计主管在付款凭证上签字，作为复核证据，并在所有单证上加盖“核销”印戳</td><td>是</td><td>是</td><td>是</td><td>支持</td></tr>
<tr><td>付款均已记录，付款均于恰当期间进行记录</td><td>每月末，由会计主管指定出纳员以外的人员核对银行存款日记账和银行对账单，编制银行存款余额调节表，并提交给会计主管复核，会计主管在银行存款余额调节表上签字作为其复核的证据</td><td>是</td><td>否</td><td>不适用</td><td>支持</td></tr>
</table>

(续表)

控制目标	被审计单位的控制活动	对实现控制目标是否有效	是否得到执行	是否有效运行	测试结果是否支持实施风险评估结论
供应商档案变更均已进行处理	采购信息管理员负责对更改申请表预先连续编号。每月末，采购信息管理员编制月度供应商信息更改报告，附同更改申请表的编号记录交由会计主管复核。会计主管核对月度供应商更改信息报告、检查实际更改情况和更改申请表是否一致、所有变更是否得到适当审批以及编号记录表是否正确，在月度供应商信息更改报告和编号记录表上签字作为复核的证据。如发现任何异常情况，将进一步调查处理	是	是	是	支持
对供应商档案变更均为准确的	如需要对系统内的供应商信息做出修改，采购员填写更改申请表，经经理审批后由信息管理员负责对更改申请表预先连续编号并在系统内进行更改。每月末，采购信息管理员编制月度供应商信息更改报告，附同更改申请表的编号记录交由会计主管复核。如发现任何异常情况，将进一步调查处理	是	是	是	支持
对供应商档案变更均已于适当期间进行处理，确保供应商档案数据及时更新	采购信息管理员负责对更改申请表预先连续编号。会计主管核对月度供应商更改信息报告、检查实际更改情况和更改申请表是否一致、所有变更是否得到适当审批以及编号记录表是否正确，在月度供应商信息更改报告和编号记录表上签字作为复核的证据。如发现任何异常情况，将进一步调查处理	是	是	是	支持

3. 相关交易和账户余额的审计方案

(1) 对未进行测试的控制目标的汇总

根据计划实施的控制测试，我们未对下列控制目标、相关的交易和账户余额及其认定进行测试。

业务循环	主要业务活动	控制目标	相关交易和账户余额及其认定	原因
采购与付款	记录应付账款	接受劳务交易均于适当期间进行记录	应付账款：存在、完整性 管理费用：截止 销售费用：截止	没有设计控制活动
采购与付款	付款	付款均已记录	应付账款：存在 管理费用：完整性 销售费用：完整性	控制未得到执行
采购与付款	付款	付款均于恰当期间进行记录	应付账款：存在、完整性 管理费用：截止 销售费用：截止	控制未得到执行

(2) 对未达到控制目标的主要业务活动的汇总

根据控制测试的结果，我们确定下列控制运行无效，在审计过程中不予信赖，拟实施实质性程序获取充分、适当的审计证据。

(续表)

业务循环	主要业务活动	控制目标	相关交易和账户余额及其认定	原因
采购与付款	维护供应商档案	确保供应商档案数据及时更新	应付账款：权利和义务、存在、完整性 管理费用：完整性、发生 销售费用：完整性、发生	未按政策及时维护供应商信息

(3) 对相关交易和账户余额的审计方案(各种认定需从实质性程序获取的保证程度)

受影响的交易和账户余额	完整性	发生/存在	分摊	截止	权利和义务	分类	列报
应付账款	中	高	高	中	低	低	中
管理费用	高	高	高	中	高	高	中
销售费用	中	中	中	高	高	高	高

(注：由于假定收入存在舞弊风险，虽然控制测试的结果表明控制活动可以缓解该特别风险，我们仍拟从实质性程序中就收入的完整性，发生认定中获取中等保证程度。)

4. 沟通事项

是否需要就已识别的内部控制设计、执行以及运行方面的重大缺陷与适当层次的管理层或治理层沟通？

事项编号	事项记录	与治理层的沟通	与管理层的沟通
1	供应商资料没有得到及时更新	否	是
2	与付款相关的控制执行不力	否	是

编制说明：

1. 本审计工作底稿记录注册会计师测试的控制活动及结论。

2. 如果注册会计师不拟对与某些控制目标相关的控制活动实施控制测试，则应直接执行实质性程序，对相关交易和账户余额的认定进行测试，以获取足够的保证程度。

3. 采购与付款循环控制测试程序表(见表 8-7)

表 8-7　控制测试程序表(采购与付款循环)

客户：A 股份有限公司	索引号：CGC-2
项目：控制测试程序(采购与付款循环)	财务报表截止日/期间：20××年度
编制：郁某	复核：李某
日期：20××-2-7	日期：20××-2-8

1. 控制测试——材料采购

(1) 询问程序

通过实施询问程序，被审计单位已确定下列事项：①本年度未发现任何特殊情况、错报和异常项目；②财务或生产部门的人员在未得到授权的情况下无法访问或修改系统内数据；③本年度未发现下列控制活动未得到执行；④本年度未发现下列控制活动发生变化。

(2) 其他测试程序

控制目标	控 制 活 动	控制测试程序	执行控制频率	测试项目数量	索引号
只有经过核准的采购订单才能发给供应商	采购部门收到请购单后，对金额在 20 万元以下的请购单由采购经理负责审批；金额在 20 万元至 100 万元的请购单由总经理负责审批；金额超过 100 万元的请购单需经董事会审批	抽取请购单并检查是否得到适当审批	每日执行多次	3	CGC-3

(续表)

控制目标	控 制 活 动	控制测试程序	执行控制频率	测试项目数量	索引号
已记录的采购订单内容准确	采购信息管理员将有关信息输入采购信息系统,系统将自动生成连续编码的采购订单(此时系统显示为“待处理”状态)。每周,财务部门应付账款记账员汇总本周内生成的所有采购订单并与请购单核对,编制采购信息报告。如采购订单与请购单核对相符,应付账款记账员即在采购信息报告上签字。如有不符,应付账款记账员将通知采购信息管理员,与其共同调查该事项。应付账款记账员还需要在采购信息报告中注明不符事项及其调查结果	对于上一步骤选择的项目,检查应付账款记账员是否已核对采购订单	每周执行一次	3	CGC-3
采购订单均已得到处理	采购订单由采购信息系统按顺序的方式予以编号。每周,采购信息管理员核对采购订单,应付账款记账员编制采购信息报告也会核对采购订单,对任何不符合连续编号的情况进行调查	检查应付账款记账员是否已复核采购信息报告。同时,检查报告上的采购订单是否按顺序编号以及有否出现任何不符合连续编号的情况	每周执行一次	3	CGC-3

2. 控制测试——和计划与安排生产有关的业务活动的控制

(1) 询问程序

通过实施询问程序,被审计单位已确定下列事项:①本年度未发现任何特殊情况、错报和异常项目;②财务或生产部门的人员在未得到授权的情况下无法访问或修改系统内数据;③本年度未发现下列控制活动未得到执行;④本年度未发现下列控制活动发生变化。

(2) 其他测试程序

控制目标	被审计单位的控制活动	控制测试程序	执行控制的频率	所测试项目数量	索引号
管理层授权进行生产	根据经审批的月度生产计划书,生产计划经理签发预先编号的生产计划单	抽取生产计划单检查是否与月度生产计划书中内容一致	每日执行一次	6	CGC-3

3. 控制测试——与生产有关的业务活动的控制

(1) 询问程序

通过实施询问程序,被审计单位已确定下列事项:①本年度未发现任何特殊情况、错报和异常项目;②财务或生产部门的人员在未得到授权的情况下无法访问或修改系统内数据;③本年度未发现下列控制活动未得到执行;④本年度未发现下列控制活动发生变化。

(2) 其他测试程序

控制目标	被审计单位采用的控制活动	控制测试程序	执行控制的频率	所测试的项目数量	索引号
发出材料均已准确记录	仓库管理员将原材料领用申请单编号、领用数量、规格等信息输入系统,经仓储经理复核并以电子签名方式确认后,系统自动更新材料明细台账	抽取出库单及相关的原材料领用申请单,检查并经适当层次复核	每日执行多次	6	CGC-3

(续表)

<table>
<tr><th>控制目标</th><th>被审计单位采用的控制活动</th><th>控制测试程序</th><th>执行控制的频率</th><th>所测试的项目数量</th><th>索引号</th></tr>
<tr><td>发出材料均于适当期间进行记录</td><td>仓库分别于每月、每季和年度终了，对存货进行盘点，会计部门对盘点结果进行复盘。仓库管理员编写存货盘点明细表，发现差异及时处理，经仓储经理、会计主管、生产经理复核后调整入账</td><td>抽取存货盘点报告并检查是否经适当层次复核，有关差异是否得到处理</td><td>每月执行一次</td><td>6</td><td>CGC-3</td></tr>
<tr><td>已记录的生产成本均为真实发生且与实际成本一致。已发生的生产成本均已进行记录</td><td>成本会计根据原材料出库单，编制原材料领用凭证，与 Y 系统自动生成的生产记录日报表核对材料耗用和流转信息；由会计主管审核无误后，生成记账凭证并过账至生产成本及原材料明细账和总分类账</td><td>抽取原材料领用凭证，检查是否与生产记录日报表一致，是否经适当审核，如有差异是否及时处理</td><td>每日执行一次</td><td>6</td><td>CGC-3</td></tr>
<tr><td>已发生的生产成本均于适当期间进行记录</td><td>每月末，前道车间、后道车间与仓库核对原材料及半成品、产成品转出转入记录，如有差异，仓库管理员编制差异分析报告，经仓储经理、生产经理签字确认后交会计部门进行调整</td><td>抽取核对记录，检查差异是否已得到处理</td><td>每月执行一次</td><td>6</td><td>CGC-3</td></tr>
<tr><td rowspan="3">存货流转已完整准确地记录于适当期间</td><td rowspan="2">系统对生产成本中各项组成部分进行归集，按照预设的分摊公式和方法，自动将当月发生的生产成本在完工产品和在产品中按比例分配；同时，将完工产品成本在各不同产品类别中分配，由此生成产品成本计算表和生产成本分配表。成本会计编制成生产成本结转凭证，经会计主管审核批准后进行账务处理</td><td>利用计算机专家的工作</td><td>不适用</td><td>不适用</td><td>CGC-3</td></tr>
<tr><td>抽取生产成本结转凭证检查与支持性文件是否一致并经适当复核</td><td rowspan="2">每月执行一次</td><td rowspan="2">6</td><td rowspan="2">CGC-3</td></tr>
<tr><td>每月末，成本会计根据系统内状态为“已处理”的订单数量，编制销售成本结转凭证，结转相应的销售成本，经会计主管审核批准后进行账务处理</td><td>抽取销售成本结转凭证检查与支持性文件是否一致并适当复核</td></tr>
<tr><td>完工产成品均于适当期间进行准确记录</td><td>质量检验员检查并签发预先编号的产成品验收单，生产小组将产成品送交仓库。仓库管理员检查产成品验收单，并清点产成品数量，填写预先编号的产成品入库单经质检经理、生产经理和仓储经理签字确认后，仓库管理员将产成品入库单信息输入系统，系统自动更新产成品明细台账并与采购订单编号核对</td><td>抽取产成品验收单、产成品入库单并检查输入信息是否准确</td><td>每日执行多次</td><td>6</td><td>CGC-3</td></tr>
</table>

(续表)

控制目标	被审计单位采用的控制活动	控制测试程序	执行控制的频率	所测试的项目数量	索引号
产成品发运均已记录	仓库管理员填写预先连续编号的出库单。仓库管理员将产成品出库单信息输入系统，系统自动更新产成品明细台账并与出货通知单编号核对	抽取产成品验收单、产成品入库单并检查输入信息是否准确。抽取发运通知单、出库单检查是否一致	每日执行多次	6	CGC-3
产成品发运均已准确记录	仓库管理员将产成品出库单信息输入系统，经仓储经理复核并以电子签名方式确认后，系统自动更新产成品明细台账并与出货通知单编号核对	抽取出库单检查是否正确输入系统并经适当复核	每日执行多次	6	CGC-3
已发运产成品均附有有效销售订单	物流经理在装运之前，需独立检查出库单、销售订单和出货通知单，确定从仓库提取的商品附有经批准的销售订单，并且，所提取商品的内容与销售订单一致。	抽取发运单和相关销售订单，检查内容是否一致	每日执行多次	6	CGC-3
产成品发运均已于适当期间进行记录	仓库分别于每月、每季和年度终了，对存货进行盘点，会计部门对盘点结果进行复盘。仓库管理员编写存货盘点明细表，发现差异及时处理，经仓储经理、会计主管、生产经理复核后调整入账	抽取存货盘点报告并检查是否经适当层次复核，有关差异是否得处理	每月执行一次	6	CGC-3

4. 采购与付款循环控制测试过程表(见表 8-8)

表 8-8 控制测试过程表(采购与付款循环)

客户：A 股份有限公司	索引号：CGC-3
项目：控制测试过程(采购与付款循环)	财务报表截止日/期间：20××年度
编制：郁某	复核：李某
日期：20××-2-7	日期：20××-2-8

1. 与采购材料有关的业务活动的控制

主要业务活动	测试内容	项目 1	项目 2	项目 3
采购	请购单编号#(日期)	20××.12.20	20××.01.05	20××.11.15
	请购内容	布料 1 000 匹	棉花 10 000 公斤	彩线 3 000 卷
	请购单是否得到适当的审批	是	是	是
	采购订单编号#(日期)	20××.12.25	20××.01.10	20××.11.20
记录应付账款	供应商发票编号#(日期)	20××.01.03	20××.01.18	20××.12.02
	验收单编号#	20××.01.08	20××.01.23	20××.12.07
	供应商发票所载内容与采购订单、验收单内容是否相符	是	是	是
	发票上是否加盖“相符”章	否	否	否
	转账凭证编号#(日期)	12-12#	1-36#	11-302#
	是否记入应付账款贷方	是	是	否(记预付)

(续表)

主要业务活动	测试内容	项目1	项目2	项目3
付款	付款凭证编号#(日期)	12-14#	1-26#	11-304#
	付款凭证是否得到会计主管适当审批	是	是	是
	有关支持性文件上是否加盖“核销”章	否	否	否
	支票/信用证编号#(日期)	20××.01.04	20××.01.20	20××.12.05
	收款人名称	嘉豪公司	金阳公司	江南布料厂
	支票/信用证是否已支付给恰当供应商	是	是	是

2. 与费用有关的业务活动的控制

主要业务活动	测试内容	项目1	项目2	项目3
请购	费用申请单编号#(日期)	20××.01.01	20××.01.22	20××.08.01
	申请内容	招待费	财务费	展览费
	费用申请单是否得到适当审批	是	是	是
	供应商名称	金陵酒店	南银武支行	东方展览厅
记录应付账款	供应商发票编号#(日期)	20××.01.01	20××.01.22	20××.08.01
	验收单编号#	是	是	是
	供应商发票所载内容与采购订单、验收单的内容是否相符	是	是	是
	发票上是否加盖“相符”章	否	否	否
	转账凭证编号#(日期)	1-8#	1-46#	8-216#
	是否记入应付账款贷方	否(付现)	否(付现)	否(付现)
付款	付款凭证编号#(日期)	1-8#	1-46#	8-216#
	付款凭证是否得到会计主管适当审批	是	是	是
	有关支持性文件上是否加盖“核销”章	否	否	否
	支票/信用证编号#(日期)	20××.01.01	20××.01.22	20××.08.01
	收款人名称	金陵酒店	南银武支行	东方展览厅
	支票/信用证是否已付给恰当供应商	是	是	是

3. 比较采购信息报告与相关文件(请购单)是否符合有关的业务活动的控制

序号	选择的采购信息报告期间	应付账款记账员是否已复核采购信息报告	采购订单是否连续编号	如有不符，是否已进行调查	对不符事项是否已进行处理
1	20××年1月	是	是	是	是
2	20××年3月	是	是	是	是
3	20××年10月	是	是	是	是

4. 与应付账款调节表有关的业务活动的控制

序号	供应商名称	应付账款调节表号码	是否与支持文件相符	是否经过适当审批	是否已调节应付账款
无更改					

5. 与供应商档案更改记录有关的业务活动的控制

序号	更改申请表号码	更改申请表是否经过适当审批	是否包含在月度供应商信息更改报告中	月度供应商信息更改报告是否经适当复核	更改申请表号码是否包含在编号记录表中
无更改					

(续表)

6. 与供应商档案及时维护有关的业务活动的控制				
序号	供应商名称	档案编号	最近一次与公司发生交易的时间	是否已按规定维护供应商档案
4	江南布料厂	1	20××.12.04	是
5	金阳家纺	7	20××.11.18	是
6	嘉豪布艺	4	20××.12.13	是

任务处理

【任务 8-1】以下程序中，(　　)属于测试采购与付款循环中内部控制“完整性”目标的常用控制测试程序。

A. 检查企业验收单是否有缺号　　B. 检查卖方发票连续编号的完整性

C. 检查付款凭单是否附有卖方发票　　D. 审核采购价格和折扣的标志

任务解析：应选 AB。若付款凭单未附卖方发票，则可能记录了未实现的购货，违反了存在目标；审核采购价格及折扣，与准确性、计价与分摊目标有关。

【任务 8-2】以下程序中，属于测试采购交易与付款交易内部控制“存在性”目标的常用控制测试程序的是(　　)。

A. 检查企业验收单是否有缺号　　B. 检查付款凭单是否附有卖方发票

C. 检查卖方发票连续编号的完整性　　D. 审核采购价格和折扣的标志

任务解析：应选 B。若付款凭单未附卖方发票，则可能记录了未实现的购货，违反了存在目标；审核采购价格及折扣，与准确性、计价和分摊目标有关，检查验收单是否有缺号和发票连续编号的完整性是与完整性目标有关。

任务导入分析

应选 ACD。编制付款凭单的过程涉及订货单、验收单、卖方发票、付款凭单及相关账户等多方面的相互核对；推迟记录发生的应付账款，很可能导致当年应付账款未入账。

任务二 采购与付款循环实质性程序

任务导入

注册会计师通过(　　)审计程序，可以查找被审计单位未入账的应付账款。

A. 审查资产负债表日收到，但尚未处理的购货发票

B. 审查应付账款函证的回函

C. 审查资产负债表日后一段时间内的支票存根

D. 审查资产负债表日已入库，但尚未收到购货发票的有关记录

资讯准备

一、采购与付款循环实质性分析程序

(1) 根据对被审计单位的经营活动、供应商的发展历程、贸易条件和行业惯例的了解，确定应付账款和费用支出的期望值。

(2) 根据本期应付账款余额组成与以前期间交易水平和预算的比较，定义采购和应付账款可接受的重大差异额。

(3) 识别需要进一步调查的差异并调查异常数据关系，如零余额的主要供应商、与周期趋势不符的费用支出。这类程序通常包括：①观察月度(或每周)已记录采购总额趋势，与往年或预算相比较。任何异常波动都必须与管理层讨论，如果有必要的话还应进行进一步的调查。②将实际毛利与以前年度和预算相比较。如果被审计单位以不同的加价销售产品，就需要将相似利润水平的产品分组进行比较。任何重大的差异都需要进行调查。因为毛利可能由于销售额、销售成本的错误被歪曲，而销售成本的错误则又可能是受采购记录的错误所影响。③计算记录在应付账款上的赊购天数，并将其与以前年度的相比较。超出预期的变化可能由多种因素造成，包括未记录采购、虚构采购记录或截止问题。④检查常规账户和付款，如租金、电话费和电费。这些费用是日常发生的，通常按月支付。通过检查可以确定已记录的所有费用及其月度变动情况。⑤检查异常项目的采购。例如，大额采购，从不经常发生交易的供应商处采购，以及未通过采购账户而是通过其他途径计入存货和费用项目的采购。⑥无效付款或金额不正确的付款，可以通过检查付款记录和付款趋势得以发现。例如，注册会计师通过查找金额偏大的异常项目并深入调查，可能发现重复付款或记入不恰当应付账款账户的付款。

(4) 通过询问管理层和员工，调查重大差异额是否表明存在重大错报风险，是否需要设计恰当的细节测试程序以识别和应对重大错报风险。

(5) 形成结论。即实质性分析程序是否能够提供充分、适当的审计证据，或需要对交易和余额实施细节测试以获取进一步的审计证据。

二、应付账款的审计

1. 应付账款的审计目标

(1) 确定资产负债表中记录的应付账款是否存在，是否为被审计单位应履行的义务。

(2) 确定所有应当记录的应付账款是否均已记录，偿还记录是否完整。

(3) 确定应付账款的期末余额是否正确。

(4) 确定应付账款在财务报表中做出的列报是否恰当。

应付账款的审计目标

2. 应付账款的实质性程序

(1) 获取或编制应付账款明细表，复核加计正确，并与报表数、总账数、明细账合计数核对相符。

(2) 根据被审计单位实际情况，选择以下方法对应付账款执行实质性分析程序：①将期末应付账款余额与期初余额进行比较，分析波动原因。②分析长期挂账的应付账款，要求被审计单位做出解释，判断被审计单位是否缺乏

应付账款实质性程序-核对总账和明细账(明细表)

偿债能力或利用应付账款隐瞒利润；并注意其是否可能无须支付，对确实无须支付的应付账款的会计处理是否正确，依据是否充分。③计算应付账款与存货的比率、应付账款与流动负债的比率，并与以前年度相关比率对比分析，评价应付账款整体的合理性。④分析存货和营业成本等项目的增减变动，判断应付账款增减变动的合理性。

(3) 检查应付账款是否存在借方余额，如有，应查明原因，必要时建议进行重分类调整。

(4) 函证应付账款。一般情况下，并不必须函证应付账款，这是因为函证不能保证查出未记录的应付账款，况且注册会计师能够取得采购发票等外部凭证来证实应付账款的余额。但如果控制风险较高，某应付账款明细账户金额较大或被审计单位处于财务困难阶段，则应进行应付账款的函证。

应付账款的实质性程序-函证(询证函)

(5) 检查是否存在未入账的应付账款。

(6) 检查带有现金折扣的应付账款是否按发票上记载的全部应付金额入账，在实际获得现金折扣时再冲减财务费用。

应付账款的实质性程序-抽查(抽查表 1)

应付账款的实质性程序-抽查(抽查表 2)

(7) 被审计单位与债权人进行债务重组的，检查不同债务重组方式下的会计处理是否正确。

(8) 结合其他应付款、预付款项等项目的审计，检查有无同时挂账的项目，或有无属于其他应付款的款项。如有，应做出记录，必要时，建议被审计单位进行相应的调整。

(9) 以非记账本位币结算的应付账款，检查其采用的折算汇率及折算是否正确。

(10) 标明应付关联方(包括持 5%及 5%以上表决权股份的股东)的款项，执行关联方及其交易审计程序，并注明合并报表时应予抵销的金额。

(11) 确定应付账款的列报是否恰当。

应付账款审定表

3. 应付账款审计工作底稿示例

(1) 应付账款审计审定表示例(见表 8-9)。

表 8-9　应付账款审定表

客户：A 股份有限公司　　索引号：FD1
项目：应付账款　　财务报表截止日/期间：20××年 12 月 31 日
编制：郁某　　复核：李某
日期：20××-2-7　　日期：20××-2-8

项目	上年审定数	未审数				本年审计调整		审定数
		年初余额	本期借方	本期贷方	期末余额	借方	贷方	
非关联方	1 436 848.6	1 436 848.6	426 610.6	366 010	1 376 248		68 100	1 444 348
合计	1 436 848.6	1 436 848.6	1 318 848.6	1 258 248	1 376 248		68 100	1 444 348

审计说明：

1. 上年未对本项目进行审计调整，年初余额与上年审定数核对一致。
2. 本年度的重分类调整 68 100 元。

(续表)

3. 账龄如下：

项目	1 年以内	1～2 年	合计
应付账款	1 258 248	118 000	1 376 248
预付账款	68 100		68 100
合计	1 326 348	118 000	1 444 348

4. 无其他说明事项。

审计结论：

应付账款调整后余额可以确认。

(2) 应付账款审计明细表示例(见表 8-10)。

表 8-10 应付账款明细表

客户：A 股份有限公司　　索引号：FD2

项目：应付账款明细　　财务报表截止日/期间：20××年 12 月 31 日

编制：李某　　复核：左某

日期：20××-2-7　　日期：20××-2-8

明细项目		未审数				1 年以内	1～2 年	2～3 年
		年初余额	本期借方	本期贷方	期末余额			
1	帝豪布艺有限公司	553 000	551 000	372 500	374 500	372 500	2 000	
2	江南布料厂	239 640	123 640	156 000	272 000	156 000	116 000	
3	嘉豪布艺有限公司	465 800	465 800	375 600	375 600	375 600		
4	金太阳家纺有限公司	178 408.6	178 408.6	184 148	184 148	184 148		
5	华东新竹床上用品有限公司			63 875	63 875	63 875		
6	京白鹭运输有限公司			56 125	56 125	56 125		
7	暂估应付款			50 000	50 000	50 000		
	合计	1 436 848.6	1 318 848.6	1 258 248	1 376 248	1 258 248	118 000	

审计说明：

1. 复核加计正确，并与明细账及合计数、总账数、未审报表数核对相符，年初数与上年审定数核对相符。
2. 本年度的重分类调整如下(见预付账款工作底稿)：

　　借：预付账款　　68 100　(1 年以内)

　　　贷：应付账款　　68 100 (1 年以内)

3. 无关联交易、亦无非记账本位币的应付账款。
4. 拟对以下单位进行函证。

客户	函证金额	回函金额	差异原因
帝豪布艺有限公司	374 500	254 500	未达账项
江南布料厂	272 000	272 000	
嘉豪布艺有限公司	375 600	375 600	

审计结论：

应付账款需要进行重分类调整，调整后余额可以确认。

(3) 应付账款审计抽凭表示例(见表 8-11)。

表 8-11　应付账款抽凭表

客户：A 股份有限公司　　索引号：FD3
项目：应付账款抽凭　　财务报表截止日/期间：20××年 12 月 31 日
编制：李某　　复核：左某
日期：20××-2-7　　日期：20××-2-8

日期	凭证号	明细科目	经济内容	对方科目	金额		测试				附件名称	测试说明
					借方	贷方	①	②	③	④		
9.1	130	金阳家纺	采购布料	材料采购		150 000	是	是	是	是	专用发票	未发现异常
12.2	235	新豪布艺	采购硬质棉	材料采购		70 000	是	是	是	是	专用发票	未发现异常
12.31	358	暂估款	采购羽绒	材料采购		90 000	是	是	是	是	无附件	未发现异常

审计说明：
① 金额核对相符；　② 账务处理正确；
③ 所附凭证齐全；　④ 业经恰当授权。
测试目标：义务、完整性、计价
重大错报风险评估结果：低
测试项目的选取方法：任意选样

审计结论：
应付账款抽凭未发现异常。

三、固定资产的审计

1. 固定资产的审计目标

(1) 确定固定资产是否存在，是否归被审计单位所有或控制。

(2) 确定固定资产的计价方法是否恰当。

(3) 确定固定资产的折旧政策是否恰当，折旧费用的分摊是否合理、一贯。

(4) 确定固定资产减值准备的计提是否充分、完整，方法是否恰当。

(5) 确定固定资产、累计折旧和固定资产减值准备的记录是否完整。

(6) 确定固定资产、累计折旧和固定资产减值准备的期末余额是否正确。

(7) 确定固定资产、累计折旧和固定资产减值准备在财务报表中做出的列报是否恰当。

固定资产的审计目标

2. 固定资产(账面余额)的实质性程序

(1) 获取或编制固定资产和累计折旧分类汇总表，检查固定资产的分类是否正确并与总账数和明细账合计数核对相符，结合累计折旧、减值准备科目与报表数核对相符。

固定资产的实质性程序-测算累计折旧(累计折旧检查表)

(2) 根据具体情况，选择以下方法对固定资产实施实质性分析程序：①计算固定资产原值与全年产量的比率，并与以前年度比较，分析其波动原因，可能发现闲置固定资产或已减少固定资产未在账户上注销的问题。②计算本期计提折旧额与固定资产总成本的比率，将此比率同上期比较，旨在发现本期折旧额计算上可能存在的错误。③计算累计折旧与固定资产总成本的比率，将此比率同上期比较，旨在发现累计折旧核算上可能存在的错误。④比较本期各月之间、本期与以前各期之间的修理及维护费用，旨在发现资本性支出和收益性支出区分上可能存在的错误。⑤比较本期与以前各期的固定资产的增加和减少。由于被审计单位的生产经营情况不断变化，各期之间固定资产增加和减少的数额可能相差很大。注册会计师应当深入分析其差异，并根据被审计单位以往和今后的生产经营趋势，判断差异产生的原因是否合理。⑥分析固定资产的构成及其增减变动情况，与在建工程、现金流量表、生产能力等相关信息交叉复核，检查固定资产相关金额的合理性和准确性。

(3) 实地抽查部分金额较大或异常的固定资产(如为首次接受审计，应适当扩大检查范围)，确定其是否存在，关注是否有账无物或有物无账的情况。

实施实地抽查审计程序时，注册会计师可以以固定资产明细分类账为起点，进行实地追查，以证明会计记录中所列固定资产确实存在，并了解其目前的使用状况；也可以以实地为起点，追查至固定资产明细分类账，以获取实际存在的固定资产均已入账的证据。

(4) 抽查固定资产的所有权证明文件，查明其产权是否属于被审计单位所有，手续是否完备，有无发生纠纷或诉讼等情况。对外购的机器设备等固定资产，通常经审核采购发票、采购合同等予以确定；对于房地产类固定资产，尚需查阅有关的合同、产权证明、财产税单、抵押借款的还款凭据、保险单等书面文件；对融资租入的固定资产，应验证有关融资租赁合同，证实其并非经营租赁；对汽车等运输设备，应验证有关运营证件等；对受留置权限制的固定资产，通常还应审核被审计单位的有关负债项目等予以证实。

固定资产的实质性程序-检查固定资产增加业务(固定资产增加检查表)

(5) 检查本期增加的固定资产的计价是否正确，凭证手续是否齐备；对已经达到预定可使用状态，但尚未办理竣工决算手续的固定资产，检查其是否已按估计价值入账，并按规定计提折旧；如有因清产核资、资产评估等情况，应检查其入账依据和方法是否正确。

(6) 检查本期减少的固定资产是否经授权批准，是否正确及时入账。

(7) 通过审阅内部会议记录、借款合约、银行函证等方式，查明固定资产有无提供担保、抵押或受限制使用等情况，并汇总列示其账面价值及数量。

(8) 确定被审计单位估计的固定资产使用期限和残值是否合理。

固定资产的实质性程序-检查固定资产减少业务(固定资产减少检查表)

(9) 取得租入(含融资租入)、租出固定资产相关的证明文件，并检查其手续是否完备，会计处理是否正确。

(10) 了解固定资产的保险和防护措施的完善程度，并做出相应记录。

(11) 检查固定资产后续支出的核算是否符合规定。

(12) 获取暂时闲置固定资产的相关证明文件，并观察其实际状况，检查是否已按规定计提折旧，相关的会计处理是否正确；获取已提足折旧仍继续使用固定资产的相关证明文件，并做相应记录。

(13) 检查有无与关联方的固定资产购售活动，是否经适当授权，交易价格是否公允。对于合并范围内的购售活动，记录应予合并抵消的金额。

(14) 检查年度终了被审计单位对固定资产的使用寿命、预计净残值和折旧方法的复核结果是否合理，若不合理，则应提请被审计单位作必要调整。

(15) 对应计入固定资产的借款费用，应根据企业会计准则的规定，结合长短期借款、应付债券或长期应付账款的审计，检查借款费用(借款利息、折溢价摊销、汇兑差额、辅助费用)资本化的计算方法和资本化金额，以及会计处理是否正确。

(16) 结合银行借款等科目，了解是否存在已用于债务担保的固定资产。如有，则应取证并做相应的记录，同时提请被审计单位做恰当披露。

(17) 检查购置固定资产时是否存在与资本性支出有关的财务承诺。

(18) 确定固定资产在财务报表中做出的列报是否恰当。

固定资产审定表

3. 固定资产(累计折旧)的实质性程序

(1) 获取或编制累计折旧分类汇总表，复核加计正确，并与总账数和明细账合计数核对相符。

(2) 检查被审计单位制定的折旧政策和方法是否符合相关会计准则的规定，确定其所采用的折旧方法能否在固定资产预计使用寿命内合理分摊其成本，前后期是否一致，预计使用寿命和预计净残值是否合理。

(3) 根据实际情况，选择以下方法对累计折旧执行实质性分析程序：①对折旧计提的总体合理性进行复核，是测试折旧正确与否的一个有效办法。在不考虑固定资产减值准备的前提下，计算、复核的方法是用应计提折旧的固定资产原价乘以本期的折旧率。计算之前，注册会计师应对本期增加的和减少固定资产、使用寿命长短不一的和折旧方法不同的固定资产做适当调整。如果总的计算结果和被审计单位的折旧总额相近，且固定资产及累计折旧的内部控制较健全时，就可以适当减少累计折旧和折旧费用的其他实质性程序工作量。②计算本期计提折旧额占固定资产原值的比率，并与上期比较，分析本期折旧计提额的合理性和准确性。③计算累计折旧占固定资产原值的比率，评估固定资产的老化程度，并估计因闲置、报废等原因可能发生的固定资产损失，结合固定资产减值准备，分析是否合理。

(4) 复核本期折旧费用的计提和分配：①了解被审计单位的折旧政策是否符合规定，计提折旧范围是否正确，确定的使用寿命、预计净残值和折旧方法是否合理；如采用加速折旧法，是否已取得批准文件。②检查被审计单位折旧政策前后期是否一致。③复核本期折旧费用的计提是否正确。

(5) 将累计折旧贷方的本期计提折旧额与相应的成本费用中折旧费用明细账的借方相比较，以查明所计提折旧金额是否已全部摊入本期产品成本或费用，一旦发现差异，应查明原因，并考虑是否应建议做出适当调整。

(6) 检查累计折旧的减少是否合理、会计处理是否正确。

(7) 确定累计折旧的列报是否恰当。

4. 固定资产(减值准备)的实质性程序

(1) 获取或编制固定资产减值准备明细表，复核加计正确，并与总账数和明细账合计数核对相符。

(2) 检查计提固定资产减值准备和核销的批准程序，取得书面报告等证明文件。

(3) 检查被审计单位计提固定资产减值准备的依据是否充分及会计处理是否正确。

(4) 检查资产组的认定是否恰当，计提固定资产减值准备的依据是否充分，会计处理是否正确。

(5) 实施实质性分析程序，计算本期末固定资产减值准备占期末固定资产原值的比率，并与期初该比率相比较，分析固定资产的质量状况。

(6) 检查被审计单位处置固定资产时原计提的减值准备是否同时结转，会计处理是否正确。

(7) 检查是否存在转回固定资产减值准备的情况。按照企业会计准则规定，固定资产减值损失一经确认，在以后会计期间不得转回。

(8) 确定固定资产减值准备的列报是否恰当。

5. 固定资产审计工作底稿示例

(1) 固定资产审计审定表示例(见表8-12)。

表8-12 固定资产审定表

客户：A股份有限公司　　　　索引号：ZO1
项目：固定资产　　　　财务报表截止日/期间：20××年12月31日
编制：祁某　　　　复核：左某
日期：20××-2-7　　　　日期：20××-2-8

项目		上年审定数	未审数				审计调整		审定数
			年初余额	本期借方	本期贷方	期末余额	借方	贷方	
1	固定资产	4 522 943.71	4 522 943.71	800 000	60 221.99	5 262 721.72			5 262 721.72
2	累计折旧	−271 376.62	−271 376.62	40 500	84 886.68	−315 763.3	23 000		−292 763.30
合计		4 251 567.09	4 251 567.09	840 500	145 108.67	4 946 958.42	23 000		4 969 958.42

审计说明：

1. 上年未对本项目进行审计调整，年初余额与上年审定数核对一致。
2. 经审核验证，该企业多计提折旧23 000元，调整分录见工作底稿ZO2。
3. 无其他说明事项。

审计结论：

固定资产调整后余额可以确认。

(2) 固定资产审计明细表示例(见表8-13)。

表 8-13 固定资产明细表

客户：A 股份有限公司　　索引号：ZO2

项目：固定资产明细　　财务报表截止日/期间：20××年 12 月 31 日

编制：祁某　　复核：左某

日期：20××-2-7　　日期：20××-2-8

明细项目		未审数			
		年初余额	本期借方	本期贷方	期末余额
1. 账面余额					
(1)	房屋建筑物	3 234 560.71	623 156	50 346	38 073 700.71
(2)	机械设备	1 288 383	176 844	9 875.99	1 455 351.01
	小计	4 522 943.71	800 000	60 221.99	5 262 721.72
2. 累计折旧					
(1)	房屋建筑物	−194 073.64	31 547.27	70 965.85	−233 492.22
(2)	机械设备	−77 302.98	8 952.73	13 920.83	-82 271.08
	小计	−271 376.62	40 500	84 886.68	−315 763.30
3. 减值准备					
(1)	房屋建筑物				
(2)	机械设备				
	小计	0	0	0	0
	合计	4 251 567.09	840 500	145 108.67	4 946 958.42

审计说明：

1. 复核加计正确，并与明细账及合计数、总账数、未审报表数核对相符，年初数与上年审定数核对相符。
2. 拟检查以下固定资产所有权凭证。

资产名称	所有权凭证	备注 3
奔驰汽车	车辆行驶证	未发现异常
奥迪汽车	车辆行驶证	未发现异常
1 号厂房	房产证	抵押借款
2 号厂房	房产证	抵押借款
3 号厂房	房产证	未发现异常
4 号厂房	房产证	未发现异常
综合楼	房产证	未发现异常

3. 拟对固定资产的增加和减少进行重点抽凭。通过检查凭证未发现购置固定资产时存在与资本性支出有关的财务承诺。
4. 已经取得了企业的固定资产盘点表，并对部门大额的固定资产进行了抽盘。
5. 经审核验证，该企业多计提折旧 23 000 元，调整分录如下。

借：累计折旧　　23 000

　贷：制造费用　　23 000

审计结论：

固定资产需补提折旧，调整后可以确认。

(3) 固定资产审计抽凭表示例(见表 8-14)。

表 8-14 固定资产抽凭表

客户：A 股份有限公司　　索引号：FD3
项目：固定资产抽凭　　财务报表截止日/期间：20××年 12 月 31 日
编制：祁某　　复核：左某
日期：20××-2-7　　日期：20××-2-8

日期	凭证号	明细科目	经济内容	对方科目	金额		测试				附件名称	测试说明
					借方	贷方	①	②	③	④		
5.1	33	固定资产	购买电脑15台	银行存款	75 000		是	是	是	是	转账支票存根、固定资产验收单、发票	未发现异常
9.12	308	固定资产	购买缝纫电机20台	银行存款	15 5000		是	是	是	是	转账支票存根、固定资产验收单、发票	未发现异常
11.12	339	固定资产	购买生产厂房	银行存款	570 000		是	是	是	是	转账支票存根、房产证明	未发现异常
12.29	305	固定资产	货车报废	固定资产清理		60 221.99	是	是	是	是	固定资产报废单	未发现异常

审计说明：
① 金额核对相符；　② 账务处理正确；
③ 所附凭证齐全；　④ 业经恰当授权；
测试目标：计价
重大错报风险评估结果：低
测试项目的选取方法：本期增加和减少的全部固定资产

审计结论：
固定资产抽凭未发现异常。

四、管理费用的审计

1. 管理费用的审计目标

(1) 确定记录的管理费用是否已发生，且与被审计单位有关。

(2) 确定管理费用记录是否完整，与管理费用有关的金额及其他数据是否已恰当记录。

(3) 确定管理费用内容是否正确，是否已记录于正确的会计期间。

(4) 确定管理费用的列报是否恰当。

2. 管理费用的实质性程序

(1) 获取或编制管理费用明细表，复核加计正确，并与报表数、总账数和明细账合计数核对相符。

(2) 检查管理费用项目的核算内容与范围是否符合规定。

(3) 将本期管理费用与上一期的管理费用各明细项目进行比较，并将本期各个月份的管理费用进行比较，如有重大波动和异常情况应查明原因。

(4) 将管理费用中列支的职工薪酬、研究费用、折旧费以及无形资产、长期待摊费用、其他长期资产的摊销额等项目与相关科目进行交叉钩稽，并做出相应记录。

(5) 选择重要或异常的管理费用项目，检查其原始凭证是否合法，会计处理是否正确。

(6) 检查管理费用的列报是否恰当。

3. 管理费用审计工作底稿示例

(1) 管理费用审计审定表示例(见表 8-15)。

表 8-15　管理费用审定表

客户：A 股份有限公司　　索引号：SE1

项目：管理费用　　财务报表截止日/期间：20××年度

编制：李某　　复核：郁某

日期：20××-2-7　　日期：20××-2-8

项 目	类别	上年审定数	本年未审数	结构比	变动趋势	审计调整		审定数
						借方	贷方	
管理费用	损益类	1 269 858	1 011 090	100%	-20.38%			1 011 090
合计		1 269 858	1 011 090	100%	-20.38%			1 011 090

审计说明：

1. 上年未对本项进行调整。
2. 本年无调整事项。

审计结论：

管理费用可以确认。

(2) 管理费用审计明细表示例(见表 8-16)。

表 8-16　管理费用明细表

客户：A 股份有限公司　　索引号：SE2

项目：管理费用明细　　财务报表截止日/期间：20××年度

编制：祁某　　复核：左某

日期：20××-2-7　　日期：20××-2-8

项目	上年数	本年数	结构比	变动趋势	备注
工资	356 009.80	200 749.60	19.85%	-43.61%	异常
福利费	49 776.83	23 717.26	2.35%	-52.35%	异常
折旧费	240 070.80	195 544.81	19.34%	-18.55%	
维修费	15 392.36	42 870.22	4.24%	178.52%	异常
招待费	20 103.30	27 906.01	2.76%	38.81%	异常
咨询费	53 376.64	48 532.32	4.80%	-9.08%	
办公费	13 227.42	10 110.9	1.00%	-23.56%	异常
水费	209 534.40	190 893.79	18.88%	-8.90%	钩稽见电费单据
电费	209 092.50	201 712.46	19.95%	-3.53%	钩稽见水费票据
通信费	33 391.44	37 309.22	3.69%	11.73%	见通信记录单
工会经费	7075.51	3388.18	0.34%	-52.11%	异常
职工教育经费	4381.61	4 235.224	0.42%	-3.34%	
保险费	3848.08	5156.56	0.51%	34.00%	
无形资产摊销	22 646.65	18 907.446	1.87%	-16.51%	钩稽见无形资产底稿
合计	1 269 858	1 011 090	100%	-20.38%	

(续表)

审计说明：

1. 从上表可以发现工资、福利费、工会经费、维修费、办公费、招待费等变动异常，经查工资、福利费、工会经费大幅下降是因公司裁减管理人员所致。对维修费、办公费、招待费应重点关注。
2. 咨询费主要为审计费、评估费。各种税费主要为印花税。
3. 无形资产摊销测试见无形资产审计底稿，累计折旧见固定资产审计底稿。

审计结论：

管理费用工资、福利费、工会经费、维修费、办公费、招待费等变动异常，应予以重点关注。

(3) 管理费用审计抽凭表示例(见表 8-17)。

表 8-17 管理费用抽凭表

客户：A 股份有限公司　　索引号：SE3
项目：管理费用抽凭　　财务报表截止日/期间：20××年度
编制：祁某　　复核：左某
日期：20××-2-7　　日期：20××-2-8

日期	凭证号	明细科目	经济内容	对方科目	金额		测试				附件名称	测试说明
					借方	贷方	①	②	③	④		
5.1	33	办公费	支付办公用品款	银行存款	23 600		是	是	是	是	发票、支票存根	未发现异常
9.12	308	维修费	支付三号厂房维修费	银行存款	32 000		是	是	是	是	支票存根、维修单	未发现异常
10.9	256	招待费	支付供应商、客户就餐费	银行存款	8100		是	是	是	是	支票存根、发票	未发现异常

审计说明：

① 金额核对相符；　　② 账务处理正确；
③ 所附凭证齐全；　　④ 业经恰当授权。

测试目标：计价、完整性
重大错报风险评估结果：低
测试项目的选取方法：任意选样

审计结论：

管理费用抽凭未发现异常。

任务处理

【任务 8-3】下列说法中错误的是(　　)。

A. 任何情况都不需要对被审计单位的应付账款进行函证

B. 注册会计师可以将期末应付账款余额与期初余额进行比较，分析波动原因

C. 对于应付账款来说，在资产负债表日金额不大，甚至为零，但为企业重要供货人的债权人(发生额较大)应作为重要函证对象

D. 注册会计师可以结合存货监盘程序，检查被审计单位在资产负债日前后的存货入库资料，检查是否有大额料到单未到的情况，确认相关负债是否计入了正确的会计期间

任务解析：应选 A。一般情况下，并不必须函证应付账款，这是因为函证不能保证查出未记录的应付账款，况且注册会计师能够取得采购发票等外部凭证来证实应付账款的余额。但如果控制风险较高，某应付账款明细账户金额较大或被审计单位处于财务困难阶段，则应

进行应付账款的函证。

【任务 8-4】注册会计师认为被审计单位固定资产折旧计提不足的迹象是(　　)。

A. 经常发生大额的固定资产清理损失　　B. 累计折旧与固定资产原值比率较大

C. 提取折旧的固定资产账面价值庞大　　D. 固定资产保险额大于其账面价值

任务解析：应选 A。折旧计提不足的实质是所计提的折旧额比固定资产的实际损耗小，其结果将导致在固定资产账面净值(原值—累计折旧)不为零时，固定资产就已报废，按照会计规定，这一差额将计入固定资产清理，造成大额的固定资产清理损失，所以本题应选 A。选项 B 恰好相反，它是折旧计提过高的迹象。选项 C 提取折旧的固定资产账面价值庞大，并不代表折旧计提的恰当性或不恰当性，对于大规模企业，其固定资产账面价值庞大是自然而然的状况。选项 D，固定资产的保险额与折旧并无直接或必然的联系。

任务导入分析

应选 ACD。选项 A，资产负债表日已收到发票，而审计时尚未处理，则表明相应的应付账款尚未入账；选项 B，函证不能保证查出未记录的应付账款；选项 C，通过支票存根可以追查付款是否属于支付上年的购货；选项 D，商品已在资产负债表日入库，而尚未收到购货发票则表明上年有可能未入账。

技能训练

1. 大华会计师事务所的注册会计师王华于 2019 年年底对昌盛公司进行预审，包括对部分业务的内部控制测试和对部分交易、活动进行实质性程序。在预审中，王华发现以下情况：

(1) 为使采购业务的不相容职务彻底分离，被审计单位规定采购人员不得参与验收。收到供应商发来的货物后，必须由财会部门负责采购业务会计记录的人员进行验收登记，只有当所收货物与订购单一致后，采购部门方能开具付款凭单。

(2) 采购部门在办理付款业务时，对请购单、采购发票、结算凭证的签字、盖章、日期、数量、金额等进行严格审核。

(3) 按照被审计单位与 W 公司签署的购货合同，若被审计单位收到材料起 10 日内付款，可获得 10%的现金折扣。被审计单位在 2019 年 10 月 16 日收到所购材料后，于 18 日按照购货发票所列金额 30 万元的 90%向 W 公司支付了材料款。为保证会计信息的真实性和可靠性，被审计单位对此笔付款做了借记应付账款 27 万元、贷记银行存款 27 万元的会计处理。

(4) 7 月 1 日购入并安装价值 50 万元的生产用电子设备一台，当日投入生产。由于设备的特殊性质，需要 3 个月的试运行。在此期间，随时可能需要进行调试，根据这一情况，被审计单位从 2019 年 10 月 1 日起对该设备开始计提折旧。

(5) 被审计单位于 2019 年年初开始建造一生产车间，10 月份完工后投入使用，但由于种种原因，尚未办理完竣工手续，编制财务报表时，被审计单位对此车间仍在在建工程中反映。

(6) 被审计单位于 2012 年起采用融资租赁方式租入乙公司一座 2014 年完工、预计使用年限为 70 年的办公楼，相关合同显示的融资租赁期限为 2014 年 1 月至 2019 年 12 月，2019

年 1 月被审计单位对此办公楼进行了装修，相关的装修费用为 1200 万元，预计在未来 10 年内无须再进行装修，被审计单位对此次装修计提折旧时，确定计提折旧的年限为 10 年。

(7) 被审计单位于 2019 年年初以经营租赁方式租入丙公司的尚可使用年限为 20 年的成品仓库一座，租赁期限到 2027 年止，被审计单位在租入该仓库后，立即按照 8 年使用年限的标准进行了装修，支付的装修费用为 80 万元，对此项固定资产装修，被审计单位当年采用直线法计提了 10 万元的折旧。

(8) 被审计单位 2019 年因为一项债务重组事项，导致了 20 万元固定资产清理净收益，记入资本公积科目。

要求：逐一判断被审计单位的相关内部控制是否存在缺陷，相关的经营活动及其会计处理是否符合企业会计准则的规定，并简要说明原因。

2. 注册会计师审查了某企业 2019 年 12 月生产车间设备计提折旧情况，在审阅固定资产明细账和制造费用明细账时，发现如下记录：

(1) 11 月末该车间设备计提折旧额为 52 000 元，年折旧率为 6%。

(2) 11 月份购入设备一台，原值 256 000 元，已安装完工交付使用。

(3) 11 月份新增一台设备投入车间使用，原值 280 000 元。

(4) 进行技术改造设备一台，11 月份交付使用，该设备原值为 480 000 元，技术改进支出 86 000 元，变价收入 32 000 元。

(5) 12 月份该车间设备计提折旧 64 500 元。

要求：假定企业 2019 年 11 月末计提折旧额正确，验证该企业当年 12 月份计提折旧额是否正确。如不正确，请提出处理意见。

3. 注册会计师在审计某公司 2019 年度会计报表时，了解到该公司固定资产的期末计价采用成本与可变现净值孰低法，2019 年年末该公司部分固定资产有关资料及会计处理情况如下。

(1) 设备 A：账面原值 40 万元，累计折旧 4 万元，减值准备为零，该设备生产的产品为大量的不合格品。该公司按设备资产净值补提减值准备 36 万元。

(2) 设备 B：账面原值 200 万元，累计折旧 50 万元；已提取减值准备 150 万元，该设备上年度已遭毁损，不再具有使用价值和转让价值，在上年已全额计提减值准备，该公司本年度有计提累计折旧 2 万元。

(3) 设备 C：账面原值 30 万元，累计折旧 3 万元，已提取减值准备 2 万元，该设备未发现减值迹象。该公司从谨慎性要求出发，从本年度起每年计提减值准备 2 万元。

要求：针对该公司的固定资产会计事项提出处理意见。

4. 注册会计师审查某企业管理费用明细账时，发现如下记录：为购货单位垫付运杂费 18 000 元；支付未完工程借款利息 16 000 元；购入材料的外地运杂费 13 000 元； 支付短期借款利息 16 000 元。

要求：请指出该企业管理费用明细账中存在的问题，并提出处理意见。

学习情境九

生产与仓储循环审计

学习目标

【知识目标】了解生产与仓储循环涉及的业务活动及其内部控制的主要内容；理解生产与存货循环内部控制的风险及相关控制程序；理解生产与仓储循环实质性程序的工作内容。

【技能目标】掌握生产与仓储循环内部控制测试的步骤、方法及相关工作底稿的编制；掌握生产与仓储循环实质性程序的步骤、方法及相关工作底稿的编制。

任务一 生产与仓储循环控制测试

任务导入

下列说法中，不正确的有(　　)。

A. 无论是销售业务、购货业务、成本费用业务，还是货币资金业务，对于审批人员超越授权范围审批的业务，经办人员均有权拒绝办理，并及时向审批人员的上级授权部门报告

B. 为了提高企业的工作效率、合理安排人员工作，企业存货的验收、保管、清查及处置最好由一人执行

C. 存货监盘不仅对期末结存数量和状况予以确认，还能验证报表上存货余额的真实性

D. 注册会计师在生产与仓储循环审计中经常运用分析程序获取证据，并形成审计结论

资讯准备

一、认识生产与仓储循环的内部控制

1. 生产与仓储循环涉及的主要业务活动

生产与仓储循环涉及的主要业务活动

(1) 计划和安排生产。生产计划部门的职责是根据顾客订单或者对销售预测和产品需求的分析来决定生产授权。如决定授权生产，即签发预先编号的生产通知单。该部门通常应将发出的所有生产通知单编号并加以记录控制。此外，还需要编制一份材料需求报告，列示所需要的材料和零件及其库存。

(2) 发出原材料。仓库部门的责任是根据从生产部门收到的领料单发出原材料。领料单上必须列示所需的材料数量和种类，以及领料部门的名称。领料单可以一料一单，也可以多料一单，通常需一式三联。仓库发料后，将其中一联连同材料交给领料部门，其余两联经仓库登记材料明细账后，送至会计部门进行材料收发核算和成本核算。

(3) 生产产品。生产部门在收到生产通知单及领取原材料后，便将生产任务分解到每一个生产工人，并将所领取的原材料交给生产工人，据以执行生产任务。生产工人在完成生产任务后，将完成的产品交生产部门查点，然后转交检验员验收并办理入库手续；或是将所完成的产品移交下一个部门，做进一步加工。

(4) 核算产品成本。为了正确核算并有效控制产品成本，必须建立健全成本会计制度，将生产控制和成本核算有机结合在一起。一方面，生产过程中的各种记录、生产通知单、领料单、计工单、入库单等文件资料都要汇集到会计部门，由会计部门对其进行检查和核对，了解和控制生产过程中存货的实物流转；另一方面，会计部门要设置相应的会计账户，会同有关部门对生产过程中的成本进行核算和控制。成本会计制度可以非常简单，只是在期末记录存货余额；也可以是完善的标准成本制度，它持续地记录所有材料处理、在产品和产成品的成本，并形成对成本差异的分析报告。完善的成本会计制度应该提供原材料转为在产品，在产品转为产成品，以及按成本中心、分批生产任务通知单或生产周期所消耗的材料、人工和间接费用的分配与归集的详细资料。

(5) 储存产成品。产成品入库，须由仓库部门先行点验和检查，然后签收。签收后，将实际入库数量通知会计部门。据此，仓库部门确立了本身应承担的责任，并对验收部门的工作进行验证。除此之外，仓库部门还应根据产成品的品质特征分类存放，并填制标签。

(6) 发出产成品。产成品的发出须由独立的发运部门进行。装运产成品时必须持有经有关部门核准的发运通知单，并据此编制出库单。出库单至少一式四联，一联交仓库部门；一联发运部门留存；一联送交顾客；一联作为给顾客开发票的依据。

2. 生产与仓储循环内部控制的内容

存货的内部控制

总体上看，生产与仓储循环的内部控制主要包括存货的内部控制和成本会计制度的内部控制两项内容。

(1) 存货的内部控制。存货被誉为是商业企业的血液，所以存货的内部控制很重要。关于存货的内部控制，不同的企业对其存货可能采取不同的内部控制，但从根本上说，均可概括为存货的数量和计价两个关键因素的控制。良好的存货内部控制包括：无论采用什么盘存制度，每年至少实地盘点一次存货；保持高效的采购、验收和运输程序；保管好存货，以防被盗、损坏和腐烂；存货保管人员与记录人员职务相分离，仅允许那些不能接近会计记录的人员接近存货；对贵重商品保持永续存货记录；按较经济的数量购买存货；保持足够的存货以防因存货短缺影响销售收入；不要保留过多的存货，以防将资金拴在不必要的项目上而增加费用。

每年实地盘点存货是必要的，因为确认库存存货的唯一方法就是盘点。当发现错误时，应调整会计记录，使其与实地盘点数一致。将存货经手人远离会计记录是一项必要的职责分离，因为一个既可接近存货，又可接近会计记录的职员有可能盗窃存货，并编制会计记录将其盗窃行为掩盖起来。例如，在存货实际被盗时，职员可增加冲销的存货数，以使存货金额降低。计算机存货系统能使公司将库存存货额和存货短缺的可能降至最小。在竞争日益加剧的企业环境中，公司不能将现金拴在过多存货上而增加不必要的费用。

(2) 成本会计制度的内部控制。成本会计制度的内部控制主要包括：对生产指令、领料单、工薪等关键点的授权批准应履行恰当手续，经过特别审批或一般审批；成本的核算应以经过审核的生产通知单、领发料凭证、产量和工时记录、工薪费用分配表、材料费用分配表、制造费用分配表为依据；生产通知单、领发料凭证、产量和工时记录、工薪费用分配表、材料费用分配表、制造费用分配表均事先编号；采用适当的成本核算方法和费用分配方法并且前后各期一致，采用适当的成本核算流程和账务处理流程，建立内部稽查制度。

二、以风险为起点的生产与仓储循环的控制测试

1. 计划和开始生产的风险、控制和控制测试(见表 9-1)

表 9-1 计划和开始生产的风险、控制和控制测试

风 险	计算机控制	人工控制	控制测试
生产规模可能不适当；可能因生产过量导致存货滞销，或者因产量不足导致存货脱销	根据销售需求量对存货生产数量实施计算机化监督，以显示具体存货项目的再次订购数量和经济订购数量	计划和生产进度由生产部门监控，并取得生产经理批准	检查授权生产的证据
产品可能没有按照客户要求的规格生产，导致顾客拒收从而滞销		生产开始前，获取客户对于产品设计和规格的认可。计划和生产进度由生产部门监控，并取得生产经理批准	检查客户签署的认可函和生产经理批准的证据

2. 发出原材料的风险、控制和控制测试(见表 9-2)

表 9-2 发出原材料的风险、控制和控制测试

风险	计算机控制	人工控制	控制测试
(1) 原材料的发出可能未经授权或发出用于生产的原材料可能不正确 (2) 原材料缺货可能导致生产延误 (3) 发出的原材料可能未分配或未正确分配到生产任务中	(1) 将事先编号的原材料通知单录入系统，生成发出原材料给工厂以供生产的原材料发出通知单 (2) 每日打印发出至生产过程的原材料，以及在生产任务通知单中的原材料发出通知单代码 (3) 每日打印未完成的原材料通知单和没有分配到特定生产任务的原材料发出通知单。	(1) 由经授权的生产人员签署所有生产任务或供生产使用的原材料通知单 (2) 由生产经理复核载有每日发出至生产过程中的原材料信息的打印文件,并与由生产人员签署的原材料通知单核对一致 (3) 由生产人员监督没有完成的原材料通知单,并跟进发出原材料的延误 (4) 由生产人员分别就每个生产阶段逐个签署生产任务通知单,以表明为每一项生产任务所记录的原材料是完整和准确的	(1) 检查生产经理复核生产任务通知单、跟进未分配的原材料和未完成的原材料通知单的情况 (2) 在期末查询没有分配的原材料发出通知单对于在产品的影响
原材料可能被盗		(1) 确保原材料仓储的实物安全,仅允许经授权的人员进入原材料仓库 (2) 在生产地点安置监控录像机，控制安全通道。对于生产高价值或者危险产品的地方，设置严密的安保系统	通过询问和观察以获取控制被执行的证据

3. 在生产阶段间转移商品的风险、控制和控制测试(见表 9-3)

表 9-3 在生产阶段间转移商品的风险、控制和控制测试

风险	计算机控制	人工控制	控制测试
(1) 直接人工工时可能未被记录或未被分配至正确的生产任务 (2) 直接机器工时可能未被记录或未被分配至正确的任务	(1) 每天在各生产任务上花费的人工时间要与按照每个员工的计时工资时间或工时记录比对一致 (2) 对分配到生产任务中的直接人工工时与每天的工时记录的差异要打印在例外报告上 (3) 每天计入生产任务的机器工时要与机器生产能力总数比对一致，未分配的工时要打印在例外报告上 (4) 每日生产报告累计所有生产任务所耗费的工时，并与每日工时总数比对一致	(1) 由管理层复核每日生产报告以及对直接人工总工时分配的调节表 (2) 由管理层复核例外报告，并改正分配直接人工工时和机器工时中的错误	(1) 检查管理层复核生产报告和工时调节表的证据 (2) 检查管理层复核工时差异例外报告的证据,并检查其纠正例外报告所反映的错误的证据

(续表)

风　险	计算机控制	人 工 控 制	控 制 测 试
在产品可能未移送下一个生产阶段之前的所有累计成本	(1) 记录各个生产阶段中的产品移动。但在产品转移到下一个阶段前需有授权的生产人员的电子签名。出于这一目的，通过密码和菜单对授权人员的进入实施控制 (2) 下一生产阶段的成本直到前一生产阶段已经完成才能进行记录 (3) 每日生产报告记录生产任务从一个阶段转移到下一阶段的日期和时间，并识别授权转移的员工 (4) 每个连续性生产阶段最后的累计成本也要在每日生产报告中反映	(1) 经授权人员的电子签名要显示在生产任务通知单和每日生产报告中，以表明在批准向下一阶段转移生产任务前，该人员已经检查并确认所有的直接材料、人工和机器工时成本是正确和完整的 (2) 生产管理层检查已分配的成本，并询问不一致的情况	(1) 对于期末在产品，检查授权将生产任务转移至下一阶段的相关签名 (2) 比较原材料、人工工时和机器工时与完成该阶段生产任务的说明书，并检查生产经理监督和更正差异的证据

4. 转移产品至产成品仓库的风险、控制和控制测试(见表 9-4)

表 9-4　转移产品至产成品仓库的风险、控制和控制测试

风　险	计算机控制	人 工 控 制	控 制 测 试
产成品仓库人员可能未记录接收的已完工产品或接收了生产的残次品	(1) 转移完工产品前需要生产经理的电子签名 (2) 产成品仓库人员通过电子签名显示接收已完工产品，以完成产品从在产品到完工产品的转移 (3) 由计算机将已完工产品转移的数量和成本记录至完工产品存货主文档 (4) 由计算机生成关于所有生产任务已转移至产成品存货的完工生产报告	(1) 由质量控制人员检查每一生产阶段完工的存货，以确保其在送达产成品仓库前符合质量标准 (2) 损坏的产品或者不符合质量标准的产品应当立即撤出并处理 (3) 检查人员认为满意后在生产任务通知单上签字。除了他们的电子签名，产成品仓库人员还应当通过在有关生产任务通知单上的签章证明已接收有关的产成品 (4) 生产经理每日检查完工生产报告，询问并调整所有与预期不一致的成本和数量	(1) 检查接收完工产品到产成品仓库的证据 (2) 检查管理层复核工业完工生产报告和追踪出现的误差的证据 (3) 使用计算机辅助审计方法，将完成的生产任务与转移到产成品仓库的完工产品进行比对，检查转移的数量、成本是否一致

(续表)

风　　险	计算机控制	人 工 控 制	控 制 测 试
产成品可能被盗	定期打印存货主文档中的产成品记录，反映仓库中的存货项目	(1) 对产成品进行实物保护，如仅有经授权的员工才可以进入仓库 (2) 在产成品仓库有选择地安装监控摄像机 (3) 由管理层持续地对存货进行盘点，并调整存货实物数量和存货主文档中存货余额之间的差异 (4) 对接收的产成品、采购和销售的商品实施截止测试	(1) 询问并观察安全措施的充分性 (2) 监盘和观察客户持续或定期的盘点程序，并调整记录在存货主文档中的存货余额 (3) 检查由于存货损耗和对期末完工产品、采购商品、销售商品实施截止测试产生的调整

5. 记录生产的产品的风险、控制和控制测试(见表9-5)

表9-5　记录生产的产品的风险、控制和控制测试

风　　险	计算机控制	人 工 控 制	控 制 测 试
分配至生产的存货的成本可能存在错误，包括：分配至生产的原材料的金额发生错误；直接人工工时和机器工时未正确分配至生产任务或分配的金额不正确	(1) 每日生产报告详细记录分配给各项任务的直接材料、人工和机器工时，并将其与发出原材料、计时工资记录和机器工时记录进行比对 (2) 将比对不一致的直接成本生成例外报告	由管理层复核每日生产报告和例外报告，并采取措施纠正在产品在各阶段转移过程中的错误和分配错误	检查每日生产报告和例外报告，获取管理层复核及采取相关措施的证据
分配给在产品和产成品的间接费用成本可能没有正确计算，可能未分配至正确的生产任务，或导致应该被费用化的部分可能被计入存货成本	(1) 计算机通常以直接人工、直接机器工时或者其他特定的生产流程为基础来分配间接成本 (2) 每日生产报告应该反映标准成本差异以及间接费用的分配	(1) 由管理层定期审批间接费用分配率和分配基础或分配至在产品的标准成本 (2) 由管理层定期复核并调查标准成本差异，并根据市场中的有关销售价格考虑产品的可变现净值	(1) 检查管理层对标准成本、间接费用的分配率和分配基础的审批。询问会计政策的一贯性 (2) 检查管理层复核标准成本差异以及产品可变现净值的证据
已完工产品的生产成本可能没有转移到产成品中	每日完工产品报告中反映了转移到产成品中的成本，以及经授权的生产人员批准这一转移，和经授权的产成品仓库人员接收完工产品至产成品仓库的签字	由生产管理层复核每日的产成品报告，询问并调整任何与预期不一致的成本或产量	(1) 使用计算机辅助审计方法，将完工产品与产成品仓库接收的产品的成本和数量进行核对 (2) 检查每日完工产品报告以及管理层复核的证据

6. 保管存货和维护存货主文档的风险、控制和控制测试(见表 9-6)

表 9-6　保管存货和维护存货主文档的风险、控制和控制测试

风　险	计算机控制	人工控制	控制测试
记录的存货数量可能与实际数量不一致		(1) 定期或者持续执行存货盘点，调整存货主文档中的存货余额和总分类账的余额 (2) 对于接收的完工产品，外购和销售的商品实施截止测试	(1) 检查存货盘点和记录的存货余额 (2) 检查授权调整已记录存货余额的证据
存货主文档中的总额可能和存货总分类账的金额不一致	由计算机将总分类账和存货主文档中的总额进行持续的比对，并打印比对不一致的交易和余额的例外报告	对接收的产成品、外购和销售的商品实施截止测试。对于存货主文档和存货总分类账中存货的损耗和错误进行调整	检查管理层复核和经授权调整的证据
存货过时或状况恶化，以至于其账面价值可能超过了可变现净值	打印出各存货项目的销售量，以及与现有销售需求相对应的当前库存情况	(1) 经常复核过时和毁损的存货，定期对存货项目计提减值准备做出决定 (2) 期末按照过往经验和一贯的会计政策计算存货跌价准备 (3) 检查存货的销售情况以及各存货项目的最后销售日，以便识别销售缓慢和没有销售出去的存货	(1) 检查管理层复核存货过时和存货减值的证据 (2) 询问计算存货减值准备人员的胜任能力 (3) 确认行业标准并考虑被审计单位的假设是否合理 (4) 测试确定存货销售量的程序化的控制
控制环境和控制活动可能未能使管理层关注存货的变动、计量或计价，以及与之高度相关的财务报表中可能存在潜在错误、错报和舞弊		高级管理层的监控主要涉及以下方面：生产量和生产成本；原材料和产成品存货水平；根据存货盘点的数量和存货主文档以及存货的损耗和丢失情况进行调整；与销售需求有关的脱销和储存过量情况；标准成本差异和间接费用分配应当与企业的实际情况和行业的一般情况匹配；监控关键业绩指标	检查管理层监控程序和关键业绩指标的有效性，以防止、发现并纠正生产与存货交易和余额相关的错误和舞弊

三、生产与仓储循环控制测试工作底稿示例

1. 生产与仓储循环控制测试导引表(见表 9-7)

表 9-7　控制测试导引表(生产与仓储循环)

客户：A 股份有限公司	索引号：SCC
项目：控制测试(生产与仓储循环)	财务报表截止日/期间：20××年度
编制：郁某	复核：李某
日期：20××-2-8	日期：20××-2-9
测试本循环控制运行有效性的工作	
1. 针对了解的被审计单位生产与仓储循环的控制活动，确定拟进行控制测试的活动。 2. 测试控制运行的有效性，记录测试过程和结论。 3. 根据测试结论，确定对实质性程序的性质、时间和范围的影响。	

(续表)

测试本循环控制运行有效性形成下列审计工作底稿
1. SCC-1：控制测试汇总表 2. SCC-2：控制测试程序 3. SCC-3：控制测试过程
编制要求或参考
本审计工作底稿用以记录下列内容： 1. 汇总对本循环内部控制运行有效性进行测试的主要内容和结论； 2. 记录控制测试程序和测试过程。

2. 生产与仓储循环控制测试汇总表(见表9-8)

表9-8 控制测试汇总表(生产与仓储循环)

客户：A股份有限公司　　索引号：SCC-1

项目：控制测试(生产与仓储循环)　　财务报表截止日/期间：20××年度

编制：郁某　　复核：李某

日期：20××-2-8　　日期：20××-2-9

1. 了解内部控制的初步结论

控制设计合理，并得到执行。根据了解本循环控制的设计并评估其执行情况所获取的审计证据，注册会计师对控制的评价结论可能是：①控制设计合理，并得到执行；②控制设计合理，未得到执行；③控制设计无效或缺乏必要的控制。

2. 控制测试结论

控制目标	控制活动	对实现控制目标是否有效	是否得到执行	是否有效运行	测试结果是否支持风险评估结论
已验收材料均附有有效采购订单	仓管员比较所收材料与采购订单的要求是否相符，并检查其质量等级。验收无误后，仓库管理员签发预先编号的验收单，作为检测商品的依据。对于单价在人民币500元以上的材料，还需经过仓储经理验收签字	是	是	是	支持
已验收材料均已准确记录	仓库管理员负责将购入材料的采购订单编号、验收单编号，材料数量、规格等信息输入信息系统，经仓储经理复核并以电子签名方式确认后，系统自动更新材料明细台账	是	是	是	支持
已验收材料均已记录	验收无误后，仓管员签发预先编号的验收单。根据验收单，仓库管理员负责将购入材料的采购订单编号、验收单编号，材料数量、规格等信息输入信息系统，经仓储经理复核并以电子签名方式确认后，系统自动更新材料明细台账	是	是	是	支持

(续表)

控制目标	控制活动	对实现控制目标是否有效	是否得到执行	是否有效运行	测试结果是否支持风险评估结论
已验收材料均已记录于适当期间	仓库分别于每月、每季和年度终了对存货进行盘点，财务部门对盘点结果进行复盘。仓库管理员编写存货盘点明细表，发现差异及时处理，经仓储经理、财务经理、生产经理复核后调整入账	是	是	是	支持
管理层授权进行生产	根据经审批的月度生产计划书，生产计划经理签发预先编号的生产通知单	是	是	是	支持
发出材料均已准确记录	仓库管理员将原材料领用申请单编号、领用数量、规格等信息输入信息系统，经仓储经理复核并以电子签名方式确认后，信息系统将自动更新材料明细台账	是	是	否	支持
发出材料均已记录于适当期间	仓库分别于每月、每季和年度终了对存货进行盘点，财务部门对盘店结果进行复盘。仓库管理员编写存货盘点明细表，发现差异及时处理，经仓储经理、财务经理、生产经理复核后调整入账	是	是	否	支持
已记录生产成本均真实发生且与实际成本一致	出纳根据原材料出库单，编制原材料领用凭证，与信息系统自动生成的生产记录日报表核对材料耗用和流转信息；由会计主管审核无误后，生成记账凭证并过账至生产成本及原材料明细账和总分类账	是	是	否	支持
产成品发运均已记录	仓库管理员填写预先连续编号的出库单。仓库管理员将产成品出库单信息输入信息系统，信息系统自动更新产成品明细台账并与出运通知单编号核对	是	是	是	支持
产成品发运均已准确记录	仓库管理员将产成品出库单信息输入信息系统，经仓储经理复核并以电子签名方式确认后，信息系统自动更新产成品明细台账并与出运通知单编号核对	是	是	是	支持
已发运产成品均附有有效销售订单	仓储经理在发货之前，需独立检查出库单、销售订单和出运通知单，确定从仓库提取的商品附有经批准的销售订单，并且所提取产品的内容与销售订单一致	是	是	是	支持

（续表）

控制目标	控制活动	对实现控制目标是否有效	是否得到执行	是否有效运行	测试结果是否支持风险评估结论
产成品发运均已记录于适当期间	仓库分别于每月、每季和年度终了对存货进行盘点，财务部门对盘点结果进行复盘。仓库管理员编写存货盘点明细表，发现差异及时处理，经仓储经理、财务经理、生产经理复核后调整入账	是	是	是	支持
适当保管存货	根据验收单，仓储部门清点商品数量，对已验收的商品进行保管。仓储区应相对独立，限制无关人员接近	是	是	不适用	支持
准确记录存货价值	信息系统物流子系统没有存货账龄分析功能，对账龄长的存货，会进行提示。在盘点时，盘点人员也需关注是否需要计提存货跌价准备	是	是	不适用	支持
存货价值调整已记录于适当期间	如果出现毁损、陈旧、过时及残次存货，仓库管理员应编制不良存货明细表，经仓储经理复核后，交采购经理、销售经理，分析该等存货的可变现净价值	是	是	不适用	支持

3. 相关交易和账户余额的总体审计方案

(1) 对未进行测试的控制目标的汇总

根据计划实施的控制测试，我们未对下述控制目标、相关的交易和账户余额及其认定进行测试。

业务循环	主要业务活动	控制目标	相关交易和账户余额及其认定	原因
生产与存货	存货管理	适当保管存货	存货：存在，权利和义务	实质性程序中测试
生产与存货	存货管理	准确记录存货价值	存货：准确性	实质性程序中测试
生产与存货	存货管理	存货价值调整已记录于适当期间	存货：截止性	控制未执行
生产与存货	存货管理	存货价值调整是真实发生的	存货：存在性	控制未执行
生产与存货	存货管理	存货价值调整均已记录	存货：完整性	控制未执行

(2) 对未达到控制目标的主要业务活动的汇总

根据控制测试的结果，我们确定下述控制运行无效，在审计过程中不予信赖，拟实施实质性程序获取充分、适当的审计证据。

业务循环	主要业务活动	控制目标	相关交易和账户余额及其认定	原因
生产与存货	成本记录	生产成本项目记录恰当	存货：完整性	控制执行不力
生产与存货	领料控制	材料耗用是恰当合理的	存货：计价和分摊	控制执行不力

(3) 对相关交易和账户余额的审计方案

根据控制测试的结果，制定下列审计方案(相关认定需从实质性中获取的保证程度)：

受影响的交易、账户余额	完整性	发生 / 存在	准确性 / 计价和分摊	截止	权利和义务	分类	列报
存货	中	高	高	中	低	低	不适用

(续表)

受影响的交易、账户余额	完整性	发生 / 存在	准确性 / 计价和分摊	截止	权利和义务	分类	列报
生产成本	高	高	中	中	低	低	中

(注：由于假定收入存在舞弊风险，虽然控制测试的结果表明控制活动可以缓解该特别风险，我们仍拟从实质性程序中就收入的完整性，发生认定中获取中等保证程度。)

4. 沟通事项

是否需要就已识别的内部控制设计、执行以及运行方面的重大缺陷，与适当层次的管理层或治理层进行沟通？

编号	事项记录	与治理层的沟通	与管理层的沟通
S226	出纳兼任材料会计致材料账目出现造假的纰漏	将这两项职务分开	管理层调配人手，使其职位分离

编制说明：

1. 本审计工作底稿记录注册会计师测试的控制活动及结论。
2. 如果注册会计师不拟对与某些控制目标相关的控制活动实施控制测试，则应执行实质性程序，对相关交易和账户余额的认定进行测试，以获取足够的保证程度。

3. 生产与仓储循环控制测试程序表(见表 9-9)

表 9-9 控制测试程序表(生产与仓储循环)

客户：A 股份有限公司　　索引号：SCC-2
项目：控制测试程序(生产与仓储循环)　　财务报表截止日/期间：20××年度
编制：郁某　　复核：李某
日期：20××-2-8　　日期：20××-2-9

业务活动一：和材料验收与仓储有关的业务活动的控制

(1) 询问程序

通过实施询问程序，公司已确定下列事项：本年度未发现任何特殊情况、错报和异常项目；财务或生产部门的人员在未得到授权的情况下无法访问或修改系统内数据；本年度未发现下列控制活动未得到执行；本年度未发现下列控制活动发生变化。

(2) 其他测试程序

控制目标	控制活动	控制测试程序	执行控制频率	测试项目数量	索引号
已验收材料均确已附有有效采购订单	仓库管理员比较所收材料与采购订单的要求是否相符，并检查其质量等级。验收无误后，仓库管理员签发预先编号的验收单，作为检验材料的依据。对于单价在 50 000 元以上的材料，还需仓储经理验收签字	抽取验收单检查是否与采购订单内容一致	每日执行多次	3	SCC-3
已验收材料均确已准确记录	仓库管理员负责将购入材料的采购订单编号、验收单编号，材料数量、规格等信息输入信息系统，经仓储经理复核并以电子签名方式确认后，系统自动更新材料明细台账	抽取采购订单编号与系统录入数是否相符	每日执行多次	3	SCC-3
已验收材料均已记录	验收无误后，仓库管理员签发预先编号的验收单。根据验收单，仓库管理员负责将购入材料的采购订单编号、验收单编号，材料数量、规格等信息输入信息系统，经仓储经理复核并以电子签名方式确认后，系统自动更新材料明细台账	抽取验收单检查系统是否完全录入准确数据	每日执行多次	3	SCC-3

(续表)

控制目标	控制活动	控制测试程序	执行控制频率	测试项目数量	索引号
已验收材料均已于适当期间进行记录	仓库分别于每月、每季和年度终了，对存货进行盘点，财务部门对盘点结果进行复盘。仓库管理员编写存货盘点明细表，发现差异及时处理，经仓储经理、财务经理、生产经理复核后调整入账	抽取存货盘点报告并检查是否经适当层次复核，有关差异是否得到处理	每月执行一次	3	SCC-3

业务活动二：和计划与安排生产有关的业务活动的控制

(1) 询问程序

通过实施询问程序，公司已确定下列事项：本年度未发现任何特殊情况、错报和异常项目；财务或生产部门的人员在未得到授权的情况下无法访问或修改系统内数据；本年度未发现下列控制活动未得到执行；本年度未发现下列控制活动发生变化。

(2) 其他测试程序

控制目标	控制活动	控制测试程序	执行控制频率	测试项目数量	索引号
管理层授权进行生产	根据经审批的月度生产计划书，生产计划经理签发预先编号的生产通知单	抽取生产通知单检查是否与月度生产计划书中内容一致	每日执行一次	3	SCC-3

业务活动三：与生产有关的业务活动的控制

(1) 询问程序

通过实施询问程序，公司已确定下列事项：①本年度未发现任何特殊情况、错报和异常项目；②财务或生产部门的人员在未得到授权的情况下无法访问或修改系统内数据。

(2) 其他测试程序

控制目标	控制活动	控制测试程序	执行控制频率	测试项目数量	索引号
发出材料均已准确记录	仓库管理员将原材料领用申请单编号、领用数量、规格等信息输入信息系统，经仓储经理复核并以电子签名方式确认后，信息系统自动更新材料明细台账	抽取出库单及相关的原材料领用申请单，检查是否正确输入并经适当层次复核	每月执行一次	3	SCC-3
已记录的生产成本均为真实发生且与实际成本一致，已发生的生产成本均已进行记录	仓库分别于每月、每季和年度终了，对存货进行盘点，会计部门对盘点结果进行复盘。仓库管理员编写存货盘点明细表，发现差异及时处理，经仓储经理、财务经理、生产经理复核后调整入账	抽取存货盘点报告并检查是否经适当层次复核，有关差异是否得到处理	每月执行一次	3	SCC-3
已发生的生产成本均于适当期间进行记录	仓库管理员根据原材料出库单编制原材料领用凭证，与信息系统自动生成的生产记录日报表核对材料耗用和流转信息；由会计主管审核无误后，生成记账凭证并过账至生产成本及原材料明细账和总分类账	抽取原材料领用凭证，检查是否与生产记录日报表一致，是否经适当审核，如有差异是否及时处理	每日执行多次	3	SCC-3
完工产成品均于适当期间进行准确记录	每月末，第一、第二车间与仓库核对原材料及半成品、产成品转出转入记录，如有差异，仓库管理员编制差异分析报告，经仓储经理、生产经理签字确认后交会计部门调整	抽取生产成本结转凭证，检查与支持性文件是否一致并经适当复核	每月执行一次	3	SCC-3

(续表)

控制目标	控制活动	控制测试程序	执行控制频率	测试项目数量	索引号
产成品发运均已准确记录	仓库管理员将产成品出库单信息输入信息系统，经仓储经理复核并以电子签名方式确认后，信息系统自动更新产成品明细台账并与出运通知单编号核对	抽取销售成本结转凭证检查与支持性文件是否一致并适当复核	每日执行多次	3	SCC-3
已发运产成品均附有有效销售订单	仓储经理在发货之前，需独立检查出库单、销售订单和出运通知单，确定从仓库提取的商品附有经批准的销售订单，并且所提取商品的内容与销售订单一致	抽取产成品验收单、产成品入库单并检查输入信息是否准确。抽取发运通知单、出库单并检查是否一致	每日执行多次	3	SCC-3
产成品发运均已于适当期间进行记录	仓库分别于每月、每季和年度终了，对存货进行盘点，会计部门对盘点结果进行复盘。仓库管理员编写存货盘点明细表，发现差异及时处理，经仓储经理、财务经理、生产经理复核后调整入账	抽取发运单和相关销售订单，检查内容是否一致。抽取存货盘点报告检查是否经适当层次复核，有关差异是否得处理	每月执行一次	3	SCC-3

4. 生产与仓储循环控制测试过程表(见表 9-10)

表 9-10　控制测试过程表(生产与仓储循环)

客户：A 股份有限公司　　索引号：SCC-3
项目：控制测试过程(生产与仓储循环)　　财务报表截止日/期间：20××年度
编制：郁某　　复核：李某
日期：20××-2-8　　日期：20××-2-9

1. 和材料验收与仓储有关的业务活动的控制

主要业务活动	测试内容	项目 1	项目 2	项目 3
材料验收	验收单编号#(日期)	20××.01.06	20××.01.19	20××.12.06
	验收内容	布料 3 000 匹	棉花10 000公斤	彩线 3 000 卷
	相对应的采购订单编号#(日期)	20××.01.03	20××.01.18	20××.12.02
	验收单与采购订单是否一致	是	是	是
	单价在人民币××元以上的材料，是否经质检经理签字	不适用	不适用	不适用
仓储	采购材料信息是否已正确输入系统	是	是	是
	仓储经理是否复核输入信息	是	是	是
	系统是否已更新	是	是	是

2. 和计划与安排生产有关的业务活动的控制

主要业务活动	测试内容	项目 1	项目 2	项目 3
计划和安排生产	测试期间	20××年 1 月	20××年 3 月	20××年 8 月
	是否编制月度生产计划书	是	是	是
	月度生产计划书是否得到适当审批	是	是	是
	生产通知单编号#(日期)	20××.01.01	20××.03.01	20××.08.01
	生产通知单所载内容是否包含在月度生产计划书内	是	是	是
	日生产加工指令单编号#(日期)	20××.01.01	20××.03.01	20××.08.01
	完工日期	20××.01.31	20××.03.31	20××.08.31

(续表)

3. 与生产有关的业务活动的控制				
主要业务活动	**测试内容**	**项目1**	**项目2**	**项目3**
原材料领用	生产通知单编号#(日期)	20××.01.01	20××.08.01	20××.11.01
	日生产加工指令单编号#(日期)	20××.01.01	20××.08.01	20××.11.01
	原材料领用申请单编号#(日期)	20××.01.20	20××.08.02	20××.11.05
	原材料领用申请单项目是否与生产加工指令单相符	是	是	是
	原材料领用申请单信息是否得到审批	是	是	是
	原材料出库单编号#(日期)	20××.01.20	20××.08.02	20××.11.05
	原材料出库单是否得到复核确认	是	是	是
	原材料耗用是否与生产记录日报表内容相符	是	是	是
	转账凭证编号#(日期)	1-41#	8-217#	11-284#
	转账凭证是否得到适当复核	是	是	是
产成品入库	产成品验收单编号#(日期)	20××.01.31	20××.10.29	20××.04.28
	产成品入库单编号#(日期)	20××.01.31	20××.10.29	20××.04.28
	产成品入库单是否得到复核确认	是	是	是
产成品出库	产成品出库单编号#(日期)	20××.02.28	20××.08.31	20××.10.30
	产成品出库单、销售订单、出运通知单、送货单内容相符	是	是	是
	送货单编号#(日期)	20××.02.28	20××.08.31	20××.10.30
	送货单是否经适当签字	是	是	是
生产成本归集	测试期间	20××年1月	20××年2月	20××年1月
	生产成本计算表中材料成本是否与当月出库量一致	是	是	是
	生产成本结转凭证编号#	1-57#	2-95#	10-275#
	转账凭证是否经适当审核	是	是	是
	是否正确记入相关明细账	是	是	是
销售成本结转	测试期间	20××年1月	20××年2月	20××年1月
	销售成本结转凭证编号#	1-59#	2-98#	10-277#
	销售数量是否与系统内数据一致	是	是	是
	转账凭证是否经适当审核	是	是	是

任务处理

【任务9-1】注册会计师A接受委托审计甲公司2019年财务报表，在对生产与仓储循环的审计过程中，注册会计师A想要证实存货的成本以正确的金额在恰当的会计期间及时记录于适当的账户，此时可以实施的控制测试有(　　)。

A. 对成本实施分析程序

B. 对重大在产品项目进行计价测试

C. 测试是否按照规定的成本核算流程和账务处理流程进行核算和财务处理

D. 抽查成本计算单，检查各种费用的归集和分配以及成本的计算是否正确

任务解析：应选 C。选项 C 可以实现这一审计目标，属于控制测试。选项 ABD 属于实质性程序。

【任务 9-2】某企业仓库保管员负责登记存货台账，以便对仓库中所有存货项目的收、发、存进行永续记录。当收到验收部门送交的存货和验收单后，根据验收单登记存货台账。平时，各车间或其他部门如果需要领取原材料，都可以填写领料单，仓库保管员根据领料单发出原材料。公司辅助材料的用量很少，因此领取辅助材料时没有要求使用领料单。各车间经常有辅助材料剩余(根据每天特定工作购买而未消耗掉，但其实还可再为其他工作所用)，这些材料由车间自行保管，无须通知仓库。如果仓库保管员有时间，偶尔也会对存货进行实地盘点。

根据上述描述，回答以下问题:

(1) 你认为上述描述的内部控制有什么缺陷？并简要说明该缺陷可能导致的错弊。

(2) 针对该企业仓储循环上的弱点，提出改进建议。

任务解析：(1) 存在的缺陷和可能导致的错弊：①存货的保管和记账职责未分离，将可能导致存货保管人员监守自盗，并通过篡改存货明细账来掩饰舞弊行为，存货可能被高估。②仓库保管员收到存货时不填制入库通知单，而是以验收单作为记账依据，将可能导致一旦存货数量或质量上发生问题，无法明确是验收部门还是仓库保管人员的责任。③领取原材料未进行审批控制，将可能导致原材料的领用失控，造成原材料的浪费或被贪污以及生产成本的虚增。④领取辅助材料时未使用领料单和进行审批控制，对剩余的辅助材料缺乏控制，将可能导致辅助材料的领用失控，造成辅助材料的浪费或被贪污以及生产成本的虚增。⑤未实行定期盘点制度，将可能导致存货出现账实不符现象，且不能及时发现计价不准确。

(2) 仓储循环内部控制的改进建议：①建立永续盘存制，仓库保管人员设置存货台账，按存货的名称分别登记存货收、发、存的数量；财务部门设置存货明细账，按存货的名称分别登记存货收、发、存的数量、单价和金额。②仓库保管员在收到验收部门送交的存货和验收单后，根据入库情况填制入库通知单，并据以登记存货实物收、发、存台账。入库通知单应事先连续编号，并由交接各方签字后留存。③对原材料和辅助材料等各种存货的领用实行审批控制。即各车间根据生产计划编制领料单，经授权人员批准签字，仓库保管员经检查手续齐备后，办理领用。④对剩余的辅助材料实施假退库控制。⑤实行存货的定期盘点制度。

任务导入分析

应选 BCD。选项 B，这样的安排将使存货的实物流转彻底失去监督；选项 C，存货监盘只能对期末结存数量和状况予以确认，为了验证财务报表上存货余额的真实性，还必须对存货的计价进行审计；选项 D，注册会计师运用分析程序，不能帮助注册会计师形成审计结论。

任务二 生产与仓储循环实质性程序

任务导入

甲公司2019年度的存货周转率为2.8，与2018年度相比有所下降。甲公司提供的以下理由中，不能解释存货周转率变动趋势的有(　　)。

A. 由于主要原材料价格比2018年度下降了12%，甲公司从2019年1月份开始将主要原材料的日常储备量提高了20%

B. 甲公司主要产品深受广大客户欢迎，2019年度市场需求渐增，在成本稳定不变的前提下，平均销售价格比2018年度相比有所上升，并且甲公司预期销售价格将继续上升

C. 甲公司在2019年第4季度接到了一笔巨额订单，订货数量相当于甲公司月产能的120%，交货日期为2020年1月1日

D. 从2019年6月份开始，甲公司将部分产品针对主要销售客户的营销方式由原来的收取手续费模式转为视同买断模式

资讯准备

一、生产与仓储循环实质性分析程序

(1) 根据对被审计单位的经营活动、供应商的发展历程、贸易条件、行业惯例和行业的了解，确定营业收入、营业成本、毛利以及存货周转和费用支出项目的期望值。

(2) 根据本期存货余额组成、存货采购、生产水平与以前期间和预算的比较，定义营业收入、营业成本和存货可接受的重大差异额。

(3) 比较存货余额与预期周转率。

(4) 计算实际数和预计数之间的差异，并同管理层使用的关键业绩指标进行比较。

(5) 通过询问管理层和员工，调查实质性分析程序得出的重大差异额是否表明存在重大错报风险，是否需要设计恰当的细节测试程序以识别和应对重大错报风险。

(6) 形成结论。即实质性分析程序是否能够提供充分、适当的审计证据，或需要对交易和余额实施细节测试以获取进一步的审计证据。

实施实质性分析程序的目的在于获取支持相关审计目标的证据。因此，注册会计师在具体实施上述分析程序时还应当注意以下几个方面：

第一，使用计算机辅助审计方法下载被审计单位存货主文档和总分来账户以便计算财务指标和经营指标，并将计算结果与期望值进行比较。例如，注册会计师利用所掌握的适用于被审计单位的销售毛利率知识，判断各类产品的销售毛利率是否符合期望值，存货周转率或者周转能力是否随着重要存货项目的变化而变化。

第二，按区域分析被审计单位各月存货变动情况，并考虑存货变动情况是否与季节性变

动和经济因素变动一致。

第三，对周转缓慢或者长时间没有周转(如超过半年)以及出现负余额的存货项目单独摘录并列表。

第四，由于可能隐含着重要的潜在趋势，注册会计师应当注意不要过分依赖计算的平均值。各个存货项目的潜在重大错报风险可能并不一致，实质性分析程序应该用来查明单项存货或分类别存货的一些指标关系。

二、存货的审计

1. 存货的审计目标

(1) 确定被审计单位的存货在资产负债表日是否确实存在。

(2) 确定被审计单位在特定期间发生的存货收发业务是否记录完毕，没有遗漏。

(3) 确定被审计单位资产负债表中的存货是否确实为被审计单位拥有。

存货的审计目标

(4) 确定被审计单位的存货计价是否符合实际，余额是否正确。

(5) 确定存货跌价准备的计提是否合理，会计处理是否正确。

(6) 确定存货项目在财务会计报告上的列报是否恰当。

2. 存货的实质性程序

(1) 获取或编制各存货项目明细表，复核加计正确，并分别与各个存货项目明细账、总账以及报表数核对相符；同时抽查各存货明细账与仓库台账、卡片记录，复核其是否相符。

存货的实质性程序-核对总账和明细账（明细表）

(2) 执行实质性分析程序：①分类编制与上期对应的存货增减变动表，分析其变动规律，并与上期比较，如果存在异常变动，应查明原因；②编制本期各月存货产销计划与执行情况对照表，对重大波动进行分析；③计算存货周转率(期)，分析是否存在残次冷背存货和差额库存等不合理现象；④计算毛利率，与上期或同行业的比较，确定期末存货的价值或销售成本计算是否正确；⑤按供货商或货物分类，比较各期购货数量，分析有无异常购货(数额大或次数多)；⑥对主要存货项目如原材料、库存商品的本期内各月间及上期的单位成本进行比较，分析波动原因，对异常项目进行调查并记录。

(3) 实施存货监盘程序，检查资产负债表日存货的实际存在。鉴于存货监盘程序的重要性和复杂性，后文将专门进行介绍。

(4) 获取存货盘点盈亏调整和损失处理记录，检查重大存货盘亏和损失的原因有无充分合理的解释，重大存货盘亏和损失的会计处理是否已经授权审批，是否正确及时地入账。

(5) 检查被审计单位存货跌价损失准备计提和结转的依据、方法和会计处理方法是否正确，是否经授权批准，前后期是否一致。

(6) 查阅资产负债表日前后若干天存货增减变动的有关账簿记录和原始凭证，检查是否正确，是否经授权批准，前后期是否一致。

(7) 根据被审计单位存货计价方法，抽查期末结存量比较大的存货的计价是否正确。若存货以计划成本计价，还应检查“材料成本差异”账户发生额、转销额是否正确，期末余额是否恰当。注意有无任意改变材料差异的分配方法，有无不按月结转材料成本差异或任意多转、少转、不转差异的情况。对存货进行计价测试时，应尽量排除被审计单位已有计算程序和结果的影响，进行独立测试。测试结果出来后，应与被审计单位账面记录对比，编制对比分析表，分析形成差异的原因。如果差异过大，应扩大测试范围，并根据审计结果考虑是否应提出审计调整建议。

(8) 抽查材料采购账户，对大额的采购业务，追查自订货至到货验收、入库全过程的合同、凭证、账簿记录，以确定其是否完整、正确。抽查有无购货折让、购货退回、损坏赔偿、调换等事项。抽查若干在途材料项目，追查至相关购货合同及购货发票，并复核采购成本的正确性。

存货的实质性程序-成本倒轧(成本倒轧表)

(9) 抽查存货发出的原始凭证是否齐全、内容是否完整、计价是否正确。

(10) 抽查委托加工材料发出收回的合同、凭证，核对其计费、计价是否正确，有无长期未收回的委托加工材料，必要时对委托加工材料的实际存在进行函证。

(11) 抽查大额分期收款发出商品的原始凭证及相关协议、合同，确定其是否按约定时间收回货款；如有逾期或其他异常事项，由被审计单位做出合理解释，必要时进行函证。

存货的实质性程序-抽查(抽查表)

(12) 对已进账并纳入资产负债表内的受托代销商品，可参照存货的检查方法进行检查；对未记账、资产负债表外的受托代销商品的检查，可依据“受托代销商品备查簿”进行实物盘点，与备查簿及相关记录核对一致，如有差异，查明原因并做出记录。

(13) 抽查产成品交库单，核对其品种、数量和实际成本与生产成本的结转数是否相符。

(14) 抽查产成品的发出凭证核对其品种、数量和实际成本与产品销售成本是否相符。

(15) 抽查存货其他项目的增减变动记录是否完整，计价、期末余额是否正确。

(16) 了解存货的保险情况和存货防护措施的完善程度，并做出相应记录。

(17) 验明存货是否已在财务会计报告上恰当列报。

3. 存货监盘

存货审定表

除非出现无法实施存货监盘的特殊情况，注册会计师应当实施必要的替代程序，在绝大多数情况下都必须亲自观察存货盘点过程，实施存货监盘程序。尽管实施存货监盘，获取有关期末存货数量和状况的充分、适当的审计证据是注册会计师的责任，但这并不能取代被审计单位管理层定期盘点存货，合理确定存货的数量和状况的责任。存货监盘主要针对的是存货的存在认定、完整性认定以及权利和义务的认定，注册会计师监盘存货的目的在于获取有关存货数量和状况的审计证据，以确证被审计单位记录的所有存货确实存在，已经反映了被审计单位拥有的全部存货，并属于被审计单位的合法财产。存货监盘作为存货审计的一项核心审计程序，通常可同时实现上述多

存货的实质性程序-监盘

项审计目标。需要指出的是，注册会计师在测试存货的所有权认定和完整性认定时，可能还需要实施其他审计程序。

(1) 存货监盘计划，具体内容如下。

① 制订存货监盘计划的基本要求。注册会计师应当根据被审计单位存货的特点、盘存制度和存货内部控制的有效性等情况，在评价被审计单位存货盘点计划的基础上，编制存货监盘计划，对存货监盘做出合理安排。

有效的存货监盘需要制订周密、细致的计划。为了避免误解并有助于有效地实施存货监盘，注册会计师通常需要与被审计单位就存货监盘等问题达成一致意见。因此，注册会计师首先应当充分了解被审计单位存货的特点、盘存制度和存货内部控制的有效性等情况，并考虑获取、审阅和评价被审计单位预定的盘点程序。

存货监盘程序主要包括控制测试与实质性程序两种方式。注册会计师需要确定存货监盘程序以控制测试为主还是实质性程序为主。如果只有少数项目构成了存货的主要部分，则以实质性程序为主的审计方式获取与存在认定相关的证据更为有效。在这种情况下，对于单位价值较高的存货项目，应实施 100%的实质性程序。而对于其他存货则可视情况进行抽查。但在大多数审计业务中，注册会计师会发现以控制测试为主的审计方式更加有效。如果注册会计师采用以控制测试为主的审计方式，并准备信赖被审计单位存货盘点的控制措施与程序，那么，绝大部分的审计程序将限于询问、观察以及抽查。

② 制订存货监盘计划应考虑的事项，具体如下。

第一，存货项目的重要程度。注册会计师需要考虑：存货与其他资产和净利润的相对比率及内在联系；各类存货(原材料、在产品和产成品)占存货总数的比重；各存放地存货占存货总数的比重；考虑并评价存货项目的重要程度直接关系到注册会计师如何恰当地分配审计资源。

第二，与存货相关的内部控制。在制订存货监盘计划时，注册会计师应当了解被审计单位与存货相关的内部控制，并根据内部控制的完善程度确定进一步审计程序的性质、时间和范围。例如，与存货相关的内部控制，涉及被审计单位供、产、销各个环节，包括采购、验收、仓储、领用、加工、装运出库等方面，还包括存货数量的盘存制度。

第三，与存货相关的重大错报风险和重要性。存货通常具有较高水平的重大错报风险，影响重大错报风险的因素具体包括：存货的数量和种类、成本归集的难易程度、陈旧过时的速度或易损坏程度、遭受失窃的难易程度。由于制造过程和成本归集制度的差异，制造企业的存货与其他企业(如批发企业)的存货相比往往具有更高的重大错报风险，对于注册会计师的审计工作而言则更具复杂性。外部因素也会对重大错报风险产生影响。例如，技术进步可能导致某些产品过时，从而导致存货价值更容易发生高估。根据对存货错报风险的评估结果，注册会计师应当合理确定存货项目审计的重要性水平。

第四，查阅以前年度的存货监盘工作底稿。注册会计师可以通过查阅以前年度的存货监盘工作底稿，了解被审计单位的存货情况、存货盘点程序以及其他在以前年度审计中遇到的重大问题。在查阅以前年度的存货监盘工作底稿时，注册会计师应充分关注存货盘点的时间安排、周转缓慢存货的识别、存货的截止确认、盘点小组人员的确定以及存货多处存放等内容。

第五，考虑实地察看存货的存放场所。注册会计师应当考虑实地察看被审计单位的存货存放场所，特别是金额较大或性质特殊的存货。这有助于注册会计师熟悉在库存货及其组织管理方式，也有助于注册会计师在盘点工作进行前发现潜在问题，如存在难以盘点的存货、周转缓慢的存货、过时存货、残次品以及代销存货。注册会计师应关注所有的存货存放地点，以防止被审计单位或自己发生任何遗漏。对存放大额存货的每一个地点尤其应当予以特别关注。对多处存放存货的情况，注册会计师应当考虑被审计单位与存货相关内部控制措施和盘点惯例，评价审计风险以及除存货监盘外的其他替代程序的可行性，从而确定实施监盘的范围。

第六，利用专家的工作或其他注册会计师的工作。注册会计师可能不具备其他专业领域专长与技能。在确定资产数量或资产实物状况(如矿石堆)，或在收集特殊类别存货(如艺术品、稀有玉石、房地产、电子器件、工程设计等)的审计证据时，注册会计师可以考虑利用专家的工作。

第七，复核或与管理层讨论其存货盘点计划。在复核或与管理层讨论其存货盘点计划时，注册会计师应当考虑下列主要因素，以评价其能否合理地确定存货的数量和状况：盘点的时间安排；存货盘点范围和场所的确定；盘点人员的分工及胜任能力；盘点前的会议及任务布置；存货的整理和排列；对毁损、陈旧、过时、残次及所有权不属于被审计单位的存货的区分；存货的计量工具和计量方法；在产品完工程度的确定方法；存放在外单位的存货的盘点安排；存货收发截止的控制；盘点期间存货移动的控制；盘点表单的设计、使用与控制；盘点结果的汇总以及盘盈或盘亏的分析、调查与处理。如果认为被审计单位的存货盘点计划存在缺陷，注册会计师应当提请被审计单位调整。

③ 存货监盘计划的主要内容。存货监盘计划应当包括下列主要内容：

第一，存货监盘的目标、范围及时间安排。存货监盘的目标是获取被审计单位资产负债表日有关存货数量和状况的审计证据，检查存货的数量是否真实完整，是否归属被审计单位，存货有无毁损、陈旧、过时、残次和短缺等状况。存货监盘范围的大小取决于存货的内容、性质以及与存货相关的内部控制的完善程度和重大错报风险的评估结果。对存放于外单位的存货，应当考虑实施适当的替代程序，以获取充分、适当的审计证据。存货监盘的时间包括实地察看盘点现场的时间、观察存货盘点的时间和对已盘点存货实施检查的时间等，应当与被审计单位实施存货盘点的时间相协调。

第二，存货监盘的要点及关注事项。存货监盘的要点主要包括注册会计师实施存货监盘程序的方法、步骤，各个环节应注意的问题以及所要解决的问题。注册会计师需要重点关注的事项包括盘点期间的存货移动、存货的状况、存货的截止确认、存货的各个存放地点及金额等。

第三，参加存货监盘人员的分工。注册会计师应当根据被审计单位参加存货盘点人员分工、分组情况、存货监盘工作量的大小和人员素质情况，确定参加存货监盘的人员组成，各组成人员的职责和具体的分工情况，并加强督导。

第四，检查存货的范围。注册会计师应当根据对被审计单位存货盘点和对被审计单位内部控制的评价结果确定检查存货的范围。注册会计师在实施观察程序后，如果认为被审计单位内部控制设计良好且得到有效实施、存货盘点组织良好，可以相应地缩小实施检查程序的范围。

(2) 存货监盘程序，具体内容如下。

① 观察程序。在被审计单位盘点存货前，注册会计师应当观察盘点现场，确定应纳入盘点范围的存货是否已经适当整理和排列，并附有盘点标识，防止遗漏或重复盘点。对未纳入盘点范围的存货，注册会计师应当查明未纳入的原因；对所有权不属于被审计单位的存货，注册会计师应当取得其规格、数量等有关资料，确定是否已分别存放、标明，且未被纳入盘点范围。在存货监盘过程中，注册会计师应当根据取得的所有权不属于被审计单位的存货的有关资料，观察这些存货的实际存放情况确保其未被纳入盘点范围。即使在被审计单位声明不存在受托代存存货的情形下，注册会计师在存货监盘时也应当关注是否存在某些存货不属于被审计单位的迹象，以避免盘点范围不当。

注册会计师在实施存货监盘过程中，应当跟随被审计单位安排的存货盘点人员，注意观察被审计单位事先制订的存货盘点计划是否得到了贯彻执行，盘点人员是否准确无误地记录了被盘点存货的数量和状况。

② 检查程序。注册会计师应当对已盘点的存货进行适当检查，将检查结果与被审计单位的盘点记录相核对，并形成相应记录。检查的目的既可以是为了确认被审计单位的盘点计划得到适当的执行(控制测试)，也可以是为了证实被审计单位的存货实物总额(实质性程序)。如果观察程序能够表明被审计单位的组织管理得当，盘点、监督以及复核程序充分有效，注册会计师可据此减少所需检查的存货项目。检查的范围通常包括每个盘点小组盘点的存货以及难以盘点或隐蔽性较强的存货。需要说明的是，注册会计师应尽可能避免让被审计单位事先了解将抽取检查的存货项目。在检查已盘点的存货时，注册会计师应当从存货盘点记录中选取项目追查至存货实物，以测试盘点记录的准确性；注册会计师还应当从存货实物中选取项目追查至存货盘点记录，以测试存货盘点记录的完整性。

注册会计师在实施检查程序时发现差异，很可能表明被审计单位的存货盘点在准确性或完整性方面存在错误。由于检查的内容通常仅仅是已盘点存货中的一部分，所以在检查中发现的错误很可能意味着被审计单位的存货盘点还存在着其他错误。一方面，注册会计师应当查明原因，并及时提请被审计单位更正；另一方面，注册会计师应当考虑错误的潜在范围和重大程度，在可能的情况下，扩大检查范围以减少错误的发生。注册会计师还可要求被审计单位重新盘点。重新盘点的范围可限于某一特殊领域的存货或特定盘点小组。

③ 需要特别关注的情况，具体如下。

第一，存货移动情况。注册会计师应当特别关注存货的移动情况，防止遗漏或重复盘点。尽管盘点存货时最好能保持存货不发生移动，但在某些情况下存货的移动是难以避免的。如果在盘点过程中被审计单位的生产经营仍将持续进行，注册会计师应通过实施必要的检查程序，确定被审计单位是否已经对此设置了相应的控制程序，确保在适当的期间内对存货做出了准确记录。

第二，存货的状况。注册会计师应当特别关注存货的状况，观察被审计单位是否已经恰当区分所有毁损、陈旧、过时及残次的存货。存货的状况是被审计单位管理层对存货计价认定的一部分，除了对存货的状况予以特别关注以外。注册会计师还应当把所有毁损、陈旧，过时及残次存货的详细情况记录下来，这既便于进一步追查这些存货的处置情况，也能为测试被审计单位存货跌价准备计提的准确性提供证据。

第三，存货的截止。注册会计师应当获取盘点日前后存货收发及移动的凭证，检查库存记录与会计记录期末截止是否正确。所有在截止日以前入库的存货项目是否均已包括在盘点范围内，并已反映在截止日以前的会计记录中；任何在截止日期以后入库的存货项目是否均未包括在盘点范围内，也未反映在截止日以前的会计记录中。所有在截止日以前装运出库的存货项目是否均未包括在盘点范围内，且未包括在截止日的存货账面余额中；任何在截止日期以后装运出库的存货项目是否均已包括在盘点范围内，并已包括在截止日的存货账面余额中。所有已确认为销售但尚未装运出库的商品是否均未包括在盘点范围内，且未包括在截止日的存货账面余额中。所有已记录为购货但尚未入库的存货是否均已包括在盘点范围内，并已反映在会计记录中。在途存货和被审计单位直接向顾客发运的存货是否均已得到了适当的会计处理。在存货监盘过程中，注册会计师应当获取存货验收入库、装运出库以及内部转移截止等信息，以便将来追查至被审计单位的会计记录。

注册会计师通常可观察存货的验收入库地点和装运出库地点以执行截止测试。在存货入库和装运过程中采用连续编号的凭证时，注册会计师应当关注截止日期前的最后编号。如果被审计单位没有使用连续编号的凭证，注册会计师应当列出截止日期以前的最后几笔装运和入库记录。如果被审计单位使用运货车厢或拖车进行存储、运输或验收入库，注册会计师应当详细列出存货场地上满载和空载的车厢或拖车，并记录各自的存货状况。

④ 特殊情况的处理，具体如下。

第一，由于存货的性质或位置而无法实施监盘程序。如果由于被审计单位存货的性质或位置等原因导致无法实施存货监盘，注册会计师应当考虑能否实施替代审计程序。获取有关期末存货数量和状况的充分、适当的审计证据。注册会计师实施的替代审计程序主要包括：检查进货交易凭证或生产记录以及其他相关资料；检查资产负债表日后发生的销货交易凭证；向顾客或供应商函证。

第二，因不可预见因素导致无法在预定日期实施存货监盘或接受委托时，被审计单位的期末存货盘点已经完成。如果因不可预见的因素导致无法在预定日期实施存货监盘或接受委托时，被审计单位的期末存货盘点已经完成，注册会计师应当评估与存货相关的内部控制的有效性，对存货进行适当检查或提请被审计单位另择日期重新盘点；同时测试在该期间发生的存货交易，以获取有关期末存货数量和状况的充分、适当的审计证据。

第三，委托其他单位保管或已作质押的存货。注册会计师应当向保管人或债权人函证。如果存货所占比重较大，注册会计师还应当考虑实施存货监盘或利用其他注册会计师的工作。

第四，首次接受委托的情况。当注册会计师首次接受委托未能对上期存货实施监盘，且该存货对本期会计报表存在重大影响时，如果已获取有关本期期末存货余额的充分适当的审计证据，注册会计师应当实施以下一项或多项审计程序，以获取有关本期期初存货余额的充分适当的审计证据：查阅前任注册会计师工作底稿；审阅上期存货盘点记录及文件；抽查上期存货交易记录；运用毛利百分比法等进行分析。

4. 存货审计工作底稿示例

(1) 存货审计审定表示例(见表9-11)。

表9-11 存货审定表

客户：A股份有限公司　　索引号：ZI1
项目：存货　　财务报表截止日/期间：20××年12月31日
编制：郁某　　复核：李某
日期：20××-2-8　　日期：20××-2-9

	项目	上年审定数	未审数				审计调整		审定数
			年初余额	本期借方	本期贷方	期末余额	借方	贷方	
1	原材料	2 854 510	2 854 510	3 457 079	3 121 592	3 189 997			3 189 997
2	库存商品	1 253 263	1 253 263	6 173 045	6 869 320	556 988			556 988
3	生产成本	565 000	565 000	6 121 592	6 173 045	513 547			513 547
	合计	4 672 773	4672 773	15 751 716	16 163 957	4 260 532			4 260 532

审计说明：

1. 复核加计正确，并与明细账及合计数、总账数、未审报表数核对相符。
2. 各明细项目见相应底稿ZI2-1、ZI2-2、ZI2-3、ZI2-4、ZI2-5。

审计结论：

存货余额可以确认。

(2) 存货审计明细表示例。

① 原材料明细表示例(见表9-12)。

表9-12 原材料明细表

客户：A股份有限公司　　索引号：ZI3-1
项目：原材料明细)　　财务报表截止日/期间：20××年12月31日
编制：左某　　复核：郁某
日期：20××-2-8　　日期：20××-2-9

	明细项目	未审数				备注
		年初余额	本期借方	本期贷方	期末余额	
1	涤纶棉	85 635.30	103 712.37	93 647.76	95 699.91	
2	硬质棉	142 725.50	172 853.95	156 079.60	159 499.85	
3	胶质棉	57 090.20	69 141.58	62 431.84	63 799.94	
4	印花布	142 725.50	172 853.95	156 079.60	159 499.85	
5	防滑布	85 635.30	103 712.37	93 647.76	95 699.91	
6	斜纹布	142 725.50	172 853.95	156 079.60	159 499.85	
7	点点布	142 725.50	172 853.95	156 079.60	159 499.85	
8	羽绒	285 451.00	345 707.90	312 159.20	318 999.70	
9	绣花布料	57 090.20	69 141.58	62 431.84	63 799.94	
10	被芯	428 176.50	518 561.85	468 238.80	478 499.55	
11	枕芯	228 360.80	276 566.32	249 727.36	255 199.76	
12	羊羔绒	142 725.50	172 853.95	156 079.60	159 499.85	
13	普通四季毯	285 451.00	345 707.90	312 159.20	318 999.70	
14	床垫面料	142 725.50	172 853.95	156 079.60	159 499.85	

(续表)

明细项目		未审数				备注
		年初余额	本期借方	本期贷方	期末余额	
15	床单面料	142 725.50	172 853.95	156 079.60	159 499.85	
16	床笠面料	142 725.50	172 853.95	156 079.60	159 499.85	
17	彩线	57 090.20	69 141.58	62 431.84	63 799.94	
18	商标	85 635.30	103 712.37	93 647.76	95 699.91	
19	拉链	57 090.20	69 141.58	62 431.84	63 799.94	
合计		2 854 510	3 457 079	3 121 592	3 189 997	

审计说明：

1. 复核加计正确，并与明细账及合计数、总账数、未审报表数核对相符。
2. 原材料借方钩稽见“材料采购”底稿 ZI4-2，贷方发生以抽凭为主。
3. 本公司的主要材料为布、棉，价格一般由采购价格和本公司负担的运费组成。

审计结论：

原材料无需调整，可以确认。

② 库存商品明细表示例(见表 9-13)。

表 9-13　库存商品明细表

客户：A 股份有限公司 项目：库存商品明细 编制：左某 日期：20××-2-8	索引号：ZI3-2 财务报表截止日/期间：20××年 12 月 31 日 复核：郁某 日期：20××-2-9

明细项目		未审数			
		年初余额	本期借方	本期贷方	期末余额
1	多件套	313 308.45	1 543 253.65	1 717 322.65	139 239.65
2	绣花四件套	37 597.89	185 191.35	206 079.60	16 709.64
3	羊羔绒毯	62 663.15	308 652.25	343 466.00	27 849.40
4	普通四季毯	125 326.30	617 304.50	686 932.00	55 698.80
5	活套被	125 326.30	617 304.50	686 932.00	55 698.80
6	糖果被	87 733.34	432 118.08	480 857.33	38 994.09
7	羽绒被	100 261.04	493 843.60	549 545.60	44 559.04
8	圆花边床单	150 394.02	740 767.82	824 320.82	66 840.98
9	花式枕套	50 130.52	246 921.80	274 772.80	22 279.52
10	床垫	200 522.10	987 687.20	1 099 091	89 118.08
合计		1 253 263.00	6 173 045.00	6 869 320.00	556 988.00

(续表)

审计说明：

1. 复核加计正确，并与明细账及合计数、总账数核对相符
2. 钩稽：

项目	借方	贷方
产成品		6 869 320
主营业务成本	6 869 320	
差异	0	

差异为0，钩稽相符。

3. 计价测试表及调整分录见相关底稿ZI4-1、ZI4-2、ZI4-3。

审计结论：

库存商品可以确认。

(3) 存货审计抽凭表示例。

① 原材料抽凭表示例(见表9-14)。

表9-14　原材料抽凭表

客户：A股份有限公司　　索引号：ZI4-1

项目：原材料抽凭　　财务报表截止日/期间：20××年12月31日

编制：左某　　复核：郁某

日期：20××-2-8　　日期：20××-2-9

日期	凭证号	明细科目	经济内容	对方科目	金额		测试				附件名称	测试说明
					借方	贷方	①	②	③	④		
12.7	196	布料	裁布室领用布料	生产成本		240 000	是	是	是	是	领料单	未发现异常
11.8	43	棉花	硬质棉验收入库		70 000		是	是	是	是	入库单	未发现异常

审计说明：

① 金额核对相符；　② 账务处理正确；

③ 所附凭证齐全；　④ 业经恰当授权。

测试目标：义务、完整性、计价

重大错报风险评估结果：低

测试项目的选取方法：任意选样

审计结论：

原材料抽凭证未发现异常。

② 材料采购抽凭表示例(见表9-15)。

表9-15　材料采购抽凭表

客户：A股份有限公司　　索引号：ZI4-2

项目：材料采购抽凭　　财务报表截止日/期间：20××年12月31日

编制：左某　　复核：郁某

日期：20××-2-8　　日期：20××-2-9

日期	凭证号	明细科目	经济内容	对方科目	金额		测试				附件名称	测试说明
					借方	贷方	①	②	③	④		
9.25	36	枕芯	采购材料	应付账款	65 000		是	是	是	是	发票	无异常
11.16	216	被芯	采购材料	银行存款	90 000		是	是	是	是	发票、支票存根	无异常
12.1	291	面料	采购材料	预付账款	20 000		是	是	是	是	发票	无异常

(续表)

审计说明：

① 金额核对相符； ② 账务处理正确；

③ 所附凭证齐全； ④ 业经恰当授权。

测试目标：义务、完整性、计价

重大错报风险评估结果：低

测试项目的选取方法：任意选样

审计结论：

材料采购抽凭证未发现异常。

任务处理

【任务9-3】下列关于存货监盘计划的说法中，正确的是(　　)。

A. 注册会计师应仅根据自己的专业判断和往年的审计经验，编制存货监盘计划

B. 存货监盘程序是实质性程序，不包括控制测试

C. 注册会计师应当根据对被审计单位存货盘点和对被审计单位内部控制的评价结果确定检查存货的范围

D. 存货监盘范围的大小取决于注册会计师审计时间的分配以及审计成本的核算

任务解析：应选C。选项A错误，注册会计师不能够仅凭自己的专业判断和往年经验来编制计划，还应当根据被审计单位存货的特点、盘存制度和存货内部控制的有效性等情况，在评价被审计单位存货盘点计划的基础上，编制存货监盘计划，对存货监盘做出合理安排。选项B错误，存货监盘程序包括控制测试与实质性程序两种方式。选项D错误，存货监盘范围的大小取决于存货的内容、性质以及与存货相关的内部控制的完善程度和重大错报风险的评估结果。

【任务9-4】注册会计师B于2019年3月10日对N公司的存货进行了监盘，监盘中按存货金额 45%的比例进行了抽查，抽查结果显示抽盘日账实相符，则以下说法中正确的有(　　)。

A. 注册会计师B实施检查的目的是为了证实被审计单位的存货实物总额

B. 注册会计师B实施检查的目的是为了确证被审计单位的盘点计划得到适当的执行

C. 注册会计师B还应再根据盘点结果和资产负债表日至抽盘日存货收、发的金额倒推计算资产负债表日的金额，以验证资产负债表日存货的真实性

D. 注册会计师B可直接据以得出资产负债表日存货真实存在的审计结论

任务解析：应选 ABC。如果存货盘点日不是资产负债表日，注册会计师应当实施适当的审计程序，确定盘点日与资产负债表日之间存货的变动是否已做正确的记录。

任务导入分析

应选 BD。选项 A，88%×120% = 106%，说明原材料的价格和储存量的综合变化最终

导致了存货余额上升，属于合理的解释；选项B中，“存货周转率=销售成本/平均存货”可以用来评估存货管理业绩，销售价格与存货周转率的分子、分母均无关，不能解释存货周转率的下降；选项C中，巨额订单超过正常的月供量，必然导致产量的大幅上升，但因年前并不交货，最终导致年末存货余额的增加；选项D，在视同买断的模式下，产品出售即意味着存货的减少，但在收取手续费模式下，产品出售后是否等同为存货的减少还取决于甲公司是否接到销售客户的代销清单(或代销款)。可见，这种模式的改变有助于存货周转率的增加。

技能训练

1. 达正会计师事务所接受委托对克莱斯股份有限公司2019年度的财务报表进行审计。根据审计计划的要求，由审计小组中的注册会计师张涛负责对克莱斯公司的存货进行监盘。在观察克莱斯公司的盘点过程后，张涛正在考虑与抽查相关的问题。

要求：请指出张涛应就以下问题做出何种专业判断。

(1) 可供选择的监盘程序包括哪些方式？在不同的方式下，对盘点结果进行检查的目的分别是什么？

(2) 对于将要抽查测试的存货项目，张涛是否应当与克莱斯公司进行沟通?如未能观察到克莱斯公司对重要存货的盘点，张涛应实施何种程序?

(3) 对于通过实施抽查程序发现的差异，张涛应实施何种审计程序?

2. 某企业仓库保管员负责登记存货台账，以便对仓库中所有存货项目的收、发、存进行永续记录。当收到验收部门送交的存货和验收单后，根据验收单登记存货台账。平时，各车间或其他部门如果需要领取原材料，都可以填写领料单，仓库保管员根据领料单发出原材料。公司辅助材料的用量很少，因此领取辅助材料时，没有要求使用领料单。各车间经常有辅助材料剩余(根据每天特定工作购买而未消耗掉，但其实还可再为其他工作所用的)，这些材料由车间自行保管，无须通知仓库。如果仓库保管员有时间，偶尔也会对存货进行实地盘点。

要求：根据上述描述，回答以下问题。

(1) 你认为上述描述的内部控制有什么缺陷？并简要说明该缺陷可能导致的错弊。

(2) 针对该企业存货循环上的弱点，提出改进建议。

3. 某企业采用计划成本组织材料的收发核算。注册会计师在审阅11月份生产成本、原材料和材料成本差异等明细账时发现：A材料月初材料成本差异为借方差异8000元，库存材料计划成本为220 000元；该月份购入A材料计划成本为1 600 000元，其实际成本为1 550 000元；该月份基本生产车间耗用A材料的计划成本为300 000元，结转耗用材料的实际成本为309 570元。

要求：根据上述资料，验算该企业结转耗用材料的实际成本是否正确。

4. 某企业采用约当产量法计算在产品成本。注册会计师在对该企业基本生产成本明细账审查时，发现月初在产品成本为 240 000 元，其中直接材料 144 000 元，直接工资 36 000 元，其他直接支出 5040 元，制造费用 54 960 元。本月发生生产费用为 1 000 000 元，其中直接材料 663 000 元，直接工资 90 000 元，其他直接支出为 12 600 元，制造费用为 234 400 元。本月完工产品 500 台，月末在产品 240 台。在产品投料率为 100%，完工率为 50%。经查实本月账面在产品实际成本为 500 000 元，其中直接材料 360 000 元，直接工资 42 000 元，其他直接支出 5880 元，制造费用 92 120 元，本月完工产品成本已经结转。

要求：指出该企业在产品成本计算上存在的问题，并提出处理意见。

5. 注册会计师 A 对 Q 公司 2019 年财务报表进行审计。A 正在拟订对 Q 公司存货的监盘计划，由助理人员实施监盘工作，有关监盘计划和监盘工作的内容如下：

(1) A 在制订监盘计划时，应与 Q 公司沟通，确定检查的重点。

(2) 对外单位存放于 Q 公司的存货，A 未要求纳入盘点的范围，助理人员也未实施其他审计程序。

(3) 在检查存货盘点结果时，助理人员从存货实物中选取项目追查至存货盘点记录，目的测试存货盘点记录的完整性。

(4) Q 公司的一批重要存货已经被银行质押，助理人员通过电话询问了其真实性。

(5) 对存放在露天的废钢料，助理人员认为全部过磅工作量大，准备到废旧物资市场请一位资深的收购员代为估算。

要求：上述有关监盘计划和监盘工作有无不妥当之处？若有，请予以更正。

学习情境十

筹资与投资循环审计

学习目标

【知识目标】了解筹资与投资循环涉及的业务活动及其内部控制的主要内容；理解筹资与投资循环内部控制的风险及相关控制程序；理解筹资与投资循环实质性程序的工作内容。

【技能目标】掌握筹资与投资循环内部控制测试的步骤、方法及相关工作底稿的编制；掌握筹资与投资循环实质性程序的步骤、方法及相关工作底稿的编制。

任务一 筹资与投资循环控制测试

任务导入

下列有关对筹资活动实施的审计程序的表述中，正确的是(　　)。

A. 股东权益增减变动的业务较少而金额较大，在审计中注册会计师一般无需对其内部控制进行了解而直接执行实质性程序

B. 考虑严格的监管环境和董事会针对筹资活动设计的严格控制，注册会计师应当将重大错报风险评估为低水平

C. 如果被审计单位是国际资本市场上的大型公众公司，由于其有良好的内部控制，注册会计师应将与筹资交易和余额有关的重大错报风险评估为低水平

D. 注册会计师对有限数量的筹资交易实施了实质性程序，同时也需要对控制活动进行记录以识别可能产生的重大错报风险，以确保实施的实质性审计程序能够恰当应对所识别的重大错报风险

资讯准备

一、认识筹资与投资循环的内部控制

1. 筹资与投资循环涉及的主要业务活动

筹资与投资循环涉及的主要业务活动

(1) 筹资所涉及的主要业务活动，具体如下。

① 审批授权。企业通过借款筹集资金需经管理层的审批，其中债券的发行每次均要由董事会授权；企业发行股票必须依据国家有关法规或企业章程的规定，报经企业最高权力机构(如董事会)及国家有关管理部门批准。

② 签订合同或协议。向银行或其他金融机构融资须签订借款合同，发行债券须签订债券契约和债券承销或包销合同。

③ 取得资金。企业实际取得银行或金融机构划入的款项或债券、股票的融入资金。

④ 计算利息或股利。企业应按有关合同或协议的规定，及时计算利息或股利。

⑤ 偿还本息或发放股利。银行借款或发行债券应按有关合同或协议的规定偿还本息，融入的股本根据股东大会的决定发放股利。

(2) 投资所涉及的主要业务活动，具体如下。

① 审批授权。投资业务应由企业的高层管理机构进行审批。管理层应对所有投资交易进行授权。交易的数量越多，授权程序必须越正式。

② 取得证券或其他投资。企业可以通过购买股票或债券进行投资，也可以通过与其他单位联合形成投资。注册会计师应对这些凭证和有价证券的真实性以及管理层伪造或修改这些凭证和有价证券的风险保持警惕。

③ 取得投资收益。企业可以取得股权投资的股利收入、债券投资的利息收入和其他投资收益。企业收到的股利和利息应当记录并追查至银行存款单。

④ 转让证券或收回其他投资。企业可以通过转让证券实现投资的收回；其他投资已经投出，除联营合同期满，或由于其他特殊原因联营企业解散外，一般不得抽回投资。

2. 筹资与投资循环内部控制的内容

(1) 筹资活动的内部控制。筹资活动主要由借款交易和股东权益交易组成。股东权益增减变动的业务较少而金额较大，注册会计师在审计中一般直接进行实质性程序。无论是否依赖内部控制，注册会计师均应对筹资活动的内部控制获得足够的了解，以识别错报的类型、方式及发生的可能性。

企业的借款交易涉及短期借款、长期借款和应付债券，这些内部控制基本类似。此处以应付债券为例说明筹资活动的内部控制。一般来讲，应付债券内部控制的主要内容包括：第一，应付债券的发行要有正式的授权程序，每次均要由董事会授权。第二，申请发行债券时，应履行审批手续，向有关机关递交相关文件。第三，应付债券的发行，要有受托管理人来行使保护发行人和持有人合法权益的权利。第四，每种债券发行都必须签订债券契约。第五，债券的承销或包销必须签订有关协议。第六，记录应付债券业务的会计人员不得参与债券发行。第七，如果企业保存债券持有人明细分类账，应同总分类账核对相符，若这些记录由外部机构保存，则须定期同外部机构核对。第八，未发行的债券必须有人负责。第九，债券的回购要有正式的授权程序。

如果企业应付债券业务不多，注册会计师可根据成本效益原则采取实质性方案；如果企业应付债券业务繁多，注册会计师就可考虑采用综合性方案，应进行控制测试。

(2) 投资活动的内部控制和控制测试。一般来讲，投资内部控制的主要内容包括下列几个方面。

投资活动的内部控制

第一，合理的职责分工。这是指合法的投资业务，应在业务的授权、业务的执行、业务的会计记录以及投资资产的保管等方面都有明确的分工，不得由一人同时负责上述任何两项工作。例如，投资业务在企业高层管理机构核准后，可由高层负责人员授权签批，由财务经理办理具体的股票或债券的买卖业务，由会计部门负责进行会计记录和财务处理，并由专人保管股票或债券。这种合理的分工所形成的相互牵制机制有利于避免或减少投资业务中发生错误或舞弊的可能性。

第二，健全的资产保管制度。企业对投资资产(指股票和债券资产)一般有两种保管方式：一种是由独立的专门机构保管，如在企业拥有较大投资资产的情况下，委托银行、证券公司、信托投资公司等机构进行保管。这些机构拥有专门的保存和防护措施，可以防止各种证券及单据的失窃或毁损，并且由于它与投资业务的会计记录工作完全分离，可以大大降低舞弊的可能性。另一种方式是由企业自行保管，在这种方式下，必须建立严格的联合控制制度，即至少要由两名以上人员共同控制，不得单独一人接触证券。对于任何证券的存入或取出，都要将债券名称、数量、价值及存取的日期、数量等详细记录于证券登记簿内，并由所有在场的经手人员签字。

第三，详尽的会计核算制度。企业的投资资产无论是自行保管还是由他人保管，都要进行完整的会计记录，并对其增减变动及投资收益进行相关会计核算。具体而言，应对每一种股票或债券分别设立明细分类账，并详细记录其名称、面值、证书编号、数量、取得日期、经纪人(证券商)名称、购入成本、收取的股息或利息等；对于联营投资类的其他投资，也应设置明细分类账，核算其他投资的投出及其投资收益和投资收回等业务，并对投资的形式(如流动资产、固定资产、无形资产等)、投向(即接受投资单位)、投资的计价以及投资收益等做出详细的记录。

第四，严格的记名登记制度。除无记名证券外，企业在购入股票或债券时应在购入的当日尽快登记于企业名下，切忌登记于经办人员名下，防止冒名转移并借其他名义牟取私利的舞弊行为发生。

第五，完善的定期盘点制度。对于企业所拥有的投资资产，应由内部审计人员或不参与投资业务的其他人员进行定期盘点，检查是否确实存在，并将盘点记录与账面记录相互核对以确认账实的一致性。

二、筹资与投资循环的控制测试

1. 筹资的控制测试

(1) 索取借款或发行股票的授权批准文件，检查权限是否恰当，手续是否齐全；索取借款合同或协议、债券契约、承销或包销协议。

(2) 观察并描述其职责分工；了解债券持有人明细资料的保管制度，检查被审计单位是否将其与总账或外部机构核对。

(3) 抽查筹资业务的会计记录，从明细账抽取部分会计记录，按原始凭证到明细账、总账顺序核对有关数据和情况，判断其会计处理过程是否合规完整。

(4) 观察筹资活动中不相容的职务是否分离。

注册会计师对股东权益、长期借款账户和余额的重大错报风险通常评估为低水平，除非筹资活动形成一种重要的交易类型，如果注册会计师拟依赖内部控制，则应实施控制测试。因此，检查风险的可接受水平较高，注册会计师主要采用实质性分析程序和有限的细节测试。如果出现不经常出现的特别风险则应当将业务环境考虑在内。注册会计师尝试对有限数量的筹资交易实施控制测试是明显无效率的，对投资和筹资环境也通常如此。如果注册会计师主要实施了实质性程序，则需要对控制活动进行记录以识别可能产生的重大错报风险，以确定实施的实质性程序能够恰当地应对所识别的重大错报风险。

2. 投资的控制测试

此处以获得初始投资交易为例(不包括收到的投资收益、收回或变现投资、期末对投资计价进行调整等交易)来说明投资的控制测试。

(1) 索取投资的授权批文，检查权限是否恰当，手续是否齐全；索取投资合同或协议，检查是否合理有效；索取被投资单位的投资证明，检查其是否合理有效。

(2) 观察并描述业务的职责分工。了解证券资产的保管制度，检查被审计单位自行保管时，存取证券是否进行详细的记录并由所有经手人员签字。

(3) 了解企业是否定期进行证券投资资产的盘点、审阅盘核报告；审阅盘核报告，检查盘点方法是否恰当、盘点结果与会计记录核对情况以及出现差异的处理是否合规。

(4) 抽查投资业务的会计记录，从明细账抽取部分会计记录，按顺序核对有关数据和情况，判断其会计处理过程是否合规完整。

(5) 观察投资活动中不相容职务是否分离。

(6) 分析企业投资业务管理报告。对于企业的长期投资，注册会计师应对照有关投资方面的文件和凭证，分析企业的投资业务管理报告。在做出长期投资决策之前，企业最高管理阶层(如董事会)需要对投资进行可行性研究和论证，并形成一定的纪要，如证券投资的各类证券，联营投资中的投资协议、合同及章程等。负责投资业务的财务经理须定期向企业最高管理层报告有关投资业务的开展情况(包括投资业务内容和投资收益实现情况及未来发展预测)，即提交投资业务管理报告书供最高管理层决策和控制。注册会计师应认真分析这些投资业务管理报告的具体内容，并对照前述的文件和凭证资料，从而判断企业长期投资的管理情况。

三、筹资与投资循环控制测试工作底稿示例

1. 筹资与投资循环控制测试导引表(见表 10-1)

表 10-1　控制测试导引表(筹资与投资循环)

客户：A 股份有限公司 项目：控制测试(筹资与投资循环) 编制：郁某 日期：20××-2-8	索引号：CZC 财务报表截止日/期间：20××年度 复核：李某 日期：20××-2-9
测试本循环控制运行有效性的工作	
1. 针对了解的被审计单位筹资与投资循环的控制活动，确定拟进行控制测试的活动。 2. 测试控制运行的有效性，记录测试过程和结论。 3. 根据测试结论，确定对实质性程序的性质、时间和范围的影响。	
测试本循环控制运行有效性形成下列审计工作底稿	
1. CZC-1：控制测试汇总表 2. CZC-2：控制测试程序 3. CZC-3：控制测试过程	
编制要求或参考	
本审计工作底稿用以记录下列内容： 1. 汇总对本循环内部控制运行有效性进行测试的主要内容和结论； 2. 记录控制测试程序和测试过程。	

2. 筹资与投资循环控制测试汇总表(见表 10-2)

表 10-2　控制测试汇总表(筹资与投资循环)

客户：A 股份有限公司　　索引号：CZC-1

项目：控制测试(筹资与投资循环)　　财务报表截止日/期间：20××年度

编制：郁某　　复核：李某

日期：20××-2-8　　日期：20××-2-9

1. 了解内部控制的初步结论

控制设计合理，并得到执行。根据了解本循环控制的设计并评估其执行情况所获取的审计证据，注册会计师对控制的评价结论可能是：①控制设计合理，并得到执行；②控制设计合理，未得到执行；③控制设计无效或缺乏必要的控制。

2. 控制测试结论

控制目标	控制活动	对实现控制目标是否有效	是否得到执行	是否有效运行	测试结果是否支持风险评估结论
已记录的借款均为公司的负债	公司建立筹资管理制度。每年年初，财务经理编制年度筹资报告，经总经理复核并签署意见，上报公司董事会审批。财务部在批准的资金限额内开展筹资活动。预计流动资金可能不足时，出纳将填写借款申请表。其中金额在50 000元以下的申请应经财务经理和总经理审批；金额超过 50 000元的借款申请由董事会审批。董事会授权总经理签订借款合同。财务经理依据审批后的借款申请表，与银行洽谈综合授信合同	是	是	是	支持

(续表)

控制目标	控制活动	对实现控制目标是否有效	是否得到执行	是否有效运行	测试结果是否支持风险评估结论
借款均已记录	出纳编制记账凭证，后附综合授信使用申请或借款合同、银行回单等单证交会计复核，复核无误后登记短期借款明细账。出纳根据综合授信协议或借款合同，逐笔登记借款备查账。每月末，出纳编制核对表报会计复核。如有任何差异，应立即调查	是	是	是	支持
借款均已记录于适当期间	出纳按月汇总编制信贷情况表，内容包括授信额度总额、已使用额度、累计贷款金额、本月新增贷款总额以及预计下月到期贷款总额等，交财务经理审核后，上报总经理和董事会	是	是	是	支持
财务费用均已准确计算并记录于适当期间	每季末，出纳根据银行借款利息回单编制付款凭证，并附相关单证，提交会计审批。在完成对付款凭证及相关单证的复核后，会计在付款凭证上签字，作为复核证据，并在所有单证上加盖“核销”印戳。如未能及时取得银行借款利息回单，由出纳根据借款利率估算应付利息，经会计复核后，出纳进行账务处理	是	是	是	支持
已记录的偿还借款均为真实发生	出纳按月汇总编制信贷情况表，内容包括授信额度总额、已使用额度、累计贷款金额、本月新增贷款总额以及预计下月到期贷款总额等，交财务经理审核后，上报总经理和董事会	是	是	是	支持
偿还借款均已准确记录	出纳根据综合授信协议或借款合同，逐笔登记借款备查账。每月末，出纳核对借款备查账与借款明细账，编制核对表报会计复核。如有任何差异，应立即调查	是	是	是	支持
	出纳编制记账凭证，后附银行还款本息回单等单证交会计复核，复核无误后登记短期借款明细账。出纳同时需要在借款备查账中记录借款归还情况。每月末，出纳核对借款备查账与明细账，编制核对表报会计复核。如有任何差异，应立即调查	是	是	是	支持

(续表)

控制目标	控制活动	对实现控制目标是否有效	是否得到执行	是否有效运行	测试结果是否支持风险评估结论
偿还借款均已记录于适当期间	每月末，出纳核对借款备查账与借款明细账，编制核对表报会计复核。如有任何差异，应立即调查。若出现工序要进行调整的情况，会计将编写调整建议，连同有关支持文件一并提交财务经理复核和审批后进行财务处理	是	是	是	支持
已记录的投资均为公司的投资	每年末，财务经理制定下一年度投资资金，经资金管理部门审批后，报总经理和董事会审批。财务经理编写投资计划书并草拟投资合同，与被投资单位进行讨论。投资合同的重要条款应经律师、总经理审核，由董事会授权总经理签署投资合同及投资计划书，出纳填写长期投资付款申请单，总经理审批。每月末，财务经理编制资金状况表，报总经理审核。总经理根据资金盈余情况及短期内资金计划安排，确定是否进行交易性金融资产投资及投资规模，并报董事会审批	是	是	是	支持
投资交易均已记录	出纳根据经批准的长期投资付款申请单，编制付款凭证，并附相关单证，提交会计审批。在完成对付款凭证及相关单证的复核后，会计在付款凭证上签字，作为复核证据，并在所有单证上加盖“核销”印戳。出纳根据交易流水单，对每笔投资交易记录进行核对、存档	是	是	是	支持
投资交易计价准确	出纳根据经批准的长期投资付款申请单，编制付款凭证，并附相关单证，提交会计审批。在完成对付款凭证及相关单证的复核后，会计在付款凭证上签字，作为复核证据，并在所有单证上加盖“核销”印戳。出纳编制转账凭证，并附相关单证，提交会计复核。复核无误后进行财务处理。每周末，出纳就投资类别、资金统计进行核对，并编制核对表	是	是	是	支持

(续表)

控制目标	控制活动	对实现控制目标是否有效	是否得到执行	是否有效运行	测试结果是否支持风险评估结论
投资交易均已记录于适当期间	每周末，出纳就投资类别、资金统计进行核对并编制核对表，由财务经理复核并签字。如有差异，将立即调查。每月结束后一周内，财务经理编写上月交易性金融资产报告，报总经理和董事会	是	是	是	支持
投资收益均已准确计算并记录于适当期间	年度终了后 30 日内，出纳取得联营公司经审计的财务报表等资料，复核被投资公司的财务信息，按权益法计算投资收益，经会计复核后进行财务处理。出纳根据交易流水单，对每笔投资交易记录进行核对、存档，并在交易结束后一个工作日内将交易凭证交投资记账员。出纳编制转账凭证，并附相关单证，提交会计复核，复核无误后进行财务处理。每周末，出纳就投资类别、资金统计进行核对，并编制核对表， 由总经理签字	否	是	是	支持

3. 相关交易和账户余额的审计方案

(1) 对未进行测试的控制目标的汇总

根据计划事实的控制测试，我们未对下列控制目标、相关的交易和账户余额及其认定进行测试。

业务循环	主要业务活动	控制目标	相关交易和账户余额及其认定	原因
筹资与投资	投资	已记录的投资均为公司的投资	长期股权投资：存在、权利和义务	全年只发生一笔长期股权投资业务，穿行测试足以实现控制测试目的
筹资与投资	投资	投资交易计价准确	长期股权投资：计价和分摊	全年只发生一笔长期股权投资业务，穿行测试足以实现控制测试目的
筹资与投资	投资	投资交易均已记录	长期股权投资：完整性	全年只发生一笔长期股权投资业务，穿行测试足以实现控制测试目的
筹资与投资	投资	投资收益均已准确计算并记录于适当期间	投资收益：发生、准确性、完整性、截止；长期股权投资：计价和分摊	全年只发生一笔长期股权投资业务，穿行测试足以实现控制测试目的

(2) 对未达到控制目标的主要业务活动的汇总

根据控制测试的结果，确定下列控制运行无效，在审计过程中不予信赖，拟实施实质性程序获取充分、适当的审计证据。

业务循环	主要业务活动	控制目标	相关交易和账户余额及其认定	原因
/	/	/	/	/

(续表)

(注：如果本期执行控制测试的结果表明本循环与相关交易和账户余额及其认定相关的控制不能予以信赖，应重新考虑拟信赖以前审计获取的其他循环控制运行有效性的审计证据是否恰当。)

(3) 对相关交易和账户余额的审计方案

根据控制测试的结果，制定下列审计方案(各认定需从实质性程序中获取的保证程度)：

受影响的相关交易和账户余额	完整性	发生/存在	准确性/计价和分摊	截止	权利和义务	分类	列报
长期股权投资	低	低	低	不适用	低	不适用	不适用
投资收益	低	低	低	低	不适用	不适用	不适用
短期借款	低	低	低	不适用	低	不适用	不适用
财务费用	不适用	不适用	低	低	不适用	不适用	不适用

4. 沟通事项

是否需要就已识别出的内部控制设计、执行以及运行方面的重大缺陷，与适当层次的管理层或治理层进行沟通？

编号	事项记录	与治理层的沟通	与管理层的沟通
(1)	没有定期与被投资单位或交易对方核对账目	是	是
(2)	投资授权批准文件和检查审批手续不齐全	是	是

3. 筹资与投资循环控制测试程序表(见表 10-3)

表 10-3　控制测试程序表(筹资与投资循环)

客户：A 股份有限公司　　索引号：CZC-2

项目：控制测试程序(筹资与投资循环)　　财务报表截止日/期间：20××年度

编制：郁某　　复核：李某

日期：20××-2-8　　日期：20××-2-9

1. 控制测试——筹资

(1) 询问程序

通过实施询问程序，被审计单位已确定下列事项：①本年度未发现任何特殊情况、错报和异常项目；②财务部门人员在未得到授权的情况下无法访问或修改系统内部数据；③本年度未发现下列控制活动未得到执行；④本年度未发现下列控制活动发生变化。

(2) 其他测试程序

控制目标	控制活动	控制测试程序	执行控制频率	测试项目数量	索引号
已记录的借款均为公司的负债	每年年初，编制年度筹资预算，会计主管复核并签署意见，上报公司总经理审批。财务部在批准预算限额内开展筹资活动	选取借款申请表或综合授信使用申请，检查是否得到适当审批	不定期	3	CZC-3
借款均已准确记录	往来会计编制记账凭证，后附综合授信使用申请或借款合同、银行回单等单证交会计主管复核，复核无误后登记短期借款明细账	选取借款合同并检查是否与财务记录一致	不定期	3	CZC-3

(续表)

控制目标	控制活动	控制测试程序	执行控制频率	测试项目数量	索引号
借款均已记录	往来会计根据综合授信协议或借款合同，逐笔登记借款备查账。每月末，信贷管理与往来会计核对借款备查账明细账，编制核对报表，由会计主管复核	选取借款合同并检查是否与财务记录一致	不定期	3	CZC-3
借款均已记录于适当期间	信贷管理员按月汇总编制信贷情况表，内容包括授信额度总额、本月新增贷款总额以及预计下月到期贷款总额等，交会计主管审核后，上报总经理	选取信贷情况表并检查是否得到适当复核	每月执行一次	3	CZC-3
财务费用均已准确计算并记录于适当期间	每季末，往来会计根据银行借款利息回单编制付款凭证，并附相关单证，提交会计主管审批	选取银行借款利息回单并检查是否已准确、及时记录	每季执行一次	3	CZC-3
已记录的偿还借款均已真实发生	信贷管理员按月汇总编制信贷情况表，内容包括授信额度总额、已使用额度、累计贷款金额，本月新增贷款总额以及预计下月贷款总额等，交会计主管审核后，上报总经理	选取信贷情况表并检查是否得到适当复核	每月执行一次	3	CZC-3
偿还借款均已准确记录	往来会计根据综合授信协议或借款合同，逐笔登记借款备查账。每月末，信贷管理员与往来会计核对借款备查账明细账，编制核对报表，由会计主管复核。如有任何差异，应立即调查	选取借款备查账记录，检查是否与财务记录一致	不定期	3	CZC-3
偿还借款均已记录	往来会计编制记账凭证，后附综合银行本息回单等单证交会计主管复核，复核无误后登记短期借款明细账。编制核对报表，由会计主管复核	选取借款备查账记录，检查是否与财务记录一致	不定期	3	CZC-3

(续表)

控制目标	控制活动	控制测试程序	执行控制频率	测试项目数量	索引号
偿还借款均已记录于适当期间	每月末，信贷管理员与往来会计核对借款备查账明细账，编制核对报表会计主管复核。如有任何差异，应立即调查。若出现需要进行调整的情况，会计主管将编写调整建议，连同有关支持文件审批后进行账务处理	选取借款备查账记录，检查是否与财务记录一致	每月执行一次	3	CZC-3

2. 控制测试——投资

(1) 询问程序

通过实施询问程序，被审计单位已确定下列事项：①本年度未发现任何特殊情况、错报和异常项目；②财务或投资管理部门的人员在未得到授权的情况下无法访问或修改系统内部数据；③本年度未发现下列控制活动未得到执行；④本年度未发现下列控制后发生变化。

(2) 其他测试程序

控制目标	控制活动	控制测试程序	执行控制频率	测试项目数量	索引号
已记录的投资均为公司的投资	每月末，会计主管编制资金状况表，报总经理审核。总经理根据资金盈余情况及短期内资金计划安排，确定是否进行交易性金融性投资及投资规模。投资管理员根据确定的投资规模，编制交易性金融资产投资付款申请单	选取交易性金融资产投资付款申请单并检查是否得到适当复核	每月执行一次		CZC-3
投资交易均已记录	投资管理员根据交易流水单，对每笔投资交易记录进行核对、存档，并在交易结束后一个工作日内将交易凭证交财务记账，编制转账凭证，并附相关单证，提交会计主管复核，复核无误后进行账务处理。每周末，投资管理员就投资类别、资金统计进行核对，并编制核对表，由会计主管复核签字，如有差异，将立即调查	选取交易性金融资产核对表并检查是否得到适当复核	每周执行一次		CZC-3
投资交易计价准确	往来会计编制转账凭证，并附相关单证，提交会计主管复核。期末，投资管理员取得投资项目的公允价值，经审核后，交投资记账员	选取记账凭证，检查与财务记录是否一致	每周执行一次		CZC-3

(续表)

控制目标	控制活动	控制测试程序	执行控制频率	测试项目数量	索引号
投资交易均已记录于适当期间	每周末，投资管理员就投资类别、资金统计进行核对，并编制核对表，由会计主管复核签字。如有差异，将立即调查。月结束后一周内，投资管理编写上月交易性金融资产报告，报总经理审批	选取交易性金融资产报告，检查是否得到适当复核	每月执行一次		CZC-3
投资收益均已准确计算并记录于适当期间	投资管理员根据交易流水单，对每笔投资交易记录进行核对、存档，并在交易结束后一个工作日内将交易凭证交给财务编制转账凭证，并附相关单证，提交会计主管复核。复核无误后进行账务处理，每周末，投资管理员对投资类别、资金统计进行核对，并编制核对表，由会计主管复核签字。如有差异，将立即调查	选取交易流水单，与记账记录核对，检查是否准确记录于适当期间	每日执行一次		CZC-3

4. 筹资与投资循环控制测试过程表(见表 10-4)

表 10-4　控制测试过程表(筹资与投资循环)

客户：A 股份有限公司	索引号：CZC-3
项目：控制测试过程(筹资与投资循环)	财务报表截止日/期间：20××年度
编制：郁某	复核：李某
日期：20××-2-8	日期：20××-2-9

1. 与日常借款有关的业务活动的控制

主要业务活动	测试内容	项目 1	项目 2	项目 3
借款	借款申请表编号＃(日期)	20××.01.06	20××.01.19	20××.02.06
	借款申请表是否经恰当批准	是	是	是
	借款合同编号＃(日期)(如适用)	202032#	203233#	201143#
	综合授信协议编号＃(日期)(如适用)	320022#	320043#	320113#
	综合授信使用申请表编号＃(日期)	40022#	40043#	40113#
记录借款	收款凭证编号＃(日期)	20××.02.03	20××.02.29	20××.02.29
	借款合同金额、期限等是否与借款申请表内容一致	是	是	是
	是否记入短期借款明细账贷方	是	是	是
	是否登记借款备查账	是	是	是
	明细账记录是否与借款备查账一致	是	是	是
	借款备查账记录是否与借款合同一致	是	是	是

(续表)

2. 与偿还借款有关的业务活动的控制

主要业务活动	测试内容	项目 1	项目 2	项目 3
偿还借款	借款合同编号＃(日期)	20××.01.20	20××.01.31	20××.08.28
	综合授信协议编号＃(日期)	40022#	40043#	40113#
	付款申请表编号＃(日期)	15323#	15322#	15343#
	付款申请表是否经恰当批准	是	是	是
	是否与借款合同还款日一致	是	是	是
记录还款	付款凭证编号＃(日期)	20××.02.20	20××.04.02	20××.09.11
	还款金额、期限等是否与付款申请表内容一致	是	是	是
	是否记入短期借款明细账借方	是	是	是
	是否登记借款备查账	是	是	是
	明细账记录内容是否与借款备查账内容一致	是	是	是
	借款备查账记录内容是否与借款合同一致	是	是	是

3. 与信贷情况表有关的业务活动的控制

序号	选择的编制期间	是否编制信贷情况表	内容是否完整	是否经适当层次的复核
1	20××/1/1-12/31	是	是	是

4. 与借款差异调查表有关的业务活动的控制

序号	选择的编制期间	借款备查账金额	借款明细账金额	编制人是否签名	复核人是否签名	是否有调节项目	是否与支持文件相符	是否经过适当审批	是否已调节借款
1	20××年度	900 000	900 000	是	是	是	是	是	是

5. 筹资与投资循环穿行测试——与财务费用有关的业务活动的控制

序号	选择的期间	借款利息回单编号＃	如适用，是否估算借款利息	如适用，是否与银行存款余额调节表核对一致	记账凭证编号#	是否经适当审批
1	20××年度	5789	是	是	4478	是

任务处理

【任务 10-1】在对被审计单位投资活动进行审计时，注册会计师应关注的重要内部控制制度是(　　)。

A. 公司发行股票、宣布发放股息等业务的批准手续

B. 债券投资业务活动中业务授权、执行、会计记录和投资资产的保管等方面的明确分工

C. 投资资产计价方法正确，期末余额正确

D. 投资在资产负债表上的披露正确

任务解析：应选 B。选项 A 属于与所有者权益相关的内部控制；选项 CD 不属于内部控

制制度，而是内部控制的目标。

【任务 10-2】投资与筹资循环审计中，注册会计师针对被审计单位实收资本增减变动的情况，应具体采取的措施包括(　　)。

A. 事先询问所有债务人，债务人无异议

B. 查阅其是否与董事会纪要、补充合同、协议及其他有关法律性文件的规定一致

C. 逐笔追查至原始凭证、检查其会计处理是否正确

D. 对首次接受委托的客户，除取得验资报告外，还应检查并复印记账凭证及进账单

任务解析：应选 BCD。选项 BCD 均是检查被审计单位实收资本增减变动原因的审计程序。

任务导入分析

应选 D。筹资活动主要由借款交易和股东权益交易组成。股东权益增减变动的业务较少而金额较大，注册会计师在审计中一般直接执行实质性程序。但无论是否依赖内部控制，注册会计师均应对筹资活动的内部控制获得足够的了解，以识别错报的类型、方式及发生可能性。考虑严格的监管环境和董事会针对筹资活动设计的严格控制，除非注册会计师对管理层的诚信产生疑虑，否则重大错报风险一般应当评估为低水平。如果被审计单位是国际资本市场上的大型公众公司，其股票在国内和国外同时上市，其他国家的法律法规的复杂性可能影响注册会计师对重大错报风险的评估。在这种情况下，企业可能从国外获得借款，从而应当在利润表中确认汇兑损益。这种情况下的筹资交易和余额重大错报风险可能评估为中到高水平，存在完整性和计价认定风险以及未记录负债和或有负债的风险。注册会计师尝试对有限数量的筹资交易实施控制测试程序是明显无效率的，对投资和筹资环境也通常如此。如果注册会计师主要实施了实质性程序，则需要对控制活动进行记录以识别可能产生的重大错报风险，以确保实施的实质性审计程序能够恰当应对所识别的重大错报风险。

任务二　筹资与投资循环实质性程序

任务导入

注册会计师M作为X公司2019年度财务报表的审计项目负责人，在对借款进行审计时，审计工作底稿中有以下审计结论，正确的有(　　)。

A. 用短期借款购建的固定资产，建议将其达到预定可使用状态前的短期借款利息按照会计准则规定予以资本化

B. 用长期借款购建的固定资产，建议将其交付使用前的长期借款利息予以资本化

C. 为购建固定资产发行债券支付的发行费用大于资金冻结期间产生的利息收入的部

分，建议将其差额直接计入“在建工程”

D. 为购建固定资产发行债券支付的发行费用小于资金冻结期间产生的利息收入的部分，建议将其作为溢价收入处理

资讯准备

一、筹资与投资循环实质性分析程序

1. 筹资交易的实质性分析程序

实质性分析程序包括与上年度或预算的比较、比率分析、财务与非财务信息的比较等，是在注册会计师对企业业务进行了解的基础上实施的。当对权益和借款交易与余额执行实质性分析程序时，具体步骤如下。

(1) 建立预测或预期。主要采用资本绩效和财务管理有关的比率。资本绩效和财务管理比率可能在行业基础上并不具有可比性，但对企业不同时间内经营业绩的比较可能是更好的办法。

(2) 计算真实数据与预期之间的差异。计算差异包括各种比率的计算，包括管理层用来监控企业的关键业绩指标。将计算结果与上期结果、预算数以及与客户的历史记录相比较。对管理层所使用关键业绩指标的计算，以及对发现问题时相关纠正措施的询问程序，可以提供管理层监控程序运行是否有效的证据。管理层使用的关键业绩指标可以包括资本绩效，如股东权益回报率、每股收益、市盈率、资本税前收益、税后收益留存率等；财务管理，如平均利率(包括税前和税后)、总资本利息率、股利率和财务杠杆等。

(3) 调查重大差异并运用判断。注册会计师应当根据前述预期值来进行比率分析。任何未预期的波动都应当与管理层进行讨论，并在必要时进一步调查。

(4) 确定重大差异或临界值。注册会计师应当通过询问程序确定管理层用来作为关键业绩指标的比率或基准数据是否表明存在重大错报风险，并考虑影响盈利能力、现金流量、业务持续性和管理层监控程序的趋势。

(5) 记录得出结论的基础。注册会计师应当就所收集到的审计证据能否支持所选择的认定或审计目标得出结论。

2. 投资交易的实质性分析程序

实质性分析程序的有效性取决于企业的权益性投资和债权性投资交易及其余额的重要性。如果会计期间内投资交易的买入和卖出业务较少，注册会计师可以通过细节测试有效地获取充分、适当的审计证据。如果投资交易业务频繁和重要，注册会计师就可以考虑通过比较投资和投资收益本期数、前期数和预期数等实质性分析程序来获取充分、适当的审计证据。

如果被审计单位持有不同类型的投资业务，如各种类型的上市性投资、债券和贷款，企业应当对持有的投资组合制定政策，管理层可能会使用关键业绩指标来进行管理。注册会计师应当重新计算相关比率以测试管理层所使用的关键业绩指标的有效性。如果该指标不能符

合预期，注册会计师应当询问管理层所采取的行动。任何偏差或未预期的趋势都应当同管理层讨论，因为它们可能表明存在潜在的错误或舞弊。

由于影响衍生金融工具价值的各种因素之间复杂的相互作用往往掩盖了可能出现的异常趋势，实质性分析程序通常不能提供衍生金融工具相关认定的充分证据。注册会计师通常使用细节测试程序来证实期末衍生金融工具的完整性和估价认定。

二、长期借款的审计

长期借款的审计目标

1. 长期借款的审计目标

(1) 确定资产负债表中记录的长期借款是否存在，是否为被审计单位应当履行的现时义务。

(2) 确定所有应当记录的长期借款是否均已记录，期末余额是否正确。

(3) 确定长期借款借入、偿还利息的记录是否完整。

(4) 确定长期借款是否已按照企业会计准则的规定在财务报表中做出恰当列报。

长期借款的实质性程序-核对总账和明细账(明细表)

2. 长期借款的实质性程序

(1) 获取或编制长期借款明细表，复核其加计数是否正确，并与明细账和总账核对相符。

(2) 了解金融机构对被审计单位的授信情况以及被审计单位的信用等级评估情况，了解被审计单位获得短期借款和长期借款的抵押、担保情况，评估被审计单位的信誉和融资能力。

长期借款的实质性程序-抽查(抽查表)

(3) 对年度内增加的长期借款，应检查借款合同和授权批准，了解借款数额、借款条件、借款日期、还款期限、借款利率，并与相关会计记录相核对。

(4) 检查长期借款的使用是否符合借款合同的规定，重点检查长期借款使用的合理性。

(5) 向银行或其他债权人函证重大的长期借款。

长期借款的实质性程序-函证(询证函)

(6) 对年度内减少的长期借款，注册会计师应检查相关记录和原始凭证，核实还款数额。

(7) 检查年末有无到期未偿还的借款，逾期借款是否办理了延期手续；分析计算逾期借款的金额、比率和期限，判断被审计单位的资信程度和偿债能力。

(8) 计算短期借款、长期借款在各个月份的平均余额，选取适用的利率匡算利息支出总额，并与财务费用的相关记录核对，判断被审计单位是否高估或低估利息支出，必要时进行适当调整。

(9) 检查非记账本位币折合记账本位币时采用的折算汇率，折算差额是否按规定进行会计处理。

(10) 检查借款费用的会计处理是否正确。借款费用，指企业因借款而发生的利息及其他相关成本，包括折价或溢价的摊销、辅助费用以及因外币借款而发生的汇兑差额。按照《企业会计准则第 17 号——借款费用》的规定，企业发生的借款费用，可直接归属于符合资本化条件的资产购建或生产的，应当予以资本化，计入相关资产成本；其他借款费用，应当在发生时根据其发生额确认费用，计入当期损益。

(11) 检查企业抵押长期借款的抵押资产的所有权是否属于企业，其价值和实际状况是否与抵押契约中的规定相一致。

(12) 检查企业重大的资产租赁合同，判断被审计单位是否存在资产负债表外融资的现象。

(13) 检查长期借款的列报是否恰当。长期借款在资产负债表上列示于长期负债类下，该项目应根据“长期借款”科目的期末余额扣减将于一年内到期的长期借款后的数额填列，该项扣除数应当在流动负债类下的“一年内到期的长期负债”项目单独反映。注册会计师应根据审计结果，确定被审计单位长期借款在资产负债表上的列示是否充分，并注意长期借款的抵押和担保是否已在财务报表附注中做了充分的说明。

长期借款审定表

3. 长期借款审计工作底稿示例

(1) 长期借款审计审定表示例(见表 10-5)。

表 10-5 长期借款审定表

客户：A 股份有限公司　　索引号：FK1
项目：长期借款　　财务报表截止日/期间：20××年 12 月 31 日
编制：李某　　复核：左某
日期：20××-2-9　　日期：20××-2-9

项目		类别	上年审定数	本年未审数	本期增加	本期减少	本年审计调整		审定数
							借方	贷方	
1	抵押贷款	负债类	2 160 000	2 960 000	1 800 000				2 960 000
合计			2 160 000	2 960 000	1 800 000				2 960 000

审计说明：
1. 上年未对本项目进行审计调整，年初余额与上年审定数核对一致。
2. 本年度无调整事项。
3. 无其他说明事项。

审计结论：
长期借款可以确认。

(2) 长期借款审计明细表示例(见表 10-6)。

表 10-6 长期借款明细表

客户：A 股份有限公司　　索引号：FK2
项目：长期借款明细　　财务报表截止日/期间：20××年 12 月 31 日
编制：李某　　复核：左某
日期：20××-2-9　　日期：20××-2-9

明细项目		借款条件	借款期间	利率	未审数				备注
					年初余额	本期借方	本期贷方	期末余额	
1	工行某分理处	抵押	3	6	1 000 000	800 000		1 800 000	
2	中行某分理处	抵押	5	8	1 160 000	1 000 000		2 160 000	
合计					2 160 000	1 800 000		3 960 000	

审计说明：

1. 复核加计正确，并与明细账及合计数、总账数、未审报表数核对相符。
2. 函证见货币资金底稿。
3. 年末无到期未偿还的借款。
4. 已经检查借款凭证，未发现异常。

审计结论：

长期借款可以确认。

(3) 长期借款审计抽凭表示例(见表 10-7)。

表 10-7 长期借款抽凭表

客户：A 股份有限公司　　索引号：FK4
项目：长期借款抽凭　　财务报表截止日/期间：20××年 12 月 31 日
编制：李某　　复核：左某
日期：20××-2-9　　日期：20××-2-9

日期	凭证号	明细科目	经济内容	对方科目	金额		测试				附件名称	测试说明
					借方	贷方	①	②	③	④		
4.30	124	中行某分理处	取得中国银行借款	银行存款	1 000 000		是	是	是	是	利息回单	未发现异常
9.30	257	工行某分理处	取得工商银行借款	银行存款	800 000		是	是	是	是	利息回单	未发现异常

审计说明：

① 金额核对相符；　　② 账务处理正确；
③ 所附凭证齐全；　　④ 业经恰当授权。

测试目标：义务、完整性、计价

重大错报风险评估结果：低

测试项目的选取方法：全部项目

审计结论：

长期借款抽凭未发现异常。

三、财务费用的审计

1. 财务费用的审计目标

(1) 确定利润表中记录的财务费用是否已发生，且与被审计单位有关。

(2) 确定所有应当记录的财务费用是否均已记录。

(3) 确定与财务费用有关的金额及其他数据是否已恰当记录。

(4) 确定财务费用是否已记录于正确的会计期间。

(5) 确定财务费用是否已记录于恰当的账户。

(6) 确定财务费用是否已按照企业会计准则的规定在财务报表中做出恰当的列报。

2. 财务费用的实质性程序

(1) 获取或编制财务费用明细表，复核加计是否正确，与报表数、总账数和明细账合计数核对是否相符。

(2) 将本期、上期财务费用各明细项目做比较分析，必要时比较本期各月的财务费用，如有重大波动和异常情况，应查明原因，扩大审计范围或增加测试量。

(3) 检查利息支出明细账，确认利息支出的真实性及正确性，检查各项借款期末应计利息有无预计入账，注意检查现金折扣的会计处理是否正确。

(4) 检查汇兑损失明细账，检查汇兑损益计算方法是否正确，核对所用汇率是否正确，前后期是否一致。

(5) 检查“财务费用——其他”明细账，注意检查大额金融机构手续费的真实性与正确性。

(6) 审阅下期期初的财务费用明细账，检查财务费用各项目有无跨期入账的现象，对于重大跨期项目，应做必要调整。

(7) 检查从其他企业或非银行金融机构取得的利息收入是否按规定计增值税。

(8) 检查财务费用的列报是否恰当。

3. 财务费用审计工作底稿示例

(1) 财务费用审计审定表示例(见表 10-8)。

表 10-8　财务费用导引表

客户：A 股份有限公司　　　　索引号：SF1

项目：财务费用　　　　财务报表截止日/期间：20××年 12 月 31 日

编制：李某　　　　复核：左某

日期：20××-2-9　　　　日期：20××-2-9

项　目	类别	上年审定数	本年未审数	结构比	变动趋势	本年审计调整		审定数
						借方	贷方	
财务费用	损益类	447 118.49	251 798.32	100%	-43.68%			251 798.32
合计		447 118.49	251 798.32					251 798.32

(续表)

审计说明：

1. 上年未对本项目进行审计调整。
2. 本年度无调整事项。
3. 建议企业在财务报表中做如下披露：

项目	上年数	本年数
利息支出	450 000	255 000
减：利息收入	3106.51	3451.68
其他	225.00	250
合计	447 118.49	251 798.32

审计结论：

财务费用可以确认。

(2) 财务费用审计明细表示例(见表 10-9)。

表 10-9　财务费用明细表

客户：A 股份有限公司　　索引号：SF2

项目：财务费用明细　　财务报表截止日/期间：20××年度

编制：李某　　复核：左某

日期：20××-2-9　　日期：20××-2-9

明细项目		上年审定数	本年未审数	结构比	变动趋势	备注
1	利息支出	450 000	255 000	101.27%	-43.33%	
2	利息收入	-3106.51	-3451.68	-1.37%	11.11%	
3	其他	225	250	0.10%	11.11%	
合计		447 118.49	251 798.32		-43.68%	

审计说明：

1. 复核加计正确，并与明细账及合计数、总账数、未审报表数核对相符。
2. 利息支出主要为短期借款利息，详细见短期借款底稿。
3. 其他主要为购买支票等费用。

审计结论：

财务费用可以确认。

(3) 财务费用审计抽凭表示例(见表 10-10)。

表 10-10　财务费用抽凭表

客户：A 股份有限公司　　索引号：SF3

项目：财务费用抽凭　　财务报表截止日/期间：20××年 12 月 31 日

编制：李某　　复核：左某

日期：20××-2-9　　日期：20××-2-9

日期	凭证号	明细科目	经济内容	对方科目	金额		测试				名称	测试说明
					借方	贷方	①	②	③	④		
4.30	124	利息支出	支付借款利息(1—3 月份)	银行存款	112 500.00		是	是	是	是	利息回单	未发现异常
9.30	257	利息支出	支付贷款利息(7—9 月份)	银行存款	15 000.00		是	是	是	是	利息回单	未发现异常

（续表）

审计说明：

① 金额核对相符；　② 账务处理正确；

③ 所附凭证齐全；　④ 业经恰当授权。

测试目标：义务、完整性、计价

重大错报风险评估结果：低

测试项目的选取方法：任意选样

审计结论：

财务费用抽凭未发现异常。

四、交易性金融资产的审计

1. 交易性金融资产的审计目标

(1) 确定资产负债表中记录的交易性金融资产是否存在，是否由被审计单位拥有或控制。

(2) 确定所有应当记录的交易性金融资产是否均已记录。

(3) 确定记录的交易性金融资产是否以恰当的金额包括在财务报表中，与之相关的计价调整是否已恰当记录。

(4) 确定交易性金融资产是否已按照企业会计准则的规定在财务报表中做出恰当列报。

交易性金融资产的审计目标

交易性金融资产的实质性程序-核对总账和明细账(明细表)

2. 交易性金融资产的实质性程序

(1) 获取或编制交易性金融资产明细表，复核加计是否正确，并与报表数、总账数和明细账合计数核对是否相符。

(2) 对期末结存的相关交易性金融资产，向被审计单位核实其持有目的，检查本科目核算范围是否恰当。

(3) 获取股票、债券、基金等交易流水单及被审计单位证券投资部门的交易记录。与明细账核对，检查会计记录是否完整、会计处理是否正确。

(4) 监盘库存交易性金融资产，并与相关账户余额进行核对，如有差异，应查明原因，并做出记录或进行适当调整。

(5) 向相关金融机构发函询证交易性金融资产期末数量以及是否存在变现限制，并记录函证过程。取得回函时应检查相关签章是否符合要求。

(6) 抽取交易性金融资产增减变动的相关凭证，检查其原始凭证是否完整、合法，会计处理是否正确：①抽取交易性金融资产增加的记账凭证，注意其原始凭证是否完整、合法，成本、交易费用和相关利息或股利的会计处理是否符合规定。②抽取交易性金融资产减少的记账凭证，检查其原始凭证是否完整、合法及会计处理是否正确。注意出售交易性金融资产时其成本结转是否正确。原计入的公允价值变动损益有无调整至投资收益。

交易性金融资产的实质性程序-抽查(抽查表1)

交易性金融资产的实质性程序-抽查(抽查表2)

(7) 复核与交易性金融资产相关的损益计算是否准确，并与公允价值变动损益及投资收益等有关数据核对。

(8) 复核股票、债券及基金等交易性金融资产的期末公允价值是否合理，相关会计处理是否正确。

(9) 关注交易性金融资产是否存在重大的变现限制。

(10) 确定交易性金融资产的列报是否恰当。

交易性金融资产审定表

3 交易性金融资产审计工作底稿示例

(1) 交易性金融资产审计审定表示例(见表 10-11)。

表 10-11　交易性金融资产审定表

客户：A 股份有限公司　　索引号：ZB1
项目：交易性金融资产　　财务报表截止日/期间：20××年 12 月 31 日
编制：郁某　　复核：李某
日期：20××-2-8　　日期：20××-2-9

项目		上年审定数	未审数				本年审计调整		审定数
			年初余额	本期借方	本期贷方	期末余额	借方	贷方	
1	交易性债券投资	300 000	300 000	300 000	1 000 000	500 000	100 000		600 000
合计		300 000	300 000	300 000	100 000	500 000	100 000		600 000

审计说明：

1. 上年未对本项目进行审计调整，年初余额与上年审定数核对一致。
2. 经查一笔债券投资(短期持有)未入账，调整分录见 ZB5。
3. 无其他说明事项。

审计结论：

交易性金融资产调整后余额可以确认。

(2) 交易性金融资产审计明细表示例(见表 10-12)。

表 10-12　交易性金融资产明细表

客户：A 股份有限公司　　索引号：ZB2
项目：交易性金融资产明细　　财务报表截止日/期间：20××年 12 月 31 日
编制：郁某　　复核：李某
日期：20××-2-8　　日期：20××-2-9

明细项目		未审数				备注
		年初余额	本期借方	本期贷方	期末余额	
1	债券	300 000	300 000	100 000	500 000	
合计		300 000	300 000	100 000	500 000	

审计说明：

1. 复核加计正确，年初数与上年审定数核对相符。
2. 交易性金融资产全部为购入的二级市场发行的债券，有效期为 1 年，其中并未发生公允价值的变动情形。

(续表)

3. 经查 8 月 25 日在二级市场购入 D 公司发行的债券(短期持有)未入账，调整分录见 ZB5。
4. 无其他说明事项。

审计结论：
交易性金融资产调整后可以确认。

(3) 交易性金融资产审计抽凭表示例(见表 10-13)。

表 10-13　交易性金融资产抽凭表

客户：A 股份有限公司　　索引号：ZB5
项目：交易性金融资产明细　　财务报表截止日/期间：20××年 12 月 31 日
编制：郁某　　复核：李某
日期：20××-2-8　　日期：20××-2-9

日期	凭证号	明细科目	经济内容	对方科目	金额		测试				附件名称	测试说明
					借方	贷方	①	②	③	④		
5.9	151	债券	购入债券	其他货币资金	300 000		是	是	是	是	对账单	复核相符
8.10	176	债券	出售债券	其他货币资金		100 000	是	是	是	是	对账单	复核相符

审计说明：
① 金额核对相符；　② 账务处理正确；
③ 所附凭证齐全；　④ 业经恰当授权。
测试目标：义务、完整性、计价
重大错报风险评估结果：低
测试项目的选取方法：全部项目
1. 经查 8 月 25 日从二级市场购入 D 公司发行期限为 3 年的债券(短期持有)未入账，共支付款项 102 000 元。建议调整分录如下。

借：交易性金融资产—成本　100 000
　　投资收益　2000
　　贷：其他货币资金　102 000

2. 无其他说明事项。

审计结论：
交易性金融资产完整性存在差错，补登后可以确认。

任务处理

【任务 10-3】注册会计师在对甲公司 2019 年度财务报表审计时，发现该公司为建造一座厂房用了两笔一般借款：于 2019 年 1 月 1 日发行面值总额为 1000 万元，期限为 5 年的债券，该债券票面利率为 6%，每年年初付息、到期一次还本，发行价格总额为 1043.27 万元，利息调整采用实际利率法摊销，实际利率为 5%。另一笔于 2019 年 3 月 1 日借入 500 万元，借款利率为 3%。则注册会计师认为该公司 2018 年度的资本化率为(　　)。

A. 6%　　B. 5%　　C. 4.43%　　D. 4.5%

任务解析：应选 C。由于有两笔借款，资本化率应采用加权平均资本化率。甲公司 2018 年度的资本化率 = (1043.27×5%+500×3%×10/12)/(1043.27+500×10/12) = 4.43%。如果占用的一般借款是企业通过发行债券方式筹集的，在确定借款费用的资本化金额时，资本化率的计算公式为：资本化率 = (债券当期票面利息±当期已摊销的折价或溢价)/(债券期初账面价值－前期已计未付利息)。

【任务 10-4】 A 公司为建造厂房于 2019 年 4 月 1 日从银行借入 2000 万元专门借款，借款期限为 2 年，年利率为 6%。2019 年 7 月 1 日，A 公司采取出包方式委托 B 公司为其建造该厂房，并预付了 1000 万元工程款，厂房实体建造工作于当日开始。该工程因发生施工安全事故在 2019 年 8 月 1 日至 11 月 30 日中断施工，12 月 1 日恢复正常施工，至年末工程尚未完工。2019 年将未动用借款资金进行暂时性投资获得投资收益 10 万元(其中资本化期间内闲置资金获得投资收益 7 万元)，该项厂房建造工程在 2019 年度应予资本化的利息金额为(　　)万元。

A. 80　　　　B. 13　　　　C. 53　　　　D. 10

任务解析：应选 B。为购建或生产符合资本化条件的资产而借入专门借款的，应当以资本化期间内专门借款实际发生的利息费用减去将尚未动用的借款资金存入银行取得的利息收入或进行暂时性投资取得的投资收益后的金额确定，本题中开始资本化的时点为 2019 年 7 月 1 日，所以该项厂房建造工程在 2019 年度应予资本化的利息金额 = 2 000×6%×2/12－7 = 13(万元)。

任务导入分析

应选 AD。用长期借款购建的固定资产，应将达到预定可使用状态前的长期借款利息予以资本化，所以选项 B 错误；对该发行费用大于资金冻结期间的利息收入的部分应先记入“应付债券—利息调整”科目，期末再摊销记入在建工程或财务费用等科目，所以选项 C 错误。

技能训练

1. 某公司 2019 年 10 月购入 B 股份公司股票 1 000 000 股，公司将其确定为交易性金融资产，每股面值 10 元，每股购入价 12 元，实际支付金额 12 400 000 元，其中包括已宣告尚未支付的股利 400 000 元，该公司做以下分录。

借：交易性金融资产　　　　12 400 000

　　贷：银行存款　　　　12 400 000

2019 年年底，B 公司面值 10 元的每股股票，市价下跌到每股 9 元，该公司在资产负债表中“交易性金融资产”项目列示为 12 000 000 元。

要求：根据上述资料，指出存在的问题，做出账务调整。

2. 注册会计师甲在审查某股份有限公司 2019 年 12 月 31 日资产负债表时，已知该公司会计报表中的所有者事项审计前的结构如下：

股本	9 600 000
资本公积	5 200 000
盈余公积	245 000
未分配利润	800 000
所有者权益合计	15 845 000

在审计过程中，甲了解到该股份公司按 25%计提缴纳所得税，按 10%计提法定盈余公积，按 10%计提任意盈余公积。同时，甲还发现下列涉及所有者权益事项的问题：

(1) 股本溢价 500 万元，计入实收资本；

(2) 法定资产重估增值 480 万元，计入资本公积；

(3) 因虚记收入、少列费用等问题而使利润总额多计 600 万元。

要求：上述审计结果中，哪些事项对该公司所有者权益结构有影响，并计算影响结果，调整该公司所有者权益结构。

3. 注册会计师在审查某企业财务费用明细账时，发现如下记录：①财务科人员的工资及奖金 88 000 元；②支付未完工程借款利息 60 000 元；③支付短期借款利息 8 000 元；④支付金融机构手续费 3000 元。

要求：指出上述存在的问题，并提出处理意见。

学习情境十一

工薪与人事循环审计

学习目标

【知识目标】了解工薪与人事循环涉及的业务活动及其内部控制的主要内容；理解工薪与人事循环内部控制的风险及相关控制程序；理解工薪与人事循环实质性程序的工作内容。

【技能目标】掌握工薪与人事循环内部控制测试的步骤、方法及相关工作底稿的编制；掌握工薪与人事循环实质性程序的步骤、方法及相关工作底稿的编制。

任务一 工薪与人事循环控制测试

任务导入

能够证实工薪以正确的金额在恰当的会计期间及时记录于适当账户的控制测试有(　　)。

A. 询问和观察各项职责执行情况

B. 选取样本测试工薪费用的归集和分配

C. 测试是否按照规定的账务处理流程进行账务处理

D. 检查工薪分配表、工薪汇总表、工薪结算表，并核对员工工薪手册、员工手册

资讯准备

一、认识工薪与人事循环的内部控制

工薪与人事循环涉及的主要业务活动

1. 工薪与人事循环涉及的主要业务活动

(1) 批准招聘。批准雇用的文件，应当由负责人力资源与工薪相关事宜的人员编制，最好由在正式雇用过程中负责制定批准雇用、支付率和工薪扣除等政策的人力资源部门履行该职责。人力资源部门同时还负责编制支付率

变动及员工合同期满的通知。

(2) 记录工作时间或产量。员工工作的证据，以工时卡或考勤卡的形式产生，通过监督审核和批准程序予以控制。如果支付工薪的依据是产量而不是时间数量也同样应经过审核，并且与产量记录或销售数据进行核对。

(3) 计算工薪总额和扣除。在计算工薪总额和扣除时，需要将每名员工的交易数据，即本工薪期间的工作时间或产量记录，与基准数据进行匹配。在确定相关控制活动已经执行后，应当由一名适当的人员批准工薪的支付。同时由一名适当的人员审核工薪总额和扣除的合理性，并批准该金额。

(4) 支付工薪净额。利用电子货币转账系统，将工薪支付给员工，有时也会使用现金支出方式。批准工薪支票，通常是工薪计算中不可分割的一部分，包括比较支票总额和工薪总额。有关使用支票支付工薪的职能划分，应该与使用现金支出的职责划分相同。

2. 工薪与人事循环内部控制的内容

工薪与人事循环内部控制的内容主要包括以下几个方面。

工薪与人事循环的内部控制

(1) 适当的职责分离。为了防止向员工过量支付工薪，或向不存在的员工虚假支付工薪，责任分离非常重要。人力资源部门应独立于工薪职能负责确定员工的雇用、解雇及其支付率和扣减额的变化。

(2) 适当的授权。人力资源部门应当对员工的雇用与解雇负责。支付率和扣减额也应当进行适当授权。每一个员工的工作时间，特别是加班时间都应经过主管人员的授权。所有工时卡都应表明核准情况，例外的加班时间也应当经过核准。

(3) 适当的凭证和记录。适当的凭证和记录依赖于工薪系统的特性。例如，工时卡或工时记录只针对计时工薪，有些员工的工薪以计件工薪为基础。

(4) 资产和记录的实物控制。应当限制接触未签字的工薪支票。支票应由有关专职人员签字，工薪应当由独立于工薪和考勤职能之外的人员发放。

(5) 工作的独立检查。工薪的计算应当独立验证，包括将审批工薪总额与汇总报告进行比较。管理层成员或其他负责人应当复核工薪金额，以避免明显的错报和异常的金额。

二、以风险为起点的工薪与人事循环的控制测试

1. 员工的雇用、解雇以及固定数据变更的风险、控制及控制测试(见表 11-1)

表 11-1 员工的雇用、解雇以及固定数据变更的风险、控制及控制测试

风　险	计算机控制	人工控制	控制测试
(1) 员工名单中可能会有虚构的员工，或存在已解雇员工仍然保留在工薪单上的情况 (2) 总工薪率的变动、员工身份以及员工主文档中，固定数据的扣除未经授权	(1) 逻辑存取控制只允许经授权的员工在员工主文档中添加新员工或记录员工的解聘 (2) 员工主文档中所有固定数据的变更都生成打印记录 (3) 逻辑存取控制只允许经授权的高级员工更改员工主文档中的固定数据	(1) 有权雇用和解雇员工的人员不应具有其他工薪职能。人力资源部门人员按照正式的程序对员工的雇用和解雇进行授权。只有经授权的人力资源员工能够开启连续编号的员工变动表格，改变员工主文档 (2) 所有关于员工固定数据变动所产生的打印文件都由高级管理层复核，以确保只有经授权的变更才有效。未付工薪受到严格的控制。只有经授权的人力资源员工可以修改员工固定数据，这种修改可以通过修改工薪率和其他扣除进行 (3) 所有关于员工固定数据变动的打印文件都由高级管理层复核，确保只做出了经授权的变更	(1) 通过询问和观察程序，确定有权雇用和解雇员工的人员不具有其他工薪方面的职能 (2) 检查员工变动表及解雇信是否由经授权的人员签发，并且包含在员工个人档案中 (3) 检查管理层复核员工雇用和解雇打印文件的证据。检查解雇之后第一期的工薪单以确保不存在此类员工 (4) 现场参加工薪的发放，观察员工薪水的分配，记录未领工薪的情况，并追查该员工的个人档案，以及后期的发放证据 (5) 获取员工主文档中所有员工的记录信息，清点员工人数，同时检查员工卡片。 检查由经授权人员签发的员工变更表 (6) 检查管理层复核固定数据变更的证据。对固定数据变更进行抽样，检查相关支持性文档，以获取关于身份、工薪发放率、扣除率变动的证据

2. 记录工作时间或提供服务的风险、控制及控制测试(见表 11-2)

表 11-2 记录工作时间或提供服务的风险、控制及控制测试

风　险	计算机控制	人工控制	控制测试
记录工作时间时出现错误或舞弊	使用员工智能卡，自动更新工作时间记录。使用程序化控制保证总工作时间与生产工时、其他费用中心工时或空闲时间相等。周或月度工薪打印单包括向相关费用中心或正在进行中工作的分配	(1) 对员工打卡上下班进行监督以确保员工仅为其本人打卡 (2) 由生产管理人员、领班人员复核并签署工作时间卡片，批准正常工作时间和加班工作时间 (3) 如果总工作时间是根据时间卡片上的信息人工计算得出的，应当在将总工作时间输入系统之前对时间计算进行独立检查 (4) 如果时间记录职能实现了电算化，保证工时的打印文件都经过了复核和授权	(1) 观察打卡上下班的程序以确定该行为受到监督，并确定不存在员工为他人打卡的可能 (2) 检查工时卡或工作时间输出记录的样本，以获取正常工作时间和加班时间已经批准的证据，检查工作时间计算的准确性

3. 工薪的编制和记录的风险、控制及控制测试(见表 11-3)

表 11-3　工薪的编制和记录的风险、控制及控制测试

风　险	计算机控制	人工控制	控制测试
在处理月薪时可能由于数据不正确或数据丢失而产生错误。工薪扣款可能是错误的或未经员工授权的	(1) 对工作时间进行程序化的限制和合理性检查，包括对员工姓名和编码的输入校验。自动根据工时记录和工薪率计算月薪、工薪扣款和费用分配，自动生成工薪打印文件和员工工薪单 (2) 对于重复或遗漏的员工姓名或编码、加班时间、超出特定界限的总工薪率以及遗失数据(如未分配费用)生成例外报告	(1) 由工薪人员复核打印输出文件并批准总体控制总额。复核例外报告并采取措施及时纠正错误 (2) 复核工薪的变动与员工数量的变化是否一致——用前月(或周)加新增员工减解雇员工，并检查员工固定数据在期间内的变动 (3) 由员工本人检查工薪单，如果发现金额错误，允许提出质疑。复核例外报告，纠正错误，重新提交报告	(1) 选取部分周度和月度工薪记录的打印文件，检查负责核对准确性和授权的人员在上面的签名 (2) 检查证明已根据雇用和解雇情况调节工薪单员工数量的证据 (3) 检查是否存在员工提出质疑的情况及问题解决情况。检查例外报告及跟进情况

4. 记录工薪交易的风险、控制及控制测试(见表 11-4)

表 11-4　记录工薪交易的风险、控制及控制测试

风　险	计算机控制	人工控制	控制测试
工薪交易可能被分配至不正确的总分类账户或根本未予以记录	(1) 工薪处理过程的程序化控制自动更新相关总分类账户 (2) 对未分配至总分类账但暂时记在其他账户的金额出具例外报告，直到纠正并重新出具为止	(1) 由工薪人员进行监控，复核月薪以及例外报告以发现错误和遗漏 (2) 对工薪临时账户和应付扣款账户编制调节表和申报表	(1) 检查证明已监控例外报告，编制和核对调节表并更正错误的证据 (2) 检查编制和核对工薪调节表的证据

5. 工薪发放的风险、控制及控制测试(见表 11-5)

表 11-5　工薪发放的风险、控制及控制测试

风　险	计算机控制	人工控制	控制测试
工薪可能发放给不正确的员工或通过电子支付系统支付给不正确的银行账号	(1) 对员工银行账户记录和银行信息变更执行逻辑存取控制 (2) 通过电子支付系统从预付工薪账户输出所有的员工净支付金额		(1) 现场参加工薪的发放，观察工薪发放中的控制运行。检查工薪打印单上工薪发放负责人员的签字(通常是两个人的签字) (2) 检查月度银行对账的证据(对账针对预付工薪银行账户，并由高级管理层复核) (3) 检查电子货币转账系统授权的证据，以及对员工主文档中固定数据变更进行复核的证据

(续表)

风 险	计算机控制	人 工 控 制	控 制 测 试
工薪扣款并未完全支付或未及时支付		(1) 针对特定的应付扣款的返还和支付设置不同的职责。每一笔工薪记录的扣款金额加上企业缴纳的部分应当等于应缴纳的扣款总额 (2) 应付工薪扣款金额已支付并在相关总账上记录。对应付扣款账户进行调整或由工薪管理人员或高级会计人员定期复核，调查并纠正差异	(1) 检查定期返还、调节后进行工薪扣款分析和总分类账分析的证据 (2) 检查高级管理人员复核与付出金额或退还金额相匹配的证据

6. 工薪监控的风险、控制及控制测试(见表11-6)

表11-6 工薪监控的风险、控制及控制测试

风 险	计算机控制	人 工 控 制	控 制 测 试
上述所有风险		由相应层级的高级管理人员对以下问题实施监控：每月根据雇用或解雇的人员流动情况调整员工总人数；改变员工主文档中的固定数据；将总工薪数分配至相关费用中心；工薪调节至预付银行账户调节；员工对不正确支付的抱怨；监控的关键业绩指标，包括实现的权益目标	检查管理层实施监控程序的有效性以及使用关键业绩指标以防止、发现和纠正错误及舞弊的证据

三、工薪与人事循环控制测试工作底稿示例

1. 工薪与人事循环控制测试导引表(见表11-7)

表11-7 控制测试导引表(工薪与人事循环)

客户：A股份有限公司 项目：控制测试(工薪与人事循环) 编制：左某 日期：20××-2-5	索引号：GXC 财务报表截止日/期间：20××年度 复核：郁某 日期：20××-2-6
测试本循环控制运行有效性的工作	
1. 针对了解的被审计单位工薪与人事循环的控制活动，确定拟进行控制测试的活动。	
2. 测试控制运行的有效性，记录测试过程和结论。	
3. 根据测试结论，确定对实质性程序的性质、时间和范围的影响。	
测试本循环控制运行有效性形成下列审计工作底稿	
1. GXC-1：控制测试汇总表	
2. GXC-2：控制测试程序	
3. GXC-3：控制测试过程	

(续表)

编制要求或参考
本审计工作底稿用以记录下列内容： 1. 汇总对本循环内部控制运行有效性进行测试的主要内容和结论； 2. 记录控制测试程序和测试过程。

2. 工薪与人事循环控制测试汇总表(见表 11-8)

表 11-8　控制测试汇总表(工薪与人事循环)

客户：A 股份有限公司　　索引号：GXC-1

项目：控制测试(工薪与人事循环)　　财务报表截止日/期间：20××年度

编制：左某　　复核：郁某

日期：20××-2-5　　日期：20××-2-6

1. 了解内部控制的初步结论

控制设计合理，并得到执行。根据了解本循环控制的设计并评估其执行情况所获取的审计证据，注册会计师对控制的评价结论可能是：①控制设计合理，并得到执行；②控制设计合理，未得到执行；③控制设计无效或缺乏必要的控制。

2. 控制测试结论

控制目标	控制活动	对实现控制目标是否有效	是否得到执行	是否有效运行	测试结果是否支持风险评估结论
新增员工均已记入员工名册	人力资源助理将新员工的信息输入系统的员工档案，系统自动生成连续编号的新入职人员通知单，由用人部门复核后交财务部，作为发放工资的依据	是	是	是	支持
离职员工均已从员工名册中删除	人力资源助理根据经适当审批的解除、终止劳动合同审批表，将离职员工的信息输入系统员工档案，并生成连续编号的离职人员通知单，由用人部门复核后交财务部，作为停止发放工资的依据	是	是	是	支持
员工名册新增项目均为真实有效的	人力资源助理将新员工信息输入系统的员工档案，系统自动生成连续编号的新入职人员通知单，由用人部门复核后交财务部，作为发放工资的依据	是	是	是	支持
员工名册删除项目均为真实有效的	人力资源助理根据经适当审批的解除，终止劳动合同审批表，将离职员工的信息输入系统员工档案，并生成连续编号的离职人员通知单，由用人部门复核后交财务部，作为停止发放工资的依据	是	是	是	支持

(续表)

控制目标	控制活动	对实现控制目标是否有效	是否得到执行	是否有效运行	测试结果是否支持风险评估结论
用以计算工资的工作时间数据均为实际工时	生产工人每天进出厂区时必须将自己的考勤卡插入打卡机以便记录工作时间。人力资源助理将打卡机每天记载的每个工人的工时按照标准工时(每天8小时)和加班工时(超出8小时的工时)记录在用Excel编制的工时记录单，月末交给生产经理复核批准后输入系统，系统生成“月末考勤报表”	是	是	是	支持
用以计算工资的工作时间数据均为实际工时	管理人员每月填写当月工作时间表(包括出勤、休假等具体情况)，由所在部门主管或经理审批签字后，在次月第一个工作日结束之前交给人力资源助理。如果当月管理人员加班，须填写加班申请表并由部门经理或主管审核批准，与当月的工作时间表一并交给人力资源助理，由其负责输入系统，系统生成“出勤统计报表”	是	是	是	支持
员工工作时间均确已完整记录和输入	系统自动将已录入当月工作时间的员工名单和系统内员工档案名册核对。如有遗漏或不符，系统将进行提示，人力资源助理将解决该项问题	是	是	是	支持
输入系统的时间记录均为准确的	人力资源助理将经生产经理签字的工时记录单以及经所在部门主管或经理签字的管理人员工作时间表交给成本会计，成本会计检查输入系统的工作时间是否与“月末考勤报表”一致	是	是	是	支持
准确计算和记录工资费用	系统的工资模块根据已核对无误的工时和出勤记录，计算所有员工的当月工资金额(包括工资、加班费、奖金、各项补贴、社会保险费扣除金额、个人所得税扣除金额等)，并汇总各部门员工的各项工资费用总额自动生成“员工工资明细表”和“员工工资汇总表”	是	是	是	支持
准确计算和记录工资费用	应付职工薪酬核算员根据“员工工资汇总表”编制工资费用分录，经总账会计复核后，将工资费用分别记入制造费用、管理费用和销售费用等科目	是	是	是	支持
工资于适当期间进行记录	每月末，成本会计编写员工变动及工资费用分析报告，经人力资源部经理、会计主管复核上交给管理层	是	是	是	支持

(续表)

控制目标	控制活动	对实现控制目标是否有效	是否得到执行	是否有效运行	测试结果是否支持风险评估结论
支付的工资与实际工时记录相关	会计主管审核“员工工资明细表”“员工工资汇总表”和“工资支付申请表”，将“工资支付申请表”交给总经理签字批准，应付职工薪酬核算员根据经批准的工资支付申请表编制付款凭证，并附相关单证，提交总账会计审批。在完成对付款凭证及相关单证的复核后，总账会计在付款凭证上签字，作为复核证据，并在所有单证上加盖“核销”印戳。出纳员根据经复核无误的付款凭证办理付款，由银行转入员工个人账	是	是	是	支持
常备数据变动均为真实和准确的，并及时处理	如果需要修改员工社保基金的使用基数和扣除率，或是需要对生产工人每工时工资率、职员月工资及各项补贴标准、每小时加班费、公司缴纳社保费比率等基准进行调整，应由董事会批准。经批准后，成本会计填写工资信息输入并更改申请单，经人力资源部经理批准后输入或修改系统内的信息，并经其核对后在系统中电子批准后生效	是	是	是	支持
只有经适当授权的人员才能接触工薪数据	只有人力资源部经理和成本会计有权限接触系统里的工资信息。人力资源助理有权限做时间记录和员工档案维护	是	是	是	支持

3. 工薪与人事循环控制测试程序表(见表 11-9)

表 11-9　控制测试程序表(工薪与人事循环)

客户：A 股份有限公司	索引号：GXC-2
项目：控制测试程序(工薪与人事循环)	财务报表截止日/期间：20××年度
编制：左某	复核：郁某
日期：20××-2-5	日期：20××-2-6

1. 控制测试——员工聘用与离职

(1) 询问程序

通过实施询问程序，被审计单位已确定下列事项：①本年度未发现任何特殊情况、错报和异常项目；②财务部门人员在未得到授权的情况下无法访问或修改系统内部数据；③本年度未发现下列控制活动未得到执行；④本年度未发现下列控制活动发生变化。

(2) 其他测试程序

控制目标	控制活动	控制测试程序	执行控制频率	测试项目数量	索引号
员工名册新增项目均为真实有效的	人力资源助理将新员工的信息输入系统的员工档案，系统自动生成连续编号的新入职人员通知单，由用人部门复核后交财务部，作为发放工资的依据	抽取员工聘用资料检查员工信息变更是否真实	不定期	6	GXC-3

(续表)

控制目标	控制活动	控制测试程序	执行控制频率	测试项目数量	索引号
新增员工均已记入员工名册	人力资源助理将新员工的信息输入系统的员工档案，系统自动生成连续编号的新入职人员通知单，由用人部门复核后交财务部，作为发放工资的依据	抽取员工聘用资料检查员工信息是否已被记录	不定期	6	GXC-3
离职员工均已从员工名册中删除	人力资源助理根据经适当审批的解除，终止劳动合同审批表，将离职员工的信息输入系统的员工档案，并生成连续编号的离职人员通知单，由用人部门复核后交财务部，作为停止发放工资的依据	抽取员工离职资料检查员工信息是否已删除	不定期	6	GXC-3
员工名册删除项目为真实有效的	人力资源助理根据经适当审批的解除、终止劳动合同审批表，将离职员工的信息输入系统的员工档案，并生成连续编号的离职人员通知单，由用人部门复核后交财务部，作为停止发放工资的依据	抽取员工聘用资料检查员工信息变更是否真实	不定期	6	GXC-3

2. 控制测试——工作时间记录

(1) 询问程序

通过实施询问程序，被审计单位已确定下列事项：本年度未发现任何特殊情况，错报和异常项目；财务或人力资源部门的人员在未得到授权的情况下无法访问或修改系统内数据；本年度未发现下列控制活动未得到执行；本年度未发现下列控制活动发生变化。

(2) 其他程序

控制目标	控制活动	控制测试程序	执行控制频率	测试项目数量	索引号
用以计算工资的工作时间数据均为实际工时	生产工人每天进出厂区时必须将自己的考勤卡插入打卡机以便记录工作时间。人力资源助理将打卡机每天记载的每个工人的工时按照标准工时(每天 8 小时)和加班工时(超出 8 小时的工时)记录在用 Excel 编制的工时记录单，月末交给生产经理复核批准后输入系统，系统生成“月末考勤报表”	抽取生产工人考勤卡检查其工时是否已记入月末考勤报表内	每日执行多次	6	GXC-3
	管理人员每月填写当月工作时间表(包括出勤、休假等具体情况)，由所在部门主管或经理审批签字后，在次月第一个工作日结束之前交给人力资源助理。如果当月管理人员加班，须填写加班申请表并由部门经理或主管审核批准，与当月的工作时间表一并交给人力资源助理，由其负责输入系统，系统生成“出勤统计报表”	抽取管理人员工作时间表检查其工时是否已记入出勤统计报表内	每月执行一次	6	GXC-3

(续表)

控制目标	控制活动	控制测试程序	执行控制频率	测试项目数量	索引号
员工工作时间均确已完整记录和输入	系统自动将已录入当月工作时间的员工名单和系统内员工档案名册自动核对。如有遗漏或不符，系统将进行提示。人力资源助理将解决该项问题	抽取生产工人和管理人员检查是否在系统员工档案内	每月执行一次	6	GXC-3
输入系统的时间记录均为准确的	人力资源助理将经生产经理签字的工时记录单以及经所在部门主管或经理签字的管理人员工作时间表交给成本会计，成本会计检查“月末考勤报表”和“出勤统计报表”是否分别与工时记录单和工作时间表中的记录一致	抽取工时记录单与月末考勤报表，检查记录是否一致；抽取工作时间表与出勤统计报表，检查记录是否一致	每月执行一次	6	GXC-3

3. 控制测试——工资计算与记录

(1) 询问程序

通过实施询问程序，被审计单位已确定下列事项：本年度未发现任何特殊情况、错报和异常项目；财务或人力资源部门的人员在未得到授权的情况下无法访问或修改系统内数据；本年度未发现下列控制活动未得到执行；本年度未发现下列控制活动发生变化。

(2) 其他测试程序

控制目标	控制活动	控制测试程序	执行控制频率	测试项目数量	索引号
准确计算和记录工资费用	系统的工资模块根据已核对无误的工时和出勤记录，计算所有员工的当月工资金额(包括工资，加班费、奖金、各项补贴、社会保险费扣除金额、个人所得税扣除金额等)，并汇总各部门员工的各项工资费用总额，自动生成“员工工资明细表”和“员工工资汇总表”。经人力资源部经理签字批准后，成本会计填写“工资支付申请表”。同时，系统还将自动计算当月应缴纳的各项社会保险费(包括个人缴纳部分和企业缴纳部分)，人力资源部经理审核签字后交财务经理，安排办理缴纳	利用计算机专家的工作	不适用	不适用	GXC-3
	应付职工薪酬核算员根据“员工工资汇总表”编制工资费用分录，经总账会计复核后，将工资费用分别记入制造费用、管理费用和销售费用等科目	选取员工工资汇总表和记账凭证，检查是否经适当审批	每月执行一次	6	GXC-3
工资费用均已记录于适当期间	每月末，成本会计编写员工变动及工资费用分析报告，经人力资源部经理、财务经理复核后，上报总经理审阅	选取员工变动及工资费用分析报告，检查是否经适当层次管理层复核	每月执行一次	6	GXC-3

(续表)

4. 控制测试——常备数据维护

(1) 询问程序

通过实施询问程序，被审计单位已确定下列事项：本年度未发现任何特殊情况、错报和异常项目；财务或人力资源部门的人员在未得到授权的情况下无法访问或修改系统内数据；本年度未发现下列控制活动未得到执行；本年度未发现下列控制活动发生变化。

(2) 其他测试程序

控制目标	控制活动	控制测试程序	执行控制频率	测试项目数量	索引号
常备数据变动均为真实和准确的，并及时处理	如果需要修改员工社保基金的适用基数和扣除率，或是需要对生产工人每工时工资率、职员月工资及各项补贴标准、每小时加班费、公司缴纳社会保险费比率等基准进行调整，应由董事会批准。经批准后，成本会计填写工资信息输入、更改申请单，经人力资源部经理批准后输入或修改系统内的信息，并经人力资源部经理核对后在系统中电子批准后生效	选取工资信息输入、更改申请单，并检查是否经适当审批，复核以确保其正确性	不定期	6	GXC-3

4. 工薪与人事循环控制测试过程表(见表 11-10)

表 11-10 控制测试过程表(工薪与人事循环)

客户：A 股份有限公司　　索引号：GXC-3

项目：控制测试过程(工薪与人事循环)　　财务报表截止日/期间：20××年度

编制：左某　　复核：郁某

日期：20××-2-5　　日期：20××-2-6

1. 与员工聘用与离职有关的业务活动的控制　　索引号：GXC-3-1

主要业务活动	测试内容	项目 1	项目 2	项目 3	项目 4	项目 5	项目 6
聘用	员工姓名	张××	李××	张××	孔××	刘××	杨××
	拟用人员审批表是否得到适当审批	是	是	是	是	是	是
	劳动合同编号＃	2659#	758#	1256#	562#	301#	1065#
	系统内是否已建立该员工档案	是	是	是	是	是	是
	新入职人员通知单编号＃	498#	23#	259#	20#	569#	450#
	新入职人员通知单是否得到复核	是	是	是	是	是	是
	工资明细表中是否有该员工姓名	是	是	是	是	是	是

(续表)

主要业务活动	测试内容	项目 1	项目 2	项目 3	项目 4	项目 5	项目 6
离职	员工姓名	王××	季××	张××	苏××	冯××	丁××
	解除、终止劳动合同是否得到适当审批	是	是	是	是	是	是
	系统内是否已建立该员工档案	是	是	是	是	是	是
	离职人员通知单编号 #	48#	103#	214#	56#	156#	12#
	离职人员通知单是否得到适当复核	是	是	是	是	是	是
	员工工资明细表中是否有该员工姓名	是	是	是	是	是	是

2. 与生产工人工作时间记录有关的业务活动的控制　　索引号：GXC-3-2

序号	生产工人考勤卡序号	测试日期	工时记录单日期	考勤卡是否记录在工时记录单中	工时记录单是否经过生产经理复核标准	工时记录单是否包含在月末考勤报表中
1	2673	12.20	12.20	是	是	是
2	3476	12.20	12.20	是	是	是
3	786	12.20	12.20	是	是	是

3. 管理人员工作时间记录业务控制　　索引号：GXC-3-3

主要业务活动	测试内容	项目 1	项目 2	项目 3	项目 4	项目 5	项目 6
管理人员工作时间记录	管理人员姓名	先××	吴××	陈××	蔡××	岑××	蒋××
	测试时间	12.20	12.20	12.20	12.20	12.20	12.20
	工作时间表编号 #	1#	2#	3#	4#	5#	6#
	工作时间表是否经由所在部门主管或经理审批签字	是	是	是	是	是	是
	加班申请表编号 #	23#	56#	58#	25#	5#	36#
	加班申请表日期	10.23	09.06	12.05	11.30	11.26	12.17

4. 工作时间记录业务控制　　索引号：GXC-3-4

主要业务活动	测试内容	项目 1	项目 2	项目 3	项目 4	项目 5	项目 6
工作时间记录核对	测试期间	2 月	4 月	6 月	8 月	10 月	12 月
	员工工资明细表中记录的员工人数	212	278	270	254	241	243
	系统员工档案名册人数	212	278	270	254	241	243
	员工姓名是否核对一致	是	是	是	是	是	是
	月末考勤报表记录的工时总数	2014	2780	2430	2413	2530.5	2673
	工时记录单记录的工时总数	2014	2780	2430	2413	2530.5	2673
	工时记录单与月末考勤报表是否一致	是	是	是	是	是	是
	出勤统计报表记录的工时总数	2014	2780	2430	2413	2530.5	2673
	工作时间表和加班申请表记录的工时总数	2014	2780	2430	2413	2530.5	2673

(续表)

主要业务活动	测试内容	项目1	项目2	项目3	项目4	项目5	项目6
工作时间记录核对	测试期间	2月	4月	6月	8月	10月	12月
	出勤统计报表与工作时间表、加班申请表记录是否一致	是	是	是	是	是	是
	员工姓名	张××	李××	张××	孔××	刘××	杨××
	该员工在月末考勤报表、出勤统计报表记录的工时总数	266	300	270	294.5	325.5	341
	该员工在工时记录单、工作时间表记录的工时总数	266	300	270	294.5	325.5	341
	成本会计是否将有关工作时间记录表单与系统核对	是	是	是	是	是	是

5. 与工资计算有关业务的控制　　索引号：GXC-3-5

对与工资计算有关的控制活动的控制测试，我们利用计算机专家的工作，相关工作底稿见信息系统审计部分(信息系统审计工作底稿略)。

6. 与工资记录有关的业务活动的控制　　索引号：GXC-3-6

主要业务活动	测试内容	项目1	项目2	项目3	项目4	项目5	项目6
工资记录	测试期间	1月	3月	5月	7月	9月	11月
	员工工资汇总表总额	118 720	116 422	124 703	127 090	129 100	130 500
	生产成本人员工资	71 235	69 586	75 600	76 960	81 000	83 000
	辅助生产成本人员工资	19 865	18 436	20 003	20 000	19 000	18 900
	销售人员工资	12 300	13 000	13 900	13 900	14 100	14 000
	管理人员工资	15 320	15 400	15 200	15 200	15 000	14 600
	记账凭证编号#	118#	120#	169#	156#	110#	104#
	生产成本	71 235	69 586	75 600	76 960	81 000	83 000
	制造费用	19 865	18 436	20 003	20 000	19 000	18 900
	销售费用	12 300	13 000	13 900	13 900	14 100	14 000
	管理费用	15 320	15 400	15 200	15 200	15 000	14 600
	记账凭证是否经适当审批	是	是	是	是	是	是

任务处理

【任务 11-1】为应对“记录工作时间时出现错误或舞弊”这一风险，注册会计师可实施的控制测试包括(　　)。

A. 检查由经授权人员签发的员工变更表

B. 观察打卡上下班的程序以确定该行为受到监督

C. 检查定期返还、调节后进行工薪扣款分析和总分类账分析的证据

D. 检查工时卡或工作时间输出记录的样本，以获取正常工作时间和加班时间已经批准的证据，检查工作时间计算的准确性

任务解析：应选 BD。选项 A 针对的是“总工薪率的变动、员工身份以及员工主文档中固定数据的扣除未经授权”的风险；选项 C 针对的是“工薪扣款并未完全支付或未及时支付”。

【任务 11-2】甲公司为制造企业，经过了解，得知企业已经实现了计算机系统管理和控制，为了应对工薪可能发放给不正确的员工或通过电子支付系统支付给不正确的银行账号，注册会计师认为甲公司以下的计算机设置可以达到这一目标的是(　　)。

A. 对员工银行账户记录和银行信息变更执行逻辑存取控制

B. 使用员工智能卡，自动更新工作时间记录

C. 通过电子支付系统从预付工薪账户输出所有的员工净支付金额

D. 对工作时间进行程序化的限制和合理性检查，包括对员工姓名和编码的输入校验

任务解析：应选 AC。选项 B 是为防止记录工作时间时出现错误或舞弊风险而设置的计算机控制；选项 D 是为防止在处理月薪时可能由于数据不正确或数据丢失产生错误风险而设置的计算机控制。

任务导入分析

应选 BC。选项 A，针对的是人事、考勤、工薪发放、记录之间相互分离；选项 D 针对的是所有已发生的工薪支出已记录。

任务二　工薪与人事循环实质性程序

任务导入

为了实现“记录的工薪为实际发生的而非虚构的”审计目标，最佳的审计程序是(　　)。

A. 将有关费用明细账与工薪费用分配表、工薪汇总表、工薪结算表相核对

B. 检查工薪的计提是否正确，分配方法是否与上期一致

C. 询问和观察各项职责执行情况

D. 检查工薪分配表、工薪汇总表、工薪结算表，并核对员工工薪手册、员工手册等

资讯准备

一、工薪与人事循环实质性分析程序

工薪交易和相关余额主要的重大错报风险是对费用的高估，如向虚构员工发放工薪、对未实际发生工时支付工薪或以未授权的工薪率发放工薪等(存在和发生以及准确性认定)。在人力资源和工薪循环的审计中，注册会计师为收集大多数审计证据，通常采用实质性分析程序。实质性分析程序在识别因错误或舞弊而导致的重大错报领域或证实支出列报和披露的公允性时非常有用。

1. 工薪金额变化的影响因素

分析程序包括在对企业的核心进程和相关财务处理进行了解时的前期比较、比率分析、财务与非财务信息的比较等。如果是连续审计，注册会计师在前期审计中积累了一些分析记录，根据这些记录形成对本年度分析的预期。这个预期应当根据经营和经济环境的变化而改变。可能影响工薪金额变化的因素包括：员工结构的变更以及针对不同种类的平均工薪水平和工薪范围；员工数量的变化以及在季节性变化的情况下该数量的稳定性；是否存在年度中由于企业经营或生产期限的限制而加班所支付的高工薪；由于企业扩张而增加人员；产量的变化，如企业获得了大额合同，或丢失了主要客户或供应商，以较低产量生产。

如果不能合理预期工薪金额，则对于所抽取的月薪样本，注册会计师应当进行详细检查，发现大额或非正常的项目以供进一步调查。这些项目可能包括与正常数额不相符的数额、额外的工作时间以及不存在或很少的工薪扣除。注册会计师应当就未预期变化获取管理层的解释，并通过检查相关的文档、员工工薪或工薪记录来证实该解释。

2. 注册会计师采用的实质性分析程序

注册会计师为了实现审计目标，通常实施以下实质性分析程序：

(1) 针对已识别需要运用分析程序的有关项目，并基于对被审计单位及其环境的了解，通过以下比较，同时考虑有关数据间关系的影响，以建立有关数据的期望值。

第一，比较被审计单位员工人数的变动情况，检查被审计单位各部门各月工薪费用的发生额是否有异常波动，若有，则查明波动原因是否合理。

第二，比较本期与上期工薪费用总额，要求被审计单位解释其增减变动的原因，或取得公司管理层关于员工工薪标准的决议。

第三，结合员工社保缴纳情况，明确被审计单位的员工范围，检查是否与关联公司员工工薪混淆列支。

第四，核对下列相互独立部门的相关数据：工薪部门记录的工薪支出与出纳记录的工薪支付数；工薪部门记录的工时与生产部门记录的工时。

第五，比较本期应付职工薪酬余额与上期应付职工薪酬余额，是否有异常变动。

(2) 确定可接受的差异额。

(3) 将实际的情况与期望值相比较，识别需要进一步调查差异的情况。

(4) 如果其差额超过可接受的差异额，调查并获取充分的解释和恰当的佐证审计证据(如通过检查相关的凭证)。

(5) 评估分析程序的测试结果。

二、应付职工薪酬的审计

1. 审计目标

应付职工薪酬的审计目标一般包括：

(1) 确定被审计单位资产负债表中记录的应付职工薪酬是否存在，是否为被审计单位应当履行的现时义务。

应付职工薪酬的审计目标

(2) 确定被审计单位在特定期间内发生的应付职工薪酬业务是否均已记录完毕，有无遗漏。

(3) 确定应付职工薪酬是否以恰当的金额包括在财务报表中，与之相关的计价调整是否已恰当记录。

(4) 确定应付职工薪酬是否已按照企业会计准则的规定在财务报表中恰当列报。

2. 应付职工薪酬的实质性程序

应付职工薪酬的实质性程序通常包括：

(1) 获取或编制应付职工薪酬明细表，复核加计是否正确，并与报表数、总账数和明细账合计数核对是否相符。

(2) 实施实质性分析程序。

应付职工薪酬的实质性程序-核对总账和明细账(明细表)

(3) 检查工薪、奖金、津贴和补贴。①计提是否正确，依据是否充分。将执行的工薪标准与有关规定核对，并对工薪总额进行测试；被审计单位如果实行工效挂钩的，应取得有关主管部门确认的效益工薪发放额认定证明，结合有关合同文件和实际完成的指标，检查其计提额是否正确，是否应做纳税调整。②检查分配方法与上年是否一致。除因解除与职工的劳动关系给予的补偿直接计入管理费用外，被审计单位是否根据职工提供服务的受益对象，分为下列情况处理：第一，应由生产产品、提供劳务负担的职工薪酬，计入产品成本或劳务成本。第二，应由在建工程、无形资产负担的职工薪酬，计入建造固定资产或无形资产。第三，其他职工薪酬，是否计入当期损益。③检查发放金额是否正确，代扣的款项及其金额是否正确。④检查是否存在属于拖欠性质的职工薪酬，并了解拖欠的原因。

应付职工薪酬的实质性程序-计提与分配检查(计提与分配检查表)

(4) 检查社会保险费(包括医疗、养老、失业保险费)、住房公积金、工会经费和职工教育经费等计提(分配)和支付(使用)的会计处理是否正确，依据是否充分。

(5) 检查辞退福利。①对于职工没有选择权的辞退计划，检查按辞退职工数量、辞退补偿标准计提辞退福利负债金额是否正确。②对于自愿接受裁减的建议，检查按接受裁减建议的预计职工数量、辞退补偿标准(该标准确

应付职工薪酬的实质性程序-抽查(抽查表)

定)等计提辞退福利负债金额是否正确。③检查实质性辞退工作在一年内完成，但付款时间超过一年的辞退福利，是否按折现后的金额计量，折现率的选择是否合理。④检查计提辞退福利负债的会计处理是否正确，是否将计提金额计入当期管理费用。⑤检查辞退福利支付凭证是否真实、正确。

(6) 检查非货币性福利。①检查以自产产品发放给职工的非货币性福利，是否根据受益对象，按照该产品的公允价值，计入相关资产成本或当期损益，同时确认应付职工薪酬；对于难以认定受益对象的非货币性福利，是否直接计入当期损益和应付职工薪酬。②检查无偿向职工提供住房的非货币性福利，是否根据受益对象，将该住房每期应计提的折旧计入相关资产成本或当期损益，同时确认应付职工薪酬。对于难以认定受益对象的非货币性福利，是否直接计入当期损益和应付职工薪酬。③检查租赁住房等资产供职工无偿使用的非货币性福利，是否根据受益对象，将每期应付的租金计入相关资产成本或当期损益，并确认应付职工薪酬。对于难以认定受益对象的非货币性福利，是否直接计入当期损益和应付职工薪酬。

(7) 检查以现金与职工结算的股份支付。①检查授予后立即可行权的以现金结算的股份支付，是否在授予日以承担负债的公允价值计入相关成本或费用。②检查完成等待期内的服务或达到规定业绩条件以后才可行权的，以现金结算的股份支付。在等待期内的每个资产负债表日，是否以可行权情况的最佳估计为基础，按照承担负债的公允价值金额，将当期取得的服务计入成本或费用。在资产负债表日，后续信息表明当期承担债务的公允价值与以前估计不同的，是否进行调整，并在可行权日调整至实际可行权水平。③检查可行权日之后，以现金结算的股份支付当期公允价值的变动金额，是否借记或贷记“公允价值变动损益”账户。④检查在可行权日，实际以现金结算的股份支付金额是否正确，会计处理是否恰当。

(8) 检查应付职工薪酬的期后付款情况，并关注在资产负债表日至财务报表批准报出日之间，是否有确凿证据表明需要调整资产负债表日原确认的应付职工薪酬事项。

应付职工薪酬审定

(9) 检查应付职工薪酬是否已按照企业会计准则的规定在财务报表中做出恰当的列报。①检查是否在附注中披露与职工薪酬有关的下列信息：应当支付给职工的工薪、奖金、津贴和补贴，及其期末应付未付金额；应当为职工缴纳的医疗、养老和失业等社会保险费，及其期末应付未付金额；应当为职工缴存的住房公积金，及其期末应付未付金额；为职工提供的非货币性福利，及其计算依据；应当支付的因解除劳动关系给予的补偿，及其期末应付未付金额；其他职工薪酬。②检查因自愿接受裁减建议的职工数量、补偿标准等不确定而产生的预计负债(应付职工薪酬)，是否按照《企业会计准则第 13 号——或有事项》进行披露。

3. 应付职工薪酬审计工作底稿示例

(1) 应付职工薪酬审计审定表示例(见表 11-11)。

表 11-11 应付职工薪酬审定表

客户：A 股份有限公司　　索引号：FF1
项目：应付职工薪酬　　财务报表截止日/期间：20××年 12 月 31 日
编制：左某　　复核：郁某
日期：20××-2-7　　日期：20××-2-8

序号	项目	上年审定数	未审数				审计调整		审定数
			期初余额	本期借方	本期贷方	期末余额	借方	贷方	
1	应付职工薪酬	142 762.35	142 762.35	222 569.15	260 850	181 043.27			181 043.27
合计		142 762.35	142 762.35	222 569.15	260 850	181 043.27			181 043.27

审计说明：

1. 上年未对本项目进行审计调整，年初余额与上年审定数核对一致。
2. 建议企业在报表附中做如下披露：

项目	年初数	本期增加	本期减少	期末数
工资、奖金、津贴和补贴	121 500	222 000	189 420	170 212
职工福利费	17 010	31 080	26 518.80	23 829.68
工会经费和职工教育经费	4252.35	7770	6630.35	5958.32
合计	142 762.35	260 850	222 569.15	200 000

审计结论：

应付职工薪酬余额可以确认。

(2) 应付职工薪酬审计明细表示例(见表 11-12)。

表 11-12 应付职工薪酬明细表

客户：A 股份有限公司　　索引号：FF2
项目：应付职工薪酬明细　　财务报表截止日/期间：20××年 12 月 31 日
编制：姚某　　复核：孟某
日期：20××-2-7　　日期：20××-2-8

1. 账面数

序号	项目	年初数	本年借方	本年贷方	年末余额
1	工资	121 500	189 420	222 000	154 738
2	福利费	17 010	26 518.80	31 080	21 663
3	工会经费	2430	3788.40	4440	3094.76
4	职工教育经费	1822.35	2841.95	3330	1547.51
合计		142 762.35	222 569.15	260 850	181 043.27

2. 钩稽

(1) 工资

项目		借方	贷方	备注
管理费用	工资	30 000		
销售费用	工资	48 000		
生产成本	工资	144 000		

(2) 职工福利费

项目		借方	贷方	备注
管理费用	福利费	4 200		
销售费用	福利费	6 720		
生产成本	福利费	20 160		

(续表)

项目		借方	贷方	备注	项目		借方	贷方	备注
应付职工薪酬	工资提取		222 000		应付职工薪酬	福利费提取		31 080	
差异			0	相符	差异			0	相符
					福利费的提取比例		14%		

(3) 工会经费

项目		借方	贷方	
管理费用	工会经费	600		
销售费用	工会经费	960		
生产成本	工会经费	2880		
应付职工薪酬	工会经费提取		4440	
差异			0	相符
工会经费的提取比例		2%		

(4) 教育经费

项目		借方	贷方	
管理费用	教育经费	650		
销售费用	教育经费	1020		
生产成本	教育经费	2160		
应付职工薪酬	教育经费提取		3330	
差异			500	不符
不符原因	支付培训费时直接付现；未经过应付职工薪酬核算			
教育经费的提取比例			1.50%	

3. 月波动分析

月份	1月	2月	3月	4月	5月	6月	7月	8月	9月
工资贷方	25 000	25 000	25 000	25 000	25 000	25 000	12 000	12 000	12 000
比重/%	11.26	11.26	11.26	11.26	11.26	11.26	5.41	5.41	5.41
月份	10月	11月	12月	合计					
工资贷方	12 000	12 000	12 000	222 000					
比重/%	5.41	5.41	5.42						

审计说明：

1. 从波动表上可以看出，6 月与 7 月的波动比较异常。
2. 复核加计正确，并与明细账及合计数、总账数、未审报表数核对相符。

审计结论：

应付职工薪酬余额可以确认。

(3) 应付职工薪酬审计抽凭表示例(见表 11-13)。

表 11-13　应付职工薪酬抽凭表

客户：A 股份有限公司　　索引号：FF3

项目：应付职工薪酬抽凭　　财务报表截止日/期间：20××年 12 月 31 日

编制：姚某　　复核：孟某

日期：20××-2-7　　日期：20××-2-8

日期	凭证号	明细科目	经济内容	对方科目	金额		测试				附件名称	测试说明
					借方	贷方	①	②	③	④		
08-09	167	工资	发放工资	库存现金	12 000		是	是	是	是	工资单	未发现异常
		工会经费	缴纳工会经费	库存现金	4500		是	是	是	是	工资单	未发现异常

(续表)

审计说明：

① 金额核对相符；　　③ 账务处理正确；

② 所附凭证齐全；　　④ 业经恰当授权。

测试目标：计价、权利和义务

重大错报风险评估结果：低

测试项目的选取方法：随意选样

审计结论：

应付职工薪酬抽凭未发现异常。

任务处理

【任务 11-3】注册会计师在对甲公司应付职工薪酬进行审计时，发现有以下账务处理，不正确的有(　　)。

A. 企业以其自产产品发放给职工个人作为职工薪酬的，借记“成本费用”科目，贷记“库存商品”等科目

B. 因解除与职工的劳动关系给予的补偿，借记“管理费用”，贷记“应付职工薪酬”

C. 将住房等固定资产无偿提供给职工使用的，按应计提的折旧额，借记“管理费用”科目，贷记“累计折旧”科目

D. 租赁住房等资产供职工无偿使用的，按每期应支付的租金，借记“管理费用”“生产成本”“制造费用”等科目，贷记“应付职工薪酬”科目；支付时，借记“应付职工薪酬”科目，贷记“银行存款”科目

任务解析：应选 AC。选项 A，应借记“管理费用”“生产成本”“制造费用”等科目，贷记“应付职工薪酬”科目；实际发放给职工时，借记“应付职工薪酬”科目，贷记“主营业务收入”科目，同时应结转产成品的成本。涉及增值税销项税额的应进行相应的处理。选项 C，应按计提的折旧额，借记“管理费用”“生产成本”“制造费用”等科目，贷记“应付职工薪酬”科目；同时，借记“应付职工薪酬”科目，贷记“累计折旧”科目。

【任务 11-4】关于非货币性职工薪酬，说法正确的有(　　)。

A. 企业将拥有的房屋等资产无偿提供给职工使用的，应当根据受益对象，按照该住房的公允价值计入相关资产成本或当期损益，同时确认应付职工薪酬

B. 难以认定受益对象的非货币性福利，直接计入当期损益和应付职工薪酬

C. 企业租赁住房等资产供职工无偿使用的，应当根据受益对象，将每期应付的租金计入相关资产成本或当期损益，并确认应付职工薪酬

D. 企业以其自产产品作为非货币性福利发放给职工的，应当根据受益对象，按照产品的账面价值，计入相关资产成本或当期损益，同时确认应付职工薪酬

任务解析：应选 BC。选项 A，企业将拥有的房屋等资产无偿提供给职工使用的，应当根据受益对象，按照该住房每期应计提的折旧计入相关资产成本或当期损益，同时确认应付职工薪酬；选项 D，企业以其自产产品作为非货币性福利发放给职工的，应当根据受益对象，按照产品的公允价值，计入相关资产成本或当期损益，同时确认应付职工薪酬。

任务导入分析

应选 A。选项 B 针对“工薪以正确的金额，在恰当的会计期间及时记录于适当的账户”的审计目标；选项 C 针对“人事、考勤、工薪发放、记录之间相互分离”的审计目标；选项 D 针对“所有已发生的工薪支出已记录”的审计目标。

技能训练

1. 注册会计师在审查某企业 2019 年 8 月份工资费用分配时，发现下列情况：

(1) 固定资产清理工人工资 50 000 元计入生产成本。

(2) 车间管理人员工资 20 000 元计入管理费用。

(3) 厂房建筑人员工资 12 000 元计入生产成本。

(4) 销售人员工资 3 080 元计入管理费用。

要求：根据上述情况，指出存在的问题，并提出相应的调整建议。

2. 注册会计师在查阅 A 企业“应付职工薪酬——职工福利”账户时发现以下事项：该公司下设一所职工食堂，根据在岗职工人数及岗位分布情况、相关历史经验数据等计算需要每月每人补贴食堂 130 元。2019 年全年共补贴 156 000 元。公司共有职工 100 人，其中管理部门人员 20 人，生产车间人员 80 人。该公司的会计处理如下。

借：营业外支出　　　　　　156 000

　　贷：库存现金　　　　　　156 000

要求：根据上述资料，指出存在的问题，并提出调整建议。

学习情境十二

如何进行货币资金审计

学习目标

【知识目标】了解企业货币资金内部控制规范的主要内容；了解库存现金、银行存款及其他货币资金审计的目标；理解库存现金、银行存款及其他货币资金审计的程序及工作内容。

【技能目标】掌握库存现金审计、银行存款审计、其他货币资金审计的步骤、方法及工作底稿的编制。

任务一 库存现金审计

任务导入

下列说法中不正确的有(　　)。

A. 制定库存现金监盘程序时应实施突击性检查，时间必须安排在上午上班前或下午下班时，在进行现金盘点前，应由出纳员将现金集中起来存入保险柜

B. 对于货币资金业务的授权审批制度，单位应当设置专门的审批人员，并为其授予审批权限，对于超过该审批人员授权范围的重要货币资金支付业务，应当由财务部经理或者总经理亲自审核批准

C. 盘点库存现金的时间和人员应视被审计单位的具体情况而定，但必须有出纳员和被审计单位会计主管人员参加，并由注册会计师亲自盘点和监盘

D. 注册会计师在分配财务报表项目重要性水平时考虑到由于货币资金是企业流动性最强的资产，企业必须加强对货币资金的管理，并建立良好的货币资金内部控制以防止错漏报及舞弊的发生，所以应从严制定货币资金的重要性水平

资讯准备

一、货币资金内部控制规范

货币资金内部控制规范

货币资金与各交易循环均直接相关，企业必须加强对货币资金的管理，建立良好的货币资金内部控制。

1. 岗位分工

企业应当建立货币资金业务的岗位责任制，明确相关部门和岗位的职责权限，确保办理货币资金业务的不相容职务相互分离、制约和监督。出纳员应担负现金收付、银行结算、货币资金的日记账核算及各种有价证券的保管等职责，不得兼任稽核、会计档案保管和收入、支出、费用、债权债务账目的登记。

2. 授权审批控制

企业应当对货币资金业务建立严格的授权批准制度，明确审批人对货币资金业务的授权批准方式、权限、程序、责任和相关控制措施，规定经办人办理货币资金业务的职责范围和工作要求。审批人应当根据货币资金授权批准制度的规定，在授权范围内进行审批，不得超越审批权限。经办人应当在职责范围内，按照审批人的批准意见办理货币资金业务。对于审批人超越授权范围审批的货币资金业务，经办人员有权拒绝办理，并及时向审批人的上级授权部门报告。

3. 货币资金付款程序

(1) 支付申请。单位有关部门或个人用款时，应当提前向审批人提交货币资金支付申请，注明款项的用途、金额、预算、支付方式等内容，并附有效经济合同或相关证明。

(2) 支付审批。审批人根据其职责、权限和相应程序对支付申请进行审批。对不符合规定的货币资金支付申请，审批人应当拒绝批准。

(3) 支付复核。复核人应当对批准后的货币资金支付申请进行复核，复核货币资金支付申请的批准范围、权限、程序是否正确，手续及相关单证是否齐备，金额计算是否准确，支付方式、支付单位是否妥当等。复核无误后，交由出纳人员办理支付手续。

(4) 办理支付。出纳人员应当根据复核无误的支付申请，按规定办理货币资金支付手续，及时登记库存现金和银行存款日记账。

单位对于重要货币资金支付业务，应当实行集体决策和审批，并建立责任追究制度，防范贪污、侵占、挪用货币资金等行为。严禁未经授权的机构或人员办理货币资金业务或直接接触货币资金。

4. 现金和银行存款的管理

(1) 单位应当加强现金库存限额的管理，超过库存限额的现金应及时存入银行。

(2) 单位必须根据《现金管理暂行条例》的规定，结合本单位的实际情况，确定本单位现金的开支范围。不属于现金开支范围的业务应当通过银行办理转账结算。

(3) 单位现金收入应当及时存入银行，不得用于直接支付单位自身的支出。因特殊情况需坐支现金的，应事先报经开户银行审查批准。单位借出款项必须执行严格的授权批准程序，严禁擅自挪用、借出货币资金。

(4) 单位取得的货币资金收入必须及时入账，不得私设“小金库”，不得账外设账，严禁收款不入账。

(5) 单位应当严格按照《支付结算办法》等国家有关规定，加强银行账户的管理，严格按照规定开立账户，办理存款、取款和结算。单位应当定期检查、清理银行账户的开立及使用情况，发现问题及时处理。

(6) 单位应当严格遵守银行结算纪律，不准签发没有资金保证的票据或远期支票，套取银行信用；不准签发、取得和转让没有真实交易和债权债务的票据，套取银行和他人资金；不准无理拒绝付款，任意占用他人资金；不准违反规定开立和使用银行账户。

(7) 单位应当指定专人定期核对银行账户，每月至少核对一次，编制银行存款余额调节表，使银行存款账面余额与银行对账单调节相符。如调节不符，应查明原因，及时处理。

(8) 单位应当定期和不定期地进行现金盘点，确保现金账面余额与实际库存相符。发现不符，及时查明原因，做出处理。

5. 票据及有关印章的管理

(1) 单位应当加强与货币资金相关的票据的管理，明确各种票据的购买、保管、领用、背书转让、注销等环节的职责权限和程序，并专设登记簿进行记录，防止空白票据的遗失和被盗用。

(2) 单位应当加强银行预留印鉴的管理。财务专用章应由专人保管，个人名章必须由本人或其授权人员保管，严禁一人保管支付款项所需的全部印章。按规定需要有关负责人签字或盖章的经济业务，必须严格履行签字或盖章手续。

6. 监督检查

企业应当建立货币资金业务的监督检查制度，明确监督检查机构或人员的职责、权限，定期和不定期地进行检查。其检查的主要内容包括：

(1) 货币资金业务相关岗位及人员的设置情况。重点检查是否存在货币资金业务不相容职务混岗的现象。

(2) 货币资金授权批准制度的执行情况。重点检查货币资金支出的授权批准手续是否健全，是否存在越权审批行为。

(3) 支付款项印章的保管情况。重点检查是否存在办理付款业务所需的全部印章交由一人保管的现象。

(4) 票据的保管情况。重点检查票据的购买、领用、保管手续是否健全，票据保管是否存在漏洞。

二、库存现金的审计目标

库存现金的审计目标一般包括：

(1) 确定被审计单位资产负债表的货币资金项目中的库存现金在资产负债表日是否确实存在，是否为被审计单位所拥有。

(2) 确定被审计单位在特定期间内发生的现金收支业务是否均已记录完毕，有无遗漏。

库存现金的审计目标

(3) 确定库存现金余额是否正确。

(4) 确定库存现金在财务报表上的列报是否恰当。

三、库存现金内部控制的测试

1. 了解库存现金的内部控制

注册会计师应先通过询问、观察等方法收集必要资料，在此基础上编制现金内部控制流程图，对于中小企业，也可以编写现金内部控制说明。在了解现金内部控制时，注册会计师应重点关注：库存现金的收支是否按规定的程序和权限办理；是否存在与被审计单位经营无关的款项收支情况；出纳与会计的职责是否严格分离；库存现金是否妥善保管、定期盘点、定期核对等。

2. 抽取并检查库存现金收款凭证

注册会计师应按库存现金的收款凭证分类，选取适当的样本量，做如下检查：核对库存现金日记账的收入金额是否正确；核对库存现金收款凭证与应收账款明细账的有关记录是否相符；核对实收金额与销货发票是否一致等。

3. 抽取并检查库存现金付款凭证

注册会计师应按库存现金的付款凭证分类，选取适当的样本量，做如下检查：检查库存现金付款的授权批准手续是否符合规定；核对库存现金日记账的付出金额是否正确；核对库存现金付款凭证与应付账款明细账的有关记录是否相符；核对实付金额与购货发票是否相符等。

4. 抽取一定期间的库存现金日记账与总账核对

注册会计师应抽取一定期间的库存现金日记账，检查其加总是否正确，库存现金日记账是否与总账核对相符。

5. 检查外币库存现金的折算方法

对于有外币库存现金的被审计单位，注册会计师应检查其外币折算方法是否符合有关规定，注意检查外币库存现金日记账及“财务费用”“在建工程”等账户的有关记录。

6. 评价库存现金的内部控制

注册会计师应首先确定库存现金内部控制可信赖的程度及存在的薄弱环节和缺点，然后据以确定库存现金实质性程序中对哪些环节可以适当减少审计程序，哪些环节应增加审计程序并做重点检查，以减少审计风险。

四、库存现金的实质性程序

库存现金的实质性程序-核对总账和日记账(明细表)

1. 核对库存现金日记账与总账

注册会计师应获取或编制库存现金余额明细账，核对库存现金日记账与总账的余额是否相符，如果不相符，应查明原因，并做出记录或适当调整。

2. 盘点库存现金

库存现金的实质性程序-监盘(库存现金盘点表 1)

库存现金的实质性程序-监盘(库存现金盘点表 2)

盘点库存现金是证实资产负债表所列现金是否存在的一项重要程序。盘点库存现金，通常包括对已收到但未存入银行的现金、零用金、找换金等的盘点。盘点库存现金时间和人员应视被审计单位的具体情况而定，但必须有被审计单位出纳员和会计主管人员参加，并由注册会计师参加盘点。盘点库存现金的步骤和方法如下。

(1) 制订库存现金盘点计划，实施突击性检查，时间最好选择在上午上班前或下午下班时，盘点的范围一般包括财会部门出纳员经管的现金和企业其他各部门经管的现金。如企业现金存放部门有两个或两个以上的，应同时进行盘点。

(2) 审阅现金日记账，并与现金收付凭证相核对。一方面检查日记账的记录与凭证的内容和金额是否相符，并着重检查凭证有无刮、擦、勾、抹、涂等现象；另一方面了解凭证日期和日记账记账日期是否相符或接近。

(3) 由出纳员根据现金日记账进行加计累计数额，结出现金结余额。

(4) 盘点保险柜的现金实存数，同时编制“库存现金盘点表”，分币种、面值列示盘点金额。

(5) 对未能在资产负债表日进行盘点的，则需在审计日期确定盘点余额，然后采用调节法，倒推计算、调整至资产负债表日的金额。

(6) 将盘点金额与现金日记账余额进行核对，如有差异，应查明原因，并做出记录或适当调整。

(7) 若有充抵库存现金的借条、代保管的工资、未提现支票、未做报销的原始凭证，应在“库存现金盘点表”中注明或做出必要的调整。

例如，注册会计师 2020 年 2 月 5 日对 N 公司全部现金进行监盘后，确认实有现金数额为 1000 元。N 公司 2 月 4 日账面库存现金余额为 2000 元，2 月 5 日发生的现金收支全部未登记入账，其中收入金额为 3000 元、支出金额为 4000 元。2020 年 1 月 1 日至 2 月 4 日现金收入总额为 165 200 元、现金支出总额为 165 500 元，则推断 2019 年 12 月 31 日库存现金余额应为：1000+(165 500+4000)－(165 200+3000)=2300 元。

3. 抽查大额库存现金收支

注册会计师应抽查大额现金收支的原始凭证，审查其内容是否完整，有无授权批准，并核对相关账户的进账情况，如有与被审计单位生产经营业务无关的收支事项，应查明原因，并做相应的记录。

库存现金的实质性程序-抽查(抽查表)

4. 实施库存现金收支截止测试

被审计单位资产负债表上的现金数额，应以结账日实有数额为准。因此，注册会计师必须验证现金收支的截止日期。在实施截止测试时，通常注册会计师可以对资产负债表日前后一段时期内现金收支凭证进行审计，以确定是否存在跨期事项。

5. 审查外币库存现金的折算

对于有外币库存现金的被审计单位，应审查被审计单位对外币库存现金的收支是否按所规定的汇率折合为记账本位币金额；外币库存现金期末余额是否按期末市场汇率折合为记账本位币金额；外币折合差额是否按规定记入相关账户。

6. 检查库存现金在财务报表中的列报

库存现金是在资产负债表中的“货币资金”项目反映，注册会计师应确定库存现金的期末余额是否正确，是否在财务报表上恰当披露。

任务处理

【任务 12-1】 注册会计师在审计 A 公司 2019 年度财务报表时，监盘了 A 公司的库存现金，并负责监盘了存货。这两种程序的不同之处包括(　　)。

A. 盘点的参与人员不同

B. 因盘点对象特点而执行的监盘方式不同

C. 监盘时间安排不同

D. 监盘计划中与被审计单位管理层的沟通程度不同

任务解析：应选 ABCD。对存货的监盘往往在年前，对现金的盘点往往在年后的外勤工作中；现金监盘时间应对被审计单位保密，实行突击性盘点，而存货的监盘时间需要与被审计单位沟通；对于存货如果因其性质和特性无法实施监盘时可以执行替代程序，而现金监盘无有效的替代程序；现金监盘需要出纳和会计主管参与，而存货需要库房保管员及存货会计等人员参与。

【任务 12-2】 A 注册会计师在 2019 年 3 月 25 日对 B 企业现金实施监盘审计程序，实际的现金盘点金额为 1325 元，已知被审计单位账面显示 2019 年资产负债表日至现金盘点日企业共收到现金 266 500 元，付出现金 271 109 元，假设上面的数据都正确，B 企业资产负债表日现金余额为(　　)元。

A. 5582　　B. 5627　　C. 5870　　D. 5934

任务解析：应选 D。1325+271 109－266 500 = 5934(元)。

任务导入分析

应选 ABC。选项 A，盘点库存现金的时间应视被审计单位的具体情况而定，最好选择在上午上班前或下午下班时进行，但是并不是必须安排在上午上班前或下午下班时进行；选项 B，对于货币资金业务中重要的货币资金支付业务，公司应当实行集体决策和审批，并建立责任追究制度，防范贪污、侵占、挪用货币资金等行为；选项 C，注册会计师只是对盘点的库存现金进行监盘，而不是亲自盘点，库存现金的盘点由出纳进行，会计主管复盘。

任务二　银行存款审计

任务导入

下列货币资金内部控制中，存在重大缺陷的是(　　)。

A. 财务专用章由专人保管，个人名章由本人或其授权人员保管

B. 对重要货币资金支付业务，实行集体决策

C. 现金收入及时存入银行，特殊情况下，经主管领导审查批准方可坐支现金

D. 指定专人定期核对银行账户，每月核对一次，编制银行存款余额调节表，使银行存款账面余额与银行对账单上的金额调节相符

资讯准备

一、银行存款的审计目标

银行存款的审计目标一般包括以下几方面。

银行存款的审计目标

(1) 确定被审计单位资产负债表的货币资金项目中的银行存款在资产负债表日是否确实存在，是否为被审计单位所拥有。

(2) 确定被审计单位在特定期间内发生的银行存款收支业务是否均已记录，有无遗漏。

(3) 确定银行存款余额是否正确。

(4) 确定银行存款在财务报表上的列报是否恰当。

二、银行存款的控制测试

1. 了解银行存款的内部控制

注册会计师应在了解库存现金内部控制的同时了解银行存款的内部控制。在了解银行存款内部控制时，注册会计师应重点关注：银行存款的收支是否按规定的程序和权限办理；银行账户是否存在与被审计单位经营无关的款项收支情况；是否存在出租、出借银行账户的情况；出纳与会计的职责是否严格分离；是否定期取得银行存款对账单并编制银行存款余额调

节表等。

2. 抽取并检查银行存款收款凭证

注册会计师应选取适当的样本量，进行如下检查：核对银行存款收款凭证与存入银行账户的日期和金额是否相符；核对银行存款日记账的收入金额是否正确；核对银行存款收款凭证与银行对账单是否相符；核对银行存款收款凭证与应收账款明细账的有关记录是否相符；核对实收金额与销货发票是否一致等。

3. 抽取并检查银行存款付款凭证

注册会计师应选取适当的样本量，进行如下检查：检查付款的授权批准手续是否符合规定；核对银行存款日记账的付出金额是否正确；核对银行存款付款凭证与银行对账单是否相符；核对银行存款付款凭证与应付账款明细账的有关记录是否相符；核对实付金额与购货发票是否相符等。

4. 抽取一定期间的银行存款日记账与总账核对

注册会计师应抽取一定期间的银行存款日记账，检查其加总是否正确，银行存款日记账是否与总账核对相符。

5. 检查外币银行存款的折算方法

对于有外币银行存款的被审计单位，注册会计师应检查其外币折算方法是否符合有关规定，注意检查外币银行存款日记账及“财务费用”“在建工程”等账户的有关记录。

6. 评价银行存款的内部控制

注册会计师应首先确定银行存款内部控制可信赖的程度及存在的薄弱环节和缺点，然后据以确定银行存款实质性程序中对哪些环节可以适当减少审计程序，哪些环节应增加审计程序并做重点检查，以减少审计风险。

三、银行存款的实质性程序

1. 核对银行存款日记账与总账

注册会计师应获取或编制银行存款余额明细表，核对银行存款日记账与总账的余额是否相符，如果不相符，应查明原因，并做出记录或适当调整。

银行存款的实质性程序-核对总账和日记账(明细表)

2. 执行分析性复核程序

注册会计师应计算定期存款占银行存款的比例，了解被审计单位是否存在高息资金拆借。如有，应进一步分析拆出资金的安全性，检查高额利差的入账情况；计算存放于非银行金融机构的存款占银行存款的比例，分析这些资金的安全性。

银行存款的实质性程序-取得并审查银行存款余额调节表

3. 取得并审查银行存款余额调节表

银行存款余额调节表通常应由被审计单位根据不同的银行账户及货币

种类分别编制，注册会计师取得银行存款余额调节表后，应检查调节表中未达账项的真实性，以及资产负债表日后的进账情况，如果存在应于资产负债表日前进账的事项，应做相应调整。如果经调节后的银行存款余额仍有差异，注册会计师应查明原因，并做出记录或做适当的调整。

4. 函证银行存款余额

银行存款的实质性程序-函证(询证函)

函证是指注册会计师在执行审计业务过程中，需要以被审计单位名义向有关单位发函询证，以验证被审计单位的银行存款是否真实、合法、完整。根据国际惯例，财政部、中国人民银行发文规定：各商业银行、政策性银行、非银行金融机构要在收到询证函之日起 10 个工作日内，根据函证的具体要求，及时回函并按照国家的有关规定收取询证费用。注册会计师在函证时应注意：向被审计单位在本期存过款的银行发函，包括零余额账户和在本期销户的账户；确定被审计单位账面余额与银行函证结果的差异，对不符事项做适当处理。银行询证函示例如下。

索引号：ZA7

银行询证函

编号：025

中国银行某区支行(银行):

本公司聘请的 B 会计师事务所正在对本公司 2019 年度财务报表进行审计，按照中国注册会计师审计准则的要求，应当询证本公司与贵行相关的信息。下列信息出自本公司记录，如与贵行记录相符，请在本行下端“信息证明无误”处签章证明；如有不符，请在“信息不符”处列明不符项目及具体内容；如存在与本公司有关未列入本函的其他重要信息，也请在“信息不符”处列出其详细资料。回函请直接寄至××××会计师事务所。

回函地址：某市某区建设路 20 号物资大厦四楼 418 室　　邮编：××××××

电话：0571—××××××××　　传真：0571—××××××××　　联系人：顾某

截至 2019 年 12 月 31 日，本公司与贵行相关信息列示如下:

1. 银行存款

账户名称	银行账号	币种	利率	余额	起止日期	是否被质押，用于担保或存在其他使用权限	备注
A 公司	352000679018170136	人民币		458 414.62	活期		

除上述列示的银行存款外，本公司并无在贵行的其他存款。

注：“起止日期”一栏只适用于定期存款，如为活期或保证金存款，可只填“活期”或“保证金”字样。

2. 银行借款

借款人名称	币种	本息余额	借款日期	到期日期	利率	借款条件	抵(质)押品/担保人	备注

除上述列示的银行借款外，本公司并无在贵行的其他借款。

注：此项仅函证截至资产负债表日本公司尚未归还的借款。

3. 截至函证日之前12个月内注销的账户

账户名称	银行账号	币种	注销账户日

除上述列示的账户外，本公司并无截至函证日之前12个月内在贵行注销的其他账户。

4. 委托存款

账户名称	银行账号	借款方	币种	利率	余额	存款起止日期	备注

除上述列示的委托存款外，本公司并无通过贵行办理的其他委托存款。

5. 委托贷款

账户名称	银行账号	资金使用方	币种	利率	本金	利息	贷款起止日期	备注

除上述列示的委托贷款外，本公司并无通过贵行办理的其他委托贷款。

6. 担保

(1) 本公司为其他单位提供的以贵行为担保受益人的担保。

被担保人	担保方式	担保金额	担保期限	担保事由	担保合同编号	被担保人与贵行就担保事项往来的内内容(贷款等)	备注

除上述列示的担保外，本公司并无其他以贵行为担保受益人的担保。

注：如采用抵押或质押方式提供担保的，应在备注中说明抵押或质押物情况。

(2) 贵行向本公司提供的担保。

被担保人	担保方式	担保金额	担保期限	担保事由	担保合同编号	备注

除上述列示的担保外，本公司并无贵行提供的其他担保。

7. 本公司为出票人且由贵行承兑而尚未支付的银行承兑汇票

银行承兑汇票号码	票面金额	出票日	到期日

除上述列示的银行承兑汇票外，本公司并无由贵行承兑而尚未支付的其他银行承兑汇票。

8. 本公司向贵行已贴现而尚未到期的商业汇票

商业汇票号码	付款人名称	承兑人名称	票面金额	票面汇率	出票日	到期日	贴现日	贴现率	贴现净额

除上述列示的商业汇票外，本公司并无向贵行已贴现而尚未到期的其他商业汇票。

9. 本公司为持票人且由贵行托收的商业汇票

商业汇票号码	承兑人名称	票面金额	出票日	到期日

除上述列示的商业汇票外，本公司并无由贵行托收的其他商业汇票。

10. 本公司为申请人、由贵行开具的、未履行完毕的不可撤销信用证

信用证号码	受益人	信用证金额	到期日	未使用金额

除上述列示的不可撤销信用证外，本公司并无由贵行开具的、未履行完毕的其他不可撤销信用证。

11. 本公司与贵行之间未履行完毕的外汇买卖合约

类别	合约号码	买卖币种	未履行的合约买卖金额	汇率	交收日期
贵行卖予本公司					
本公司卖予贵行					

除上述列示的外汇买卖合约外，本公司并无与贵行之间未履行完毕的其他外汇买卖合约。

12. 本公司存放于贵行的有价证券或其他产权文件

有价证券或其他产权文件名	产权文件标号	数量	金额

除上述列示的有价证券或其他产权文件外，本公司并无存放于贵行的其他有价证券或其他产权文件。

注：此项不包括本公司存放在贵行保管箱中的有价证券或其他产权文件。

13. 其他重大事项

注：此项应填列注册会计师为重大且应予函证的其他事项，如信托存款等；如无则应填写“不适用”。

(公司盖章)

年　月　日

以下仅供被询证银行使用

结论：

1. 信息证明无误。

经办人：章某　　　　(银行盖章)

2020年 2月 10 日

2. 信息不符，请列明不符项目及具体内容(对于在本函前述第 1 项至第 13 项中漏列的其他信息，请列出详细资料)。

经办人：　　　　(银行盖章)

年　月　日

5. 抽查大额银行存款的收支

注册会计师应抽查大额银行存款(含外埠存款、银行汇票存款、银行本票存款、信用证存款)收支的原始凭证内容是否完整，有无授权批准，并核对相关账户的进账情况。如有与被审计单位生产经营业务无关的收支事项，应查明原因，并做相应的记录。

银行存款的实质性程序-抽查(抽查表)

6. 实施银行存款收支的截止性测试

抽查资产负债表日前后一段时间的银行对账单，检查未达账项是否均已得到调整。同时还应确定截至结账日各账户开出的最后一张支票的号码，查明在此号码之前的所有支票均已开出，应注意观察截至结账日开出的所有支票随后是否均已在正常的结算期内付款结算。

7. 审查外币银行存款的折算

对于有外币银行存款的被审计单位，应审查被审计单位对外币银行存款的收支是否按所规定的汇率折合为记账本位币金额；外币银行存款期末余额是否按期末市场汇率折合为记账本位币金额；外币折合差额是否按规定记入相关账户是否符合规定，是否与上年度一致。

8. 检查银行存款在财务报表中的列报

银行存款是在资产负债表中的“货币资金”项目反映，注册会计师应确定银行存款的期末余额是否正确，是否在财务报表上恰当披露。如果被审计单位的银行存款存在抵押、冻结等使用受限或潜在回收风险，注册会计师应关注被审计单位是否已经恰当列报有关情况。

货币资金审定表

任务处理

【任务 12-3】注册会计师李明负责对天星公司 2019 年度财务报表中银行存款项目进行审计。天星公司编制的 2019 年 12 月末银行存款余额调节表显示存在 80 000 元的未达账项，其中包括天星公司已付而银行未付的材料采购款 40 000 元。李明执行的以下审计程序中，可能为该材料采购款未达账项的真实性提供审计证据的有(　　)。

A. 就 2019 年 12 月末银行存款余额向银行寄发银行询证函

B. 向相关的原材料供应商寄发询证函询证该笔购货业务

C. 检查 2020 年 1 月份的银行对账单中是否存在该笔支出

D. 检查相关的采购合同、供应商销售发票和相应的验收报告及付款审批手续

任务解析：应选 BCD。向银行进行函证只能够证实期末银行存款真实存在的审计证据，而不能确定企业未达账项的真实性。

【任务 12-4】注册会计师检查了某企业 2020 年 2 月份银行存款日记账，并与银行对账单核对。2 月 28 日银行对账单余额为 223 546 元，银行存款日记账为 220 000 元，核对后发现有以下情况：2 月 8 日，银行对账单上收到外地汇款 8500 元(查系外地某乡镇企业)，但日记账上无此记录；2 月 22 日，对账单上有存款利息 460 元，日记账上为 454 元(查系记账凭证写错)；2 月 25 日，对账单付出 8500 元(查系转账支票)，但日记账无此记录；2 月 26 日，日记账上付出 40 元，对账单上无此记录(查系记账员误记)；2 月 28 日，日记账上有存入转账支票 4000 元，但对账单上无此记录；2 月 28 日，日记账上有付出转账支票 2000 元，但对账单上无此记录；对账单有 2 月 28 日收到托收款 5500 元，但日记账无此记录。

要求：据上述资料编制银行存款余额调节表，并指出该企业银行存款管理上存在的问题。

任务解析：

(1) 根据资料，编制银行存款余额调节表如下表所示。

银行存款余额调节表

2020 年 2 月 28 日　　单位：元

企业账项	金额	银行账单	金额
企业银行存款账户余额	220 000	银行对账单余额	223 546
加：银行已收企业未收	5500	加：企业已收银行未收	4000
改正错误	46	减：企业已付银行未付	2000
调整后的余额	225 546	调整后的余额	225 546

(2) 存在的问题：第一笔和第三笔经济业务有出借银行账户的问题，需进一步调查；银行存款日记账有错记、漏记情况。

任务导入分析

应选 C。当日收入现金应及时存入银行，特殊情况需要坐支现金的，应当事先报经开户银行审查批准，由开户银行核定坐支范围和限额，而不是经主管领导审查批准。

任务三 其他货币资金审计

任务导入

注册会计师审计后应当提请被审计单位通过“其他货币资金”科目核算的有(　　)。

A. 外埠存款　　B. 银行本票存款　　C. 存出投资款　　D. 备用金

资讯准备

一、其他货币资金的审计目标

(1) 确定被审计单位资产负债表中的其他货币资金在财务报表日是否确实存在，是否为被审计单位所拥有。

(2) 确定被审计单位在特定期间内，发生的其他货币资金收支业务是否均已记录完毕，有无遗漏。

(3) 确定其他货币资金的余额是否正确。

(4) 确定其他货币资金在财务报表上的列报是否恰当。

二、其他货币资金的控制测试

1. 了解其他货币资金的内部控制

注册会计师应重点关注：其他货币资金的收支是否按规定程序和权限办理，出纳与会计的职责是否严格分离；其他货币资金的记账依据是否充分恰当，是否及时入账。

2. 抽取并审核其他货币资金收支凭证

注册会计师应选取适当的样本量，进行如下检查：审核原始凭证是否充分恰当，有无授权批准，入账是否及时，金额是否正确。

3. 抽取一定期间的其他货币资金明细账与总账核对

注册会计师应抽取一定期间的其他货币资金明细账，检查其加总是否正确，无计算错误，是否与总账核对相符。

4. 评价其他货币资金内部控制

注册会计师应确定其他货币资金内部控制的可信赖程度及存在的薄弱环节和缺点，据以确定其他货币资金实质性程序的重点、程序和方法。

由于企业的其他货币资金业务较少，故注册会计师可对其直接进行实质性程序。

三、其他货币资金的实质性程序

1. 核对其他货币资金明细账与总账

注册会计师应获取或编制其他货币资金明细表，核对外埠存款、银行汇票存款、银行本票存款、信用卡存款、信用证保证金存款和存出投资款等各明细账期末合计数与总账数是否相符。

2. 函证其他货币资金余额

注册会计师应函证外埠存款户、银行汇票存款户、银行本票存款户等期末余额，并记录函证过程。

3. 获取并核对其他货币资金对账单

注册会计师应获取所有其他货币资金明细的对账单，与账面记录核对，如果存在差异应查明原因，必要时提出调整建议。

4. 检查外币其他货币资金的折算

对于非记账本位币的其他货币资金，注册会计师应检查其折算汇率是否正确。

5. 抽查其他货币资金的原始凭证

注册会计师应抽查一定样本量的原始凭证(主要是大额的或有疑问的)进行测试，检查其经济内容是否完整，有无适当的审批授权，并核对相关账户的进账情况。

6. 实施其他货币资金的截止测试

注册会计师应抽取资产负债表日后的大额收支凭证进行截止测试，如有跨期收支事项，应做适当调整。

7. 检查其他货币资金的列报

其他货币资金是在资产负债表中的“货币资金”项目反映，注册会计师应确定其他货币资金的期末余额是否正确，是否在财务报表上恰当披露。如果被审计单位的其他货币资金存在抵押、冻结等使用受限或潜在回收风险，注册会计师应关注被审计单位是否已经恰当列报有关情况。

四、货币资金审计工作底稿示例

1. 货币资金审定表示例(见表 12-1)

表 12-1　货币资金审定表

客户：A 股份有限公司　　索引号：ZA1

项目：货币资金　　财务报表截止日/期间：20××年 12 月 31 日

编制：郁某　　复核：祁某

日期：20××-2-3　　日期：20××-2-5

	项目	上年审定数	未审数				审计调整		期末审定数
			年初余额	本期借方	本期贷方	期末余额	借方	贷方	
1	库存现金	31 000.84	31 000.84	19 389.00	34 989.84	15 400.00			15 400.00
2	银行存款	1 150 000.00	1 150 000.00	512 000.00	1 012 000.00	650 000.00			650 000.00
3	其他货币资金	385 544.00	385 544.00	275611.00	351 976.02	309 178.98			309 178.98
	合计	1 566 544.84	1 566 544.84	807 000.00	13 98 965.86	974 578.98			974 578.98

审计说明：

1. 期初数与上年审定数核对相符，上年无审计调整事项。
2. 本年度无审计调整事项。

审计结论：

货币资金余额可以确认。

2. 库存现金盘点表示例(见表 12-2)

表 12-2　库存现金盘点表

客户：A 股份有限公司　　索引号：ZA2

项目：库存现金　　财务报表截止日/期间：20××年 12 月 31 日

编制：郁某　　复核：祁某

日期：20××-2-5　　日期：20××-2-5

检查核对记录				实有现金盘点记录				
项　目	行　次	人民币/元	美元	面额/元	人民币/元		美元	
					张/枚	金额	张/枚	金额
一、上一日账面库存余额	1	12 350.00		100	100	10 000.00		
盘点日未记收入金额	2	25 000.00		50	120	6000.00		
盘点日未记支出金额	3	18 000.00		10	20	2000.00		
盘点日账面应存余额	4=1+2-3	19 350.00		5	30	150		
二、盘点日实际库存现金额	5	18 350.00		2	10	200		
盘点日白条抵库金额	6	1000.00		1				
盘点日实有现金余额	7=5+6	19 350.00		0.5				
三、盘点日应有与实有差异	8=4-7	0		0.2				
差异原因分析				0.1				

(续表)

检查核对记录					实有现金盘点记录				
项　目		行　次	人民币/元	美元	面额/元	人民币/元		美元	
						张/枚	金额	张/枚	金额
追溯至报表账面结存额	报表日至查账日支出总额	9	507 500.00						
	报表日至查账日收入总额	10	511 450.00						
	报表日库存现金应有余额	11=4+9−10	15 400.00						
	报表日库存现金实有余额	12=7+9−10	15 400.00						
	报表日应有与实有差额	13=11−12	0						
	报表日账面汇率	14							
	报表日折合本位币金额	15							
本位币合计			15 400.00		合计		18 350.00		
调整数	(1)				存放地点：出纳员保险柜				
	(2)				盘点日期：20××年 2 月 5 日				
					盘点人：万新				
					出纳人员：侯瑾				
期末审定数			15 400.00		会计主管：吴立				

审计说明：

在未予事先通知的情况下，被审计单位会计主管吴立、出纳侯瑾及注册会计师万新共同清点 2 月 5 日 8 点的时库存现金为 18 350.00 元。李某临时借用 1000 元(会计主管签批)，应及时收回或入账处理。经查验，账实相符。

审计结论：

库存现金余额可以确认。

3. 银行存款审计明细表示例(见表 12-3)

表 12-3　银行存款明细表

客户：A 股份有限公司　　　　索引号：ZA3

项目：银行存款　　　　财务报表截止日/期间：20××年 12 月 31 日

编制：郁某　　　　复核：祁某

日期：20××-2-3　　　　日期：20××-2-5

序号	明细项目	未审数			
		年初余额	本期借方	本期贷方	期末余额
1	中国农业银行	380 000.00	205 000.00	283 000.00	302 000.00
2	中国工商银行	653 000.00	136 000.00	554 000.00	235 000.00
3	中国建设银行	117 000.00	171 000.00	175 000.00	113 000.00
合计		1 150 000.00	512 000.00	1 012 000.00	650 000.00

(续表)

审计说明：
1. 复核加计正确，并与明细账及合计数、总账数、未审报表数核对相符；年初数与上年审定数相符。 2. 该单位的基本开户行为：中国工商银行。 3. 已经进行了询证，见 ZA6、ZA7。 4. 年末未发现未达情况。
审计结论： 银行存款余额可以确认。

4. 货币资金审计抽凭表示例(见表 12-4)

表 12-4 货币资金抽凭表

客户：A 股份有限公司　　索引号：ZA8

项目：货币资金抽凭　　财务报表截止日/期间：20××年 12 月 31 日

编制：郁某　　复核：祁某

日期：20××-2-3　　日期：20××-2-5

月份	凭证号	明细科目	经济内容	对方科目	金额		测试				附件名称
					借方	贷方	①	②	③	④	
2	5	银行存款	偿还短期借款	短期借款		100 000.00	是	是	是	是	银行进账单
7	112	银行存款	收到货款	应收账款	32 000.00		是	是	是	是	银行进账单
10	168	银行存款	应付短期利息	应付利息		3000.00	是	是	是	是	银行进账单

审计说明：

① 金额核对相符；　② 所付凭证齐全；　③ 账务处理正确；　④ 业经恰当授权。

测试目标：完整、 截止、发生

测试项目的选取方法：抽样

经抽查凭证，公司凭证处理没有错误。

审计结论：

货币资金抽凭未发现异常。

任务处理

【任务 12-5】注册会计师甲在对某公司 2019 年度的财务会计报告进行审计发现：12 月 20 日因销售货物接受华联公司背书转让的银行汇票，汇票上记载的出票金额是 80 万元，实际结算金额是 76.05 万元。该公司账务处理如下。

借：其他货币资金—银行汇票存款　　800 000

　　贷：主营业务收入　　650 000

　　　　应交税费—应交增值税　　110 500

　　　　应付账款—华联公司　　39 500

要求：指出该公司账务处理中存在的问题，并提出处理意见。

任务解析：根据《中华人民共和国票据法》的规定，银行汇票的背书转让以不超过出票金额的实际结算金额为准，实际结算金额低于票面金额的，多余金额由出票银行退交申请人。

建议调整分录如下。

借：应付账款—华联公司　　39 500

　贷：其他货币资金—银行汇票存款　　39 500

任务导入分析

应选 ABC。其他货币资金是指企业除库存现金、银行存款以外的各种货币资金，主要包括银行汇票存款、银行本票存款、信用卡存款、信用证保证金存款、存出投资款、外埠存款等。为了反映和监督其他货币资金的收支和结存情况，企业应当设置“其他货币资金”科目进行核算。备用金(国际上也称暂定金额)是企业、机关、事业单位或其他经济组织等拨付给非独立核算的内部单位或工作人员备作差旅费、零星采购、零星开支等用的款项。备用金应指定专人负责管理，按照规定用途使用，不得转借给他人或挪作他用。对于零星开支用的备用金，可实行定额备用金制度，即由指定的备用金负责人按照规定的数额领取，支用后按规定手续报销，补足原定额。实行定额备用金制度的单位，备用金领用部门支用备用金后，应根据各种费用凭证编制费用明细表，定期向财会部门报销，领回所支用的备用金。对于预支的备用金，拨付时可记入“备用金”(或“其他应收款”)科目的借方；报销和收回余款时记入该科目的贷方。在实行定额备用金制度的单位，除拨付、增加或减少备用金定额时通过“备用金”科目核算外，日常支用报销补足定额时，都无须通过该科目而将支用数直接记入有关成本类、费用类科目。

技能训练

1. 注册会计师2020年2月6日上午8∶30对某公司的库存现金进行监盘。当日，现金日记账已记至2020年1月31日，结出账面余额为100 076.20元，清点结果如下。

(1) 现金实有数：100元币1069张、50元币1078张、10元币1206张、5元币804张、2元币389张、1元币490张、5角币27张、1角币49张、2分币4枚、1分币2枚。

(2) 2020年2月1日—2月5日，已办理收款手续未入账的收款凭证80 000元；2020年2月1日—2月5日，已办理付款手续未入账的付款凭证2000元。

(3) 银行核对的库存现金限额为850 000元；公司2019年12月31日现金日记账余额为867 400.07元；2020年1月1日—2月5日的支出总金额为695 092.16元，收入总金额为4768.29元。

要求：

(1) 根据资料编制库存现金盘点表，计算出盈亏，并推算2019年12月31日库存现金实存额。

(2) 指明企业存在的问题，提出处理意见。

2. 注册会计师对乙公司 2019 年度的银行存款进行审计，银行存款日记账余额为 58 000 元，银行对账单余额为 59 800 元，并发现下列情况：银行从公司中扣除借款利息 780 元，公司未入账；公司于 12 月 28 日开出转账支票一张，金额 3500 元，银行未入账；公司委托银行收取一笔货款，银行已于 12 月 11 日收到，并记入该公司账户；公司在 12 月 31 日仍未入账，这笔货款的金额为 20 000 元；公司于 12 月 29 日存入转账支票一张，金额为 3260 元，银行未入账；银行对账单显示公司于 12 月 20 日开出转账支票一张，金额为 12 000 元，银行于 12 月 28 日兑付，公司的银行存款日记账上无此记录。经核对发现，公司将这笔付款业务登记在另一家银行的日记账上。

要求：编制银行存款余额调节表，分析其中可能存在的问题。

3. 注册会计师 A 作为 ABC 会计师事务所外勤工作小组中负责货币资金审计的外勤工作人员，在对甲公司 2019 年度财务报表进行审计时，对其库存现金执行了监盘程序。甲公司在总部和营业部均设有出纳部门。为顺利监盘库存现金，注册会计师 A 在监盘前一天与甲公司会计主管进行了沟通，要求其通知甲公司出纳人员做好监盘准备，并将各营业部门库存现金贴上封条结出当日现金余额等相关工作。考虑出纳日常工作安排，对总部和营业部库存现金的监盘时间分别定在上午下班时和下午上班前。注册会计师 A 及甲公司会计主管与相关出纳当场盘点现金，由注册会计师 A 盘点一部分营业部门的现金，其余的由甲公司出纳盘点，对盘点中出现的白条当场由出纳及会计主管解释后作为现金数额计入现金余额，出纳将盘点结果与现金日记账核对后填写“库存现金监盘表”并结出余额，并在盘点表中签字后形成审计工作底稿。

要求：请指出上述库存现金监盘工作中有哪些不当之处，并提出改进建议。

学习情境十三

如何进行完成审计工作

学习目标

【知识目标】了解期初余额、期后事项审计的目标及相关审计程序；理解管理层声明和律师声明书的作用；了解财务报表总体合理性的方法；理解审计工作底稿三级复核的内容及重点；了解审计意见的形成过程及审计报告的主要内容；了解比较数据、其他信息和重大不一致的含义。

【技能目标】掌握期初余额、期后事项审计的重点及方法；掌握管理层声明及律师声明的格式和编制；掌握项目质量复核的重点及技巧；掌握无保留意见及非无保留意见的判断标准；掌握标准审计报告的格式和编制；掌握非标准审计报告的格式和编制。

任务一 实施特殊项目的审计

任务导入

在对财务报表的期初余额进行审计时，注册会计师以下做法中不正确的是(　　)。

A. 一般无需专门对期初余额发表审计意见

B. 如果前任注册会计师出具了带说明段的审计报告，注册会计师仍应在本期审计报告中反映

C. 如在审计过程中发现期初余额对本期财务报表有重大影响，此时注册会计师应发表保留意见

D. 根据期初余额对所审计报表的影响程度，合理运用专业判断，以确定期初余额审计范围

资讯准备

一、期初余额的审计

期初余额是指期初已存在的账户余额。期初余额以上期期末余额为基础，反映了以前期间的交易和上期采用的会计政策的结果。注册会计师对财务报表进行审计，是对被审计单位所审计期间财务报表发表审计意见，一般无需专门对期初余额发表审计意见。但因为期初余额是本期财务报表的基础，所以首次接受委托业务的注册会计师要对期初余额实施适当的审计程序。注册会计师应当根据期初余额对所审计财务报表的影响程度，合理运用专业判断，以确定期初余额的审计范围。判断期初余额对本期财务报表的影响程度应着眼于三个方面：上期结转至本期的金额、上期所采用的会计政策和上期期末已存在的或有事项及承诺。注册会计师应以这三个方面的内容作为重点，确定期初余额对本期财务报表的影响。

1. 期初余额的审计目标

首次接受委托业务时，注册会计师审计期初余额应当获取充分、适当的审计证据，以确定以下内容。

(1) 期初余额是否存在对本期财务报表产生重大影响的错报。要确定期初余额是否存在对本期财务报表产生重大影响的错报，主要是判断期初余额的错报对本期财务报表使用者进行决策的影响程度，是否足以改变或影响其判断。如果期初余额存在对本期财务报表产生重大影响的错报，则注册会计师在审计中必须对此提出恰当的审计调整或披露建议；反之，注册会计师无需对此予以特别关注和处理。例如，上期财务报表中对某项新增固定资产的初始计量存在重大差错，这一差错不仅会影响本期期末资产负债表中固定资产项目和资产总额项目的正确列报，同时还会因此影响本期损益核算的正确性，进而可能使得本期财务报表使用者在决策时做出错误判断。这一差错就属于对本期财务报表产生重大影响的错报，注册会计师在审计中应建议被审计单位按照《企业会计准则第 28 号——会计政策、会计估计变更和差错更正》的相关规定采用追溯重述法予以更正。

(2) 确定期初余额反映的恰当的会计政策是否在本期财务报表中得到一贯运用，或会计政策的变更是否已按照适用的财务报告编制基础做出恰当的会计处理和充分的列报与披露。企业采用的会计政策，在每一个会计期间和前后各期应当保持一致，不得随意变更。但在法律法规或国家统一的会计制度等要求变更会计政策和会计政策变更能够提供更可靠、更相关的会计信息的情况下可以变更会计政策，并采用追溯法调整。即将会计政策变更累积影响数调整列报前期最早期初留存收益，其他相关项目的期初余额和列报前期披露的其他比较数据也应当一并调整，但确定该项会计政策变更累积影响数不切实际的情况除外。

2. 期初余额的审计程序

(1) 考虑被审计单位运用会计政策的恰当性和一贯性。注册会计师首先应了解、分析被审计单位所选用的会计政策是否恰当，是否符合企业会计准则的要求，按照所选用会计政策对被审计单位发生的交易或事项进行处理，是否能够提供可靠、相关的会计信息；其次，如果认定被审计单位所选用的会计政策恰当，应确认该会计政策是否在每一个会计期间和前后各期得到一贯执行，有无变更；再次，如果发现会计政策发生变更，应审核其变更理由是否充分，是否按国家有关规定要求予以变更，或者由于具体情况发生变化，会计政策变更能够提供更可靠、更相关的会计信息，并关注被审计单位是否已经按照《企业会计准则第 28 号—— 会计政策、会计估计变更和差错更正》的要求，对会计政策变更做出适当的会计处理和充分披露。

如果被审计单位上期适用的会计政策不恰当或与本期不一致，注册会计师在实施期初余额审计时应提请被审计单位进行调整或予以披露。

(2) 确定上期期末余额是否已正确结转至本期，或在适当的情况下已做出重新表述。上期期末余额是否已正确结转至本期，主要是指：上期账户余额计算正确；上期总账余额与各明细账余额合计数或日记账合计数相等；上期各总账余额和相应的明细账余额或日记账余额已经分别恰当地记入本期的总账和相应的明细账或日记账。上期期末余额通常应直接结转至本期，但在出现某些情形时，上期期末余额不应直接结转至本期，而应做出重新表述。比如，企业会计准则和相关会计制度的要求发生变化；上期期末余额存在重大的前期差错，如果前期差错累积影响数能够确定，按规定应当采用追溯法进行调整。

(3) 上期财务报表由前任注册会计师审计情况下的审计程序。第一，查阅前任注册会计师的工作底稿。在首次接受委托的情况下，如果被审计单位的上期财务报表已经由前任注册会计师审计，后任注册会计师应当在征得被审计单位同意后，考虑与前任注册会计师沟通，利用前任注册会计师的工作。沟通的方式包括举行会谈、电话询问或发送调查问卷等，但最有效和常用的方式是查阅前任注册会计师的审计工作底稿。查阅的重点通常包括：查阅前任注册会计师工作底稿中的所有重要审计领域；考虑前任注册会计师是否实施恰当审计程序(如负债余额及期限是否函证，利息费用是否测试等)评价资产负债表重要账户期初余额的合理性；复核前任注册会计师建议的调整分录和未更正错报汇总表，并评价其对当期审计的影响。

第二，考虑前任注册会计师的独立性和专业胜任能力。注册会计师能否通过查阅前任注册会计师的审计工作底稿获取有关期初余额的充分、适当的审计证据，在很大程度上依赖于注册会计师对前任注册会计师的独立性和专业胜任能力的判断。如果认为前任注册会计师不具有独立性，或者不具有应有的专业胜任能力，则无法通过查阅其审计工作底稿获取有关期初余额的充分、适当的审计证据。

第三，与前任注册会计师沟通时的考虑。注册会计师应当遵守职业道德规范和《中国注册会计师审计准则第 1152 号——前任注册会计师和后任注册会计师的沟通》的规定。注册会计师无论在接受委托前、接受委托后，还是在发现前任注册会计师审计的财务报表可能存在重大错报时，均应当采取相应的措施。

(4) 上期财务报表未经审计或审计结论不满意时的审计程序。如果上期财务报表未经审计，或者上期财务报表虽经前任注册会计师审计，但在查阅前任注册会计师的工作底稿后未能获取有关期初余额的充分、适当的审计证据，未能对期初余额得出满意结论，注册会计师应当根据期初余额有关账户的不同性质，实施相应的审计程序。账户的性质主要按照账户属于资产类还是负债类、属于流动性还是非流动性等标准加以区分。

第一，对流动资产和流动负债的审计程序。对流动资产和流动负债，注册会计师通常可以通过本期实施的审计程序获取部分审计证据。对于存货，注册会计师还应当按照《中国注册会计师审计准则第 1311 号——对存货等特定项目获取审计证据的具体考虑》第三章第八条的规定，实施相应的审计程序。相对于非流动资产和非流动负债而言，流动资产和流动负债的流动性比较强，存在的期限比较短。期初流动资产和流动负债在本期的交易事项中通常会有所反映，因此，通过本期实施的审计程序有时可以印证期初流动资产和流动负债的存在性和金额。比如，应收账款或应付账款的期初余额，通常在本期内即可收回或支付的，则检查、核实本期收回或支付的事实即可被视为应收账款或应付账款期初余额存在的适当证据。

在期初流动资产中，存货是个比较特殊的项目。注册会计师在审计时应按照审计准则的要求对存货实施监盘，但在首次接受委托的情况下，因为委托时间滞后，注册会计师可能未能对上期期末存货实施监盘。如果该存货对本期财务报表存在重大影响，并且已获取有关本期期末存货余额的充分、适当的审计证据，那么为获取充分、适当的审计证据，注册会计师应当实施下列一项或多项审计程序：查阅前任注册会计师工作底稿；复核上期存货盘点记录及文件；检查与上期存货有关的交易记录；运用毛利百分比法等进行分析。

第二，对非流动资产和非流动负债的审计程序。对非流动资产和非流动负债，注册会计师通常检查形成期初余额的会计记录和其他信息。在某些情况下，注册会计师可向第三方函证期初余额，或实施追加的审计程序。相对于流动资产和流动负债而言，非流动资产和非流动负债比较稳定，变动较少。因此，通过检查形成期初非流动资产和非流动负债的会计记录和其他信息，可以获取较充分、适当的审计证据。例如，对期初固定资产原价，审核与这些固定资产相关的采购合同、原始发票、验收凭证等，就是比较有效的审计程序。

此外，在某些情况下，注册会计师向第三方函证也是确认非流动资产类账户和非流动负债类账户期初余额的有效审计程序。例如，对期初银行长期借款，除了实施检查其相关的借款合同、借入时的原始凭证和会计记录等审计程序外，注册会计师还可以通过向贷款银行直接发函确认其期初余额。

考虑期初余额对于本期财务报表的重要程度。注册会计师接受委托进行审计并发表审计意见的对象毕竟是被审计单位本期的财务报表而不是期初余额，因此，在审计期初余额时，无论是考虑被审计单位运用的会计政策，还是上期财务报表是否经过审计，或者是考虑期初余额相关账户的性质，都应该同时考虑期初余额对于本期财务报表而言是否重要。如果期初余额本身并不重要，或者虽然对于上期财务报表是重要的，但由于本期被审计单位资产规模和经营规模的迅速扩大，期初余额对于本期财务报表而言已经变得不重要，则注册会计师无需对其予以特别关注。只有当期初余额对于本期财务报表重要时，注册会计师才需要对其予以特别关注并实施专门的审计程序。

3. 审计结论对审计报告的影响

在对期初余额实施审计程序后，注册会计师应当分析已获取的审计证据，区分不同情况形成对被审计单位期初余额的审计结论，在此基础上确定其对本期财务报表出具审计报告的影响。

(1) 审计后无法获取有关期初余额的充分、适当的审计证据时。如果实施相关审计程序后无法获取有关期初余额的充分、适当的审计证据，注册会计师应当出具保留意见或无法表示意见的审计报告。

(2) 期初余额存在对本期财务报表产生重大影响的错报时。如果期初余额存在对本期财务报表产生重大影响的错报，注册会计师应当告知管理层。上期财务报表由前任注册会计师审计的，注册会计师还应考虑提请管理层告知前任注册会计师。如果错报的影响未能得到正确的会计处理和恰当的列报，注册会计师应当出具保留意见或否定意见的审计报告。

(3) 存在会计政策变更的情况时。如果认为按照适用的财务报告编制基础与期初余额相关的会计政策未能在本期得到一贯运用，或者会计政策的变更未能得到恰当的会计处理或适当的列报与披露时，注册会计师应当出具保留意见或否定意见的审计报告。

(4) 前任注册会计师对上期财务报表发表了非无保留意见时。如果前任注册会计师对上期财务报表发表了非无保留意见，注册会计师应当考虑该审计报告对本期财务报表的影响。如果导致出具非标准审计报告的事项对本期财务报表仍然相关和重大，注册会计师应当对本期财务报表出具非无保留意见审计报告。如果导致出具非标准审计报告的事项对本期财务报表发表审计意见既不相关也不重大，那么注册会计师在本期审计时就无需因此而发表非无保留意见的审计报告。

二、期后事项的审计

1. 期后事项的含义及种类

期后事项是指财务报表日至审计报告日之间发生的事项以及审计报告日后发生的事实。期后事项可以分为财务报表日后调整事项和财务报表日后非调整事项两类。

(1) 财务报表日后调整事项。这类事项既为被审计单位管理层确定财务报表日账户余额提供信息，也为注册会计师核实这些余额提供补充证据。如果这类期后事项的金额重大，应提请被审计单位对本期财务报表及相关的账户金额进行调整。例如，财务报表日后诉讼案件结案，法院判决证实了企业在财务报表日已经存在现时义务，需要调整原先确认的与该诉讼案件相关的预计负债，或确认一项新负债；财务报表日后取得确凿证据，表明某项资产在财务报表日发生了减值或者需要调整该项资产原先确认的减值金额；财务报表日后进一步确定了财务报表日前购入资产的成本或售出资产的收入；财务报表日后发现了财务报表的舞弊或差错等。

(2) 财务报表日后非调整事项。这类事项因不影响财务报表日财务状况，所以不需要调整被审计单位的本期财务报表。但如果被审计单位的财务报表因此可能受到误解，就应在财务报表中以附注的形式予以适当披露。被审计单位在财务报表日后发生的，需要在财务报表上披露而非调整的事项通常包括：财务报表日后发生重大诉讼、仲裁、承诺；财务报表日后资产价格、税收政策、外汇汇率发生重大变化；财务报表日后因自然灾害导致资产发生重大损失；财务报表日后发行股票和债券以及其他巨额举债；财务报表日后资本公积转增资本；财务报表日后发生巨额亏损；财务报表日后发生企业合并或处置子公司；财务报表日后企业利润分配方案中拟分配的以及经审议批准宣告发放的股利或利润。

2. 对期后事项识别的审计程序

(1) 主动识别财务报表日至审计报告日之间发生的期后事项。财务报表日至审计报告日(或尽可能接近审计报告日)之间发生的期后事项，注册会计师负有主动识别的义务，应当设计专门的审计程序来识别这些期后事项。

针对该时间段的期后事项，一般采用的审计程序有：复核被审计单位管理层建立的用于确保识别期后事项的程序；查阅股东会、董事会及其专门委员会在财务报表日后举行的会议的纪要，并在不能获取会议纪要时询问会议讨论的事项；查阅最近的中期财务报表，如认为必要和适当，还应当查阅预算、现金流量预测及其他相关管理报告；向被审计单位律师或法律顾问询问有关诉讼和索赔事项；向管理层询问是否发生可能影响财务报表的期后事项。

在实施了上述用以识别期后事项的审计程序后，如果知悉对财务报表有重大影响的期后事项，注册会计师应当考虑这些事项在财务报表中是否得到恰当的会计处理或予以充分披露。如果所知悉的期后事项属于调整事项，注册会计师应当考虑被审计单位是否已对财务报表做出适当的调整。如果所知悉的期后事项属于非调整事项，注册会计师应当考虑被审计单位是否在财务报表附注中予以充分披露。

(2) 被动识别审计报告日至财务报表报出日前发现的事项。在审计报告日后，注册会计师没有责任针对财务报表实施审计程序或进行专门查询。在这一阶段，被审计单位的财务报表并未报出，管理层有责任将发现的可能影响财务报表的事实告知注册会计师。当然，注册会计师还可以从媒体报道、举报信或者证券监管部门告知等途径获悉影响财务报表的期后事项。

在审计报告日后至财务报表报出日前，如果注册会计师认为期后事项的影响足够重大，确定需要修改财务报表的，也还需要根据管理层是否同意修改财务报表，或审计报告是否已经提交等具体情况采取适当措施。

第一，管理层修改财务报表时的处理。如果管理层修改了财务报表，注册会计师应当根据具体情况实施必要的审计程序。此时，注册会计师需要获取充分、适当的审计证据，以验证管理层根据期后事项所做出的财务报表调整或披露是否符合企业会计准则和相关会计制度的规定。由于管理层修改了财务报表，注册会计师除了根据具体情况实施必要的审计程序外，还要针对修改后的财务报表出具新的审计报告和索取新的管理层声明书。新的审计报告日期不应早于董事会或类似机构批准修改后的财务报表的日期。由于审计报告日的变化，注册会计师应当将用以识别期后事项的审计程序延伸至新的审计报告日，以避免重大遗漏。

第二，管理层不修改财务报表且审计报告未提交时的处理。如果注册会计师认为应当修改财务报表而管理层没有修改，并且审计报告尚未提交给被审计单位，注册会计师应当按照《中国注册会计师审计准则第 1502 号——在审计报告中发表非无保留意见》的规定，出具保留意见或否定意见的审计报告。

第三，管理层不修改财务报表且审计报告已提交时的处理。如果注册会计师认为应当修改财务报表而管理层没有修改，并且审计报告已提交给被审计单位，注册会计师应当通知管理层不要将财务报表和审计报告向第三方报出。如果财务报表仍被报出，注册会计师应当采取措施防止财务报表使用者信赖该审计报告。例如，针对上市公司，注册会计师可以利用证券传媒刊登必要的声明，防止使用者信赖审计报告。注册会计师采取的措施取决于自身的权利和义务以及所征询的法律意见。

(3) 没有义务识别财务报表报出日后发现的事实。在财务报表报出后，注册会计师没有义务针对财务报表做出查询。但是，并不排除注册会计师通过媒体等其他途径获悉可能对财务报表产生重大影响的期后事项的可能性。

在财务报表报出后，如果知悉在审计报告日已存在的、可能导致修改审计报告的事实，注册会计师应当考虑是否需要修改财务报表，并与管理层和治理层(如适用)进行讨论。同时，注册会计师还需要根据管理层是否修改财务报表、是否采取必要措施确保所有收到原财务报表和审计报告的人士了解这一情况、是否临近公布下一期财务报表等具体情况采取适当措施。

应当予以指出的是，需要注册会计师在知悉后采取行动的财务报表报出日后事项是有严格限制的：这类期后事项应当是在审计报告日已经存在的事实；该事实如果被注册会计师在审计报告日前获知，可能影响审计报告。只有同时满足这两个条件，注册会计师才需要采取行动。

第一，管理层修改财务报表时的处理。注册会计师应当实施必要的审计程序(比如查阅法院判决文书)确定管理层对财务报表的修改是否恰当；复核管理层采取的措施能否确保所有收到原财务报表和审计报告的人士了解这一情况。

第二，管理层未采取任何行动时的处理。注册会计师应当采取措施防止财务报表使用者信赖该审计报告，并将拟采取的措施通知管理层和治理层。

注册会计师除了进行上述的期初余额、期后事项的审计外，还可以根据需要进行或有事项、持续经营、关联方及其交易、会计估计等项目的审计，限于篇幅，此处不再赘述，感兴趣的读者可参看注册会计师考试《审计》参考用书的相关内容。

任务处理

【任务13-1】下列关于期初余额审计的叙述不正确的是(　　)。

A. 如实施相关审计程序后无法获取有关期初余额的充分、适当的审计证据，注册会计师应当出具保留意见或无法表示意见的审计报告

B. 如期初余额存在对本期财务报表产生重大影响的错报，注册会计师应当告知管理层；如果上期财务报表由前任注册会计师审计，注册会计师还应当考虑提请管理层告知前任注册会计师

C. 如错报的影响未能得到正确的会计处理和恰当的列报，且对本期财务报表产生重大影响，注册会计师应当出具保留意见或否定意见的审计报告

D. 如前任注册会计师对上期财务报表出具了非标准审计报告，注册会计师应当考虑不接受委托

任务解析：应选 D。如果前任注册会计师对上期财务报表出具了非标准审计报告，注册会计师应当考虑该审计报告对本期财务报表的影响，而不是考虑不接受委托。

【任务 13-2】下列说法正确的有(　　)。

A. 如果财务报表经前任注册会计师审计，后任注册会计师在查阅前任注册会计师审计工作底稿后未能获取充分适当的审计证据，后任注册会计师应当发表保留或无法表示意见

B. 后任注册会计师在审计期初余额时，发现导致前任注册会计师出具非标准审计意见的事项本期依然存在，后任注册会计师应当继续发表非标准审计意见

C. 注册会计师在对财务报表进行审计时，一般无需专门对期初余额发表审计意见

D. 只有当期初余额对本期财务报表重要时，注册会计师才需要对其予以特别关注并实施专门的审计程序

任务解析：应选 CD。选项 A 不能直接认为审计范围受限，应当设计并执行其他的审计程序来获取审计证据；选项 B 要考虑该事项对本期财务报表的影响程度，只有影响是重大的，才能出具非标准审计报告。

【任务 13-3】如果在审计报告日后至财务报表报出日前，注册会计师知悉可能对财务报表产生重大影响的事实，那么应当考虑是否需要修改财务报表，并与管理层讨论，同时根据具体情况采取适当措施，下列所采取的措施正确的有(　　)。

A. 如果管理层修改了财务报表，注册会计师除了根据具体情况实施必要的审计程序外，还要针对修改后的财务报表出具新的审计报告和索取新的管理层声明书。新的审计报告日期不应晚于董事会或类似机构批准修改后的财务报表的日期

B. 如果管理层修改了财务报表，注册会计师需要获取充分、适当的审计证据，以验证管理层根据期后事项所做出的财务报表调整或披露是否符合企业会计准则和相关会计制度的规定

C. 如果注册会计师认为应当修改财务报表而管理层没有修改，并且审计报告已提交给被审计单位，注册会计师应当通知治理层不要将财务报表和审计报告向第三方报出

D. 如果注册会计师认为应当修改财务报表而管理层没有修改，并且审计报告尚未提交给被审计单位，注册会计师应当出具否定意见或无法表示意见的审计报告

任务解析：应选 BC。选项 A 中新的审计报告日期不应早于董事会或类似机构批准修改后的财务报表的日期；选项 D 中注册会计师应当出具的是保留或否定意见的审计报告。

任务导入分析

应选 BC。如果前任注册会计师对上期财务报表出具了非标准审计报告，注册会计师应当考虑该审计报告对本期财务报表的影响，只要在导致出具非标准审计报告的事项对本期财务报表仍然相关和重大的情况下，注册会计师应当对本期财务报表出具非标准审计报告。如果期初余额存在对本期财务报表产生重大影响的错报，注册会计师首先应当告知管理层，只有在错报的影响未能得到正确的会计处理和恰当列报的情况下，注册会计师才应当出具保留或否定意见的审计报告。

任务二 获取管理层声明及律师声明书

任务导入

下列有关管理层声明的说法中正确的有(　　)。

A. 如果合理预期不存在其他充分、适当的审计证据，注册会计师应当就对财务报表具有重大影响的事项向管理层获取书面声明

B. 注册会计师应当获取审计证据，以确定管理层认可其按照适用的会计准则和相关会计制度的规定编制财务报表的责任，并且已批准财务报表

C. 如果不能获取对财务报表具有或可能具有重大影响的事项的充分、适当的审计证据，而这些证据预期是可以获取的，则如果注册会计师已收到管理层就这些事项做出的声明，注册会计师仍应出具无保留意见的审计报告

D. 注册会计师不应以管理层声明替代能够合理预期获取的其他审计证据

资讯准备

一、获取管理层声明

1. 管理层声明的含义及作用

管理层声明，是指被审计单位管理层向注册会计师提供的陈述，用以确认某些事项或支持其他审计证据。此处单独提及的管理层应当理解为管理层和治理层(如适用)。管理层声明具有以下两个基本作用：一是明确管理层对财务报表的责任。被审计单位管理层在声明书中对提供给注册会计师的有关资料的真实性、合法性和完整性做出正面陈述，并明确承认对财务报表负责。二是提供审计证据。被审计单位管理层声明书将管理层对注册会计师的询问所做的答复以书面方式予以记录，可作为书面证据。尽管书面声明提供必要的审计证据，但其本身并不为所涉及的任何事项提供充分、适当的审计证据。

注册会计师不应以管理层声明替代能够合理预期获取的其他审计证据。例如，注册会计师不能以管理层承诺应收账款可以全部收回的声明，替代其他应当实施的审计程序，而是应

当通过检查应收账款期后回收情况、分析应收账款的账龄和债务人的信用等级等因素，评价其可收回性。如果不能获取对财务报表具有或可能具有重大影响的事项的充分、适当的审计证据，而这些证据预期是可以获取的，即使已收到管理层就这些事项做出的声明，注册会计师仍应将其视为审计范围受到限制。

如果管理层的某项声明与其他审计证据相矛盾，注册会计师应当调查这种情况。必要时，重新考虑管理层所声明的可靠性。例如，如果管理层声明已向注册会计师提供了所有与关联方及其交易相关的信息，并已对关联方和关联方交易做出充分披露。但在审计过程中，注册会计师发现被审计单位还存在某一关联方，且与之存在重大关联方交易，而未予披露，该交易金额对被审计单位本期损益具有重大影响。在这种情况下，注册会计师应当就此询问管理层。如果管理层不能对此做出合理解释，或所做的解释不充分，则表明管理层诚信可能存在问题，这时，需要重新考虑管理层所做声明的可靠性。

2. 对管理层声明的记录

管理层声明包括书面声明和口头声明。书面声明作为审计证据通常比口头声明可靠。书面声明可采取下列形式：管理层声明书；注册会计师提供的列示其对管理层声明的理解并经管理层确认的函；董事会及类似机构的相关会议纪要，或已签署的财务报表副本。书面声明不包括财务报表及其认定，以及支持性账簿和相关记录。注册会计师应当将获取的管理层声明作为审计证据，并形成审计工作底稿。

3. 管理层声明书的要点

当要求管理层提供声明书时，注册会计师应当要求将声明书送至注册会计师本人。声明书应当包括要求列明的信息，标明适当的日期并经签署。

(1) 主要内容。管理层声明一般包括以下三个方面的内容：

第一，关于财务报表。管理层认可其对财务报表的编制责任；管理层认可其设计、实施和维护内部控制以防止或发现并纠正错报的责任；管理层认为注册会计师在审计过程中发现的未更正错报，无论单独还是汇总起来考虑，对财务报表整体均不具有重大影响。

第二，关于信息的完整性。所有财务信息和其他数据的可获得性；所有股东会和董事会会议记录的完整性和可获得性；就违反法规行为这一事项，被审计单位与监管机构沟通的书面文件的可获得性；与未记录交易相关资料的可获得性；涉及下列人员舞弊行为或舞弊嫌疑的信息的可获得性：管理层、对内部控制产生重大影响的雇员、对财务报表的编制具有重大影响的其他人员。

第三，关于确认、计量和列报。对资产或负债的确认或列报具有重大影响的计划或意图；关联方交易，以及涉及关联方的应收或应付款项；需要在财务报表中披露的违反法规行为；需要确认或披露的或有事项，对财务报表具有重大影响的承诺事项和需要偿付的担保等；对财务报表具有重大影响的合同的遵循情况；对财务报表具有重大影响的重大不确定事项；被审计单位对资产的拥有或控制情况，以及抵押、质押或留置资产；持续经营假设的合理性；需要调整或披露的期后事项。

上述事项，因其复杂程度和重要程度的不同，注册会计师可以将其全部列入管理层声明书中，也可以就此向管理层获取专项声明。

(2) 签署日期。管理层声明书标明的日期应当尽量接近对财务报表出具审计报告的日期，但不得在审计报告日后。书面声明应当涵盖审计报告针对的所有财务报表和期间。审计报告的日期不应早于注册会计师获取充分、适当的审计证据(包括管理层认可对财务报表的责任且已批准财务报表的证据)，并在此基础上对财务报表形成审计意见的日期。因此，为了保证在签署审计报告时，与已获取管理层声明相关的事项没有发生变化，不会引致对财务报表的调整，管理层声明书标明的日期通常与审计报告日一致。

但在某些情况下，注册会计师也可能在审计过程中或审计报告日后就某些交易或事项获取单独的书面声明。例如，如果注册会计师在审计过程中就某些交易或事项单独获取了书面声明，那么在审计报告日注册会计师还要获取一份补充声明书，说明声明交易或事项是否发生变化。再如，如果在审计报告日后注册会计师发现了财务报表在财务报表日业已存在的重大错报，需要重新签署审计报告，注册会计师需要重新就此期后事项获取补充声明书。补充声明书通常就下列两个事项予以声明：管理层是否注意到任何事项使其认为前一声明书需要修改；在财务报表日后是否发生任何事项导致需要对财务报表进行调整。

(3) 签署人。管理层声明书通常由管理层中对被审计单位负责人及其财务负主要责任的人员签署。在某些情况下，注册会计师也可以向管理层中的其他人员获取管理层声明书。下面列示了一种管理层声明书的范例。

索引号：EH

管理层声明书

B 会计师事务所并 × × 注册会计师:

本声明书是针对你们审计本公司截至 20× × 年 12 月 31 日的年度财务报表而提供的。审计的目的是对财务报表发表意见，以确定财务报表是否在所有重大方面已按照《企业会计准则》的规定编制，并实现了公允反映。

尽我们所知，并在做出了必要的查询和了解后，我们确认:

一、财务报表

1. 我们已履行 20× × 年 × 月 × 日签署的审计业务约定书中提及的责任，即根据《企业会计准则》的规定编制财务报表，并对财务报表进行公允反映。

2. 在做出会计估计时使用的重大假设(包括与公允价值计量相关的假设)是合理的。

3. 已按照《企业会计准则》的规定对关联方关系及其交易做出了恰当的会计处理和披露。

4. 根据《企业会计准则》的规定，所有需要调整或披露的资产负债表日后事项都已得到调整或披露。

5. 未更正错报，无论是单独还是汇总起来，对财务报表整体的影响均不重大。未更正错报汇总表附在本声明书后。

二、提供的信息

1. 我们已向你们提供下列工作条件:

(1) 允许接触我们注意到的与财务报表编制相关的所有信息(如记录、文件和其他事项);

(2) 提供基于审计目的要求我们提供的其他信息;

(3) 允许在获取审计证据时不受限制地接触你们认为必要的本公司内部人员和其他相关人员。

2. 所有交易均已记录并反映在财务报表中。

3. 我们已向你们披露了由于舞弊可能导致的财务报表重大错报风险的评估结果。

4. 我们已向你们披露了我们注意到的，可能影响本公司的与舞弊或舞弊嫌疑相关的所有信息，这些信息涉及本公司的:

(1) 管理层;

(2) 在内部控制中承担重要职责的员工;

(3) 其他人员(在舞弊行为导致财务报表重大错报的情况下)。

5. 我们已向你们披露了从现任和前任员工、分析师、监管机构等方面获知的、影响财务报表的舞弊指控或舞弊嫌疑的所有信息。

6. 我们已向你们披露了所有已知的、在编制财务报表时应考虑其影响的违反或涉嫌违反法律法规的行为。

7. 我们已向你们披露了我们注意到的关联方的名称和特征、所有关联方关系及其交易。

附件 1: 未更正错报汇总表(不包括列报和披露错报)

附件 2: 列报和披露错报汇总表

单位名称:　A 股份有限公司(公章)　　　　法定代表人: 袁某(签章)

中国 × × 市　　　　财务负责人: 马某(签章)

20× × 年 × 月 × 日

4. 管理层拒绝提供声明时的措施

如果管理层拒绝提供注册会计师认为必要的声明，注册会计师应当将其视为审计范围受到限制，出具保留意见或无法表示意见的审计报告。例如，如果被审计单位房地产的用途发生改变，将自用房地产转换为投资性房地产，并采用公允价值模式计量，停止对其计提折旧，注册会计师应就转换用途的目的或意图向管理层实施询问程序，并将询问结果获取管理层认可，取得书面声明。如果管理层拒绝就此提供声明，而停止计提折旧这一事项对本期财务报表的损益影响重大，则注册会计师应将其视为审计范围受到限制，根据具体情况考虑出具保留意见或无法表示意见的审计报告。同时，在这种情况下，注册会计师应当评价审计过程中获取的管理层其他声明的可靠性，并考虑管理层拒绝提供声明是否可能对审计报告产生其他影响。

二、获取律师声明书

1. 律师声明书的含义及作用

律师声明书是被审计单位法律顾问和律师对注册会计师函证问题的答复和说明。注册会计师在出具审计报告前应向被审计单位律师索取律师声明书，以获取与资产负债表日业已存在的，以及资产负债表日至复函日这一时期内存在的期后事项和或有事项等有关的审计证据。律师声明书可以提供有力的审计证据，帮助注册会计师合理确定有关的期后事项和或有事项，但是律师声明不能作为注册会计师形成审计意见的直接根据。

2. 律师声明书的格式与内容

对律师的函证，通常以被审计单位的名义，通过寄发审计询证函的方式实施。律师声明书的格式和措辞没有定式，内容主要是律师针对注册会计师询问的期后事项、或有事项所做的答复和说明。例如，声明被审计单位有关期后事项和或有事项的陈述是否真实完整，并评价管理层对有关期后事项、或有事项情况的说明。注册会计师应根据该律师的职业水准和声誉情况来确定律师声明书的可靠性。如果注册会计师对代理被审计单位重大法律事务的律师并不熟悉，则应查询如该律师的职业背景、声誉及其在法律界的地位等情况，并考虑从律师协会获取信息。

3. 律师声明书对审计意见的影响

(1) 如果律师声明书指出或有事项可能引起不利结果，或者潜在损失发生的金额和范围都具有重大不确定性，在这种情况下，如果被审计单位的资产负债表上充分披露了这一不确定事项，注册会计师可能在审计报告中增加强调事项段加以说明。

(2) 若律师对函证拒绝回答，或律师声明书表明或暗示律师拒绝提供信息或隐瞒信息，或者对被审计单位叙述的情况应予修正而不加修正，一般应认为审计范围受到限制。注册会计师应视其影响的严重程度发表保留意见或无法表示意见。

任务处理

【任务 13-4】下列说法中不正确的有(　　)。

A. 注册会计师在对被审计单位期后事项和或有事项等进行审计时，往往要向被审计单位的法律顾问和律师进行函证，得到律师声明书，对于律师的函证通常是以会计师事务所的名义向被审计单位的律师寄发审计询证函

B. 管理层声明书标明的日期通常与审计报告日一致。但在某些情况下，注册会计师也可能在审计过程中或审计报告日后就某些交易或事项获取单独的声明书

C. 管理层声明书标明的日期一定与审计报告日一致

D. 注册会计师应当设计和实施审计程序，获取充分、适当的审计证据，以确定所有在财务报表日至财务报表报出日之间发生的、需要在财务报表中调整或披露的事项均已得到识别

任务解析：应选 ACD。选项 A，对被审计单位律师的函证是以被审计单位的名义向其律师寄发审计询证函的方式实施的；选项 C，管理层声明书标明的日期通常与审计报告日一致。但在某些情况下，注册会计师也可能在审计过程中或审计报告日后就某些交易或事项获取单独的声明书。选项 D，注册会计师应当设计和实施审计程序，获取充分、适当的审计证据，以确定所有在财务报表日至审计报告日之间发生的、需要在财务报表中调整或披露的事项均已得到识别。

任务导入分析

应选 ABD。如果不能获取对财务报表具有或可能具有重大影响的事项的充分、适当的审计证据，而这些证据预期是可以获取的，即使已收到管理层就这些事项做出的声明，注册会计师仍应将其视为审计范围受到限制，所以选项 C 错误。

任务三 汇总审计差异及质量控制复核

任务导入

下列有关注册会计师在完成审计工作阶段对审计工作底稿进行的独立复核的说法中正确的有(　　)。

A. 对签发审计报告前的审计工作底稿进行独立复核，是实施对审计工作结果的最后质量控制

B. 对所有财务报表进行审计，必须在出具报告前进行项目质量控制复核

C. 独立的项目质量控制复核能避免对具体审计工作理解不透彻形成与审计工作相一致的审计意见

D. 独立的项目质量控制复核能避免对重大审计问题的遗留形成与审计工作相一致的审计意见

资讯准备

一、编制审计差异调整表

在完成按业务循环进行的控制测试、财务报表项目的实质性程序和特殊项目的审计后，对审计项目组成员在审计中发现的被审计单位的会计处理方法与企业会计准则的不一致，即审计差异内容，审计项目经理应根据审计重要性原则予以初步确定并汇总，建议被审计单位进行调整，使经审计的财务报表所载信息能够公允地反映被审计单位的财务状况、经营成果和现金流量。

1. 审计差异的分类

审计差异内容按是否需要调整账户记录可分为核算错误和重分类错误。核算错误是因企业对经济业务进行了不正确的会计核算而引起的错误，用审计重要性原则来衡量每一项核算错误，又可把这些核算错误区分为建议调整的不符事项和不建议调整的不符事项(即未调整不符事项)；重分类错误是因企业未按企业会计准则列报财务报表而引起的错误。例如，企业在应付账款项目中反映的预付账款、在应收账款项目中反映的预收账款等。

无论是建议调整的不符事项、未调整不符事项还是重分类错误，在审计工作底稿中通常

都是以会计分录的形式反映的。由于审计中发现的错误往往不止一两项，为便于审计项目的各级负责人综合判断、分析和决定，也为了便于有效编制试算平衡表和代编经审计的财务报表，通常需要将这些建议调整的不符事项、未调整不符事项和重分类错误分别汇总至“账项调整分录汇总表”“未更正错报汇总表”和“重分类分录汇总表”。

2. 审计差异的处理措施

对审计中发现的核算错误，如何运用审计重要性原则来划分建议调整的不符事项与未调整不符事项是正确编制审计差异调整表的关键。重要性具有数量和质量两个方面的特征。换言之，注册会计师在划分建议调整的不符事项与未调整不符事项时，应当考虑核算错误的金额和性质两个因素。

(1) 对于单笔核算错误超过所涉及财务报表项目(或账项)层次重要性水平的，应视为建议调整的不符事项。

(2) 对于单笔核算错误大大低于所涉及财务报表项目(或账项)层次重要性水平，但性质重要的，如涉及舞弊与违法行为的核算错误、影响收益趋势的核算错误、股本项目等不期望出现的核算错误，应视为建议调整的不符事项。

(3) 对于单笔核算错误大大低于所涉及财务报表项目(或账项)层次重要性水平，并且性质不重要的，一般应视为未调整不符事项；但应当考虑小金额错报累计起来可能重要的可能性。

注册会计师确定了建议调整的不符事项和重分类错误后，应以书面方式及时征求被审计单位对需要调整财务报表事项的意见。若被审计单位予以采纳，应取得被审计单位同意调整的书面确认；若被审计单位不予采纳，应分析原因，并根据未调整不符事项的性质和重要程度，确定是否在审计报告中予以反映，以及如何反映。

3. 错报累积和评价表的编制示例

(1) 已更正错报汇总表格式及内容(不包括列报和披露错报) (见表13-1)。

表13-1　已更正错报汇总表(不包括列报和披露错报)

客户：A股份有限公司　　　　索引号：EA-1
项目：已更正错报　　　　财务报表截止日/期间：20××年度
编制：左某　　　　复核：郁某
日期：20××-2-18　　　　日期：20××-2-18

序号	内容及说明	索引号	调整内容				影响利润表+(-)	影响资产负债表+(-)	错报性质
			借方项目	借方金额	贷方项目	贷方金额			

已更正错报影响合计：

项目	借方金额	贷方金额	合计
1. 资产			
2. 负债			

(续表)

3. 权益

4. 损益

对已更正错报实施的检查程序：

1.

2.

……

(2) 已更正的列报和披露错报汇总表格式及内容(见表 13-2)。

表 13-2 已更正的列报和披露错报汇总表

客户：A 股份有限公司 索引号：EA-2

项目：已更正的列报和披露 财务报表截止日/期间：20××年度

编制：左某 复核：郁某

日期：20××-2-18 日期：20××-2-18

序号	错报说明	索引号	相关披露和列报要求	金额(如适用)	错报性质

对已更正错报实施的检查程序：

1.

2.

……

(3) 未更正错报汇总表(不包括列报和披露错报) 格式及内容(见表 13-3)。

表 13-3 未更正错报汇总表(不包括列报和披露错报)

客户：A 股份有限公司 索引号：EA-3

项目：未更正错报 财务报表截止日/期间：20××年度

编制：左某 复核：郁某

日期：20××-2-18 日期：20××-2-18

序号	内容及说明	索引号	未调整内容				错报性质	管理层不予更正的原因
			借方项目	借方金额	贷方项目	贷方金额		
一、以前期间识别出的影响本期财务报表的前期未更正错报								
1								
2								
二、本期识别出的影响本期财务报表的前期未更正错报								
1								
2								
三、本期识别出的影响本期财务报表的未更正错报								
1								
2								

(续表)

前期为更正错报影响合计(第一项和第二项合计)

项目	借方金额	贷方金额	合计
1. 资产			
2. 负债			
3. 权益			
4. 损益			

未更正错报影响合计(第一项、第二项和第三项合计)

项目	借方金额	贷方金额	合计
1. 资产			
2. 负债			
3. 权益			
4. 损益			

(4) 未更正的列报和披露错报汇总表格式及内容(见表 13-4)。

表 13-4　未更正的列报和披露错报汇总表

客户：A 股份有限公司　　索引号：EA-4
项目：未更正的列报和披露　　财务报表截止日/期间：20××年度
编制：左某　　复核：郁某
日期：20××-2-18　　日期：20××-2-18

序号	错报说明	索引号	相关披露和列报要求	金额(如适用)	错报性质	管理层不予更正的原因

(5) 评价识别出的错报格式及内容(见表 13-5)。

表 13-5　评价识别出的错报

客户：A 股份有限公司　　索引号：EA-5
项目：评价识别出的错报　　财务报表截止日/期间：20××年度
编制：左某　　复核：郁某
日期：20××-2-18　　日期：20××-2-18

一、识别出的错报对审计的影响

1. 错报合计

项目	索引号	金额(元)							
		资产(+)	资产(-)	负债(+)	负债(-)	权益(+)	权益(-)	损益(+)	损益(-)
已更正错报合计	EA-1								
未更正错报合计	EA-3								

(续表)

2. 本期财务报表整体重要性：________
3. 评价：
(1) 审计过程中积累的错报合计数是否接近重要性(是/否)：________
(2) 识别出的错报性质以及错报发生的环境是否表明可能存在其他错报，并且可能存在的其他错报与审计过程后中累积的错报合计起来可能是重大的(是/否)：________
4. 结论：
无需修改总体审计策略和具体审计计划
或者，需要修改总体审计策略和具体审计计划，详见【工作底稿索引】

二、前期未更正错报对前期财务报表的影响

1. 前期未更正错报

项目	索引号	金额/元							
		资产(+)	资产(-)	负债(+)	负债(-)	权益(+)	权益(-)	损益(+)	损益(-)
前期未更正错报合计	EA-3								

2. 前期财务报表整体重要性：________
3. 结论：
与以前期间相关的未更正错报对前期财务报表的影响不重大，不需要重述财务报表
或者，与以前期间相关的未更正错报对前期财务报表的影响重大，需要重述财务报表

三、未更正错报对本期财务报表的影响

1. 未更正错报

项目	索引号	金额/元							
		资产(+)	资产(-)	负债(+)	负债(-)	权益(+)	权益(-)	损益(+)	损益(-)
未更正错报合计	EA-3								

2. 本期财务报表整体重要性：________
3. 结论：
未更正错报单独或汇总起来不构成重大错报
或者，未更正错报单独或汇总起来构成重大错报

二、编制试算平衡表

1. 编制试算平衡表的注意事项

试算平衡表是注册会计师在被审计单位提供未审财务报表的基础上，考虑调整分录、重分类分录等内容以确定已审数与报表披露数的表式。在编制试算平衡表时需要注意以下几点：

(1) 试算平衡表中的“期末未审数”和“审计前金额”，应根据被审计单位提供的未审财务报表填列。

(2) 试算平衡表中的“账项调整”和“调整金额”，应根据经审计单位同意的“账项调整分录汇总表”填列。

(3) 试算平衡表中的“重分类调整”和“调整金额”，应根据经审计单位同意的“重分类调整分录汇总表”填列。

(4) 在编制完试算平衡表后，还应注意核对相应的钩稽关系。例如，资产负债表试算平衡表左边的“期末未审数”列合计数、“期末审定数”列合计数应分别等于其右边相应各列

合计数；资产负债表试算平衡表左边的“重分类调整”列中的借方合计数与贷方合计数之差应等于右边的“重分类调整”列中的贷方合计数与借方合计数之差等。

2. 试算平衡表的编制示例

(1) 资产负债表试算平衡表的格式及内容(见表 13-6)。

表 13-6 资产负债表试算平衡表

客户：A 股份有限公司　　索引号：EB-1
项目：资产负债表　　财务报表截止日/期间：20××年 12 月 31 日
编制：左某　　复核：郁某
日期：20××-2-18　　日期：20××-2-18

项目	期末未审数	账项调整		重分类调整		期末审定数	项目	账项调整		重分类调整		期末审定数
		借方	贷方	借方	贷方			借方	贷方	借方	贷方	
货币资金							短期借款					
交易性金融资产							交易性金融负债					
衍生金融资产							衍生金融负债					
应收票据							应付票据					
应收账款							应付账款					
预付款项							预收款项					
其他应收款							合同负债					
存货							应付职工薪酬					
合同资产							应交税费					
持有待售资产							其他应付款					
一年内到期非流动资产							持有待售负债					
其他流动资产							一年内到期的非流动负债					
债权投资							其他流动负债					
其他债权投资							长期借款					
长期应收款							应付债券					
长期股权投资							其中：优先股					
其他权益工具投资							永续债					
其他非流动金融资产							长期应付款					
投资性房地产							预计负债					
固定资产							递延收益					
在建工程							递延所得税负债					
生产性生物资产							其他非流动负债					
油气资产							实收资本(或股本)					
无形资产							其他权益工具					
开发支出							其中：优先股					
商誉							永续债					

(续表)

项目	期末未审数	账项调整		重分类调整		期末审定数	项目	账项调整		重分类调整		期末审定数
		借方	贷方	借方	贷方			借方	贷方	借方	贷方	
长期待摊费用							资本公积					
递延所得税资产							其他综合收益					
其他非流动资产							盈余公积					
							未分配利润					
合计							合计					

(2) 利润表试算平衡表的格式及内容(见表 13-7)。

表 13-7　利润表试算平衡表

客户：A 股份有限公司　　索引号：EB-2
项目：资产负债表　　财务报表截止日/期间：20××年度
编制：左某　　复核：郁某
日期：20××-2-18　　日期：20××-2-18

项　目	行次	未审数	调整金额		审定数	索引号
			借　方	贷　方		
一、营业收入	1					
减：营业成本	2					
税金及附加	3					
销售费用	4					
管理费用	5					
研发费用	6					
财务费用	7					
资产减值损失	8					
信用减值损失	9					
加：其他收益	10					
投资收益	11					
公允价值变动收益	12					
资产处置收益	13					
二、营业利润	14					
加：营业外收入	15					
减：营业外支出	16					
三、利润总额	17					
减：所得税费用	18					
四、净利润	19					

三、项目质量控制复核

1. 对财务报表总体合理性的复核

在审计结束或临近结束时，注册会计师应针对财务报表总体合理性实施分析程序，其目的是确定审计调整后的财务报表整体是否与其对被审计单位的了解一致。这时运用分析程序是强制要求，注册会计师在这个阶段必须运用分析程序。在运用分析程序进行总体复核时，如果识别出以前未识别的重大错报风险，注册会计师应当重新考虑对全部或部分各类交易、账户余额、列报评估的风险是否恰当，并在此基础上重新评价之前计划的审计程序是否充分，是否有必要追加审计程序。

2. 评价审计结果并草拟审计报告

注册会计师评价审计结果，主要为了确定将要发表的审计意见的类型以及在整个审计工作中是否遵循了审计准则。

(1) 对重要性和审计风险进行最终的评价。对重要性和审计风险进行最终评价，是注册会计师决定发表何种类型审计意见的必要过程。该过程可通过以下两个步骤来完成。第一，按财务报表项目确定可能的审计差异，即可能错报金额。可能错报金额包括已经识别的具体错报和推断误差。第二，确定各财务报表项目可能的错报金额的汇总数(即可能错报总额)对财务报表层次重要性水平和其他与这些错报有关的财务报表总额(比如流动资产或流动负债)的影响程度。应当注意的是：这里的财务报表层次的重要性水平是指审计计划阶段确定的重要性水平，如果该重要性水平在审计过程中已做过修正，则当然应按修正后的财务报表层次重要性水平进行比较；这里的可能错报总额一般是指各财务报表项目可能的错报金额的汇总数，但也可能包括上一期间的任何未更正可能错报对本期财务报表的影响。如果注册会计师将上一期间的未更正可能错报包括进来，可能会导致本期财务报表被严重错报的风险高到无法接受的程度，则注册会计师估计本期的可能错报总和时，就应包括上一期间的未更正可能错报。

注册会计师在审计计划阶段已确定了审计风险的可接受水平。随着可能错报总和的增加，财务报表可能被严重错报的风险也会增加。如果注册会计师得出结论，审计风险处在一个可接受的水平，则可以直接提出审计结果所支持的意见；如果注册会计师认为审计风险不能接受，则应追加实施额外的实质性程序或者说服被审计单位作必要调整，以便将重要错报的风险降低到一个可接受的水平。否则，注册会计师应慎重考虑该审计风险对审计报告的影响。

(2) 对已审计财务报表形成审计意见并草拟审计报告。在审计过程中，要实施各种测试。这些测试通常是由参与本次审计工作的审计项目组成员来执行的，而每个成员所执行的测试可能只限于某几个领域或账项。所以，在每个功能领域或报表项目的测试都完成之后，审计项目经理应汇总所有成员的审计结果。

在完成审计工作阶段，为了对财务报表整体发表适当的意见，必须将这些分散的审计结果加以汇总和评价，综合考虑在审计过程中所收集到的全部证据。负责该审计项目的合伙人对这些工作负有最终的责任。在有些情况下，这些工作可以先由审计项目经理初步完成，然后再逐级交给部门经理和项目合伙人认真复核。

在对审计意见形成最后决定之前，会计师事务所通常要与被审计单位召开沟通会。在会议上，注册会计师可以口头报告本次审计所发现的问题，并说明建议被审计单位作必要调整或表外披露的理由。当然，管理层也可以在会上申辩其立场。最后，通常会对需要被审计单位做出的改变达成协议。如达成了协议，注册会计师一般即可签发标准审计报告，否则，注册会计师则可能不得不发表其他类型的审计意见。

(3) 与被审计单位治理层沟通。治理层和注册会计师对各自从不同层面掌握的情况和信息进行有效的沟通，对于公司治理层对管理层进行有效监督与制衡，以及增加注册会计师审计工作的针对性，特别是保护注册会计师独立性不受管理层干扰，有着积极的作用。为了促进注册会计师与治理层之间的良性互动，审计准则规定了注册会计师与治理层沟通的要求。注册会计师与治理层沟通的主要目的是：就审计范围和时间以及注册会计师、治理层和管理层各方在财务报表审计和沟通中的责任取得相互了解；及时向治理层告知审计中发现的与治理层责任相关的事项；共享有助于注册会计师获取审计证据和治理层履行责任的其他信息。

注册会计师应当就下列事项与治理层沟通：审计工作中发现问题的沟通(如未更正的错报)；注册会计师对被审计单位会计处理质量的看法(如对被审计单位选用的会计政策的可接受性的看法)；注册会计师的独立性等。

沟通的时间不只限于完成审计工作时，它应贯穿于审计工作的各个阶段，随着情况的变化而变化。沟通的形式包括口头和书面两种。对于一般性的问题可进行口头沟通。但对于某些重要事项，应当以书面沟通函的形式。

(4) 审计工作底稿的复核。会计师事务所应当建立完善的审计工作底稿分级复核制度。对审计工作底稿的复核可分为两个层次：项目组内部复核和独立的项目质量控制复核。

第一，项目组内部复核。项目组内部复核又分为两个层次：审计项目经理的现场复核和项目合伙人的复核。审计项目经理对审计工作底稿的全面复核通常在审计现场完成，以便及时发现和解决问题，争取审计工作的主动。由审计项目经理在审计过程进行中对工作底稿的复核属于第一层复核，这层复核主要是评价已完成的审计工作、所获得的证据和工作底稿编制人员形成的结论。在完成审计外勤工作时，需项目合伙人对审计工作底稿实施复核。该复核既是对审计项目经理复核的再监督，也是对重要审计事项的重点把关。其主要内容包括：复查计划确定的重要审计程序是否适当，是否得以较好实施，是否实现了审计目标；复查重点审计项目的审计证据是否充分、适当；复查审计范围是否充分；复查对建议调整的不符事项和未调整不符事项的处理是否恰当；复核审计工作底稿中重要的钩稽关系是否正确；检查审计工作中发现的问题及其对财务报表和审计报告的影响，审计项目组对这些问题的处理是否恰当；复核已审财务报表总体上是否合理、可信。

项目合伙人的复核，可以通过填列和复核财务报表检查清单的方式来进行。很多会计师事务所都备有详细的财务报表检查清单，甚至为不同的行业、不同性质的被审计单位准备了不同的检查清单。检查清单的完成和复核，不仅可以对那些经常容易被忽视的审计方面起到提醒的作用，还有利于检查审计证据的充分性和适当性。

第二，独立的项目质量控制复核。项目质量控制复核是指在出具报告前，对项目组做出的重大判断和在准备报告时形成的结论做出客观评价的过程。项目质量控制复核也称独立复核。《会计师事务所质量控制准则第 6101 号——业务质量控制》，要求对包括上市公司财务报表审计在内的特定业务实施项目质量控制复核，并在出具报告前完成。

独立复核的要点包括：项目组就具体业务对会计师事务所独立性做出的评价；在审计过程中识别的特别风险以及采取的应对措施；做出的判断，尤其是关于重要性和特别风险的判断；是否已就存在的意见分歧、其他疑难问题或争议事项进行适当咨询，以及咨询得出的结论；在审计中识别的已更正和未更正的错报的重要程度及处理情况；拟与管理层、治理层以及其他方面沟通的事项；所复核的审计工作底稿是否反映了针对重大判断执行的工作，是否支持得出的结论；拟出具的审计报告的适当性。

对签发审计报告前的审计工作底稿进行独立复核，是实施对审计工作结果的最后质量控制，能避免对重大审计问题的遗留或对具体审计工作理解不透彻等情况，从而形成与审计工作结果相一致的审计意见。进行独立复核，可以严格保证整体审计工作质量的一致性，确认该审计工作已达到会计师事务所的工作标准，也可以消除妨碍注册会计师判断的偏见，做出符合事实的审计结论。

3. 项目质量控制复核工作底稿示例

(1) 项目经理复核表(见表 13-8)。

表 13-8 项目经理复核表

复 核 事 项	是/否/不适用	备注
1. 是否已复核已完成的审计计划，以及导致对审计计划做出重大修改的事项？	是	
2. 是否已复核重要的财务报表项目？	是	
3. 是否已复核特殊交易或事项，包括债务重组、关联方交易、非货币性交易、或有事项、期后事项、持续经营能力等？	是	
4. 是否已复核重要会计政策、会计估计的变更？	是	
5. 是否已复核重大事项概要？	是	
6. 是否已复核建议调整事项？	是	
7. 是否已复核管理层声明书，股东大会、董事会相关会议纪要，与客户的沟通记录及重要会谈记录，律师询证函复函？	是	
8. 是否已复核审计小结？	是	
9. 是否已复核已审计财务报表和拟出具的审计报告？	是	
10. 实施上述复核后，是否可以确定下列事项：	是	
(1) 审计工作底稿提供了充分、适当的记录，作为审计报告的基础？		
(2) 已按照中国注册会计师审计准则的规定执行了审计工作？	是	
(3) 对重大错报风险的评估及采取的应对措施是恰当的，针对存在特别风险的审计领域，设计并实施了针对性的审计程序，且得出了恰当的审计结论？	是	
(4) 做出的重大判断恰当合理？	是	
(5) 提出的建议调整事项恰当，相关调整分录正确？	是	
(6) 未更正错报无论是单独还是汇总起来对财务报表整体均不具有重大影响？	是	
(7) 已审计财务报表的编制符合企业会计准则的规定，在所有重大方面公允反映了被审计单位的财务状况、经营成果和现金流量？	是	
(8) 拟出具的审计报告措辞恰当，已按照中国注册会计师审计准则的规定发表了恰当的审计意见？	是	
签字：	日期：	

(2) 项目合伙人复核表(见表 13-9)。

表 13-9　项目合伙人复核表

复 核 事 项	是/否/不适用	备注
1. 是否已复核已完成的审计计划，以及导致对审计计划做出重大修改的事项？	是	
2. 是否已复核重大事项概要？	是	
3. 是否已复核存在特别风险的审计领域，以及项目组采取的应对措施？	是	
4. 是否已复核项目组做出的重大判断?	是	
5. 是否已复核建议调整事项？	是	
6. 是否已复核管理层声明书，股东大会、董事会相关会议纪要，与客户的沟通记录及重要会谈记录，律师询证函复函？	是	
7. 是否已复核审计小结？	是	
8. 是否已复核已审计财务报表和拟出具的审计报告？	是	
9. 实施上述复核后，是否可以确定：		
(1) 对项目负责经理实施的复核结果满意？	是	
(2) 对重大错报风险的评估及采取的应对措施是恰当的，针对存在特别风险的审计领域，设计并实施了针对性的审计程序且得出了恰当的审计结论？	是	
(3) 项目组做出的重大判断恰当合理？	是	
(4) 提出的建议调整事项恰当合理，未更正错报无论是单独还是汇总起来对财务报表整体均不具有重大影响？	是	
(5) 已审计财务报表的编制符合企业会计准则的规定，在所有重大方面公允反映了被审计单位的财务状况、经营成果和现金流量？	是	
(6) 拟出具的审计报告措辞恰当，已按照中国注册会计师审计准则的规定发表了恰当的审计意见？	是	
签字：	日期：	

(3) 独立的项目质量控制复核表(见表 13-10)。

表 13-10　独立的项目质量控制复核表

复 核 事 项 (由独立的项目质量控制复核人员进行复核。项目质量控制复核适用于上市公司财务报表审计或会计师事务所规定的其他类型审计业务。)	是/否/不适用	备注
1. 项目质量控制复核之前进行的复核是否均已得到满意的执行？	是	
2. 是否已复核项目组针对本业务对本所独立性做出的评价，并认为该评价是恰当的？	是	
3. 是否已复核项目组在审计过程中识别的特别风险以及采取的应对措施，包括项目组对舞弊风险的评估及采取的应对措施，认为项目组做出的判断和应对措施是恰当的？	是	
4. 是否已复核项目组做出的判断，包括关于重要性和特别风险的判断，认为这些判断恰当合理？	是	
5. 是否确定项目组已就存在的意见分歧、其他疑难问题或争议事项进行适当咨询且咨询得出的结论是恰当的？	是	

(续表)

复核事项 (由独立的项目质量控制复核人员进行复核。项目质量控制复核适用于上市公司财务报表审计或会计师事务所规定的其他类型审计业务。)	是/否/不适用	备注
6. 是否已复核项目组与管理层和治理层沟通的记录以及拟与其沟通的事项，对沟通情况表示满意？	是	
7. 是否认为所复核的审计工作底稿反映了项目组针对重大判断执行的工作，能够支持得出的结论？	是	
8. 是否已复核已审计财务报表和拟出具的审计报告，认为已审计财务报表符合企业会计准则的规定，拟出具的审计报告已按照中国注册会计师审计准则的规定发表了恰当的审计意见？	是	

任务处理

【任务 13-5】在完成审计工作时，注册会计师与治理层沟通的主要目的有(　　)。

A. 就审计范围和时间以及注册会计师、治理层和管理层各方在财务报表审计和沟通中的责任，取得相互了解

B. 及时向治理层告知审计中发现的与治理层责任相关的事项

C. 及时向管理层层告知审计中发现的与治理层责任相关的事项

D. 共享有助于注册会计师获取审计证据和治理层履行责任的其他信息

任务解析：应选 ABD。注册会计师与治理层沟通的主要目的是：就审计范围和时间以及注册会计师、治理层和管理层各方在财务报表审计和沟通中的责任，取得相互了解；及时向治理层告知审计中发现的与治理层责任相关的事项；共享有助于注册会计师获取审计证据和治理层履行责任的其他信息。

任务导入分析

应选 ACD。《会计师事务所质量控制准则第 5101 号—— 业务质量控制》中要求对包括上市公司财务报表审计在内的特定业务实施项目质量控制复核，并在出具报告前完成，但并不是所有的财务报表审计都要求在出具报告前进行项目质量控制复核的。

任务四　审计意见的形成及审计报告的编制

任务导入

下列说法中不正确的有(　　)。

A. 如果因会计政策的选用、会计估计的做出或财务报表的披露不符合适用的会计准则

和相关会计制度的规定而出具保留意见审计报告时，注册会计师应当在注册会计师的责任段中提及这一情况

B. 无法表示意见不同于否定意见，否定意见通常仅仅适用于注册会计师不能获取充分、适当的审计证据；如果注册会计师发表无法表示意见，则必须获得充分、适当的审计证据

C. 现金、银行存款均属于敏感性高、流动性强的资产账户。但是在审计过程中，如果注册会计师发现这两个账户在分类上出现错误，所做的反映不会比发现销售业务没有入账更加强烈

D. 当存在重大不确定事项时，如果被审计单位已在财务报表附注中做了充分披露，注册会计师应当出具保留意见的审计报告

资讯准备

一、审计意见的形成过程

注册会计师应当就财务报表是否在所有重大方面按照适用的财务报告编制基础编制并实现公允反映形成审计意见。在得出审计结论时，注册会计师应考虑如下方面的问题：

1. 对审计证据充分、适当性的考虑

在得出审计结论之前，注册会计师应按照《中国注册会计师审计准则第 1231 号——针对评估的重大错报风险采取的应对措施》的规定，看是否已获取了充分、适当的审计证据。在形成审计意见时，注册会计师应当考虑所有相关的审计证据，无论该证据与财务报表认定相互印证还是相互矛盾。如果对重大的财务报表认定没有获取充分、适当的审计证据，注册会计师应当尽可能地获取进一步的审计证据。

2. 对财务报表合法性的考虑

在评价财务报表是否按照适用的会计准则和相关会计制度的规定编制时，注册会计师应当考虑下列因素：

(1) 选择和运用的会计政策是否符合适用的会计准则和相关会计制度，并适合于被审计单位的具体情况。会计政策是被审计单位在会计确认、计量和报告中采用的原则、基础和会计处理方法。注册会计师需要关注财务报表是否充分披露了选择和运用重要会计政策。

注册会计师在考虑被审计单位选用的会计政策是否适当时，应当关注重要的事项。重要事项包括重要项目的会计政策和行业惯例、重大和异常交易的会计处理方法、在新领域和缺乏权威性标准或共识的领域采用重要会计政策产生的影响、会计政策的变更等。

(2) 管理层做出的会计估计是否合理。会计估计通常是指被审计单位以最近可利用的信息为基础对结果不确定的交易或事项所做的判断。由于会计估计的主观性、复杂性和不确定性，管理层做出的会计估计发生重大错报的可能性较大。因此，注册会计师应当判断管理层做出的会计估计是否合理，确定会计估计的重大错报风险是否是特别风险，是否采取了有效的措施予以应对。

(3) 财务报表反映的信息是否具有相关性、可靠性、可比性和可理解性。财务报表反映的信息应当符合信息质量特征，具有相关性、可靠性、可比性和可理解性。注册会计师应当根据《企业会计准则——基本准则》的规定，考虑财务报表反映的信息是否符合信息质量特征。

(4) 财务报表的披露是否充分。财务报表是否做出充分披露，使财务报表使用者能够理解重大交易和事项对被审计单位财务状况、经营成果和现金流量的影响。

(5) 被审计单位管理层是否存在偏向性。在考虑被审计单位会计实务质量的同时，对管理层判断中可能出现偏差的迹象也是不容忽视的。管理层缺乏中立性产生的累积影响，连同未更正错报的影响，可能导致财务报表整体存在重大错报。缺乏中立性的迹象包括：管理层对注册会计师在审计期间提请其注意的错报进行选择性更正，如更正增加盈利的错报，对减少盈利的错报则不予更正；管理层做出会计估计时可能存在偏向，虽然这种偏向本身并不构成错报，但这些迹象可能影响注册会计师对财务报表整体是否不存在重大错报的评价。

3. 对财务报表公允性的考虑

在评价财务报表是否做出公允反映时，注册会计师应当考虑下列因素。

(1) 经管理层调整后的财务报表，是否与注册会计师对被审计单位及其环境的了解一致。在完成审计工作后，如果财务报表存在重大错报，注册会计师应当要求管理层进行调整。管理层做出调整或拒绝调整后，注册会计师可以确定已审计财务报表是否还存在重大错报，并形成恰当的审计意见。为了进一步确定已审计财务报表是否符合被审计单位的实际情况，注册会计师尚需对财务报表做出总体复核，并判断是否与其对被审计单位及其环境的了解一致。

(2) 财务报表的整体列报、结构和内容是否合理。企业会计准则和相关会计制度中对财务报表的列报、结构和内容做了规定。注册会计师应当根据《企业会计准则第 30 号——财务报表列报》及其指南，考虑财务报表的列报、结构和内容是否合理。

(3) 财务报表是否真实地反映了相关交易和事项的经济实质。

4. 财务报表编制基础的考虑

适用的财务报告编制基础为注册会计师提供了用以审计财务报表的标准。如果不存在可接受的财务报告编制基础，管理层就不具有编制财务报表的恰当基础，注册会计师也不具有对财务报表进行审计的适当标准。如果财务报告准则由经授权或获得认可的准则制定机构制定和发布，供某类实体使用，只要这些机构遵循一套既定和透明的程序(包括认真研究和仔细考虑广大利益相关者的观点)，则认为财务报告准则对于这类实体编制通用目的财务报表是可接受的。这些财务报告准则的例子包括有国际会计准则理事会发布的国际财务报告准则、国际公共部门会计准则理事会发布的国际公共部门会计准则和某一国家或地区经授权或获得认可的准则制定机构在遵循一套既定、透明程序的基础上发布的会计准则。在规范通用目的的财务报表编制的法律法规中，这些财务报告准则通常被界定为适用的财务报告编制基础。另外，法律法规可能为某类实体规定了在编制通用目的财务报表时采用的财务报告编制基础。通常情况下，注册会计师认为这种财务报告编制基础对这类实体编制通用目的财务报表是可接受的，除非有迹象表明不可接受。

在审计意见的形成过程中，注册会计师应当评价财务报表是否恰当提及或说明适用的财务报告编制基础。只有财务报表符合适用的财务报告编制基础(在财务报表所涵盖的期间内有效)的所有要求，声明财务报表按照该编制基础才是恰当的。在某些情况下，财务报表可能声明按照两个财务报告编制基础(如某一个国家或地区的财务报告编制基础和国际财务报告准则)编制。这可能是因为管理层被要求或自愿选择同时按照两个编制基础的规定编制财务报表，在这种情况下，两个财务报告编制基础都是适用的财务报告编制基础。只有当财务报表分别符合每个财务报告编制基础的所有要求时，声明财务报表按照这两个编制基础编制才是恰当的。在实务中，同时遵守两个编制基础的可能性很小，除非某一个国家或地区采用另一财务报告编制基础(如国际财务报告准则)作为本国或本地区的财务报告编制基础，或者已经消除遵守另一财务报告编制基础的所有障碍。

5. 审计结论的评价

注册会计师应当评价根据审计证据得出的结论，以作为对财务报表形成审计意见的基础。在对财务报表形成审计意见时，注册会计师应当根据已获取的审计证据，评价是否已对财务报表整体不存在重大错报获取合理保证。注册会计师对审计结论的评价贯穿于审计的全过程。具体内容如下：

(1) 注册会计师应当根据实施的审计程序和获取的审计证据，评价对认定层次重大错报风险的评估是否仍然适当。

(2) 财务报表审计是一个累积和不断修正信息的过程。随着计划的审计程序的实施，如果获取的信息与风险评估时依据的信息有重大差异，注册会计师应当考虑修正风险评估结果，并据以修改原计划的其他审计程序的性质、时间和范围。

(3) 在实施控制测试时，如果发现被审计单位控制运行出现偏差，注册会计师应当了解这些偏差及其潜在后果，并确定已实施的控制测试是否为信赖控制提供了充分、适当的审计证据，是否需要实施进一步的控制测试，或实施实质性程序以应对潜在的错报风险。

(4) 注册会计师不应将审计中发现的舞弊或错误视为孤立发生的事项，而应当考虑其对评估的重大错报风险的影响。在完成审计工作前，注册会计师应当评价是否已将审计风险降至可接受的低水平，是否需要重新考虑已实施审计程序的性质、时间和范围。

(5) 在形成审计意见时，注册会计师应当从总体上评价是否已经获取充分、适当的审计证据，以将审计风险降至可接受的低水平。注册会计师应当考虑所有相关的审计证据，包括能够印证财务报表认定的审计证据和与财务报表认定相矛盾的审计证据。

二、审计报告的类型及要素

1. 审计报告的含义及作用

(1) 审计报告的含义。就注册会计师审计而言，审计报告是指注册会计师根据注册会计师审计准则的要求，在实施审计工作的基础上对被审计单位年度财务报表发表意见的书面文件。审计报告是审计工作的最终结果，具有法定证明效力。它具有如下特征：注册会计师应当按照审计准则的规定执行审计工作；注册会计师在实施审计工作的基础上才能出具审计报告；注册会

审计报告的含义和作用

计师通过对财务报表发表意见履行业务约定书约定的责任；注册会计师应当以书面形式出具审计报告。注册会计师应当根据审计证据得出的结论，清楚表达对财务报表的意见。注册会计师一旦在审计报告上签名并盖章，就表明对其出具的审计报告负责。

(2) 审计报告的作用。注册会计师签发的审计报告，主要具有鉴证、保护和证明三方面的作用。第一，鉴证作用。注册会计师签发的审计报告不同于政府审计和内部审计的审计报告，它是以超然独立的第三者身份对审计客户财务报表合法性、公允性发表意见。它具有鉴证作用，得到了政府及其各部门和社会各界的普遍认可。第二，保护作用。注册会计师通过审计，可以对审计客户出具不同类型审计意见的审计报告，以提高或降低财务报表信息使用者对财务报表的信赖程度，能够在一定程度上对审计客户的债权人和股东的权益及企业利害关系人的利益起到保护作用。如投资者根据注册会计师审计后的财务报表做出投资决策，可以减少其投资风险。第三，证明作用。审计报告是对注册会计师审计任务完成情况及结果所做的总结，它可以表明审计工作的质量并明确注册会计师的审计责任。因此，审计报告可以对审计工作质量和注册会计师的审计责任起证明作用。

2. 审计报告的类型

注册会计师接受委托对被审计单位进行审计，应当根据搜集的审计证据对被审计单位在特定日期的财务状况和特定期间的经营成果及现金流量发表各种不同的审计意见。审计意见一般可以分为五种：第一，不附加说明段、强调事项段或任何修饰性用语的无保留意见；第二，带强调事项段的无保留意见；第三，保留意见；第四，否定意见；第五，无法表示意见。根据审计意见的不同，可以把审计报告分为标准审计报告和非标准审计报告两种。

(1) 标准审计报告。标准审计报告是当注册会计师出具的无保留意见的审计报告不附加说明段、强调事项段或任何修饰性用语时，该报告称为标准审计报告。包括其他报告责任段，但不含有强调事项段或其他事项段的无保留意见的审计报告也被视为标准审计报告。

(2) 非标准审计报告。非标准审计报告是指标准审计报告以外的其他审计报告，包括带强调事项段或其他事项段的无保留意见的审计报告和非无保留意见的审计报告。审计报告的强调事项段是指注册会计师在审计意见段后增加的对重大事项予以强调的段落。其他事项段提及的是未在财务报表中列报或披露的事项，根据注册会计师的职业判断，该事项与财务报表使用者理解审计工作、注册会计师的责任或审计报告相关。另外，在对两套以上财务报表出具审计报告、限制审计报告分发和使用时也应增加其他事项段。非无保留意见的审计报告包括保留意见的审计报告、否定意见的审计报告和无法表示意见的审计报告。

3. 审计报告的要素

审计报告的要素一般由准则制定部门在审计准则中做出统一规定，其目的在于提高审计报告的规范性，便于使用者阅读与理解，从而更好地发挥审计报告的作用。我国审计准则规定标准审计报告应当包括下列基本要素：标题、收件人、引言段、管理层对财务报表的责任段、注册会计师的责任段、审计意见段、注册会计师的签名和盖章、会计师事务所的名称和地址以及盖

审计报告的要素

章、报告日期。

(1) 标题。国际审计准则为了强调注册会计师是以第三人的身份进行审计，并将注册会计师的报告与其他审计人员报告或管理当局的报告相区别，将报告的标题定为“独立审计人员意见书”或“独立审计报告”。我国审计报告的标题统一规范为“审计报告”，虽然没有包含“独立”二字，但注册会计师在执行财务报表审计业务时，应当遵守独立性的要求。

(2) 收件人。审计报告的收件人是指注册会计师按照业务约定书的要求致送审计报告的对象，一般是指审计业务的委托人。审计报告应当载明收件人的全称。注册会计师应当与委托人在业务约定书中约定致送审计报告的对象，以防止在此问题上发生分歧或审计报告被委托人滥用。针对整套通用目的财务报表出具的审计报告，其致送对象通常为被审计单位的股东或治理层。

(3) 引言段。审计报告的引言段应当说明被审计单位的名称和财务报表已经过审计，并包括下列内容：指出构成整套财务报表的每张财务报表的名称；提及财务报表附注；指明财务报表的日期和涵盖的期间。

(4) 管理层对财务报表的责任段。管理层对财务报表的责任段应当说明，按照适用的会计准则和相关会计制度的规定编制财务报表是管理层的责任，这种责任包括：

第一，按照适用的财务报告编制基础编制财务报表，并使其实现公允。

第二，设计、实施和维护必要的内部控制，以使财务报表不存在由于舞弊或错误而导致的重大错报。

审计报告对管理层责任的说明包括提及这两种责任，这有助于向财务报表使用者解释执行审计工作的前提。

(5) 注册会计师的责任段。注册会计师的责任段应当说明下列内容：

第一，注册会计师的责任是在实施审计工作的基础上对财务报表发表审计意见。注册会计师按照中国注册会计师审计准则的规定执行了审计工作。中国注册会计师审计准则要求注册会计师遵守职业道德规范，计划和实施审计工作以对财务报表是否不存在重大错报获取合理保证。

第二，审计工作涉及实施审计程序，以获取有关财务报表金额和披露的审计证据。选择的审计程序取决于注册会计师的判断，包括对由于舞弊或错误导致的财务报表重大错报风险的评估。在进行风险评估时，注册会计师考虑与财务报表编制相关的内部控制，以设计恰当的审计程序，但目的并非对内部控制的有效性发表意见。审计工作还包括评价管理层选用会计政策的恰当性和做出会计估计的合理性，以及评价财务报表的总体列报。

第三，注册会计师相信已获取的审计证据是充分、适当的，为其发表审计意见提供了基础。如果接受委托，结合财务报表审计对内部控制有效性发表意见，注册会计师应当省略以上第二项中“但目的并非对内部控制的有效性发表意见”的术语。

在实务中，注册会计师在按照中国注册会计师审计准则执行审计工作时，还可能同时被要求按照其他国家或地区的审计准则执行审计工作。在这种情况下，审计报告除了提及中国注册会计师审计准则外，还可能同时提及其他国家或地区审计准则。只有符合下列条件时，注册会计师才应当同时提及：

第一，其他国家或地区审计准则与中国注册会计师审计准则不存在冲突，既不会导致注册会计师形成不同的审计意见，也不会导致在中国注册会计师审计要求增加强调事项段的情形下而其他国家或地区审计准则不要求增加强调事项段的情况。

第二，如果使用其他国家或地区审计准则规定的结构和措辞，审计报告至少应当包括中国注册会计师审计准则规定的审计报告的所有要素，并且指明其他国家或地区审计准则。

如果审计报告同时提及中国注册会计师审计准则和其他国家或地区审计准则，审计报告应当指明审计准则所属的国家或地区。

(6) 审计意见段。审计意见段应当说明，财务报表是否按照适用的财务报告编制基础编制，是否在所有重大方面公允地反映了被审计单位的财务状况、经营成果和现金流量。

如果在审计意见中提及的适用的财务报告编制基础不是企业会计准则，而是国际财务报告准则、国际公共部门会计准则或其他国家或地区的财务报告准则，注册会计师应当在审计报告审计意见段中指明国际财务报告准则或国际公共部门会计准则，或者财务报告准则所属的国家或地区。

除审计准则规定的注册会计师对财务报表出具审计报告的责任外，相关法律法规可能对注册会计师设定了其他报告责任。如果注册会计师在对财务报表出具的审计报告中履行其他报告责任，应当在审计报告中将其单独作为一部分，并以“按照相关法律法规的要求报告的事项”为标题。此时，审计报告应当区分为“对财务报表出具的审计报告”和“按照相关法律法规的要求报告的事项”两部分。

注册会计师可能承担报告的其他事项的额外责任，这些责任是注册会计师按照审计准则对财务报表出具审计报告的责任的补充。其他事项段放置的位置取决于拟沟通信息的性质。当增加其他事项段旨在提醒使用者关注与其理解与财务报表审计相关的事项时，该段落需要紧接在审计意见段和强调事项段之后；当增加其他事项段旨在提醒使用者关注与审计报告中提及的其他报告责任相关的事项时，该段落可以置于“按照相关法律法规的要求报告的事项”的部分内；当其他事项段与注册会计师责任或使用者理解审计报告相关时，可以单独作为一部分，置于“对财务报表出具审计报告”和“按照相关法律法规的要求报告的事项”之后。如果注册会计师拟在审计报告中增加强调事项段或其他事项段时，应就该事项和拟使用的措辞与治理层进行沟通。

(7) 注册会计师的签名和盖章。注册会计师在审计报告上签名和盖章，有利于明确法律责任。审计报告应当由两名具备相关业务资格的注册会计师签名盖章并经会计师事务所盖章方为有效。合伙会计师事务所出具的审计报告，应当由一名对审计项目负责最终复核责任的合伙人和一名负责该项目的注册会计师签名盖章。有限责任会计师事务所出具的审计报告，应当由会计师事务所主任会计师或其授权的副主任会计师和一名负责该项目的注册会计师签名盖章。

(8) 会计师事务所的名称、地址及盖章。审计报告应当载明会计师事务所的名称和地址并加盖会计师事务所公章。在实务中，审计报告通常载于会计师事务所统一印刷的、标有该所详细通讯地址的信笺上，因此无须在审计报告中注明详细地址，一般注明城市名即可。

(9) 报告日期。审计报告应当注明报告日期。审计报告的日期向审计报告使用者表明，注册会计师已考虑其知悉的、截止审计报告日发生的事项和交易的影响。审计报告标注的日期为注册会计师完成审计工作的日期。审计报告的日期不应早于注册会计师获取充分、适当的审计证据，并在此基础上对财务报表形成审计意见的日期。确定审计报告日期应考虑的条件包括：应当实施的审计程序已经完成；应当提请被审计单位调整的事项已经提出，被审计单位已经做出调整或拒绝做出调整；管理层已经正式签署财务报表。

在实务中，注册会计师在正式签署审计报告前，通常把审计报告草稿和已审计财务报表草稿一同提交给管理层。如果管理层批准并签署已审计财务报表，注册会计师即可签署审计报告。注册会计师签署审计报告的日期通常与管理层签署已审计财务报表的日期为同一天，或晚于管理层签署已审计财务报表的日期。

三、无保留意见审计报告的编制

1. 出具标准审计报告的条件

无保留意见是指注册会计师对被审计单位的财务报表，依照审计准则的要求进行检查后给予的一种肯定的评价。经过审计后，如果认为财务报表符合下列所有条件，注册会计师应当出具无保留意见的审计报告：第一，财务报表已经按照适用的会计准则和相关会计制度的规定编制，在所有重大方面公允反映了被审计单位的财务状况、经营成果和现金流量。第二，注册会计师已经按照中国注册会计师审计准则的规定计划和实施审计工作，在审计过程中未受到限制。

无保留意见审计报告的出具

无保留意见审计报告表明注册会计师通过实施审计工作，认为被审计单位财务报表的编制符合合法性和公允性的要求，合理保证财务报表不存在重大错报，能满足非特定多数的利害关系人的共同需要。无保留意见也是委托人最希望获得的审计意见，可以使审计报告的使用者对被审计单位的财务状况、经营成果和现金流量具有较高的信赖。

注册会计师出具无保留意见的审计报告时，一般以“我们认为”的术语作为意见段的开头，以表明本段内容为注册会计师提出的意见，并表示承担对该审计意见的责任，不能使用“我们保证”等字样，因为注册会计师发表的是自己的判断或意见，不能对财务报表的合法性和公允性做出绝对保证，以避免财务报表使用人产生误解，同时也可明确注册会计师仅仅承担审计责任，而并不减除被审计单位对财务报表所承担的会计责任。在对财务报表的反映内容是否公允提出审计意见时，应使用“在所有重大方面公允反映了”的术语，因为人们已普遍认识到财务报表不可能做到完全正确和绝对公允，所以审计报告中不应使用“完全正确”“绝对公允”等词汇，但也不能使用“大致反映”“基本反映”等模糊不清、态度暧昧的术语。

2. 标准审计报告的格式及编制

标准审计报告应包含我国审计准则所要求的九大要素，其格式和内容示例说明如下。

审计报告

ABC 股份有限公司全体股东：

一、审计意见

我们审计了后附的 ABC 股份有限公司(以下简称 ABC 公司)财务报表，包括 2019 年 12 月 31 日的资产负债表、2019 年度的利润表、股东权益变动表和现金流量表以及财务报表附注。

我们认为，后附的财务报表在所有重大方面按照企业会计准则的规定编制，公允反映了 ABC 公司 2019 年 12 月 31 日的财务状况以及 2019 年度的经营成果和现金流量。

二、形成审计意见的基础

我们按照中国注册会计师审计准则的规定执行了审计工作。审计报告的“注册会计师对财务报表审计的责任”部分进一步阐述了我们在这些准则下的责任。按照中国注册会计师职业道德守则，我们独立于 ABC 公司，并履行了职业道德方面的其他责任。我们相信，我们获取的审计证据是充分、适当的，为发表审计意见提供了基础。

三、关键审计事项

关键审计事项是根据我们的职业判断，认为对本期财务报表审计最为重要的事项。这些事项是在对财务报表整体进行审计并形成意见的背景下进行处理的，我们不对这些事项提供单独的意见。

[按照《中国注册会计师审计准则第 1504 号——在审计报告中沟通关键审计事项》的规定描述每一关键审计事项。]

四、管理层和治理层对财务报表的责任

管理层负责按照企业会计准则的规定编制财务报表，使其实现公允反映，并设计、执行和维护必要的内部控制，以使财务报表不存在由于舞弊或错误导致的重大错报。

在编制财务报表时，管理层负责评估 ABC 公司的持续经营能力，披露与持续经营相关的事项，并运用持续经营假设，除非计划清算 ABC 公司、停止营运或别无其他现实的选择。

治理层负责监督 ABC 公司的财务报告过程。

五、注册会计师对财务报表审计的责任

我们的目标是对财务报表整体是否不存在由于舞弊或错误导致的重大错报获取合理保证，并出具包含审计意见的审计报告。合理保证是高水平的保证，但并不能保证按照审计准则执行的审计在某一重大错报存在时总能发现。错报可能由于舞弊或错误导致，如果合理预期错报单独或汇总起来可能影响财务报表使用者依据财务报表做出的经济决策，则通常认为错报是重大的。

在按照审计准则执行审计的过程中，我们运用了职业判断，保持了职业怀疑。我们同时也执行了以下工作：

(1) 识别和评估由于舞弊或错误导致的财务报表重大错报风险；对这些风险有针对性地设计和实施审计程序；获取充分、适当的审计证据，作为发表审计意见的基础。由于舞弊可能涉及串通、伪造、故意遗漏、虚假陈述或凌驾于内部控制之上，未能发现由于舞弊导致的重大错报的风险高于未能发现由于错误导致的重大错报的风险。

(2) 了解与审计相关的内部控制，以设计恰当的审计程序，但目的并非对内部控制的有效性发表意见。

(3) 评价管理层选用会计政策的恰当性和做出会计估计及相关披露的合理性。

(4) 对管理层使用持续经营假设的恰当性得出结论。同时，根据获取的审计证据，就可能导致对 ABC 公司持续经营能力产生重大疑虑的事项或情况是否存在重大不确定性得出结论。如果我们得出结论认为存在重大不确定性，审计准则要求我们在审计报告中提请报表使用者注意财务报表中的相关披露；如果披露不充分，我们应当发表非无保留意见。我们的结论基于审计报告日可获得的信息。然而，未来的事项或情况可能导致ABC公司不能持续经营。

(5) 评价财务报表的总体列报、结构和内容，并评价财务报表是否公允反映相关交易和事项。

我们与治理层就计划的审计范围、时间安排和重大审计发现等事项进行沟通，包括我们在审计中识别的值得关注的内部控制缺陷。

我们还就遵守关于独立性的相关职业道德要求向治理层提供声明，并就可能被合理认为影响我们独立性的所有关系和其他事项，以及相关的防范措施与治理层进行沟通。

从与治理层沟通的事项中，我们确定哪些事项对本期财务报表审计最为重要，因而构成关键审计事项。我们在审计报告中描述这些事项，除非法律法规禁止公开披露这些事项，或在极其罕见的情形下，如果合理预期在审计报告中沟通某些事项造成的负面后果超过在公众利益方面产生的益处，我们确定不应在审计报告中沟通该事项。

××会计师事务所(盖章)　　　　中国注册会计师×××(签名并盖章)

(项目合伙人)

中国注册会计师×××(签名并盖章)

中国××市　　　　二〇二〇年×月×日

四、非无保留意见审计报告的编制

1. 非无保留意见审计报告的条件

非无保留意见的审计报告包括保留意见、否定意见和无法表示意见的审计报告。

(1) 出具保留意见审计报告条件。保留意见是指注册会计师对财务报表的反映有所保留的审计意见。经过审计后，如果认为财务报表整体是公允的，但还存在下列情形之一，注册会计师应当出具保留意见的审计报告：第一，在获取充分、适当的审计证据后，注册会计师认为错报单独或汇总起来对财务报表影响重大，但不具有广泛性。如果认为错报对财务报表的影响极为严重且具有广泛性，则应发表否定意见。第二，注册会计师无法获取充分、适当的审计证据以作为形成审计意见的基础，但认为未发现的错报(如存在)对财务报表可能产生的影响重大，但不具有广泛性。

注册会计师因审计范围受到限制，而发表保留意见还是无法表示意见，取决于无法获取的审计证据对形成审计意见的重要性。注册会计师在判断重要性时，应考虑有关事项潜在影响的性质和范围以及在财务报表中的重要程度。只有当未发现的错报(如存在)对财务报表可能产生的影响重大但不具有广泛性时，才能发表保留意见。审计范围受到限制是指下列情形：第一，超过被审计单位控制的情形。例如，被审计单位的会计记录已被毁坏；重要组成部分的会计记录已被政府有关机构无限制地查封。第二，与注册会计师工作的性质或时间安排相关的情形。例如，被审计单位需要使用权益法对联营企业进行核算，注册会计师无法获取有关联营企业财务信息的充分、适当的审计证据以评价是否恰当运用了权益法；注册会计师因受审计安排时间的限制，使得注册会计师无法实施存货监盘；注册会计师确定仅实施实质性程序，但被审计单位的控制是无效的。第三，管理层施加限制的情形。例如，管理层阻止注册会计师实施存货监盘；管理层阻止注册会计师对特定账户余额实施函证。

(2) 出具否定意见审计报告的条件。所谓否定意见，是指与无保留意见相反，提出否定财务报表公允地反映被审计单位财务状况、经营成果和现金流量的审计意见。无论是注册会计师还是被审计单位都不希望发表此类意见的审计报告。

在获取充分、适当的审计证据后，注册会计师认为错报单独或汇总起来对财务报表影响重大，且具有广泛性，注册会计师才出具否定意见的审计报告。注册会计师发表否定意见的审计报告，表明被审计单位的财务报表没有按照适用的会计准则和相关会计制度的规定编制，未能在所有重大方面公允反映被审计单位的财务状况、经营成果和现金流量。

(3) 出具无法表示意见审计报告的条件。无法表示意见是指注册会计师说明其对被审计单位的财务报表不能发表意见，即对财务报表不发表包括无保留、保留和否定的审计意见。注册会计师在审计过程中，如果审计范围受到限制可能对审计产生的影响非常重大和广泛，不能获取充分、适当的审计证据，以至于无法对财务报表发表审计意见，注册会计师应当出具无法表示意见的审计报告。

只有当审计范围受到限制可能产生的影响非常重大和广泛，不能获取充分、适当的审计证据，以至于无法确定财务报表的合法性与公允性时，注册会计师才应当出具无法表示意见的审计报告。无法表示意见不同于否定意见，它通常仅仅适用于注册会计师不能获取充分、适当的审计证据时，如果注册会计师发表否定意见，必须获得充分、适当的审计证据。无论是无法表示意见还是否定意见，都只有在非常严重的情形下采用。

如果认为有必要对财务报表整体发表否定意见或无法表示意见，注册会计师不应在同一审计报告中对按照相同财务报告编制基础编制的单一财务报表或财务报表特定要素、账户或项目发表无保留意见。对经营成果、现金流量发表无法表示意见，而对财务状况发表无保留意见，这种情况可能是被允许的。因为在这种情况下，注册会计师并没有对财务报表整体发表无法表示意见。

2. 非无保留意见审计报告的格式及内容

(1) 保留意见审计报告的格式及内容。当出具保留意见的审计报告时，注册会计师应当在审计意见段中使用“除……的影响外”等术语。如果因审计范围受到限制，注册会计师还应当在注册会计师的责任段中提及这一情况。保留意见审计报告的格式和措辞示例如下。

审计报告

一、保留意见

我们审计了后附的 ABC 股份有限公司(以下简称 ABC 公司)财务报表，包括 2019 年 12 月 31 日的资产负债表、2019 年度的利润表、股东权益变动表和现金流量表以及财务报表附注。

我们认为，除了“形成保留意见的基础”部分所述事项产生的影响外，后附的财务报表在所有重大方面按照企业会计准则的规定编制，公允反映了 ABC 公司 2019 年 12 月 31 日的财务状况以及 2019 年度的经营成果和现金流量。

二、形成保留意见的基础

ABC 公司 2019 年 12 月 31 日的应收账款余额 × 万元，占资产总额的 × %。由于 ABC 公司未能提供债务人地址，我们无法实施函证以及其他审计程序，以获取充分、适当的审计证据。

我们按照中国注册会计师审计准则的规定执行了审计工作。审计报告的"注册会计师对财务报表审计的责任"部分进一步阐述了我们在这些准则下的责任。按照中国注册会计师职业道德守则，我们独立于 ABC 公司，并履行了职业道德方面的其他责任。我们相信，我们获取的审计证据是充分、适当的，为发表审计意见提供了基础。

三、关键审计事项

关键审计事项是根据我们的职业判断，认为对本期财务报表审计最为重要的事项。这些事项是在对财务报表整体进行审计并形成意见的背景下进行处理的，我们不对这些事项提供单独的意见。

[按照《中国注册会计师审计准则第 1504 号——在审计报告中沟通关键审计事项》的规定描述每一关键审计事项。]

四、管理层和治理层对财务报表的责任

管理层负责按照企业会计准则的规定编制财务报表，使其实现公允反映，并设计、执行和维护必要的内部控制，以使财务报表不存在由于舞弊或错误导致的重大错报。

在编制财务报表时，管理层负责评估 ABC 公司的持续经营能力，披露与持续经营相关的事项，并运用持续经营假设，除非计划清算 ABC 公司、停止营运或别无其他现实的选择。

治理层负责监督 ABC 公司的财务报告过程。

五、注册会计师对财务报表审计的责任

我们的目标是对财务报表整体是否不存在由于舞弊或错误导致的重大错报获取合理保证，并出具包含审计意见的审计报告。合理保证是高水平的保证，但并不能保证按照审计准则执行的审计在某一重大错报存在时总能发现。错报可能由于舞弊或错误导致，如果合理预期错报单独或汇总起来可能影响财务报表使用者依据财务报表做出的经济决策，则通常认为错报是重大的。

在按照审计准则执行审计的过程中，我们运用了职业判断，保持了职业怀疑。我们同时也执行了以下工作：

(1) 识别和评估由于舞弊或错误导致的财务报表重大错报风险；对这些风险有针对性地设计和实施审计程序；获取充分、适当的审计证据，作为发表审计意见的基础。由于舞弊可能涉及串通、伪造、故意遗漏、虚假陈述或凌驾于内部控制之上，未能发现由于舞弊导致的重大错报的风险高于未能发现由于错误导致的重大错报的风险。

(2) 了解与审计相关的内部控制，以设计恰当的审计程序，但目的并非对内部控制的有效性发表意见。

(3) 评价管理层选用会计政策的恰当性和做出会计估计及相关披露的合理性。

(4) 对管理层使用持续经营假设的恰当性得出结论。同时，根据获取的审计证据，就可能导致对 ABC 公司持续经营能力产生重大疑虑的事项或情况是否存在重大不确定性得出结论。如果我们得出结论认为存在重大不确定性，审计准则要求我们在审计报告中提请报表使用者注意财务报表中的相关披露；如果披露不充分，我们应当发表非无保留意见。我们的结论基于审计报告日可获得的信息。然而，未来的事项或情况可能导致 ABC 公司不能持续经营。

(5) 评价财务报表的总体列报、结构和内容，并评价财务报表是否公允反映相关交易和事项。

我们与治理层就计划的审计范围、时间安排和重大审计发现等事项进行沟通，包括我们在审计中识别的值得关注的内部控制缺陷。

我们还就遵守关于独立性的相关职业道德要求向治理层提供声明，并就可能被合理认为影响我们独立性的所有关系和其他事项，以及相关的防范措施与治理层进行沟通。

从与治理层沟通的事项中，我们确定哪些事项对本期财务报表审计最为重要，因而构成关键审计事项。我们在审计报告中描述这些事项，除非法律法规禁止公开披露这些事项，或在极其罕见的情形下，如果合理预期在审计报告中沟通某些事项造成的负面后果超过在公众利益方面产生的益处，我们确定不应在审计报告中沟通该事项。

××会计师事务所(盖章)　　中国注册会计师×××(签名并盖章)

(项目合伙人)

中国注册会计师×××(签名并盖章)

中国××市　　二〇二〇年×月×日

(2) 否定意见审计报告的格式及内容。当出具否定意见的审计报告时，注册会计师应当在意见段中使用“由于上述问题造成的重大影响”“由于受到前段所述事项的重大影响”等专业术语，并且当出具否定意见的审计报告时，注册会计师应当在审计意见段之前增加导致否定意见的事项段，清楚地说明发表否定意见的所有原因，并尽可能说明否定事项对被审计单位财务状况、经营成果和现金流量的影响程度。否定意见审计报告的格式和措辞示例如下。

审计报告

一、否定意见

我们审计了后附的ABC股份有限公司(以下简称ABC公司)财务报表，包括2019年12月31日的资产负债表、2019年度的利润表、股东权益变动表和现金流量表以及财务报表附注。

我们认为，由于“形成否定意见的基础”部分所述事项产生的影响外，后附的财务报表在所有重大方面未按照企业会计准则的规定编制，未能在所有重大方面公允反映ABC公司2019年12月31日的财务状况以及2019年度的经营成果和现金流量。

二、形成否定意见的基础

ABC公司2019年财务报表附注×所述，ABC公司的长期股权投资未按企业会计准则的规定采用权益法核算。如果按权益法核算，ABC公司的长期投资账面价值将减少×万元，净利润将减少×万元，从而导致ABC公司由赢利×万元变为亏损×万元。

我们按照中国注册会计师审计准则的规定执行了审计工作。审计报告的“注册会计师对财务报表审计的责任”部分进一步阐述了我们在这些准则下的责任。按照中国注册会计师职业道德守则，我们独立于ABC公司，并履行了职业道德方面的其他责任。我们相信，我们获取的审计证据是充分、适当的，为发表审计意见提供了基础。

三、关键审计事项

关键审计事项是根据我们的职业判断，认为对本期财务报表审计最为重要的事项。这些事项是在对财务报表整体进行审计并形成意见的背景下进行处理的，我们不对这些事项提供单独的意见。

[按照《中国注册会计师审计准则第1504号——在审计报告中沟通关键审计事项》的规定描述每一关键

审计事项。]

四、管理层和治理层对财务报表的责任

管理层负责按照企业会计准则的规定编制财务报表，使其实现公允反映，并设计、执行和维护必要的内部控制，以使财务报表不存在由于舞弊或错误导致的重大错报。

在编制财务报表时，管理层负责评估ABC公司的持续经营能力，披露与持续经营相关的事项，并运用持续经营假设，除非计划清算ABC公司、停止营运或别无其他现实的选择。

治理层负责监督ABC公司的财务报告过程。

五、注册会计师对财务报表审计的责任

我们的目标是对财务报表整体是否不存在由于舞弊或错误导致的重大错报获取合理保证，并出具包含审计意见的审计报告。合理保证是高水平的保证，但并不能保证按照审计准则执行的审计在某一重大错报存在时总能发现。错报可能由于舞弊或错误导致，如果合理预期错报单独或汇总起来可能影响财务报表使用者依据财务报表做出的经济决策，则通常认为错报是重大的。

在按照审计准则执行审计的过程中，我们运用了职业判断，保持了职业怀疑。我们同时也执行了以下工作：

(1) 识别和评估由于舞弊或错误导致的财务报表重大错报风险；对这些风险有针对性地设计和实施审计程序；获取充分、适当的审计证据，作为发表审计意见的基础。由于舞弊可能涉及串通、伪造、故意遗漏、虚假陈述或凌驾于内部控制之上，未能发现由于舞弊导致的重大错报的风险高于未能发现由于错误导致的重大错报的风险。

(2) 了解与审计相关的内部控制，以设计恰当的审计程序，但目的并非对内部控制的有效性发表意见。

(3) 评价管理层选用会计政策的恰当性和做出会计估计及相关披露的合理性。

(4) 对管理层使用持续经营假设的恰当性得出结论。同时，根据获取的审计证据，就可能导致对ABC公司持续经营能力产生重大疑虑的事项或情况是否存在重大不确定性得出结论。如果我们得出结论认为存在重大不确定性，审计准则要求我们在审计报告中提请报表使用者注意财务报表中的相关披露；如果披露不充分，我们应当发表非无保留意见。我们的结论基于审计报告日可获得的信息。然而，未来的事项或情况可能导致ABC公司不能持续经营。

(5) 评价财务报表的总体列报、结构和内容，并评价财务报表是否公允反映相关交易和事项。

我们与治理层就计划的审计范围、时间安排和重大审计发现等事项进行沟通，包括我们在审计中识别的值得关注的内部控制缺陷。

我们还就遵守关于独立性的相关职业道德要求向治理层提供声明，并就可能被合理认为影响我们独立性的所有关系和其他事项，以及相关的防范措施与治理层进行沟通。

从与治理层沟通的事项中，我们确定哪些事项对本期财务报表审计最为重要，因而构成关键审计事项。我们在审计报告中描述这些事项，除非法律法规禁止公开披露这些事项，或在极其罕见的情形下，如果合理预期在审计报告中沟通某些事项造成的负面后果超过在公众利益方面产生的益处，我们确定不应在审计报告中沟通该事项。

××会计师事务所(盖章)　　　　　　　　中国注册会计师×××(签名并盖章)

中国注册会计师×××(签名并盖章)

中国××市　　　　　　　　二〇二〇年×月×日

(3) 无法表示意见审计报告的格式及内容。当出具无法表示意见的审计报告时，注册会计师应当删除注册会计师的责任段，并在审计意见段中使用“由于审计范围受到限制可能对审计产生的影响非常重大和广泛”“我们无法对上述财务报表发表意见”等术语。并且当出具无法表示意见的审计报告时，注册会计师应当在审计意见段之前增加导致无法表示意见的事项段，清楚地说明无法对财务报表发表审计意见的所有原因。无法表示意见审计报告的格式和措辞示例如下。

审计报告

一、无法表示意见

我们审计了后附的ABC股份有限公司(以下简称ABC公司)财务报表，包括2019年12月31日的资产负债表、2019年度的利润表、股东权益变动表和现金流量表以及财务报表附注。

我们不对后附的ABC公司财务报表发表审计意见。由于“形成无法表示意见的基础”部分所述事项的重要性，我们无法获取充分、适当的审计证据以作为对财务报表发表审计意见的基础。

二、形成无法表示意见的基础

我们于2020年1月接受ABC公司的审计委托，因而未能对ABC公司2019年初金额为×元的存货和年末金额为×元的存货实施监盘程序。此外，我们也无法实施替代审计程序获取充分、适当的审计证据。因此，我们无法确定是否有必要对存货以及财务报表其他项目做出调整，也无法确定应调整的金额。

三、管理层和治理层对财务报表的责任

管理层负责按照企业会计准则的规定编制财务报表，使其实现公允反映，并设计、执行和维护必要的内部控制，以使财务报表不存在由于舞弊或错误导致的重大错报。

在编制财务报表时，管理层负责评估ABC公司的持续经营能力，披露与持续经营相关的事项，并运用持续经营假设，除非计划清算ABC公司、停止营运或别无其他现实的选择。

治理层负责监督ABC公司的财务报告过程。

四、注册会计师对财务报表审计的责任

我们的责任是按照中国主持会计师审计准则的规定，对ABC公司的财务报表执行审计工作，以出具审计报告。但由于“形成无法表示意见的基础”部分所述的事项，我们无法获取充分、适当的审计证据以作为发表审计意见的基础。

按照中国注册会计师职业道德守则，我们独立于ABC公司，并履行了职业道德方面的其他责任。

××会计师事务所(盖章)　　中国注册会计师×××(签名并盖章)

中国注册会计师×××(签名并盖章)

中国××市　　二〇二〇年×月×日

值得注意的是，注册会计师出具无法表示意见的审计报告不同于拒绝接受委托，它是注册会计师实施了必要的审计程序后发表审计意见的一种方式；注册会计师出具无法表示意见的审计报告，也并不是不愿发表意见。如果注册会计师已能确定应当出具保留意见或否定意见的审计报告，不得以无法表示意见的审计报告来代替。保留意见或否定意见是注册会计师在获取充分、适当的审计证据后形成的，由于被审计单位存在某些未确定事项等，按其影响的严重程度而表示保留或否定的意见。无法表示意见是由于某些限制而未对某些重要事项取得证据，没有完成取证工作，使得注册会计师无法判断问题的归属。

五、比较数据

1. 比较数据的含义及其出现重大错报的情形

比较数据是指作为本期财务报表组成部分的上期对应数和相关披露。比较数据本身不构成完整的财务报表，应当与本期相关的金额和披露联系起来阅读。本期财务报表中的比较数据出现重大错报的情形通常有：

(1) 上期财务报表存在重大错报，该财务报表虽经审计，但注册会计师因未发现而未在针对上期财务报表出具的审计报告中对该事项发表非无保留意见，本期财务报表中的比较数据未做更正。

(2) 上期财务报表存在重大错报，该财务报表未经注册会计师审计，比较数据未做更正。

(3) 上期财务报表不存在重大错报，但比较数据与上期财务报表存在重大不一致，由此导致重大错报。

(4) 上期财务报表不存在重大错报，但在某些特殊情形下，比较数据未按照会计准则和相关会计制度的要求恰当重述。

当注册会计师注意到比较数据可能存在重大错报时，应当根据重大错报的性质、影响程度和范围等实际情况，有针对性地实施追加的审计程序，以确定是否确实存在重大错报。对上期财务报表中影响比较数据的重大错报进行更正而做出的任何重述，注册会计师需要要求管理层提供特别书面声明。

2. 对应数据对审计报告的影响

当财务报表中列报对应数据时，由于审计意见是针对包括对应数据的本期财务报表整体的，审计意见通常不提及对应数据。只有在特定情形下，注册会计师才应当在审计报告中提及对应数据。

(1) 应当在审计报告中提及比较数据的情形，具体如下。

第一，应当在审计报告意见段中提及比较数据的情形。导致对上期财务报表发表非无保留意见的事项在本期尚未解决，仍对本期财务报表产生重大影响；上期财务报表存在审计报告未提及的重大错报，该财务报表未经更正，也未重新出具审计报告，并且本期财务报表中的比较数据未经恰当重述和充分披露；后任注册会计师识别出比较数据存在重大错报，但管理层拒绝更正。

第二，可以在审计报告强调事项段中提及比较数据的情形。导致对上期财务报表发表非无保留意见的事项已经解决，但对本期财务报表仍很重要；上期财务报表存在审计报告未提及的重大错报，该财务报表未经更正，也未重新出具审计报告，但本期财务报表中的比较数据已经恰当重述和充分披露。

第三，应当在其他事项段中提及比较数据的情形。当存在上期财务报表未经审计的情形时，注册会计师应当在审计报告的其他事项段中予以说明。

(2) 上期导致非无保留意见的事项仍未解决的处理，具体如下。

第一，未解决的事项导致对本期数据出具非无保留意见的审计报告。如果未解决事项既对比较数据产生重大影响，也对本期数据产生重大影响，注册会计师应当对本期财务报表整体发表非无保留意见，在说明段中清楚说明未解决事项对比较数据和本期数据的重大影响，并在可能情况下，指出影响程度。

第二，未解决的事项不导致对本期数据出具非无保留意见的审计报告。如果未解决事项仅对比较数据产生重大影响，而对本期数据无重大影响，注册会计师仍应当对本期财务报表整体发表非无保留意见，但由于未解决事项并未对本期数据产生重大影响，因此，在说明段中仅需说明未解决事项对比较数据的重大影响。

(3) 上期导致非无保留意见的事项已经解决的处理。当以前针对上期财务报表出具的审计报告为非无保留意见的审计报告时，如果导致非无保留意见的事项已经解决，并已在本期财务报表中得到恰当处理，即该事项已不再对本期财务报表产生重大影响，对比较数据和本期数据均无重大影响，注册会计师针对本期财务报表出具的审计报告通常不再提及该事项。例外情况是，如果导致非无保留意见的事项虽已解决，但对本期仍很重要，注册会计师可在审计报告中增加强调事项段，并提及这一情况。

(4) 注意到上期未提及的重大错报的处理。当发现上期财务报表存在以前未发现的重大错报时，根据上期财务报表更正的情况以及比较数据在本期财务报表中重述和披露的情况，注册会计师可以针对本期财务报表出具以下类型的审计报告。

第一，在下列条件同时满足时，应当出具标准无保留意见的审计报告，不需提及比较数据：管理层更正了上期财务报表，并且注册会计师重新出具了针对上期财务报表的审计报告；本期财务报表中的比较数据已经得到恰当调整和列报，与更正后的上期财务报表一致，在附注中已对更正情况做了充分披露；注册会计师已实施必要的审计程序，获取了充分、适当的审计证据。

第二，当以下情形同时出现时，应当出具非无保留意见的审计报告，在说明段中说明比较数据存在的重大错报及其可能导致的本期数据的重大错报：管理层未更正上期财务报表，注册会计师也未重新出具针对上期财务报表的审计报告；本期财务报表中的比较数据仍和上期未经更正的财务报表一样存在重大错报。

第三，当以下情形同时出现时，可以出具带强调事项段的无保留意见的审计报告，并在强调事项段中说明比较数据已经恰当调整和披露：管理层未更正上期财务报表，注册会计师也未重新出具针对上期财务报表的审计报告；比较数据已在本期财务报表中恰当调整和列报，不存在重大错报，并在附注中对更正情况做了充分披露。

(5) 上期财务报表未经审计的处理。如果上期财务报表未经审计，注册会计师应当在审计报告的其他事项段中说明比较数据未经审计。但这种说明并不减轻注册会计师获取充分、适当的审计证据，以确定期初余额不含有对本期财务报表产生重大影响的错报的责任。

六、含有已审计财务报表的文件中的其他信息

1. 其他信息的含义及内容

其他信息是指根据法律法规的规定或惯例，在含有已审计财务报表的文件中包含的除已审计财务报表和审计报告以外的财务信息和非财务信息。其他信息可能包括：财务数据摘要、员工情况数据、计划的资本性支出、财务比率、董事和高级管理人员的姓名、择要列示的季度数据。但不包括：新闻稿或发送备忘页、分析师报告中包含的信息、被审计单位网站含有的信息。

2. 注册会计师对于其他信息的责任

注册会计师对含有已审计财务报表的文件中其他信息予以关注，其根本目的也是为了降低审计风险，不损害已审计财务报表的可信赖程度。因此，注册会计师并没有专门责任确定其他信息是否得到适当陈述。尽管注册会计师没有专门责任对其他信息披露的适当性发表意见，但由于识别其他信息与财务报表的不一致，可能为财务报表审计提供新的线索，所以无论是否有法定或约定的义务对其他信息出具鉴证报告，注册会计师在对财务报表出具审计报告时都要考虑其他信息。注册会计师应当提请被审计单位做出适当安排，以便在审计报告日前获取其他信息。如果在审计报告日前无法获取所有其他信息，注册会计师应当在审计报告日后尽早阅读其他信息以识别重大不一致。不一致是指其他信息与已审计财务报表中的信息相矛盾。重大不一致可能导致注册会计师对依据以前获取的审计证据得出的审计结论产生怀疑，甚至对形成审计意见的基础产生怀疑。

3. 发现重大不一致时的处理措施

(1) 确定已审计财务报表或其他信息是否需要修改。如果在阅读其他信息时发现重大不一致，注册会计师应当确定已审计财务报表或其他信息是否需要修改。

(2) 需要修改已审计财务报表而被审计单位拒绝修改时的措施。如果需要修改已审计财务报表而被审计单位拒绝修改，注册会计师应当根据具体情况出具保留意见或否定意见的审计报告。如果该事项对财务报表虽影响重大，但不至于出具否定意见的审计报告，注册会计师应当出具保留意见的审计报告；如果需要修改已审计财务报表而管理层拒绝修改，并且该事项对财务报表影响程度超出一定范围，以致财务报表不符合会计准则和相关会计制度的规定，不能在所有重大方面公允地反映被审计单位的财务状况、经营成果和现金流量，注册会计师就不能发表保留意见，而只能发表否定意见。

(3) 需要修改其他信息而被审计单位拒绝修改时的措施。如果在审计报告日前获取的其他信息中识别出重大不一致，并且需要对其他信息做出修改，但管理层拒绝修改，除非管理层的所有成员参与管理被审计单位，注册会计师应当就该事项与治理层沟通。此外注册会计师应当采取下列措施给予应对：在审计报告中增加强调事项段说明该重大不一致；注册会计师可以根据具体情况、不一致事项的性质和重要程度，选择不出具审计报告或解除业务约定等有效措施。

4. 对事实的重大错报

(1) 对事实的重大错报的含义。对事实的重大错报是指在其他信息中，对与已审计财务报表所反映事项不相关的重要信息做出了不正确的表述或列报。

(2) 注意到其他信息可能含有对事实的重大错报时的处理措施。如果注意到其他信息可能含有对事实的重大错报，注册会计师应当与管理层讨论该事项，因为与管理层进行讨论有助于注册会计师分析、判断其他信息是否确实存在着对事实的重大错报；若讨论后仍然认为其他信息可能含有明显的对事实的重大错报，注册会计师应当提请管理层征询法律顾问等第三方的意见，并考虑收到的咨询意见。

(3) 确定其他信息存在对事实的重大错报时的措施。如果注册会计师确定其他信息中存在对事实的重大错报而管理层拒绝更正，注册会计师应当考虑采取适当的进一步措施。如果认定对事实的重大错报确实存在，由于该错报与已审财务报表无关，注册会计师不能因此对并未发现有重大错报的已审计财务报表发表保留意见或否定意见。并且，由于管理层已拒绝修改，因此注册会计师只能将对其他信息的疑虑告知管理层。这既是注册会计师为提请管理层修改含有对事实的重大错报的其他信息所做的再次努力，也是注册会计师恪尽职守的体现。基于谨慎性考虑，注册会计师通常应当同时征询法律意见，了解该项对事实的重大错报的存在是否会使注册会计师陷入法律诉讼事件，是否需要采取不出具审计报告或解除业务约定的措施。

任务处理

【任务 13-6】在评价财务报表是否做出公允反映时，注册会计师应当考虑的内容包括(　　)。

A. 财务报表的列报、结构和内容是否合理

B. 经管理层调整后的财务报表，是否与注册会计师对被审计单位及其环境的了解一致

C. 财务报表是否做出充分披露，使财务报表使用者能够理解重大交易和事项对被审计单位财务状况、经营成果和现金流量的影响

D. 财务报表是否真实地反映了交易和事项的经济实质

任务解析：应选 ABD。选项 C 属于注册会计师在评价财务报表的合法性时应当考虑的内容。

【任务 13-7】下列不属于审计报告的注册会计师责任段所描述的内容是(　　)。

A. “选择的审计程序取决于注册会计师的判断，包括对由于舞弊或错误导致的财务报表重大错报风险的评估”

B. “我们的责任是在实施审计工作的基础上对财务报表发表审计意见”

C. “审计工作还包括评价治理层选用会计政策的恰当性和做出会计估计的合理性，以及评价财务报表的总体列报”

D. “审计工作涉及实施审计程序，以获取有关财务报表金额和披露的审计证据”

任务解析：应选 C。审计工作还包括评价管理层选用会计政策的恰当性和做出会计估计的合理性，以及评价财务报表的总体列报，而不是治理层选用会计政策和做出会计估计。所以选项 C 错误。

【任务 13-8】甲公司于 2019 年度由于失去重要的市场而对其持续经营能力造成了重大影响。在甲公司采取适当措施后，注册会计师虽认为甲公司的持续经营假设合理但仍心存疑虑，为此提请甲公司在财务报表附注中进行披露，甲公司接受了披露建议。在随后评价对甲公司 2019 年度财务报表的审计结果时，审计小组确定的重要性水平为 200 万元。假定审计过程中，除了甲公司拒绝向审计小组提供已在财务报表中列示的余额为 150 万元的长期投资明细账及相关资料和累计折旧项目中存在的 80 万元错报情况以外，审计小组没有发现甲公司财务报表中存在其他错报或漏报。综上所述，项目负责人应出具的审计报告意见类型是(　　)。

A. 保留意见　　　　B. 带有强调事项段的保留意见

C. 标准无保留意见　　　　D. 带有强调事项段的无保留意见

任务解析：应选 B。由于范围受限金额与错报漏报金额的合计已超过重要性水平，注册会计师应发表保留意见。仅就持续经营假设相关事项而言，应在意见段后增加强调事项段。考虑强调事项段不影响已确定的审计意见类型，综合而言，应发表带强调事项段的保留意见。

【任务 13-9】注册会计师发现被审计单位有总金额超过重要性水平、账龄长达三年的应收账款，被审计单位对此进行了适当的处理和披露，这部分应收账款的收回与否会导致对被审计单位的持续经营假设合理性产生重大影响(被审计单位已经采取防范措施，且措施合理)，注册会计师应当(　　)。

A. 发表保留意见　　　　B. 发表无法表示意见

C. 在意见段后增设强调事项段　　　　D. 发表无保留意见

任务解析：应选 C。被审计单位无过错，注册会计师此时应发表无保留意见，但还应增加强调事项段提请报表使用者关注被审计单位存在对持续经营假设合理性产生重大影响的事项。

【任务 13-10】注册会计师在对本期财务报表进行审计时，可能注意到影响上期财务报表的重大错报，而以前未就该重大错报出具非无保留意见的审计报告。在这种情况下，注册会计师的下列处理正确的有(　　)。

A. 如果上期财务报表已经更正，并已重新出具审计报告，注册会计师应当获取充分、适当的审计证据，以确定比较数据与更正的财务报表是否一致

B. 如果上期财务报表未经更正，也未重新出具审计报告，但比较数据已在本期财务报表中恰当重述和充分披露，在不考虑其他条件下注册会计师应出具标准无保留意见审计报告

C. 如果上期财务报表未经更正，也未重新出具审计报告，且比较数据未经恰当重述和充分披露，注册会计师应当对本期财务报表出具非无保留意见的审计报告，说明比较数据对本期财务报表的影响

D. 如果上期财务报表未经更正，也未重新出具审计报告，但比较数据已在本期财务报表中恰当重述和充分披露，注册会计师可以在审计报告中增加强调事项段，说明这一情况

任务解析：应选 ACD。由于审计意见是针对包括比较数据在内的本期财务报表整体发表的，注册会计师通常无需在审计报告中特别提及比较数据。虽然该事项已解决，但对本期仍很重要，注册会计师可在审计报告中增加强调事项段提及这一情况。

任务导入分析

应选 ABD。选项 A，如果因审计范围受到限制而出具保留意见的审计报告，注册会计师还应当在注册会计师的责任段中提及这一情况。选项 B，无法表示意见不同于否定意见，无法表示意见通常仅仅适用于注册会计师不能获取充分、适当的审计证据；如果注册会计师发表否定意见，必须获得充分、适当的审计证据。选项 C，因为现金和银行存款的分类错误仅仅影响这两个账户，没有牵扯性。但是如果销售业务没有入账，则可能会影响应收账款、流动资产、资产总额、营业收入、所得税、利润总额、净利润、留存收益等，牵扯性很广，所以选项 C 的表述是正确的。选项 D，若已经披露，就应出具带强调事项段的审计报告；若没有披露，则应出具保留或否定意见的审计报告。

技能训练

1. A 会计师事务所首次接受 D 公司委托，对 D 公司 2019 年度财务报表进行审计。D 公司 2018 年度财务报表经由 C 会计师事务所审计，并且因应收账款项目无法获取充分、适当的审计证据出具了保留意见的审计报告。

要求：

(1) 上期财务报表已由 C 会计师事务所进行审计，注册会计师针对种情况，应当实施哪些审计程序？

(2) 在查阅前任注册会计师审计工作底稿后，注册会计师对前任注册会计师的审计结论不满意，请按下表所列顺序，简单设计出恰当的审计程序。

相 关 项 目	相应的审计程序
存货项目	
固定资产项目	
长期银行借款项目	

(3) 假设审计过程中，注册会计师发现前任注册会计师所审计的财务报表中有未发现的重大错报，在向前任注册会计师沟通时注册会计师该采取何种措施？

(4) 如果导致上期出具非标准审计意见的事项本期依然存在，请分析注册会计师该怎样确定审计意见类型。

2. ABC 会计师事务所承接 D 公司 2019 年财务报表审计工作，于 2020 年 3 月 15 日完成审计工作，审计报告日是 2020 年 3 月 15 日。审计报告于 2020 年 3 月 20 日提交，被审计单位于 2020 年 3 月 22 日对外公布财务报表。注册会计师在期后事项期间分别发生如下事项：

(1) 2020 年 3 月 14 日，公司在一起历时半年的诉讼中败诉，支付赔偿金 1500 万元，公司在 2019 年年末已确认预计负债 1000 万元。被审计单位最终未接受注册会计师要求的按规定对此事项进行恰当会计处理的建议。

(2) 2020 年 4 月 8 日，公司因遭受火灾，存货发生毁损 100 万元。

(3) 2020 年 3 月 21 日，已确认为 2018 年度营业收入的重大销售相关货物因质量原因被退回，管理层最终并未修改财务报表。

(4) 2020 年 4 月 2 日，被审计单位为从银行借入 5000 万元长期借款而签订重大资产抵押合同。

(5) 2020 年 3 月 23 日，注册会计师发现已公布财务报表中存在某项当初未被发现的重大错报。被审计单位按注册会计师的要求修改了财务报表。

要求：根据上述资料填写下列表格(上述事项相互之间并不关联，单独考虑每一个事项即可)。

事项序号	是否归属于期后事项(是/否)	对于归属于期后事项的，请判断出归属的种类	注册会计师应承担的责任	对于归属于期后事项的，注册会计师应采取的措施
事项一				
事项二				
事项三				
事项四				
事项五				

3. 注册会计师在对被审计单位 2019 年度财务报表进行审计时，遇到以下若干情况。

(1) Y 公司在被审计期间的一笔 500 万元的重大销售在审计报告日以后财务报表公布日之前被退回，注册会计师提请被审计单位修订财务报表，被审计单位予以拒绝。

(2) N 公司因涉嫌侵权于 2019 年 2 月 1 日被起诉，且原告要求赔偿 3 亿元，至 2019 年 12 月 31 日法院尚未宣判，N 公司 2019 年 12 月 31 日审计后的净资产为 2 亿元。注册会计师向 N 公司的律师进行了函证，但其律师回函表示基于对委托人负责不能对该案的结果做出任何评价。

(3) M 公司在 2019 年度向其子公司以市场价格销售产品 5000 万元，成本为 3800 万元，M 公司当年向其关联方的销售占到全部收入的 35%，M 公司已在财务报表附注中进行了适当披露。

(4) 注册会计师在对 Z 公司 2019 年度财务报表进行审计时，发现 Z 公司 2018 年发生的一项应确认预计负债的未决诉讼，既未确认预计负债，也未在财务报表附注中披露。注册会计师建议Z公司对2018年度财务报表进行更正，并重新出具审计报告，Z公司未予采纳，但Z公司在2019年度财务报表的比较数据中已对此进行了恰当重述。

要求：根据上述情况，假定所有事项均为重大，不考虑其他因素，说明注册会计师应出具何种审计意见，并简要说明理由。

4. W会计师事务所的甲和乙注册会计师接受委派负责对G股份有限责任公司(以下简称G公司)2019年度财务报表进行审计，并确定财务报表层次的重要性水平为120万元，2020年2月8日完成审计工作，并于当日经管理层正式签署了2019年度财务报表，2020年2月10日提交审计报告，2020年2月15日报送证券交易所。假定不考虑其他相关税费，其他相关资料如下。

资料一：G公司未经审计的2019年度财务报表部分项目的年末余额或本年发生额如下。

项　　目	金额/万元
资产总额	21 000
股本	7500
资本公积——股本溢价	4000
法定盈余公积	1000
未分配利润	900
营业收入	18 000
利润总额	5000
净利润	3100

资料二：在对G公司的审计过程中，甲和乙注意到以下事项。

(1) G公司2019年1月1日售出大型设备一套，协议约定采用分期收款方式，从2019年起，分5年分期收款，每年1000万元，于每年年末收取，合计5000万元，成本为3000万元(不考虑增值税)。假定销货方在销售成立日应收金额的公允价值为4000万元，银行同期贷款利率为5%(实际利率也为5%)。G公司在2019年未确认收入，G公司的会计处理如下。

借：银行存款　　1000

　　贷：长期应收款　　1000

借：分期收款发出商品　　3000

　　贷：库存商品　　3000

(2) 2019年4月30日，因停止生产新产品，G公司不再需要X设备，并决定将X设备与泰山公司的一批甲材料进行交换，换入的甲材料用于生产W产品。G公司用于生产新产品的X设备账面原价为120万元，至2018年年末，该设备已提折旧18万元，可收回金额均为96万元，预计使用年限为4年。双方商定设备的公允价值为80万元，换入原材料的发票上注明的售价为 60 万元，增值税额为 10.2 万元，G 公司收到补价 9.8 万元。假定不考虑固定资产相关的增值税。会计资料显示，G 公司对此项交易进行了如下账务处理。

借：固定资产清理　　960 000
　　固定资产减值准备　　60 000
　　累计折旧　　180 000
　　贷：固定资产　　1 200 000
借：原材料　　600 000
　　应交税费—应交增值税(进项税额)　　102 000
　　银行存款　　98 000
　　资产处置收益　　160 000
　　贷：固定资产清理　　960 000

(3) 2019 年 2 月，G 公司着手研究开发一项新技术。研究开发过程中发生咨询费、材料费、工资和福利费等共计 800 万元。2019 年 6 月，该技术研制成功，G 公司向国家有关部门申请专利并于 2019 年 7 月 1 日获得批准。G 公司在申请专利过程中发生的注册费、聘请律师费等共计 400 万元。

G 公司于 2019 年 7 月 1 日将上述研究开发过程中发生的 800 万元费用计入研发支出(取得专利权前未摊销)与申请专利过程中发生的相关费用 400 万元一并转作无形资产(专利权)的入账价值。该专利权按直线法摊销。

经注册会计师审计，上述 800 万元研发支出中，300 万元属于研究阶段支出，500 万元属于符合无形资产确认条件的开发阶段支出。该专利权自可供使用时起，至不再作为无形资产确认时止为 6 年。

(4) G 公司采用以旧换新方式销售给大华公司产品 4 台，单位售价为 50 万元，单位成本为 30 万元；同时收回 4 台同类旧商品，每台回收价为 5 万元(不考虑增值税)，款项尚未收到。大华公司的会计处理如下。

借：应收账款　　2 340 000
　　贷：主营业务收入　　2 000 000
　　　　应交税费——应交增值税(销项税额)　　340 000
借：主营业务成本　　1 000 000
　　贷：库存商品　　1 000 000

(5) 注册会计师甲和乙在审计时，发现其在 12 月 31 日与华兴公司签订协议销售商品一批，增值税专用发票上注明销售价格为 300 万元，增值税额为 51 万元。商品已发出，款项尚未收到。该协议规定，该批商品销售价格的 20%属于商品售出后 2 年内提供修理服务的服务费。该批商品的实际成本为 240 万元。在 2019 年 12 月已符合销售收入确认条件，而未对其进行处理。

(6) 2019 年 1 月，G 公司为 F 公司向银行借款 4000 万元提供信用担保。2019 年 12 月，因 F 公司未能偿还到期债务，银行向法院起诉，要求 G 公司承担连带责任，支付借款本息

4200 万元。G 公司经向其他法律专业人士的咨询，认为其败诉的可能性为 60%，G 公司依此确认了预计负债，做了如下会计处理。

借：营业外支出　　　　　　　　　　　　　4200

　贷：预计负债　　　　　　　　　　　　　　4200

2020 年 1 月 20 日，法院终审判决银行胜诉，赔偿的金额为 4000 万元，并于 2020 年 1 月 25 日执行完毕。考虑 F 公司已宣告破产清算，无法向其追偿债务，企业将对该事项的处理记入了 2019 年的账簿中。

要求：

(1) 在资料一的基础上，如果不考虑审计重要性水平，针对资料二中事项(1)至事项(6)，分别回答注册会计师甲和乙是否需要提出审计处理建议？若需提出审计调整建议，直接列示审计调整分录(审计调整分录均不考虑对 G 公司 2019 年度的企业所得税、期末结转损益及利润分配的影响，下同)。

(2) 在资料一的基础上，如果考虑审计重要性水平，假定 G 公司分别只存在资料二 6 个事项中的1个事项，G 公司拒绝接受注册会计师针对事项(1)至事项(6)提出的审计处理建议(如果有)。在不考虑其他条件的前提下，指出注册会计师应当针对该 6 个独立存在的事项分别出具何种意见类型的审计报告，并说明原因。

(3) 在资料一的基础上，如果考虑审计重要性水平，假定 G 公司同时存在资料二中的事项(5)和事项(6)，并且拒绝接受注册会计师对事项(5)提出的审计处理建议(如果有)，但接受对事项(6)提出的审计处理建议(如果有)。在不考虑其他条件的前提下，指出注册会计师应当出具何种意见类型的审计报告，并请代为编制审计报告。

参 考 文 献

1. 中国注册会计师协会. 审计[M]. 北京：中国财政经济出版社，2018.

2. 中国注册会计师协会. 审计[M]. 北京：中国财政经济出版社，2019.

3. 林双全，方树栋. 审计理论与实务[M]. 北京：科学出版社，2008.

4. 宛燕如，高文进. 审计学[M]. 武汉：武汉理工大学出版社，2009.

5. 刘明辉. 审计与鉴证服务[M]. 北京：高等教育出版社，2007.

6. 王生根. 审计[M]. 北京：经济科学出版社，2007.

7. 耿慧敏，景刚，张丽. 审计实训教程[M]. 大连：东北财经大学出版社，2011.

8. 财政部会计资格评价中心. 初级会计实务[M]. 北京：经济科学出版社，2019.

9. 财政部会计资格评价中心. 中级会计实务[M]. 北京：经济科学出版社，2019.

10. 雷建. 假账与反假账实务与案例大全[M]. 北京：企业管理出版社，2007.

11. 中国注册会计师协会. 中国注册会计师执业准则指南(2006)[M]. 北京：经济科学出版社，2006.

12. 田钊平. 审计基础与实务[M]. 3 版. 北京：清华大学出版社，2015.

13. 中国注册会计师协会. 财务报表审计工作底稿编制指南[M]. 2 版. 北京：经济科学出版社，2012.